本书获教育部人文社会科学研究规划基金项目
“苏浙皖交界地区‘河南话’的接触演变及其源流关系研究”
（项目编号：15YJA740045）资助

苏浙皖交界地区“河南话”研究

吴 健 ◎ 著

中国社会科学出版社

图书在版编目（CIP）数据

苏浙皖交界地区“河南话”研究 / 吴健著. —北京：中国社会科学出版社，2020.8

ISBN 978-7-5203-7065-3

Ⅰ.①苏…　Ⅱ.①吴…　Ⅲ.①北方方言—方言研究—河南　Ⅳ.①H172.1

中国版本图书馆 CIP 数据核字（2020）第 158267 号

出 版 人　赵剑英
责任编辑　郭晓鸿
特约编辑　张金涛
责任校对　张依婧
责任印制　戴　宽

出　　版　中国社会科学出版社
社　　址　北京鼓楼西大街甲 158 号
邮　　编　100720
网　　址　http：//www.csspw.cn
发 行 部　010-84083685
门 市 部　010-84029450
经　　销　新华书店及其他书店

印　　刷　北京明恒达印务有限公司
装　　订　廊坊市广阳区广增装订厂
版　　次　2020 年 8 月第 1 版
印　　次　2020 年 8 月第 1 次印刷

开　　本　710 × 1000　1/16
印　　张　22.75
插　　页　2
字　　数　349 千字
定　　价　138.00 元

目 录

序

我发现，我的学生研究的方言越来越丰富了。

一般人看来，汉语方言，无非是一处一个样，某地人说的就是某地方言，各个地方的方言都有自己的特点，都可以拿来调查和研究。其实，世间万事万物，我中有你，你中有他，哪里有那么单纯简单，一眼即可看清？本书记载的方言正是如此。

移民是一个常见的社会现象，尤其在社会动荡的年代。但是，个别的移民带不走方言。移居新的地方后，只能改口学说新居住地的方言。本人的先祖在一百多年前从徽州移居苏州，也许当时说的还是苏州人听不懂的徽州话，但逐渐就变了。传到我这里，早已一句徽州话也不会，只能说苏州话，自称苏州人了。

但是成规模的移民群体就不同了，他们会把原住地的方言随身带走，带到新住地，并且一辈辈地传下去。在人丁兴旺的村子，甚至少数当地原住户也跟着说移民的方言。这就形成了我们方言学上的所谓方言岛！

本书记录的，正是这样一种可贵的语言现象。作者的先祖们，在一百多年前的动乱年代，从河南南部罗山、光山，拖儿带女，艰难跋涉，来到苏浙皖交界相对安定的地区，定居下来。他们一方面接受新住地的新环境、新习惯，跟当地居民的交往也使他们不可避免地受到当地吴方言的影响；另一方面，由于有一定的人口规模，仍然可以保留原住地的许多生活习俗，包括方言。相当多移民掌握了两种方言，灵活地换用，从而在吴语的大环境下，保留了祖先的“河南话”，成为一朵方言奇葩。

研究任何事物，都应该从它的尽可能纯的状态入手，逐步深入。研究方言正是这样。几十年来，我们已经对全国汉语方言有了相当多的了解，到今天，可以很自然地把注意力关注到各种“不纯”的、因语言接触而产生的复杂方言现象，包括眼前的这个"河南话"。

处在语言接触前沿的"河南话"，究竟是如何保留祖居地方言，又在多大程度上接受新住地方言的？既可以跟原籍的罗山、光山话比，也可以跟江浙皖新居住地方言比，包括在语音上、词汇和语法上，分别有什么表现？其间有何规律？这些都不是一下子看得清的，值得方言工作者下一番功夫，运用正确的语言学方法，深入探索。而这样研究的结果，反过来又可以大大丰富已有的语言学理论，总结出更多、更科学的语言使用、语言接触和演变的规律。

在一种语言或方言中，众多的语言成分，往往有强势和弱势之分。按常理推想，在与对方交流时，会避免使用与对方方言不同的说法。但实际上，有的有特点的说法常常会顽强地保留着，这就是语言的强势成分。在本书所记的"河南话"中，有个动词后缀"倒"，是江浙皖地区完全不说的，但在西南官话中普遍存在。河南罗山、光山靠近湖北，也有此说法。这个西南官话语法的典型特征，被说"河南话"的移民带来，像尖刀插进了江浙皖交界的吴语地区。

我们也能在"河南话"中找到吴语成分。"女佬家、弄僦"就是典型的吴语词汇，拿到罗山、光山去，恐怕没人听得懂，但江浙皖交界地区的"河南话"在用。

把所有这些语言现象尽可能多地搜集起来，进行仔细的比较研究，会有什么结果？我们对此实在怀有极大兴趣。

本书所做的第一重要的工作就是利用作者自己是本地人的优势，充分、详尽地记录相关语言材料，包括语音、词汇和语法。这是一切研究的基础，不但作者自己研究，也为他人研究提供了可能。可以说，可靠的语言材料，再多也是宝贵的。

本书没有长篇专门的理论阐述，但是，对语言事实的具体描写和处理，就体现了作者的理论和方法。实际上，本书已经为大家提供了丰富的材料和研究的基础。

知道吴健还在继续工作。我们热烈地期待他有更新、更深入的成果问世。

汪平

己亥年元宵节于还读书庐

第一章　绪论

第一节　苏浙皖交界地区的地理历史文化概况[①]

一　地理环境

苏浙皖交界地区大致位于东经 117° 40′（泾县）–120° 21′（吴江区）、北纬 30° 7′（旌德县）–32° 16′（丹徒区）。其核心区域为南京市溧水区、高淳区，镇江市句容市，常州市金坛区、溧阳市，无锡市宜兴市，湖州市长兴县、安吉县，宣城市广德县、郎溪县、宣州区等构成的地理范围。据勘定，苏浙皖三省的交会点在今宜兴市、长兴县、广德县交界的三洲山西门芥岗背 357.64 米高程处。三洲山古代为浙江湖州、江苏常州、安徽宣州的交界点，一脚踏三省，故名。1998 年 5 月，苏浙皖三省勘界办公室联合在该交会点树立界桩标志。

据《中国县情大全·华东卷》记载：本区地形地貌以低山丘陵为主。在山地和丘陵之间，河谷、盆地纵横分布。故有“六山一水三分田”的说法。本区的山脉主要有茅山、天目山、黄山，其余脉绵亘于境内。安吉县和宁国市交界处的龙王山为本区最高峰，海拔 1587.4 米。本区的平原主要有：高淳区固城湖、石臼湖湖区平原和胥溪河河谷平原；句容市北部的沿江平原和西部的赤山湖圩区平原；宜兴市东北部、武进区南部、金坛区东部的太湖—滆

① 本节“地理环境”和“历史沿革”的内容，主要根据中华人民共和国民政部、中华人民共和国建设部编《中国县情大全·华东卷》（中国社会出版社 1993 年版）综合而成。

湖平原；溧阳市北部、金坛区南部的洮湖平原；吴江市西部沿太湖一带的滨湖圩田平原及其他部分的湖荡平原；浙北的杭嘉湖平原；皖南的青弋江、水阳江、郎川河主支流河谷平原，以及固城湖、南漪湖湖区平原等。

本区主要有秦淮河、苕溪、荆溪、青弋江、水阳江等几大水系。苕溪、荆溪属于太湖流域的上游水系，秦淮河、青弋江、水阳江属于长江下游支流。本区的湖泊主要有太湖、滆湖（又名西太湖）、洮湖（今长荡湖）、赤山湖、固城湖、石臼湖、南漪湖（又名南湖）等。

本区的气候属于北亚热带季风气候。常年雨水充沛，温和湿润，日照充足，四季分明，无霜期长。优越的气候条件，有利于农业生产。本区盛产水稻、小麦、红薯、豆类、油菜、花生、蔬菜、瓜果、棉花、竹子、茶叶、桑树、药材等。本区矿产资源十分丰富，蕴含丰富的金、铁、铜、铅、锌、钨、锰、钼等金属矿和煤炭、石灰石、石英岩、大理石、方解石、瓷石、工业黏土、石墨等非金属矿。

受季风性气候影响，本区经常出现洪涝、干旱、台风、龙卷风、梅季连阴雨、冰雹等自然灾害。此外，地震也是多发灾害。本区有历史记载以来，共发生 5 级以上地震 45 次[①]。

二　历史沿革

苏浙皖交界地区，春秋战国时期先后属吴、越、楚。在秦代主要隶属会稽郡和鄣郡。汉代基本属扬州，分属丹阳郡、会稽郡。西晋时期属扬州，分属丹阳郡、宣城郡、吴兴郡等。隋代先以州领县后罢州置郡，本区分属江都郡、吴郡、毗陵郡、宣城郡等。唐代属江南东道的润州、常州、苏州、湖州和江南西道的宣州。宋代属两浙路的润州、常州、苏州、湖州和江南（东）路的宣州。元代属江浙等处行省的镇江路、常州路、集庆路、湖州路、广德路等。明代属应天府、常州府、镇江府、宁国府、广德州、湖州府等。清代属江南省的江宁府、苏州府、常州府、镇江府，浙江省的湖州府，安徽省的宁国府、广德州等。中华民国时期基本同现今，分属江苏省、浙江省、安徽省。[②]

---

① 谢瑞征、徐徐、黄伟生：《苏浙皖沪地区中强地震潜在震源区判定标志的研讨》，《地震学刊》1997 年第 1 期。

② 参考许正文《中国历代行政区划分与管理沿革》（陕西师范大学出版社 1990 年版）和各地政府网页。

三 地域文化

本区的文化属长江文化体系中的吴越文化。一般认为，长江文化体系包括上游的巴蜀文化、中游的荆楚—湖湘文化、下游的吴越文化三个亚系[①]。吴越文化又称江浙文化，是长江下游的区域文化。它以太湖、钱塘江流域为中心，涵盖江浙沪地区以及皖赣的一部分。狭义的吴越文化仅指春秋战国时代吴、越立国所创造的文化；广义的吴越文化指起源于长江下游地区，以该地区各史前文化为基础，由吴文化和越文化接触交融形成并历经更新发展的所有文化现象。

吴越文化的基础是越文化。春秋时期，吴、越两国的基本群众均为越族人。在春秋晚期，吴国建都姑苏。在这之前，姑苏及太湖东南部地区，应该为越土。吴越之间有太湖。《尔雅·释地》："吴越之间有具区。"这里的"具区"即太湖，郭注："今吴县南太湖，即震泽是也。"[②]吴国统治者虽受到中原文化影响，但总体上随越俗。

越族创造了特征鲜明的地域文化。如：以水稻种植业为主的耜耕水耨农业，以印纹陶为特征的制陶业，以青铜戈剑制作为内容的冶炼业，以及养蚕丝织业和造船业等。在这一带出土的文物中，陶制品、丝织品、青铜器等占了很大比重。20 世纪五六十年代，江苏省武进县淹城遗址出土了三只春秋战国时期的独木舟，最大的一只长近 11 米，足见当时的造船技术已很成熟。

越族的精神信仰，表现为"信巫鬼，重淫祀"[③]。史载"越人俗鬼"，祭祀"天神上帝百鬼"[④]。而今，本区（特别是农村）民众"信巫鬼"的心理普遍存在。

本区非物质文化丰富多样。民间工艺方面，主要有刺绣、核雕、陶艺、竹编、留青竹刻、剪纸、湖笔制作等。民俗活动方面，主要有赶庙会[⑤]、放荷灯[⑥]、

① 丁家钟、贺云翱：《长江文化体系中的吴越文化》，《南京大学学报》（哲学·人文·社会科学）1998 年第 4 期。

② 周祖谟：《尔雅校笺》，云南人民出版社 2004 年版，第 88 页。

③ 陈剩勇：《吴越文化特征初探》，《浙江学刊》1985 年第 2 期。

④ 司马迁：《史记·封禅书》，中华书局 2005 年版，第 1191 页。

⑤ 庙会流行于苏浙皖交界地区，是祭祀神灵与展示民俗的节日，包括观音会、土地会等。后来逐步转向以集会游览、庙市交易和商品交流为主的形式。

⑥ 放荷灯源于民间传说：唐朝末年，皇帝乘船过水阳江，江水翻涌，有恶龙兴风作浪。岸边劈柴少年杨泗跳入江中，挥斧与恶龙搏斗。最终恶龙被诛，船上人得救，杨泗却因伤重沉入江底。皇帝遂追封杨泗并建庙立像，确定在农历六月初六杨泗生日这天隆重纪念。之后，百姓会在当晚用彩纸扎成荷花形蜡芯灯，顺水漂流纪念，遂成风俗。

玩旱船、玩狮子、玩龙灯、傩舞[①]、做斋[②]、插艾叶等。口传文化方面，主要有以昆曲、越剧、锡剧、苏州评弹、丹剧、黄梅戏、花鼓戏等为代表的地方戏曲，方言吟诵，歌谣和民间小调，玩旱船时唱的船歌，玩狮子时的喊彩[③]，丧葬仪式上的唱道等。本区方言以吴语为主，官话方言等夹杂其中。

文化的地域特征受自然环境、生产方式、社会历史等因素影响。从总体上看，吴越文化的特征表现为"柔、细、雅"[④]。但经过永嘉之乱、安史之乱、靖康之祸等几次劫难，北民大量南迁，中原文化大规模涌入苏浙皖一带，与当地的吴越文化发生接触、碰撞甚至融合。在这一过程中，吴越文化蕴含的内容不断丰富。

第二节　苏浙皖交界地区的方言

苏浙皖交界地区的方言，以吴语为主，同时夹杂了一些其他方言。下面根据相关方言的分布范围和使用人口情况分别进行介绍[⑤]。考虑到本区的"河南话""湖北话""温州话"比较特殊，故与吴语、江淮官话（洪巢片）并列介绍。

一　吴语

本区的吴语，主要是太湖片和宣州片，也有少量瓯江片。

（一）太湖片吴语在本区的分布

溧阳市、金坛区~东部~、宜兴市、丹阳市、溧水区~东庐等四乡~、高淳区~东部~、郎溪

① 傩仪起始于黄帝轩辕氏时期。商周时代，先民崇拜鬼神，巫舞者头戴面具或涂脸画面，手执戈矛斧剑等兵器或符咒纸马，作驱赶扑打鬼怪之状，口呼之声为"傩！傩！傩！"，因名。秦汉时代，傩成为驱邪逐疫祈福的仪式，在民间流变为一种迎神赛会。溧阳市社渚镇现存的系列傩舞，大多沿袭了宋代之仪，主要有：嵩里跳蟠神、大田跳五猖、刘家边跳祠山、新塘跳观音等。目前，该镇建有"中国溧阳傩文化博物馆"，每年举办傩文化艺术节。

② 民间称由道士为逝者超度亡灵的仪式。

③ 一种由玩狮表演者编创的充满祥瑞的应景赞词。

④ 董楚平：《吴越文化概述》，《杭州师范学院学报》2000 年第 2 期。

⑤ 本区吴语、江淮官话的分布情况参考了中国社会科学院语言研究所、中国社会科学院民族学与人类学研究所、香港城市大学语言资讯科学研究中心编《中国语言地图集》（第 2 版），商务印书馆 2012 年版。

县定埠、梅渚、建平、东夏、幸福等乡、广德县下寺乡庙西、芦村乡甘溪、东亭乡部分村庄的吴语属于毗陵小片。吴江市、湖州市、长兴县西部边境官话移民区除外、德清县、安吉县西部边境和东北部官话移民区除外的吴语属于苏嘉湖小片。

（二）宣州片吴语在本区的分布

宣州市宣州区北部西部、南部溪口乡金牌、宁国市青龙、济川、东岸等乡、泾县的吴语属于宣州片铜泾小片。高淳区西部、溧水区偏南少部分、宁国市限南部南极等乡的吴语属于太高小片。泾县限西南厚岸、包合、水东三乡的吴语属于石陵小片。

（三）瓯江片吴语在本区的分布

在皖南和浙北，有一部分来自浙江瑞安、永嘉等地的移民，他们的方言属于瓯江片吴语。

二　江淮官话（洪巢片）

本区的江淮官话，基本属于洪巢片，主要分布在句容市、溧水区部分乡镇、镇江市、丹徒区大部分乡镇、丹阳市部分乡镇、金坛区金城镇、其他部分乡镇、宣城市、郎溪县、广德县限县城、东亭、宁国市南部宁墩、狮桥、中溪、中田、大龙、万家等东南部山区及城西竹峰、青龙等地、泾县童疃乡、安吉县章村、姚村一带等地。皖东南和浙北的江淮官话以安庆话居多，苏南的江淮官话以苏北话居多。

三　"河南话"[①]

本区的"河南话"是本书研究的重点，主要分布在句容市南部、溧水区东南部、金坛区薛埠镇、溧阳市南部和西部、宜兴市西南部、吴江市松陵镇、长兴县西南部、安吉县北部、广德县东北部、郎溪县北部和南部、宣城市城区东部等地。在丹阳市、高淳区、宁国市的少数村庄也有零星分布。据笔者调查和粗略统计，本区的"河南话"人口约有 75 万（其中，皖南约 30 万，苏南约 25 万，浙北约 20 万），若加上赣北等地的"河南话"人口[②]，整个苏浙皖赣等地河南移民后裔的人口应该超过 100 万。本区"河南话"的分布

① 本书所指的"河南话"，如无特殊说明，均指苏浙皖交界地区的移民方言"河南话"。

② 据江西省九江市永修县三溪桥镇吴忠峰（祖籍罗山铁铺吴家塆）介绍：2018 年其协助信阳市根亲文化研究会对九江市的信阳移民做过调查，"河南话"人数有五十万之多。这不包括江西吉安、景德镇、上饶等地的"河南话"人数。

情况见表 1–1。

表 1–1　　苏浙皖交界地区“河南话”的分布情况

省份	县（市、区）	主要乡镇（街道）
江苏	句容	天王、郭庄、后白、茅山、边城
	丹阳	埤城$_{\text{西丰}}$
	溧水	白马、东屏、晶桥$_{\text{杭村}}$
	高淳	少数移民村
	溧阳	社渚、上兴、天目湖、戴埠、竹簀、南渡
	金坛	薛埠
	宜兴	张渚、西渚等
	吴江	松陵$_{\text{菀坪}}$
浙江	长兴	泗安、林城、吕山、和平、虹星桥、画溪等
	安吉	递铺、溪龙、梅溪、天子湖等
	德清	舞阳$_{\text{陡门山}}$
安徽	广德	桃州、邱村、新杭、誓节等
	郎溪	十字、涛城、新发、梅渚、凌笪等
	宣城	洪林、沈村等
	宁国	少数移民村

四　“湖北话”

本区的“湖北话”主要分布在皖南和浙西，集中在广德县$_{\text{西部}}$、泾县$_{\text{东部爱民乡等地}}$、郎溪县$_{\text{南漪湖一带及姚村、涛城等乡}}$、宁国市$_{\text{部分乡镇}}$、宣城市$_{\text{水东、杨林等乡及孙埠乡东部}}$，安吉县西部与宁国市相接的杭垓镇$_{\text{杭垓、磻溪、缫舍等村}}$、孝丰镇$_{\text{下汤、赤坞等村}}$、鄣吴镇$_{\text{鄣吴等村}}$、天子湖镇$_{\text{西母等村}}$等。周边其他地方也有零星分布。

五　“温州话”

本区有一种被称作“温州话”实为闽语的客籍方言。其使用人数不多，但分布较广，构成了一个苏浙皖交界地区闽语群。“温州话”在长兴县分布最多，主要分布在林城镇$_{\text{太傅、阳光、上狮、连心等村}}$、泗安镇$_{\text{仙山、赵村、兴隆、玉泉、师姑岗、长潮、}}$

白莲、二界岭等村、和平镇长岗、和平、马家边村、回车岭、吴山等村、水口镇徽州庄、龙山等村、李家巷镇青草坞等村、夹浦镇月明等村、雉城镇街道高山岭、五峰等社区、画溪街道白阜、长桥等社区、龙山街道后洋村等等。宜兴市的南部山区或半山区，有较多的“温州话”，分布在丁蜀镇、湖㳇镇、张渚镇、西渚镇、宜城街道、环科园等地。溧阳市也有“温州话”分布，如戴埠镇的山口杨武岭、牛场山边、黄岗岭高长岭，上兴镇的余巷姚沂坝、牛马塘、祠堂温州，社渚镇的丁山个别自然村、金山金山[1]等。此外，“温州话”在广德县新杭镇、桃州镇，安吉县递铺镇、梅溪镇、章村镇的部分村落也有分布。

在“温州话”里，锅子叫“鼎”、房子叫“厝”、衣服叫“衫”、吃饭叫“呹埋”、喝水叫“呹疙”、抽烟叫“呹棍”。这些说“温州话”的人，在家里或村上说“温州话”；跟外人交流时，通常随对方说当地吴语或“河南话”等。据学者们考察，这些“温州人”的祖上，基本来自温州丘陵山区的平阳、瑞安、永嘉等地。“苏浙皖闽语群起自江苏溧阳东南部，大溪水库、沙河水库周围的周城、社渚、沙河、平桥、戴埠、横涧等地都有浙南闽语区的移民，他们自称温州人，实为温州地区平阳闽语区的人。”[2]“这一带自称‘温州人’的移民中，除了说吴语的瑞安人、永嘉人外，大都是说闽语的平阳人，他们来自温州地区的平阳、苍南两县，说的是闽南话。”[3]

六　其他方言

本区还有少量其他来源的移民方言，如：“广德北部山北乡伏夰，砖桥乡河口，新杭乡涧东的江西移民，说赣语”，“广德清溪乡新屋及北乡邱村，宁国南极乡半山、银峰乡李家村，南陵峨岭、三里店，青阳西华乡、丁桥乡等地的湖南移民，多来自湖南岳阳、益阳一带，说湘语。”[4]改革开放后，本区的外来人口不断增加，使得这一地区的语言（包括一些少数民族语言）和方言分布更加复杂。

① 受金山采石矿影响，金山行政村金山自然村目前已整体搬迁至周城社区。
② 颜逸明：《吴语概说》，华东师范大学出版社 1994 年版，第 66 页。
③ 郑张尚芳：《皖南方言的分区（稿）》，《方言》1986 年第 1 期。
④ 同上。

第三节 苏浙皖交界地区“河南话”的来源

苏浙皖交界地区的“河南话”，分布较广、人数较多。“河南话”人口分布有两个特点：第一，丘陵山区较多，平原地区较少。第二，聚居一村较多，分散居住较少。笔者经过十多年的全面调查和比较研究，较有把握地确定：本区的“河南话”主要来自信阳地区的罗山、光山方言。太平天国战争导致苏浙皖交界地区的人口损失、战争结束后清政府的招垦政策、豫南地区频繁的自然灾害等，是豫南移民迁入本区的主要原因。下面从四个方面进行论证。

一 来自历史文献的证据

（一）太平天国战争给苏浙皖交界地区带来灾难

太平天国战争时期，苏浙皖交界地区是清军和太平军的主战场。战争导致这一地区的人口损失严重，农业生产受到极大破坏。“长期残酷的战争，频繁发生的蝗灾、饥馑和瘟疫，使本区遭受巨大灾难，‘弥望荆榛，赤地千里，各处屋宇人民不过十留一二’”①，“‘粤寇之祸酷矣，大江以南数百城悉遭蹂躏，户口才存十二三’，即是对这场战争的总体描述”②。这段灾难性的史实，苏浙皖交界地区的地方志均有记载，如：

《溧阳县志》：“咸丰、同治年间（1853—1862），太平军与清军在溧阳境内发生多次激烈战事，人民陷于兵灾，田园荒芜，在战乱和饥饿中丧失或避难流落他乡，人口跌入低谷。”③

《高淳县志》：“咸丰十一年（1861年）九月，太平军水陆数万人自宣城围攻相国、保胜等圩，仅此一役，高淳境内死亡即达7900余人。天灾人祸，使高淳‘户口十亡七八’。”④

《安吉县志》：“咸丰末和同治初年，经清军镇压太平军的战争，及由此引起的饥荒、瘟疫，人口锐减。同治三年（1864），安吉清厘户口，土著户剩

---

① 葛庆华：《近代苏浙皖交界地区人口迁移研究（1853—1911）》，上海社会科学院出版社2002年版，第18页。

② 同上书，第23—24页。

③ 《溧阳县志》编纂委员会编：《溧阳县志》，江苏人民出版社1992年版，第158页。

④ 高淳县地方志编纂委员会编：《高淳县志》，江苏古籍出版社1988年版，第156页。

3500 户、6838 人，未及乾隆十三年的 1/10。”①

《郎溪县志》：“清咸丰年间，太平军与清兵在县境鏖战 8 年，生灵涂炭。……同治二年（1863 年）十月，……清兵践踏蹂躏县城，残杀无辜，加上疫疠流行，叠尸遍野，人口锐减，田地荒芜，全县幸存者仅 10855 人。”②

李鸿章曾在上疏中写道：“查苏省民稠地密，大都半里一村，三里一镇，炊烟相望，鸡犬相闻。今则一望平芜，荆榛塞路，有数里无居民者，有二三十里无居民者。”③

据《江苏省志・人口志》④统计：太平天国战争之后，苏南人口损失严重，西部比东部更甚。太平天国战争使江苏人口减少约 1700 万人。据《中国移民史》统计：“太平天国前的 1851 年江苏、浙江、安徽三省的人口总数约为 11204 万，战争中人口死亡数达到了 4855 万，死亡人口占战前人口总数的 43.3%。”⑤下面以苏南部分县（市、区）为例，比较太平天国战争前后的人口数。

表 1–2　　　　苏南地区部分县（市、区）太平天国战争前后人口比较

地点	战前人口（万）/年份	战后人口（万）/年份	人口损失百分比（%）
溧水	23.0618/1775	3.7188/1874	83.9
溧阳	34.6443/1834	3.9824/1865	88.5
金匮⑥	25.8934/1830	13.8008/1865	46.7
高淳	18.8930/1837	5.5199/1869	70.8
金坛	超70/战前	3.5/1864	95.3

资料来源和说明：溧水、溧阳的数据分别来自光绪九年《溧水县志》卷六第8—10页、光绪二十三年《溧阳县续志》卷四第23—24页；金匮、高淳、金坛的人口数据根据何炳棣先生的统计和推算⑦。

① 安吉县地方志编纂委员会编：《安吉县志》，浙江人民出版社 1994 年版，第 57 页。
② 郎溪县地方志编纂委员会编：《郎溪县志》，方志出版社 1998 年版，第 4 页。
③ 李鸿章撰，吴汝纶编：《李文忠公奏稿八十卷》（卷三），《续修四库全书》五〇五・史部・诏令奏议类（影印民国十年上海商务印书馆影印金陵原刊本），上海古籍出版社 2003 年版，第 579 页。
④ 江苏省地方志编纂委员会编：《江苏省志・人口志》，方志出版社 1999 年版。
⑤ 曹树基：《中国移民史》（第六卷），福建人民出版社 1997 年版，第 469 页。
⑥ 清代江苏省常州府所辖的一个县，1912 年撤废，今为无锡市的一部分。
⑦ 葛剑雄等：《简明中国移民史》，福建人民出版社 1993 年版，第 461 页。

连年兵燹，还给这一地区带来了可怕的瘟疫。战争中横尸遍野。因无人处理和掩埋，导致瘟疫暴发。湘军将领甘晋在给曾国藩的一封信中，详尽地描写了当时宣城县的灾情：

暑疫大作，疫疾殁者十之二三，患病者十之三四，其能出队者不及四成。宁郡初克，遗民降将不下二万人，商贾及居民入城者数千人，两月以来，兵民疫死者二三万人。行路者面带病容，十居八九，城内外五六里臭腐不可堪忍。沿路尚有尸骸，有旋埋而掩埋之人旋毙者。城河三里许，漂尸蛆生，或附船唇而上，城中之井及近城河水臭浊不可食，食之者辄病。①

（二）清政府的招垦政策及豫民南下

为尽快恢复本区的农业生产，清政府出台了招垦政策。据《中国近代史》载：“在江苏，一般是在田归原主的政策下进行的。有主之地，‘责成业主招佃垦种’；无主之田，则先招原业主‘五服以内者’开垦，五服内无人认领者再由州县招人认垦，三年后再令交纳钱粮，官方给予印照，承认该田归垦荒的农民所有。”② 又“在安徽广德州，地方当局曾派人清丈土地，将无主认领的荒地以每亩制钱 600 文的价格卖给‘客民’为业”。③ 据《郎溪县志》载：同治四年（1865 年），清巡抚衙门“张榜出示，于湖北、河南等地招徕客民垦荒耕种”。④

据《中国移民史》记载：“招民开垦的过程可能延续了相当长的一段时间，同治十二、十三年（1873—1874 年）任两江总督的李宗羲在《招垦荒田酌缓升科章程》中说：‘查江宁、常州、镇江三府已垦成熟田地，通扯不及十分之五，此外抛荒地甚多，大约无力垦种者有之，招佃无人者有之。’战争结束七八年后，这些地区仍然有一半以上的土地未得到开垦，主要原因在于战争中损失的人口实在太多了。”⑤

---

① 曾国藩：《曾文正公全集·未刊信稿》，转引自葛庆华《近代苏浙皖交界地区人口迁移（1853—1911）》，上海社会科学院出版社 2002 年版，第 27 页。

② 李侃、李时岳等：《中国近代史》（第四版），中华书局 1994 年版，第 118 页。

③ 同上书，第 118—119 页。

④ 郎溪县地方志编纂委员会：《郎溪县志》，方志出版社 1998 年版，第 17 页。

⑤ 曹树基：《中国移民史》（第六卷），福建人民出版社 1997 年版，第 428 页。

由于战时人口损失过多，这次移民浪潮一直持续到民初。本区的移民中，豫南移民是主体。太平天国战争期间，豫南地区人口损失无几。当地的早婚习俗导致人口激增，形成较大的人口压力，造成几乎无田可佃的局面。加上自然灾害频仍，农民的生活异常艰辛。如：罗山县在咸丰六年（1856 年）“三至八月不雨，庄稼颗粒无收”①；光山县在同治三年（1864 年）“蝗起，所过之处，皆成赤地”，“大旱，河渠断流，井泉多涸”②。江南地区的优势和优惠的招垦政策，在河南无地或少地农民中引起了极大反响，许多农民背井离乡前往江南。据记载，光山县“自清同治以来七十年间，因人满之患，迁居江苏、浙江、安徽、江西四省者，占六十余县，人口比老籍加倍，蕃衍之盛，亘古未有”③。有一首流行的民歌，真实再现了当时移民逃荒下江南的情形：“‘堂客’挎着讨饭篮，一担稻箩下江南；前头挑着破棉絮，后头挑着女和男。”据《光山县志》载：“1920 至 1935 年（民国 9 年至 24 年），人口由 83 万减少到 38.99 万人，15 年中减少 44 万人。在这 10 多年间，由于地霸豪绅的高压盘剥，加之自然灾害、瘟疫的不断发生，农民为求生存，徙居安徽、江苏、浙江、江西等地。”④

河南移民迁入本区初时的生存环境和生活条件并不好。清政府出台垦荒优惠政策后，战争期间逃出的原住民重回故里、认领土地，苏北等地的客民也前来占据或购买抛荒的土地。金坛、溧阳、句容等地目前分布的大量苏北移民，基本在这一时期迁入。河南等地客民辗转来到本区时，良田所剩无几。他们只能选择在相对偏僻、农耕条件差的丘陵山冈搭棚聚居，靠开“茅草荒”或为地主帮工谋生。这也是河南客民及其后裔主要分布在丘陵山冈、居住地地名多“边”“冈”“岕”“棚”等的主要原因。

二　来自族谱和寻根问祖活动的证据

除了地方志、移民史等文献，族谱也能佐证各地“河南话”的来源。家之有谱，犹国之有史。族谱记载了家族的历史，能够真实反映家族变迁的过

---

① 河南省罗山县地方史志编纂委员会编：《罗山县志》，河南人民出版社 1987 年版，第 10 页。

② 光山县史志编纂委员会编：《光山县志》，中州古籍出版社 1991 年版，第 10 页。

③ 晏兆平：《光山县志约稿·卷一 地理志·户口志》，（台北）成文出版社民国二十五年（1936 年）版，第 46 页。

④ 光山县史志编纂委员会编：《光山县志》，中州古籍出版社 1991 年版，第 465 页。

程，通过确定家族辈分字，使家族关系代代相承。郑樵《通志·氏族略》载：“自隋、唐而上，官为簿状，家有谱系，官之选举必由于簿状，家之婚姻必由于谱系。”[①]说明当时从选官到婚姻，都要依据族谱。“河南人”的族谱，在“文化大革命”期间毁弃较多。现有族谱多为祖籍地宗亲后续编撰，经过寻访联系后带回本区。

本书“河南话”的主要发音人吴魁（原名吴天贵），1990年接待过来自祖籍地罗山县庙仙乡吴乡村为修族谱千里走访的吴天茂、吴永忠。由吴永忠执笔修订的《吴氏十三枝二修家志》（五卷本），存有其叔曾祖吴廷珏于光绪三十四年桂月二十日（1908年9月15日）在“江南溧阳县义村客厅”[②]亲造的《吴乡族谱》（一修）。吴廷珏在“前言”里记录了溧阳市社渚镇金山村吴氏的来源——“吾之祖，自明末由麻城迁至河南省汝宁府罗山县南四十里黄土沟约竹竿河村，古名十八连塘，今名吴家大乡”，明确了吴氏辈份用字“绍、天、永、继、长、正、大、庆、克、昌、传、家、效、祖、德、荣、辉、本、光、堂”。溧阳市上兴镇上城村黄先玉老人家藏的《黄氏宗谱》（五卷本，1998年3月由黄先雨、黄先第编写），载明其祖籍地为今罗山县山店乡鸡笼村万家洼组，黄氏辈份按“茂、廷、光、德、承、先、庆、永、锡、鸿、恩、继、世、长”排列。根据族谱记载，溧阳市天目湖镇平桥村解永海、溧阳市社渚镇新塘村向自进、广德县新杭镇彭村村胡应贵、句容市天王镇菜巷村张瑞泉的祖籍地均为光山县。

近年来，互联网为本区“河南人”寻根问祖提供了极大便利。在河南省信阳市有关部门和热心网友的协助下，本区一大批“河南人”找到了祖籍地。期间，一幕幕的感人场景催人泪下。长兴县泗安镇罗家地村湖北场的任大晟，十多年前通过网上发帖，找到了祖籍地——罗山县周党镇秦畈村任寨。2018年，江南任氏寻根团一行六人赴罗山县寻根祭祖，深入周党、彭新、楠杆、子路、潘新、山店、定远七个乡镇，对有碑的任氏先人坟茔进行了普查，根据墓碑上的文字线索考证各门世序、采集入谱信息。罗山县周党

① （宋）郑樵撰，王树民点校：《通志二十略》，中华书局1995年版，第1页。

② 光绪年间的“义村”，位于今溧阳市社渚镇金山村义后自然村，与作者的出生地社渚镇金山村张家自然村相邻。

二中的吴传斌，2018 年暑假与江西省九江市永修县族亲吴忠峰[①]顶着酷暑，不远千里赶到溧水区永阳街道水岸康城、安吉县梅溪镇马村寻亲。吴传斌见到了 94 岁的老嫂子和 84 岁的老侄子，非常激动，遂作诗《江南寻亲感怀》纪念："荷叶罗裙竞自开，皖赣苏浙一路来。百年始得亲人信，一朝相见泪涟涟。千疑万惑说不尽，翻江倒海心难安。再次端详亲人面，似曾相识几十年。执手相别遮泪眼，殷殷祝福他日见。"溧阳市竹箦镇的罗山移民后裔章明富（现居郑州），在溧阳何氏赴罗山寻根成功后欣然作诗《魂归故园——闻何家子孙回乡有感》："乱世谋生离家园，一担箩筐挑在肩。风餐露宿儿啼哭，饥肠辘辘把女牵。落根江南勤耕作，已传数代焕新颜。魂随后辈归故里，一梦醒来已百年。"他在溧阳王氏 2019 年年初赴罗山寻根遂愿后又赋诗《喜闻溧阳王氏回罗山探亲感怀》纪念："百年回眸，历尽沧桑。罗山溧阳，千里遥望。王氏一支，衣锦还乡。群峦起舞，瑞雪吉祥。古井为媒，族缘续上。同脉牵手，泪眼汪汪。共操母语，对酒酣畅。告慰先祖，夙愿得偿。远下江南，辗转凄凉。逆境求生，茅屋泥墙。血汗耕就，鱼米之乡。荫庇子孙，福运绵长！"这些寻根问祖活动，为"河南话"的来源提供了鲜活的证据。

三　来自方言比较的证据

关于本区的"河南话"，之前一些学者作过调查和研究。鲍士杰[②]最早关注长兴县的"河南话"。之后，陆续有学者对本区各地的"河南话"开展了调查：郭熙、蔡国璐[③]调查了丹阳市埤城镇的"河南话"，认为该地"河南村的语音系统是由光山音系统发展而来的"；郭熙从 1995 年起对句容市磨盘乡"河南话"进行了调查和研究，认为苏南地区"河南话"是"河南南部一种地域方言的'域外'分支"，是"一种融合性的方言"[④]；黄晓东对安吉县安城"河南话"进行调查后认为，安城"河南话"的基础方言是光山、新县和罗

---

① 吴忠峰的先祖吴光魁于光绪三十一年（1905 年）左右由罗山铁铺吴家塆携家人逃荒至江西永修桂堂（今永修县三溪桥镇）。

② 鲍士杰：《浙江西北部吴语与官话的边界》，《方言》1988 年第 1 期。

③ 郭熙、蔡国璐：《丹阳市埤城的河南方言岛》，《徐州师范学院学报》（哲学社会科学版）1991 年第 2 期。

④ 郭熙：《苏南地区河南话的归属问题》，《东南大学学报》（哲学社会科学版）2000 年第 4 期。

山南部一带的方言[①]；汪平在调查吴江市方言时，对菀坪“河南话”也进行过专门的调查，认为其跟罗山、光山话基本一致[②]。笔者从 2005 年开始对自己的母语溧阳“河南话”、本区各地的“河南话”、大别山地区的方言进行了较为系统全面的调查。经过调查和比较，基本确定本区的“河南话”主要来自罗山、光山方言，且与鄂东方言关系密切。光山、罗山与鄂东相邻，方言口音略有差异，但词汇和语法大致相同。在溧阳、句容等地，“河南人”以前被土著居民称作“湖北佬”，可能与此有关系。

本区来源于罗山、光山等地的方言[③]，相似程度较高，经过一个半世纪的接触和发展，目前已基本融合。语言接触的结果取决于语言因素和社会因素。“在语言因素中，起重要作用的是接触语言之间的关系的性质，也就是它们在类型学上相似度如何。一般的假定是，两种语言越是相似，它们接触的程度可能会越深。”[④]这同样适用于方言接触。仔细比较各地的“河南话”，也能够发现一些差异。这些差异既跟来源地方言的差异有关，也跟“河南话”与迁入地方言和普通话的接触有关。祖籍来自光山的老派“河南话”，较多地保留了光山方言 tʂ、tʂʰ、ʂ[⑤]与舌尖元音 ʅ 配合的明显特征；来自罗山的“河南话”，较多呈现 ʨ、ʨʰ、ɕ 与舌面元音 y 配合，个别地方出现 ʦ、ʦʰ、s 与舌尖元音 ɿ 配合。溧阳“河南话”里的“弄僁”“女佬家 [kɑ^{42}]”“共总”“世间 [kai] 路上$_{\text{世上}}$”等、莞坪“河南话”里的“不搭界 [kɑ]”明显吸收了吴语成分；本书记录的句容、长兴、安吉等地的“河南话”明显受到普通话的影响。

综观之前关于“河南话”的研究，主要以单点方言描写为主，缺少对本区“河南话”的全面调查和总体研究；虽然也有一些比较研究，但还不够具体深入，尚不能充分说明问题。

本区的“河南话”与罗山、光山方言相比，有许多相同的成分。主要表现在以下几个方面。

---

① 黄晓东：《浙江安吉县河南方言岛的内部接触与融合》，《语言科学》2006 年第 3 期。

② 汪平：《吴江市方言志》，上海社会科学院出版社 2010 年版，第 18 页。

③ 本区也有少量移民从豫南其他县区（如新县、商城、潢川等）迁入。

④ 徐大明主编：《语言变异与变化》，上海教育出版社 2006 年版，第 250 页。

⑤ 本书采用国际音标标音，必要时才加中括号“[ ]”。

（一）语音基本相同

1. 声调方面

表 1–3　“河南话”与罗山、光山方言的声调比较

声调	苏浙皖交界地区“河南话”						罗山方言		光山方言	
	溧阳	句容	广德	长兴	安吉	菀坪	周党	庙仙	仙居	十里
阴平	42	42	42	42	42	42	42	42	42	53
阳平	55	55	55	55	55	55	55	55	55	24
上声	24	24	24	24	24	24	24	24	24	212
去声	212	212	212	212	212	212	212	212	212	31

根据上表可见，“河南话”与罗山、光山方言的声调基本一致。主要特征是古次浊入声今读阴平、古全浊入声今读阳平（具体内容见“第三章第一节”）。光山县十里镇方言在调型和调值上与其他各点明显不同。

2. 声母方面

“河南话”声母有 21 个（含零声母，具体内容见“第二章第一节”），与罗山、光山方言基本相同。主要特点有：第一，n 和 l 相混。第二，非组字与晓组字相混，多读 f。第三，知组遇摄字有的老派读翘舌音，知组其他字、章组字全部读平舌音，与精组洪音字合并；章组合口三等字多读 tɕ、$tɕ^h$、ɕ。第四，日母字中，止摄字读音基本相同，咸、山、臻、宕诸摄字声母存在差异（具体内容见“第三章第一节”）。

3. 韵母方面

“河南话”韵母有 38 个（含声化韵 n̩，具体内容见“第二章第一节”），与罗山、光山方言相差不大。知章泥组、见系遇摄三等字韵母在“河南话”内部有一些差异，主要表现在：祖籍为光山的老派多读舌尖元音 ʮ，个别地方读舌尖元音 ʯ；祖籍为罗山的多读舌面元音 y。这跟罗山、光山方言的差异相对应。光山方言里 ʮ 类韵母特征比罗山方言更加明显。跟王东[①]所记罗

① 王东：《河南罗山方言研究》，中国社会科学出版社 2010 年版。

山方言韵母相比，“河南话”多了一个 yɑ①，其他基本相同。光山方言内部存在差异，如仙居、斛山②、十里三地的方言差异就很明显。但光山方言和“河南话”相比，相同特征占大多数，如：（1）ɥ 打头的韵母在光山方言里普遍存在，在老派“河南话”里也有不同程度的保留。（2）古深、臻摄字与曾、梗摄字合流，如：贫 = 平 = p^{h}in，紧 = 景 = tɕin，针 = 真 = 蒸 = tsən，参人～ = 孙 = 生 = 声 = sən；部分遇摄合口字与流摄字相混，如：堵 = 斗名词，炉 = 楼，祖 = 走，粗 = 初 = 抽，苏 = 蔬 = 收。（3）山摄白读韵母基本为 ian、ie，如：全 tɕ^{h}ian^{55}、选 ɕian^{24}、绝 tɕie^{55}、薛 ɕie^{42}。（4）蟹摄开口二等古见、匣母字有 ai白读/iai 两读，如：戒、街、解～开、鞋、蟹。

（二）词汇基本相同

“河南话”和罗山、光山方言的词汇有许多相同。现列举部分常用词说明：

①天文、地理：溜溜子风、扯霍、命命、化凌、麻份子、岔 [ts^{h}ɑ^{212}]淋雨、冷子、雾罩（帐）子、山包子。

②时间、方位：几嗜/么嗜、旧年、外 [ŋai^{212}] 后日、晚儿上、打麻子影儿、高头、窦里、□ [ŋan^{55}] 头。

③亲属、称谓：□ [tæ^{55}]父亲、老爹、老妈、小老、小娘、小伢儿、姥爷、姥娘、弟兄伙里、小□ [ɕio^{42}]。

④身体、动作：颈婆子、手搭拐儿、手杆子、腿杆子、妈儿乳房；乳汁、□ [kie^{55}] 子皮垢、通嘴、跕、杠祸。

⑤农事、农具：泅水、秧动词、散苗/□ [sɑ^{212}] 苗、钐镰、篼子。

⑥动物、植物：狗子、鸡子、臭蚕子、唧呤子、蚵蟆、虹虹、亮毛虫儿、莵子、麦颖子。

⑦房舍、器具：屋山头、下赶脚/起赶脚、锅烟子、脚子、滚辘子。

⑧服饰、饮食：短褂子、荷泡儿、片筋子、□ [ian^{212}] 菜、打平伙。

⑨婚育丧葬：落月、嫁姑娘、吊颈、寻 [tɕ^{h}in^{55}] 死。

---

① “河南话”yɑ 有两义：一个表示“呼，喊”（同义的还有一个 ye）；另一个表示“反胃，恶心”。本书记作“哕”。事实上，笔者在罗山庙仙、周党调查时，发音人证实当地老派有跟“河南话”同音同义的 yɑ。

② 斛山方言参考了吕梅《光山方言语音研究》，山西师范大学，硕士学位论文，2014 年。

⑩动作、性状：赶从碗里往外拨、跶、搣 / □ [p^hie^{24}]、码、豆接合、□ [ts^han^{24}] 用巴掌扇、面排；铺、窖埋、桶倒掉、掌倒、引照看、眼前羡慕、查砌墙堵住、牌裳、白□ [$kuaŋ^{212}$]/ 白□ [lie^{24}]、拐坏、齐偌、切湿、怪武、假马儿、闲贱。

⑪代词、副词、介词、量词：你 [n̩]、各人 / 各自、么事、么样、列哈儿、哈全，都、特予、搞搞、左以、余六、顶、把给；被、厢农作物的行。

在罗山方言中，常说“罗山三大宝”——屌死、去屌、搞么屌。这些说法在“河南话”里习以为常，经常挂在人们的口头。与此相类的还有，两地都将“你妈”“妈”作为口头禅。

（三）语法基本相同

经过调查，“河南话”和罗山、光山方言的语法基本相同，如：

1. 重叠

名词、动词、形容词、数量词均可重叠，单音节动词可以多级重叠。

2. 词缀

①前缀：几 –、怪 –、老蒙 –、叵咧 –、攒劲 –

②后缀：– 倒、– 头、– 伢儿、– 子子、– 牙子、– 伙里、– 不中、– 不过、– 咧悬、– 咧倒、– 不赢

3. 动词后缀“倒”

“倒”可以用在句末表动作持续，可以用在非自主动词或形容词后表状态持续，还可以用在连动句中。

4. 语法结构

有几种语法结构比较常用：“V 咧有 O”“V（ + 了）+ 它”“把 +O+ V+ 它”“老 +V+ 倒 + 些”。

5. 把字句

“把”既可用作给予义，也可相当于“被”，还可表示处置义。

四　来自文化习俗的证据

豫南人尊崇祖先、注重仪式，热情好客、重情重义，性情耿直、很要面子，喜荤辣、好饮酒。在当地，对婚丧嫁娶、寿诞生子、买房造屋等非常看重，请客送礼、遵循规矩。地方文艺方面，皮影戏、光山花鼓戏、玩龙灯、豫南小调等很有特色。豫南的文化习俗，在本区保留了许多。

1. 强烈的宗族意识

“河南人”和豫南人一样，有强烈的宗族意识。他们敬畏祖先、尊重长辈、讲究派分、宗亲和睦。在日常交流中，能经常听到“我列一门儿咧”“他那一门儿咧”“我们姓 × 咧”等说法。“河南人”很重视过年、清明、七月半儿（中元节）等节日的祭祖仪式。20 世纪七八十年代，有许多“河南人”家庭过年时用猪头供祭祖先。在那个年代，这应该算是件很奢侈的事，其对祖先的尊崇可见一斑。“河南人”在给孩子取名时，基本遵循辈份字①。在他们的厅堂正中，一般挂着“祖宗昭穆神位”字样的中堂，内容和格式如下：

	也地土吾						主之家一	
秋收万担粮	长生土地神位	春种一粒籽	银台报喜烛焰生花	**祖宗昭穆神位**	宝鼎呈祥香烟结彩	下界保平安	东厨司命神位	上天奏善事

“河南人”家里的中堂跟罗山、光山人家里挂的基本一致。下面是笔者在罗山县庙仙乡、周党镇调查时看到的农户家中堂样式：

		祥祯禄福		
供奉土地财星神位	银台报喜烛焰生花	**祖宗昭穆神位**	宝鼎呈祥香烟结彩	东厨司命府君神位

据说湖北人家里也挂中堂，但内容主要是“天地君亲师位”。

① 改革开放后，家长给孩子取名更加自由和个性化，遵循辈分字的情况逐渐减少。

2. 特别注重礼性

“河南人”非常注重礼性，主要表现在：大人经常教育孩子要主动“叫人”——以相应的称谓主动跟长辈打招呼；逢年过节、婚丧嫁娶都要请客或送礼，即使经济拮据也会硬撑、不丢面子；主客、长幼的座位非常讲究，倒茶斟酒要用双手等。而今，年长者依然很注重礼性。如果礼性不到，就会被人“争计较”。年长者常对年轻人不懂礼性的表现表达不快或不满。

3. 热情好客，乐善好施

本区的“河南人”和信阳老家的河南人一样，热情好客、看重情义、待人真诚、乐于施助、爱打抱不平。在20世纪，“河南人”非常团结、很讲义气——即使他们自家的米所剩不多，也会想方设法借些给你；一人受到欺负，全村人都会站出来。据说在清末，溧阳等地还设有“河南会馆”，聘请一些读书人、“大先生”[①]或者有能力、有本事的人，专门帮助“河南人”诉讼，维护他们在客居地的权益。如今，时代快速发展，人与人之间的关系也发生了一些变化，但“河南人”这种热情仗义的情怀始终没变。他们这种由内而外表现出来的正直和热情，赢得了土著居民的信任和好感。有些村庄的居民原来说吴语，但与“河南人”聚居后改说“河南话”，除了吴语相对难学难懂，与此不无关系。笔者重点调查的溧阳市社渚镇金山行政村就有这种方言现象，见表1–4。

表1–4　　溧阳市社渚镇金山行政村各自然村方言使用情况

序号	自然村	总户数	河南人（户）	溧阳人（户）	温州人（户）	村内交际用语
1	卢家	44	39	5	0	河南话
2	义前	72	62	10	0	河南话
3	义后	57	43	14	0	河南话
4	老鸹山	61	32	29	0	河南话
5	张家	47	42	5	0	河南话
6	丁家	52	45	7	0	河南话

① 这里的“大先生”是民间对读过书且学问较深的人的尊称。

续 表

序号	自然村	总户数	河南人（户）	溧阳人（户）	温州人（户）	村内交际用语
7	坝头	87	4	83	0	溧阳话
8	江西口	77	25	52	0	河南话
9	八一	84	79	5	0	河南话
10	新队	43	12	31	0	溧阳话+河南话
11	金山	42	3	0	39	温州话
12	庄头	54	49	5	0	河南话
13	建新	47	43	4	0	河南话
14	朝阳	40	33	7	0	河南话
15	南队	69	4	65	0	溧阳话
16	北队	52	14	38	0	溧阳话
17	跑马岗	49	47	2	0	河南话
18	从塘	75	67	8	0	河南话
19	王村	24	24	0	0	河南话
20	下米山	48	46	2	0	河南话
21	连家	64	64	0	0	河南话
22	小从塘	36	36	0	0	河南话
合计		1224	813	372	39	

从表中可以看出，江西口、老鸹山两个自然村[①]的情况较特殊：江西口自然村共有 77 户人家（其中“河南人”25 户、溧阳人 52 户），但全村都说“河南话”；老鸹山自然村的“河南人”和溧阳人户数差不多，全村也都说“河南话”。类似的现象在长兴县泗安镇罗家地村（“河南话”与“建德话”）、句容市天王镇戴庄村（“河南话”与“此地话”）也存在。

① 坐落在江西口村的江西口小学是作者的母校，老鸹山村是作者出生地张家村的邻村。作者对其语言使用情况非常熟悉。

除了文化对语言态度和方言使用的影响，易懂度也是形成上述方言使用格局的一个重要因素。在句容市天王镇戴庄村，当地的土著居民“此地人”[①]在人数上跟“河南人”差不多，但全村基本说“河南话”。该村的张德祥（男，1948年生）是“此地人”，但从小就跟着说“河南话”。他深有感触地认为：小时候跟说“河南话”的孩子一起玩，“此地人”说话“河南人”听不懂，所以他就跟着说“河南话”，否则很难玩到一块儿。“此地人”在家讲“此地话”，在村里讲“河南话”。其观点在笔者与该村“河南人”张良技（男，1951年生）的交流中得到认可。

4. 重口味的饮食习惯

本区的“河南人”，保留了祖籍地重口味的饮食习惯，喜欢吃辣、吃荤、喝酒等。

5. 保留了祖籍地习俗

本区的“河南人”至今保留着老家的婚丧、祭祀等习俗。下面以婚俗和丧葬习俗为例进行介绍。

婚俗方面，主要有以下环节：瞧家儿——女方到男方家里考察；定亲——男方请媒人提媒，女方同意后双方确定婚约；聘礼——男方送给女方彩礼；送日子——男方请求婚期，双方请人算出吉日，确定喜日；备婚——准备新房和嫁妆等；接亲——男方派人（如今要备彩车）至女家迎娶；哭嫁——女子上轿前，母女哭泣不舍；送亲——女方亲属随男方迎亲队伍一道前往男方家；成亲——拜堂、闹洞房；回门——新娘在婚后第三日回娘家。

丧葬习俗方面，一般有如下程序和规矩：穿衣——家人在死者断气前为其更换寿衣；烧落气纸——死者气绝后，家人烧落气纸，将尸体移至堂屋（正厅），头朝外脚朝里，脸盖黄表纸，点长明灯，设牢盆；闭丧——遇去世的日子“不就”（俗称“日子不干净”），则隐瞒逝者去世信息、不惊动他人，等过了“不干净”的日子再放炮对外宣布；报丧——派家族里的男性先去舅家或娘家报告丧讯；戴孝——穿孝衣、戴白帽、在鞋面蒙白布，根据辈份和亲疏，孝帽有白红（第五代戴黄色）之分，孝手巾有长短之分；做斋——请道士做道场，为逝者超度亡魂；出殡——出殡前烧床草，长子、长婿或长孙

① 句容“此地人”的母语方言是吴语。

捧灵，一路撒烧纸，途中停棺受祭；落葬——坟地位置由阴阳先生预先确定，坟坑一次挖成，看好下葬时辰，撒钱币随葬，封土填筑成上窄下宽的拖尾巴坟，葬后当天烧“望乡台”；做七——从亡人去世之日起，每七日为一个“七”，前几个“七”在灵前供饭烧化，“五七”[①]时到坟前烧纸；烧新香——在亡者去世后第一个新年的正月初一、初二，亲友前往祭奠；新七月半儿——亲友在中元节这天前往纪念；满周年——逝者的家人聚在一起纪念；守孝——主要反映在贴春联上[②]，亡者去世后家里第一年贴黄色春联，第二年贴蓝色春联，第三年方可贴红色春联。这些与罗山县的丧葬情况[③]、光山县丧葬的 19 个孝事活动[④]基本相同。

不过，随着时代的发展，原先的一些习俗已经简化。以溧阳“河南人”过年烧香为例：过去烧香要烧“七座炉”（七只香炉），后来减少到“五座炉”，最后减少到现在的“三座炉”；以前烧香要到农历二月初二才收炉，如今到正月初三烧了门神纸后即可收炉。

6. 特色口传文化的传承

船歌、狮子喊彩、花鼓戏等是“河南人”的特色口传文化。其中，船歌、狮子喊彩在多个地区得到保留；“花鼓戏”表演主要流行于长兴、广德一带，金坛区薛埠镇也有少数艺人（如本书的发音人龙德友）会唱“花鼓戏”[⑤]。这些富有特色的口传文化均来自豫南。

7. 带根的特色地名

本区的许多地名与豫南关系密切。“河南话”指称“村子”的通名主要是“塆儿”，如今有的写成“湾”。在罗山和光山，带“塆”的村子很多，如罗山县的陈塆、刘塆、吴老塆、鲁家塆、殷家塆、下张塆、沈小塆、陈独塆等，光山县的唐塆、张塆、胡塆、盛小塆、北张塆、甘小塆、杨大塆等。“河南话”里的“田畈儿”指田地间、田野里。在信阳地区，带“畈”的地名很多，如罗山县的肖畈、徐畈、李家畈、南李畈等，光山县的马畈、张畈、南张畈、方畈、曹畈、彭畈、潘胡畈等。此外，“河南话”里带“棚、冲、冈、铺、庄、店、

① 按照乡俗，满了“五七”，孝子及全家才可以正常参加喜宴、穿红戴绿。
② 长者去世后，其子孙辈各家均按风俗贴相应颜色的春联。
③ 河南省罗山县地方史志编纂委员会编：《罗山县志》，河南人民出版社 1987 年版，第 626 页。
④ 光山县史志编纂委员会编：《光山县志》，中州古籍出版社 1991 年版，第 484 页。
⑤ “文化大革命”后，苏南地区的花鼓戏基本消失。

墩”等的地名较多，除了迁入地的地理因素外，祖籍地地名的影响也很明显。

由此可见，苏浙皖交界地区的“河南人”，较多地保留了老家的文化习俗，较好地继承和传播了中原文化。

第四节　音标符号及发音人

一　音标符号

本书标音采用国际音标系统。国际音标的形体和附加符号依据《国际音标（修订至2005年）》。

本书所用的辅音符号如表1–5。

表1–5　　本书所用的辅音符号

发音方法＼发音部位			双唇	唇齿	龈	卷舌	龈腭	软腭
爆发音	清	不送气	p	t				k
		送气	p^h	t^h				k^h
鼻音			m		n		ȵ	ŋ
塞擦音	清	不送气			ts	tʂ	tɕ	
		送气			ts^h	tʂ^h	tɕ^h	
擦音	清			f	s	ʂ	ɕ	x
	浊			v	z	ʐ		
边近音					l			

注：［ø］表示零声母，未列入表内。

本书所用的元音符号如表1–6。

表 1-6　　本书所用的元音符号

舌位前后 / 唇形 / 舌位高低	舌面元音						舌尖元音			
	前		央		后		前		后	
	不圆	圆	不圆	圆	不圆	圆	不圆	圆	不圆	圆
高	i	y			ɯ	u	ɿ	ʮ	ʅ	ʯ
半高	e					o				
中			ə							
次低	æ									
低	a				ɑ					

注：［ər］表示卷舌音，［n̩］表示声化韵，未列入表内。

二　发音人

（一）主要发音人

吴魁，男，1938 年 11 月出生于今江苏省溧阳市社渚镇金山村张家村，系作者之父。根据《吴氏十三枝二修家志》记载，我家的祖籍地在今河南省罗山县庙仙乡吴乡村。据家父口述，其祖父（笔者的曾祖父）在太平天国战争后，随着“下江南”的人群逃荒至溧阳；其父（笔者的祖父）吴绍平出生于 1909 年，是被笔者的曾祖父用箩筐担子挑着“下江南”的；其母（笔者的祖母）何淑珍出生于 1906 年，系今溧阳市社渚镇宋村上泊村人，也是“河南人”。据推算，笔者曾祖父迁入张家村的时间应该在民国元年（1912 年）前后。家父及其父母，均未离开过出生地居住。其所居住的张家村及其邻村义城（包括义前、义后两个小村）、老鸹山、丁家、八一、卢家、建新、庄头、跑马岗等自然村都说“河南话”。笔者父亲说的“河南话”，跟笔者祖父母说的“河南话”略有差别。笔者祖父去世时（1979 年）笔者 9 岁，笔者祖母去世时（1994 年）笔者 24 岁。笔者对祖父母的说话口音印象深刻，尤其是儿化韵和“ʯ”打头的韵母。在笔者父亲的口音里，这两方面的语音特征均出现弱化。

（二）次要发言人

周世娣，女，1940年12月出生于今江苏省溧阳市社渚镇新塘村路北里村（6岁时搬至邻村——今下田舍村居住），系作者之母。笔者的外祖父周洪生（出生于1909年）原籍江苏宜兴，但主要说“河南话”，与其兄弟交流则使用当地吴语溧阳话。笔者的外祖母宁凤英1914年出生于今溧阳市天目湖镇毛尖村东山岕村，自幼说“河南话”。由于外祖母说“河南话”，故笔者母亲出生后一直说“河南话”，全家也一直说“河南话”。笔者母亲生活过的路北里、下田舍两个村都说“河南话”，相邻的桥上、山西管、花岗、田冲、后四、花山、老鸹山等自然村也都说“河南话”。

（三）其他发音人

1. “河南话”

吴健，作者，1970年5月出生于今江苏省溧阳市社渚镇金山村张家村，自幼说“河南话”，16岁以前未离开过出生地。其后在外地求学，目前在常州工作。平时与父母联系紧密，日常交流均使用“河南话”。

张瑞泉，男，生于1942年，江苏省镇江市句容市天王镇菜巷村谷城村。

李国柱，男，生于1955年，江苏省苏州市吴江区菀坪中学退休教师。

任大义，男，生于1962年，浙江省湖州市长兴县泗安镇罗家地村湖北场村。

沈万胜，男，生于1964年，浙江省湖州市安吉县梅溪镇龙口村后圩圩村。

胡应贵，男，生于1945年，安徽省广德县新杭镇彭村村白马垱村。

吴斌，男，生于1964年，江苏省溧阳市社渚镇金山村张家村。

霍明昌，男，生于1944年，江苏省溧阳市社渚镇金山村张家村。

霍安昌，男，生于1955年，江苏省溧阳市社渚镇金山村张家村。

吴旭东，男，生于1996年，东南大学研究生，出生于江苏省溧阳市社渚镇金山村张家村。

黄先玉，男，生于1941年，江苏省溧阳市上兴镇上城村黄家村。

解永海，男，生于1944年，江苏省溧阳市天目湖镇平桥村戴家冲村。

向自进，男，生于1945年，江苏省溧阳市社渚镇新塘村新花村。

张良技，男，生于1951年，江苏省句容市天王镇戴庄村。

吴萍，女，生于1967年，江苏省溧阳市社渚镇周城社区。

龙德友，男，生于1946年，江苏省常州市金坛区薛埠镇上阮村龙家湾村。

苏润清，男，生于1965年，江苏省常州市金坛区薛埠镇上阮村龙家湾村。

卢福林，男，生于1956年，安徽省广德县新杭镇路东村西山头村。

卢光山，男，生于1952年，安徽省广德县新杭镇路东村西山头村。

祁大华，男，生于1938年，浙江省湖州市长兴县泗安镇管埭村塔上村。

任大有，男，生于1962年，浙江省湖州市长兴县泗安镇罗家地村湖北场村。

任广富，男，生于1936年，浙江省湖州市长兴县泗安镇罗家地村湖北场村。

吴仲田，男，生于1949年，浙江省湖州市安吉县梅溪镇马村村（1958年从溧水迁入）。

陈卫生，男，生于1964年，江苏省南京市溧水区白马镇朱家边社区新郎头村。

王成德，男，生于1964年，江苏省南京市溧水区白马镇朱家边社区。

2. 罗山、光山方言

周裕利，男，生于1942年，河南省罗山县周党镇周党村詹洼组。

吴天绍，男，生于1949年，河南省罗山县庙仙乡吴乡村四组。

孙定凤，女，生于1951年，河南省罗山县庙仙乡方集村。

吴天生，男，生于1961年，河南省罗山县庙仙乡吴乡村四组。

吴国焰，男，生于1958年，河南省光山县北向店乡高山村吴染坊组。

张祖全，男，生于1961年，河南省光山县仙居乡余庙村余楼组。

张明和，男，生于1954年，河南省光山县仙居乡余庙村余楼组。

姚传太，男，生于1954年，河南省光山县十里镇姚寨村王岗组。

3. 溧阳话

蔡法新，男，生于1944年，江苏省溧阳市燕山东园。

陈秀琴，女，生于1971年，江苏省溧阳市新昌中心小学。

王彩虹，女，生于1975年，江苏省溧阳市社渚镇周城社区朱村。

伍建忠，男，生于1968年，江苏省溧阳市社渚镇周城社区。

4. 上海话

安翠英，女，生于1940年，上海市宝山区通河二村。

第二章　语音

第一节　音系

一　声母（21 个，含零声母）

p 八兵病	p^h 派片爬	m麦明	f飞风副蜂肥饭灰	v味问温王
t 多东毒	t^h 讨天甜			l脑南老蓝连路
ts资早租字贼坐张竹争装纸	ts^h 刺草寸祠抽拆茶抄初床车汽~城		s 丝三酸事山双手十	z 用
tɕ 酒柱主九	$tɕ^h$ 清全春船轻权	ȵ年泥	ɕ 想谢顺书响县	
k 高共	k^h 开	ŋ 熬安	x 好活冯鞋衔	
ø 热软月云药				

说明：知系遇止摄字和深臻曾梗摄入声字的声母有卷舌摩擦，介于舌尖前和舌尖后之间。

二　韵母（38 个，含声化韵 n̩）

ɿ师丝试十直尺	i 米戏急七一锡去	u苦五骨谷	y 猪雨出橘局
ɑ茶瓦塔法辣八	iɑ牙鸭	uɑ刮	yɑ哕
o 歌坐过盒活托郭壳	io药学		
e 色	ie写接贴节北白	ue 国扩	ye靴热月
ai开排鞋	iai解$_{～放}$	uai快	
aɯ宝饱	iaɯ笑桥跃		
əɯ豆走六绿	iəɯ油		
ei赔对飞		uei鬼	
ər 二日			
an南山半短	ian盐年	uan官	yan权
ən深根寸灯升硬争横	in心新病星	uən滚	yn春云忍永
aŋ糖床王双	iaŋ响讲	uaŋ光	
oŋ东用	ioŋ兄		
n̩ 你			

说明：

1.［io］的发音接近［yo］，本书记作［io］。“的$_{目～}$、嫡、狄$_{姓}$”中的单韵母［i］有向复韵母［ie］发展的趋势，新派已读［ie］。

2.［e］和［ue］新派读作［ei］和［uei］。

3.［ai］的动程较小。

4.［ɿ］［i］［y］三个韵母在拼声母时，存在一定的摩擦。

三　声调（单字调 4 个）

表 2-1　　"河南话"单字调

调类代码	调类	调值	例字
1	阴平	[˦˨] 42	东风通天百急哭塔六月
2	阳平	[˥] 55	门牛油铜皮红毒白盒罚
3	上声	[˨˦] 24	懂古鬼九统苦草买五有
5	去声	[˨˩˨] 212	动近冻四痛去卖硬洞树

四　声韵调配合关系

表 2-2　　"河南话"声韵调配合表（一）

	ɿ				i				u				y				ɑ			
	阴平	阳平	上声	去声	阴平	阳平	上声	去声	阴平	阳平	上声	去声	阴平	阳平	上声	去声	阴平	阳平	上声	去声
p					屄	鼻	比	闭	不	荸	补	布					八	拔	把	霸
pʰ					批	裴	□	屁	铺动	浮	谱	铺名					趴	爬	□	怕
m					湄	眉	米	沕	木	模	母	墓					妈	麻	马	□
f									福	胡	虎	户					法	罚		话
v									乌	吴	五	雾					挖		瓦	窊
t					低	笛	底	地									答		打	大
tʰ					踢	题	腿	蜕									塔			
l					粒	雷	李	利									蜡	拿	哪	那
ʦ	知	直	紫	痣													抓	铡	拃	炸
ʦʰ	尺	迟	跐	次													插	茶	□	岔
s	师	十	死	世													刷	謏	洒	□
z	肏																			
ʨ					鸡		挤	记					猪		举	住				
ʨʰ					蛆	旗	起	去					出	除	拄	趣				
ɕ					西	席	洗	戏					书	徐	许	树				
ȵ						泥	拟	艺							女					
k									姑		古	顾					夹	尜	嘎	□
kʰ									哭	跍	苦	裤					掐	跨	卡	胯

续 表

	ɿ				i				u				y				ɑ			
	阴平	阳平	上声	去声	阴平	阳平	上声	去声	阴平	阳平	上声	去声	阴平	阳平	上声	去声	阴平	阳平	上声	去声
x																	□	哈		下
ŋ																	阿	伢	哑	□
ø					衣	姨	椅	亿					输	鱼	雨	玉				

表 2-3　“河南话”声韵调配合表（二）

	iɑ				uɑ				yɑ				o				io			
	阴平	阳平	上声	去声	阴平	阳平	上声	去声	阴平	阳平	上声	去声	阴平	阳平	上声	去声	阴平	阳平	上声	去声
p	□		□										波	薄	跛	簸				
p^h			□	□									扑	婆	□	破				
m													摸	馍	抹	沫				
f																				
v																				
t		耷											多	夺	躲	剁				
t^h			□										拖	坨	妥	拕				
l													录	箩	卵	摞	略			
ts													作	镯	左	坐				
ts^h													搓	戳		错				
s													速	勺	锁	睃				
z													辱							
tɕ	加	浃	眨	价					□								脚	嚼		
$tɕ^h$			卡	□													雀			
ɕ	瞎	霞		厦													削	学		
ȵ	□																弱			
k					瓜	呱	剐	挂					歌	角	哥	过				
k^h					夸	□	侉	褂					渴	瞌	可	课				
x													喝	河	火	货				
ŋ													窝	鹅	我	饿				
ø	鸭	牙	雅	砑							哕	□					药			

表 2–4　　“河南话”声韵调配合表（三）

	e				ie				ue				ye				ai			
	阴平	阳平	上声	去声	阴平	阳平	上声	去声	阴平	阳平	上声	去声	阴平	阳平	上声	去声	阴平	阳平	上声	去声
p					鳖	白	瘪	别											摆	拜
p^h					拍		□											牌	排	派
m					麦		搣											埋	买	卖
f																		怀		坏
v																	歪	□	□	外
t					德	叠											呆		逮	戴
t^h					铁												胎	抬		泰
l					猎		咧	□									□	来	奶	赖
ts	摘	择	者	遮													栽		崽	寨
ts^h	拆		扯														猜	财	采	菜
s	色	蛇	舍	社													鳃		甩	赛
z																				
tɕ					接	绝	姐	借					决	噘		憠				
$tɕ^h$					切	茄	且	笡					缺	瘸						
ɕ					雪	斜	写	谢					说		□	□				
ȵ					业															
k					隔	□	嗝	锯	国								该		解	盖
k^h					客	□		□	扩								开		楷	
x					黑	核											嗨	鞋	海	害
ŋ					额												埃	癌	矮	爱
ø					叶	爷	野	夜					热		惹	□				

表 2–5　　“河南话”声韵调配合表（四）

	iai				uai				aɯ				iaɯ				əɯ			
	阴平	阳平	上声	去声	阴平	阳平	上声	去声	阴平	阳平	上声	去声	阴平	阳平	上声	去声	阴平	阳平	上声	去声
p									包		保	抱	标		表	䚦				
p^h									抛	袍	跑	炮	飘	瓢	漂	票				
m									猫	毛	卯	帽		苗	杪	庙		谋		
f																			否	
v																				
t									刀		岛	稻	貂		屌	掉	蔸	毒	赌	豆
t^h									掏	桃	讨	套	挑	条	斢	跳	偷	头	土	兔
l									捞	牢	老	闹	□	潦	了	廖	六	楼	篓	路
ts									招	着	澡	赵					竹	轴	走	做
ts^h									抄	曹	吵	耖					粗	锄	丑	醋
s									烧	勺	嫂	邵					馊	熟	手	瘦
z										饶	扰	绕					郁	揉		肉
tɕ	阶		解	介									焦	嚼	饺	叫				
$tɕ^h$													劁	桥	巧	翘				
ɕ		鞋	蟹										消		小	笑				
ȵ															鸟	尿				
k					乖		拐	怪	高		搞	告					沟		狗	够
k^h							块	快	敲		烤	靠					抠		□	扣
x									薅	毫	好	号					齁	猴	吼	厚
ŋ									拗	熬	袄	懊					欧		藕	怄
ø		岩											腰	摇	杳	鹞				

表 2–6 “河南话”声韵调配合表（五）

	iəɯ				ei				uei				ər				an			
	阴平	阳平	上声	去声	阴平	阳平	上声	去声	阴平	阳平	上声	去声	阴平	阳平	上声	去声	阴平	阳平	上声	去声
p					杯		背	辈									班		板	半
p^h					胚	赔		配									潘	盘		叛
m				谬		梅	每	妹										瞒	满	慢
f					飞	回	匪	废									欢	烦	反	范
v					威	围	苇	味									弯	玩	碗	万
t	丢				堆		□	队									丹		短	断
t^h					推		腿	退									摊	团	毯	炭
l	溜	刘	柳	□		雷	垒	类										男	懒	乱
ts					追	贼	嘴	最									簪		展	站
ts^h					吹	锤	扯	脆									餐	蚕	铲	篡
s					虽	谁	水	睡									山	闪	伞	蒜
z																				
tɕ	鸠	勼	酒	舅																
$tɕ^h$	秋	求	□	□																
ɕ	修		朽	秀																
ȵ		牛	扭																	
k									龟		鬼	跪					肝		敢	干
k^h									盔	葵	□						铅		砍	看
x																	鼾	韩	喊	汗
ŋ																	安	□		案
ø	优	油	有	右									日	儿	耳	二				

表 2–7　　　　　　　　“河南话”声韵调配合表（六）

	ian				uan				yan				ən				in			
	阴平	阳平	上声	去声	阴平	阳平	上声	去声	阴平	阳平	上声	去声	阴平	阳平	上声	去声	阴平	阳平	上声	去声
p	鞭		扁	变									奔		本	笨	兵		饼	病
pʰ	偏	便	片	骗									喷	彭		凭	拼	平	品	聘
m		棉	免	面									闷	门	□	焖		名	敏	命
f													婚	魂	粉	粪				
v													温	闻	稳	问				
t	掂		点	电									灯		等	顿	丁		顶	定
tʰ	天	田	舔	㮇									吞	藤		□	厅	停	艇	听
l		连	脸	练									抡	轮	冷	嫩	拎	零	领	令
ts													争		枕	正				
tsʰ													村	成	忖	寸				
s													生	神	省	圣				
z														人	仍	认				
tɕ	尖		茧	剑					砖		卷	赚					京		井	镜
tɕʰ	千	钱	浅	欠					穿	船	犬	劝					青	晴	请	庆
ɕ	仙	咸	险	县					宣	玄	选	楦					星	形	醒	信
ȵ	搛	年	撵	验																
k					官		管	惯					根		耿	更				
kʰ					宽	环	款	掼					坑		啃	□				
x													哼	衡	狠	恨				
ŋ													恩		□	硬				
ø	烟	盐	眼	燕					冤	原	远	院					英	赢	影	印

表 2–8 “河南话”声韵调配合表（七）

	uən				yn				aŋ				iaŋ				uaŋ			
	阴平	阳平	上声	去声	阴平	阳平	上声	去声	阴平	阳平	上声	去声	阴平	阳平	上声	去声	阴平	阳平	上声	去声
p									帮		绑	蚌								
p^h									胮	旁	□	胖								
m										忙	蟒									
f									方	黄	谎	放								
v									汪	王	网	望								
t									裆		党	荡		□		□				
t^h									汤	糖	淌	烫								
l									齉	狼	朗	浪		凉	两	亮				
ts									章		掌	丈								
ts^h									疮	床	厂	唱								
s									双	□	嗓	上								
z										瓤	壤	让								
tɕ					军		准	郡					将		蒋	酱				
$tɕ^h$					春	裙	蠢						枪	墙	抢	呛				
ɕ					薰	循		顺					香	降	想	向				
ȵ														娘	仰	□				
k			滚	棍					缸	□	港	虹					光	咣	广	逛
k^h	坤		捆	困					糠	扛	扛	囥					筐	狂		矿
x									夯	航		巷								
ŋ									□	昂										
ø					晕	云	永	运					秧	洋	养	样				

表 2-9　　“河南话”声韵调配合表（八）

	oŋ				ioŋ			ŋ̩			oŋ				ioŋ			ŋ̩	
	阴平	阳平	上声	去声	阴平	阳平	上声	阴平	上声		阴平	阳平	上声	去声	阴平	阳平	上声	阴平	上声
p	崩		绷	蹦						z		荣	勇	用					
p^h	嘭	朋	捧	碰						tɕ						□			
m	蒙	萌	蠓	孟						$tɕ^h$						穷			
f	风	逢	讽	凤						ɕ					胸	熊			
v										ȵ									
t	冬	□	董	动						k	公	拱	巩	共					
t^h	通	同	统	痛						k^h	空		恐	空					
l	聋	龙	拢	弄						x	轰	红	哄	烘					
ts	宗		肿	粽						ŋ	翁			瓮					
ts^h	葱	虫	宠	铳						ø					雍		泳	嗯	你
s	松	□	搜	宋															

第二节　连读变调

本书讨论“河南话”的两字组和三字组连读变调。四字以上的连读变调规律和特点与两字组、三字组基本相同，本书不作讨论。本书采用五度制音高标音。一般情况下，采用一个数字表示一个字的调值。如遇到字调值有升降，则采用两个或两个以上数字并下加横线表示该字的声调曲折变化。连调组的声调采用调值称说。

一　两字组连读变调

“河南话”的两字组连读变调，共有十五种调形。

420调

11 江苏 交通 乌龟 医生
12 英雄 工人 批评 清明
13 基础 轻巧 安稳
14 招待 公道 欺负 科技
15 方向 分配 称赞 天气
16 机会 经验 天上 宽裕
17 工作 初级 春节 公式
18 阴历 翻译 亲热 金额
71 国家 七千 八仙 北方
75 福气 节气 客气 出去
76 速度 责任 觉悟 尺度
77 剥削 八百 出息 法国
78 积极 压力 七月
81 伏天 六斤 六千
82 敌人 属于
85 力气 达到
86 力量 业务 热闹
87 合作 蜡烛 目的 邋遢
88 疟疾 六月 日历

42 24调

12 操场
13 标准 工厂 科长 青草
14 英语 沙眼 经理 天冷
16 枪毙
34 俘虏
72 色盲 出场
73 黑板 喝水 出丑 吃苦
74 发冷 脚痒 尺码 七里
83 局长 集体 墨水 录取
84 侄女 木偶 木马 合拢

425 调

12 要求 光荣 高楼 开门
16 骄傲
18 单独 消毒 科学 开学
72 黑桃 发明 出头 刷牙
78 雪白 复杂 七十 恶毒
82 合同 复员 木材 麦芒
88 六十 特别

42 212调

13 开始
14 公社 街道 超重 清淡
15 高兴 仓库 青菜 车票
16 工地 公路 开会 拼命
18 猪肉
74 接受 八倍 出动 客户
75 黑布 脚痛 出嫁 切菜
76 失败 铁路 触电 出卖
84 落后 录像 六倍 落户
85 习惯 绿化 日记 木炭
86 疾病 绿豆 立夏 木料
88 腊肉

$5\underline{42}$ 调

11 飞机 公开 通风 松香
18 蜂蜜 山药
24 条件 零件 模范 矛盾
26 强盗 材料 名字 原谅
28 红木 粮食 能力 阳历
37 坦克 粉笔 表叔
48 努力 老六
77 发作 一尺 瞎说 铁塔
81 实心 石灰 辣椒 立春
84 杂技 活动
88 集合 实习 毒药 学习

17 钢笔 公尺 初一 猪血
21 时间 晴天 良心 农村
25 皇帝 脾气 文化 能干
27 湖北 提出 毛笔 油漆
31 饼干 小偷 酒杯
47 老七
71 北京 竹竿 铁丝 吃亏
78 角落 作孽 毕业 吃力
82 石头
87 及格 十一 活泼 蜡笔

55调

22 黄河 团圆 完成 农民
82 食堂 毒蛇 白糖 值钱

28 同学 成熟 留学 灵活

$5\underline{24}$调

23 锣鼓 财产 危险 人口
31 表哥
34 表演 管理 起码 早晚
44 老远 买米 老李 厘米
84 白马 白眼 十两 十五

24 长远 培养 来往 牛奶
33 保险 小丑 品种 厂长
43 了解 老虎 勇敢 买伞
83 石板 白果 折本 罚款
85 直径

$5\underline{212}$调

24 咸淡 皇后 劳动 严重
26 长寿 承认 麻袋 来路
35 写信 水库 板凳 韭菜
45 老四
55 报告 寄信 裤带
65 下放 电线 上课 恋爱
85 十四 白布 学费 毒气

25 迷信 芹菜 难过 棉裤
28 咸肉 牛肉
36 草帽 走路 好坏 写字
46 老大 老二
56 炸弹 进步 种树 见面
84 活动 白象 实在 十倍
86 学校 十号 实话 熟练

26 场面
32 酒瓶 打雷 草鞋 口粮
35 扁担 小气 口供 苦处
37 总结 组织 口诀 想法
41 尾巴 老师 冷清
43 耳朵
45 武器
48 老实 有毒 五十 礼物
56 故事

15 需要 依靠
36 本地 小路 草帽 苦命
45 冷笑 满意 野菜 晚辈

17 苛刻
35 采购
38 表达 保密 好药 火力
47 满足 美国 五尺 负责

41 弟兄
43 市长 动手 户口 汇款
46 近视 社会 重量 待遇
48 动物
53 信纸 漱口 汽水 次品
55 意见 放假 志气 气派
57 正式 看法
61 上司 地方 外甥
63 字典 袖口 露水 电表

245调

31 点心 祖宗 紧张 手巾
34 所以 可以
36 本事 奖励 体面 产量
38 主席 酒席 手续 死活
42 肚皮 瓦房 野蛮 两年
44 冷静
46 领袖 眼泪 理论 礼貌
55 控制
62 两年

24 212调

34 改造 请罪 闯祸 九丈
44 远近 旅社 以后 五倍
46 冷汗 买饭 马路 有利

24 42调

31 广东 火车 口风 好心
37 解决 宝塔 孔雀 请帖
41 米缸 美洲 马车 五千
48 马达 冷热 满月 五月

21 24调

42 市场 户头 距离
44 道士 妇女 道理
47 动作
52 价钱 太阳 太平
54 干部 送礼 次序 跳远
56 笑话 态度 错误
58 计划 快活
62 任何
64 豆腐 号码 味道 二两

65 病假 代替 忘记
66 寿命 利害 议论
67 办法 冒失 认识
68 艺术 练习 痢疾
84 物理 肉眼

215调

42 象棋 坐船 后门 上楼
48 厚薄
52 借条 证明 拜年 课文
58 化学 数学 放学 退学
62 暂时 害人 链条 卖鱼
68 饭盒 大学 二十 面熟

212 42调

41 被窝 负担 市区 痔疮
42 后期
47 负责 道德 犯法
48 静脉
51 贵州 四千 唱歌 斗争
57 印刷 政策 爱国 送客
58 信佛 炸药 四月 泡沫
61 电灯 地区 用功 冒充
67 大雪 字帖 外国 炼铁
68 自习 大麦 闷热 用力
81 肉丝

2121调

44 被动 罪犯 犯罪 并重
45 伴奏 受气 造化
46 篆字 后代 后路 辩论
54 变动 最近 创造 看重
55 教训 变化 进退 半票
56 四号 四害 肺病 退步
58 扣肉 教育 信佛
64 病重 自动 调动 瑞士
65 夏至 苋菜 内战 外快
66 命大 顺利 外地 利润

根据前后字声调的变化，“河南话”两字组变调可以归纳为以下四种类别：

1. 前字不变，后字变。有 420 调、245 调、2121 调，部分 542 调。

2. 前字变，后字不变。有 215 调，部分 524 调、5212 调、24 212 调、542 调、21 24 调。

3. 前字、后字都不变。有 42 24 调、425 调、42 212 调、55 调、24 42 调、212 42 调，部分 524 调、542 调、245 调、5212 调、24 212 调。

4. 前字后字都变。只有部分 21 24 调。其前字保留了去声的主干部分调值［21］。

从上述情况来看，“河南话”的两字组变调以单字调为基础，即单字在连读变调中保留本调成分较多。前字、后字都不变的字组调最多；前字不变、后字变，前字变、后字不变的字组调也较多；前后字都变的字组调只有一种。

“河南话”两字组的变调类型可以用表 2–10 说明。

表 2–10　“河南话”两字组的变调类型

<table>
<tr><th>后字
首字</th><th colspan="2">阴平42</th><th>阳平55</th><th>上声24</th><th colspan="2">去声212</th></tr>
<tr><td rowspan="2">阴平42</td><td colspan="6"><u>42</u>0</td></tr>
<tr><td rowspan="5">5<u>42</u></td><td></td><td><u>42</u>5</td><td><u>42</u> <u>24</u></td><td><u>42</u> <u>212</u></td><td rowspan="2"><u>24</u> <u>212</u></td></tr>
<tr><td rowspan="3">上声24</td><td><u>24</u> <u>42</u></td><td colspan="3"></td></tr>
<tr><td colspan="5"><u>24</u>5</td></tr>
<tr><td colspan="2"></td><td rowspan="3">524</td><td></td><td rowspan="3">5<u>212</u></td></tr>
<tr><td>阳平55</td><td></td><td><u>55</u></td><td>5<u>42</u></td></tr>
<tr><td rowspan="2">去声212</td><td colspan="2"><u>212</u> <u>42</u></td><td><u>21</u>5</td><td><u>212</u>1</td></tr>
<tr><td colspan="6"><u>21</u> <u>24</u></td></tr>
</table>

表 2–10 中，表左从上到下表示两字组首字的调类、调值，表端从左到右表示两字组后字的调类、调值。总体来看，表中连贯的横线多于连贯的竖线，连贯的竖线很少。这表明“河南话”的两字组连调主要由首字决定。

二　三字组连读变调

“河南话”的三字组连读变调，有三十六种调形。

<u>42</u> 2 0 调

112　山高头　121　阴凉坡　123　痴婆子　137　偷倒说

142　乡下人　155　招进去　172　轻骨头　177　巴不得

775　吓不过　851　月季花　873　末脚子　栗壳子

<u>42</u> 5 <u>42</u> 调

111　发天干　八仙桌　收音机　118　公安局　中西药

121　猪头三　花头经　三轮车　123　租房子　冲头子　鸡筹子

127	端阳节	清明节		128	安眠药		
131	蜂子窝	开火仓		151	修汽车		
161	三字经	鸡蛋糕	司令官	167	医务室	金字塔	
171	西北风	鸡作包	双职工	177	高血压	收发室	
178	交作业			181	中学生	开药方	
182	猪舌条			187	干着急		
188	商业局			622	逗蚊虫		
647	浪里搭儿			711	一根针	一分钟	一窝蜂
717	一千一	八仙桌		721	屋阳沟	扎银针	说明书
725	发脾气			727	脊梁骨	筑田缺	削铅笔
728	出题目			731	脚板心	脚趾丫	
741	吃聚餐	一炷香	发动机	744	窄了了		
751	不做声	织布机	一担挑	757	国庆节		
771	脚搭车	吃夹当	一百三	777	触鳖脚		
787	百日咳	不及格	七月七	788	一服药	七十六	
811	落汤鸡	日光灯		821	六盘山		
822	热和和			861	茉莉花	绿豆汤	
877	腊八粥	六七百		887	六月雪	六十八	莫着急

42 2 5 调

112	鸡肫皮	接生婆	天安门	152	跟屁虫	腮腺炎	机器人
162	鸡蛋黄	炊事员	千字文	172	山柏杨	公鸭头	观察员
178	三百十			732	脚趾头		
762	竹字头			772	竹篑桥地名		
778	吸铁石	一百十		812	木荆条		
822	木头伢儿			832	力子鞋		
852	特派员	热带鱼		862	瘌瘌头		
882	月月红	绿绿萍					

42 2 24 调

113　天花板　温吞水　丝瓜篓
114　烧咕佬
123　仙人掌
124　阴阳眼　鸡瞎眼
133　阴死鬼
141　双下巴
143　招待所　迁户口
153　金戒指　批试卷　尖屁股
158　真快活
162　猪赚头
163　花露水　张校长　温度表
167　干掉哕
168　屙痢疾
173　猪脚爪　三角板
174　江北佬　三角眼
183　正月底　温热水
723　托儿所
733　七巧板　折裱纸
771　叔伯哥
773　叔伯姐　七色板
774　脱不了　八百米
783　黑墨水
866　热豆腐

42 2 212 调

115　开裆裤　空心菜
116　烘山芋　先锋队　煎鸡蛋
125　青头菜
146　金项链　新社会
154　双季稻　单季稻　通讯社
155　三四个
156　浇菜地
165　烟袋把　高射炮　新饭店
166　心脏病　开大会
175　揩脚布　敲竹杠　猪八戒
176　中国话　天不亮　批发站
185　正月半儿　中药店
186　音乐会
715　百家姓　一批货　一封信
725　脊梁盖
736　侧倒睡
746　不上路　黑社会　接待站
755　百货店　一个半

765 铁匠店 一大半儿　766 吃夜饭 不认字 一万二
775 不作兴 七八个 一笔账　776 德国话 一百二 歇一夜
785 八月半儿 七月半儿 不习惯　874 合作社

42 5 5 调

122 一回头 包房头 天文台　717 一丁角
722 一条鱼　782 不值钱
788 吃白食 吃独食

42 5 24 调

123 香洋碱 当劳改 中南海　125 搓麻将
133 三海碗 三点水 猪拱嘴　134 生果米
723 一盆水 发洪水 一瓶酒　733 脚板底 喝喜酒 一把伞
823 纳鞋底

42 5 212 调

125 出洋相 揩台布 瓜皮帽　126 天宁寺 交流会 浇肥料
135 扳火罐 猪狗臭 松紧带　136 青果巷 居委会
145 车马费 车马炮　735 一桶货 一小半儿 鸭屎臭
736 八宝饭 吃早饭 说好话　746 压马路
755 一块半 拍照片 不注意　756 一块地 一顿饭
786 一盒饭 说实话 吃白饭　836 热水袋

42 24 5 调

131 张老师　132 单眼皮 开斗墙
133 心口子　138 金手镯 当主席
142 双眼皮 天老爷 歌舞团　143 屙肚子
145 孙女婿 招女婿　732 踢土旁 不可能 吃苦头
738 一小截儿　752 压岁钱
832 热水瓶 抹小牌 热死人　845 侄女婿

42 212 42 调

131　开倒车　　157　收废铁　三四百

161　开夜车　　661　第二膏

751　一个灯　一对糕

42 212 1 调

146　抄近路　165　拖助架　　766　说梦话　856　莫见外

5 42 0 调

112　穿衣裳　　113　腮帮子　翻跟斗

114　孙媳妇　　118　伤膏药

212　楼高头　　213　围腰子　船篙子　狼巴子

234　娘儿伙里　爷儿伙里　　236　泥水匠

242　城市人　　272　床脚头

273　皮夹子　铅角子　　283　洋辣子

287　红蜡烛　　422　老妈儿妈儿

711　出花儿花儿　一班车　　712　脱衣裳

713　一包子　一箱子　　771　一百分

775　不答应　　787　插蜡烛

852　十个人　　871　落雪天

875　莫客气　　886　十月份

5 5 42 调

211　王八鳅　螺蛳青　玫瑰花　　217　全家福　牙巴骨　螺丝骨

218　梅花鹿　　221　玩龙灯　人来疯　磨洋工

222　图便宜　　223　头划子

227　重阳节　红颜色　和平鸽　　228　胡萝卜

231　头顶心　盐水缸　毛狗精　　238　长筒袜

241　圆领衫　羊卵泡　人造丝　　247　童养媳　劳动节

251	文化宫			258	民政局		
267	黄豆角			268	邮电局		
271	前夹心	摩托车	头一膏	277	量血压		
278	门角落			281	留学生	红辣椒	长白山
283	鞋拔子			284	玩杂技		
441	老母猪			821	十来天	白头翁	
822	白醣醣			825	学文化		
867	实验室			881	滑滑梯	直达车	学习班

5 24 5 调

231	刘老师			233	洋老鼠	门款子	蚕宝宝
234	床底下	楼底下		235	玩把戏		
241	离满心			242	粘蚂蝗		
245	娘儿两个	爷儿两个		247	头脑壳		
332	老板娘	小砍头		333	扁嘴子		
336	表姊妹			342	小女伢儿	小老婆	
343	小攮子	小女子		423	老妈子		
437	哪晓得			443	咬耳朵		
447	满五七			833	活款子		
838	读小学			842	独眼龙		

5 42 24 调

113	西瓜子	花生米		173	钢笔水		
212	葵花子	胡椒粉	瞧风水	214	姨侄女	重孙女	
253	脾气拐			264	和尚领		
273	瞧不起	毛笔水		313	手巴掌		
373	洗脚水	手搭拐儿		384	顶末了		
713	喝烧酒	一张纸	杀猪佬	714	铁丝网		

773	一滴水			774	一匹马	
775	一百块			784	一粒米	
813	十三点	白开水	辣椒粉	884	白木耳	

5 42 5 调

212	梨膏糖	鲢胖头	鱼肝油	218	年三十儿	
222	银洋钱	阳王爷	难为情	242	年限长	
252	红霸头			262	和尚头	勤务员
272	头一名	林则徐	无锡人	282	营业员	
712	出风头	一家人	一丘田	772	一桌人	一角头
812	石街头	学生伢儿	十三陵	842	绝户头	杂技团
862	服务员			872	白血球	活不长

5 42 212 调

214	堂兄弟	杭州市		215	棉纱线	
216	胡椒面	防空洞	神经病	218	红烧肉	
226	龙王庙	阎王路		255	南货店	明信片
256	咸泡饭	文化站	无线电	275	油漆店	
276	游击队	咸鸭蛋	无锡话	286	茶叶蛋	
716	夹生饭	吃稀饭	一棵树	717	一间屋	
814	读师范	石膏像		815	辣椒酱	
855	杂货店			865	白内障	
875	十八变					

5 5 5 调

222	湖塘桥	鱼浮头	瞧人头	228	谈闲白
232	怀小伢儿			522	各人人
822	白来财	白头毛		842	独眼龙

5 5 24 调

223 寒毛孔 葡萄酒 红棉袄　　233 洋碱粉

241 红领巾　　824 白毛女

5 5 212 调

224 人行道　　225 黄芽菜 红棉裤

226 城隍庙　　234 劳改犯

236 原子弹 寻短路　　246 杨柳树 传染病

265 谈恋爱　　516 洋车渡

726 柏油路　　815 十拉个

844 活受罪　　865 十字铺

885 学杂费

5 21 24 调

163 发大水　　243 查户口

251 陪嫁妆　　253 明镜子 鞋楦子 文化馆

254 田畈儿里　　255 门空儿空儿

261 重外甥　　262 洋芋头

263 门第子 长命锁 查字典　　266 咸豆腐

353 讨债鬼 手套子　　363 小二子

442 老丈人　　444 老丈母

445 往下去　　456 犯错误

543 掼稻子 报户口　　548 钉被服

552 晒太阳　　553 半吊子 裤带子

555 寄信去　　566 冻豆腐

642 大后年　　648 揉被服

653 雾帐子 用筷子　　665 第二个

752 一个人　　753 一个手 一罐子 搭架子

756 说笑话

758 不快活

763 拍电影 一袋子

852 药罐头

853 活见鬼

863 活字典

5 21 5 调

262 袁大头 扛大头

352 打屁虫

355 小半个

752 一扇门 一记头

762 一面墙 一大盆

858 学化学

868 读大学

24 42 0 调

311 打官司 打惊张 好东西

312 顶高头 洗衣裳 绞丝旁

313 碗莞子

315 打哈欠 土腥气

316 想心事 好机会

317 走亲戚 摆资格

412 老姑娘

417 老资格 有知识

675 第一个

24 5 5 调

222 盲肠炎

312 眼睛毛

322 小毛桃 剪头毛 鬼王头

332 反犬旁 洗脸盆 小手头

342 处理人

352 解放鞋 宝盖头

362 火字旁 手艺人 草字头

422 老黄牛

428 女同学

432 五斗橱 养小伢儿 五爪龙

482 脑膜炎

552 块块头

762 各自人

24 5 42 调

121 鸦皮烟

221 妈妈腔 妈妈汤

227 儿童节

257 研究室

311 长疔疮 小包车

321 水塘猫 指南针 走人家

322	打脾寒			323	打平伙	澡堂子	
327	扯神色	小人国	点名册	331	老母鸡	打火机	手板心
351	礼拜天	保证书	解放军	358	礼拜六		
361	短大衣			371	洗一膏		
373	小卒子			375	丑不过		
377	哪一个	叵不得		381	小学生		
383	小十子			387	手术室	死肉鳖	
388	火辣辣			421	老牙车		
425	有文化			426	老毛病		
431	五点钟			438	老鼠药		
441	女佬家			451	哪个坡		
461	吕洞宾	老寿星		471	老不慌	五角星	
487	老实鳖						

24 21 24 调

342	顶后头		352	死对头	
362	顶那头	眼面前	367	老办法	想办法
453	五线谱		455	有志气	
464	两万五		467	有办法	

24 5 24 调

223	妈妈嘴			313	走之底		
322	打圆场			323	枕头胆	打弹子	海南岛
324	好长远			325	小零碎		
333	老鼠屎	捡狗屎	剪手叵	363	两面倒		
383	马达卡			413	眼睛水		
424	两毛五	你拿我		433	女厂长	老古董	
464	理外理			714	眨巴眼儿		

24 5 212 调

275	跑一趟			315	火车票	水蒸气	
316	普通话	煮鸡蛋	寡鸡蛋	322	小儿儿		
325	绞台布	打回票		326	小婆妹儿	短阳寿	手榴弹
335	小板凳	打广告	保管费	336	扯屌蛋	敢死队	
344	炒米淡			346	扯卵蛋	展览会	
355	打报告			356	武进县	广播站	拣破烂
365	两面派	土地证		366	写大字		
375	小吃店	打一记	景德镇	376	稳笃定	火赤练	检察院
385	伙食费			386	斗笠帽		
414	武装部			415	两三个	五金店	
424	旅行社			434	五保户		
435	肚子痛			436	耳朵背	仰倒睡	里把路
445	咬卵将			446	养老院		
475	老百姓			476	码不住		
484	五十倍						

24 42 5 调

312	小阿姨	老猪婆	狗钻笼	372	写作文
378	少七十	胆结石		382	水蜜桃
412	雨花台	老天牌	耳东陈	532	驾驶员
612	骂山门	地身绒			

21 1 24 调

464	近视眼			513	泡瓜篓	化妆品
514	亲家母			533	照倒写	
553	靠背椅	救济款	照相馆	563	半导体	税务所

573 怪不倒 派出所
613 胃穿孔 败家子
614 卖屄佬 外甥女
623 自来水
633 稗草子 饿死鬼
634 大好佬 硬子眼儿
635 万把块
643 护士长
653 县政府 运气好
663 大字本 大队长
664 外地佬
673 袖搭拐 认不倒
674 二百五

21 1 5 调

333 梗梗子
412 菢鸡婆 竖心旁
452 下半年
478 犯不着 肾结石
512 四千人 正方形
552 布告牌
562 印度洋
572 四脚蛇 变色龙
578 肺结核
612 万金油
622 亮毛虫儿
628 地门石
642 运动员
652 县太爷 售票员 背课文
655 大半个
662 豆腐皮 胃溃疡
672 硬壳虫 大脚盆 外国人

21 24 5 调

438 动手术
447 后脑壳
448 后脑勺儿
531 孝手巾
532 过小年 气管炎 记起来
533 线拐子 筷篓子
536 过喜事
538 副主席
542 灶老爷 四老爷
543 屁眼子
632 大手头
634 地底下
637 地毯角儿
642 大老婆
713 一些子
742 接女人

743　一篓子
745　发冷性
752　压岁钱　一块头　一块田
832　日本人

21 5 42 调

411　上山瘟　坐飞机　杏花村
421　橡皮膏
431　菢小鸡　后颈窝
471　稻谷桩　下决心
487　抱佛脚
511　破伤风　订书机　绣花针
517　四仙桌　教师节
521　报平安　灶头间　放鱼秧
522　向前年　怕嫌人
523　盖房子　酱油子
526　臭皮匠
527　教研室
551　照相机　探照灯
557　变戏法
561　信号灯
567　纪念册
568　税务局
571　叫一声　四百六
577　四百八
578　做作业
581　四月初　做滑稽
585　四十个
587　教学法
588　教育局
611　自尊心
615　电灯泡
617　办公室　卫生室
621　大麻糕　万年青　害人精
623　浪门子
637　校长室
647　地下室　上下级
658　上半月　电信局
661　豆腐花　电话机
677　胃出血
681　大学生　冒白烟
687　蛋白质

21 5 212 调

385　九十四
455　后寄症
456　后半夜
474　动不动　坐不动
475　被服絮
515　吊鸡襻　裤腰带
516　汽车站　半新旧
525　剃头店

526　秤砣重　种牛痘

535　个把个　变死相　做鬼叫

536　照倒画　副主任

545　戴眼镜　数理化

546　过马路

555　变化快

556　四季豆

564　信用社

565　挂号信　放大镜

574　跳不动　四不像

575　变压器　记笔记

576　见一面　副作用

585　半截裤

586　半截袖

615　鐾刀布　睡中觉

625　豆芽菜　大元帅

626　座谈会

635　大板凳　电影票　旧板凳

636　蛋炒饭　害小病　电影院

645　地道战

646　运动会

656　上半夜　硬碰硬　慢性病

665　大饭店　电话线

666　害大病　大坏蛋

675　败血症

676　外国话

677　大约摸

685　弹药库

686　办学校

725　一爿店　一台戏

726　说闲话　一条路　一排树

745　一两个

21 5 24 调

423　造船厂

523　破棉袄　半瓢水　印蓝纸

524　剃头佬

623　大头鬼

633　大小姐　卖手表

724　一场雨

212 42 0 调

511　地乌龟

512　做衣裳　嫁姑娘

513　叫花子　秤钩子

515　做针线　做生意

516　做秋梦

518　做生活

563　带冒点儿

612　眼衣裳

613 卖关子

616 办公事

618 重工业 重生活 二三月

671 第七天 树节疤

676 外八字

681 大伏天

684 大力士

根据各字的声调变化，“河南话”三字组连读变调可以归纳为以下八种类别。举例的调形中，大部分字组的连读符合该类别的特征。

1. 首字不变，其他两字变。如：42 2 0 调、24 21 24 调。

2. 首字和中字不变，尾字变。如：42 212 1 调、5 24 5 调（大部分）、24 42 0 调、212 42 0 调。

3. 首字和尾字不变，中字变。如：42 5 42 调、42 2 5 调、42 2 24 调、42 2 212 调、42 5 24 调、42 5 212 调、5 5 42 调、5 42 5 调、5 5 5 调、5 5 24 调、5 5 212 调、24 5 5 调、24 5 42 调、24 5 212 调。

4. 首字变，中字和尾字不变。如：5 42 24 调、21 5 24 调。

5. 首字和中字变，尾字不变。如：5 21 5 调、21 1 24 调、21 1 5 调、21 5 42 调、21 5 212 调。

6. 首字和尾字变，中字不变。如：5 42 0 调、21 24 5 调。

7. 三字都不变。如：42 212 42 调、24 42 5 调。

8. 三字都变。如：5 21 24 调（少部分）。

从“河南话”三字组变调的总体情况来看，不变调的字占多数，在首字、中字、尾字均有分布。相比较而言，三字组中两个字不变调的情况居多。去声的变调［21］，保留了去声调值［212］的主体部分。假如将 5 21 24 调、5 21 5 调、24 21 24 调、21 1 24 调、21 1 5 调、21 5 42 调、21 5 212 调、21 5 24 调中的［21］视作基本不变的话，则“河南话”三字组里不变调或基本不变调的单字更多。

“河南话”三字组的变调类型特点可用表 2–11 说明。

表 2-11　　　　　　　　　"河南话"三字组的变调类型

首字＼中字	阴平42	阳平55	上声24	去声212
阴平42	42542			
	4220	42224	4220	
	4225		42 245	4225
				42224
	422212	42524（425212）	42 212 1	
		4255		
		215212	21 245	42 212 42
	5420	5425（542 212）		5425（542 212）
	542 24			5215
阳平55		5542		
	5542	5524		521 24
				55212
		555	5245	
	24 420			
		24542（245212）		24 21 24
上声24		24524		
			2455	
	24 425			
	212 420	2115（21542）	21 245	2115（21542）
去声212	21124（215212)			

　　表 2-11 中，表左从上到下表示三字组首字的调类、调值，表端从左到右表示三字组中字的调类、调值。总体来看，表中连贯的横线多于连贯的竖线。这跟"河南话"两字组连调情况相似。连贯的横线表明"河南话"三字组连调主要由首字决定。中字为阴平和去声的三字组，连贯的竖线较为贯通，表明"河南话"三字组连调的中字也起重要作用。可见，在"河南话"三字组连读变调中，单字调依然是连调的基础。

“河南话”三字组连调基于单字调和两字组连调。三字组连调的结构基本可以看作是单字调和两字组连调的合成。如：

表 2–12　　“河南话”三字组变调的合成方式

合成调（三字组）	合成方式一		合成方式二	
	两字组调+单字调	例子	单字调+两字组调	例子
42 5 42调	42 5调+ 42调	猪头三	42调+5 42调	修汽车
42 5 5调	42 5调+55调	一回头	42调+5 5调	不值钱
42 24 5调	42 24调+55调	热水瓶	42调+24 5调	金手镯
5 24 5调	5 24调+55调	老板娘	55调+24 5调	洋老鼠
5 42 5调	5 42调+55调	营业员	55调+42 5调	活不长
24 5 5调	24 5调+55调	盲肠炎	24调+5 5调	老黄牛
24 5 24调	24 5调+24调	枕头胆	24调+5 24调	好长远

第三节　内部差异

一　本区各地“河南话”的差异

本书选取溧阳、句容、吴江、长兴、安吉、广德等六处进行苏浙皖交界地区“河南话”的声韵调[①]和词汇语法比较。声韵调根据下列六位发音人的发音，词汇和语法同时还参考了其他发音人的说法。

表 2–13　　苏浙皖各地“河南话”的发音人信息

调查地点	溧阳	句容	吴江	长兴	安吉	广德
发音人姓名	吴魁	张瑞泉	李国柱	任大义	沈万胜	胡应贵
性别	男	男	男	男	男	男
出生年份	1938	1942	1955	1962	1964	1945

① 声韵调的比较用字根据中国语言资源有声数据库建设领导小组办公室编《中国语言资源有声数据库调查手册：汉语方言》，商务印书馆 2010 年版。

本书选取社渚$_{金山}$、上兴$_{上城}$、天目湖$_{平桥}$、社渚$_{新塘}$等四处进行溧阳“河南话”的语音、词汇、语法差异比较，四位发音人①的基本情况如表 2–14。

表 2–14　　溧阳市各地“河南话”的发音人信息

调查地点	社渚$_{金山}$	上兴$_{上城}$	天目湖$_{平桥}$	社渚$_{新塘}$
发音人姓名	吴魁	黄先玉	解永海	向自进
性别	男	男	男	男
出生年份	1938	1940	1943	1944
祖籍地	罗山	罗山	光山	光山

（一）本区各地“河南话”的声韵调比较

1. 声母比较

本书用六张表比较本区各地“河南话”的声母，如下：

表 2–15　　苏浙皖各地“河南话”声母比较表（一）

古声母 / 汉字 / 方言	帮		滂		並		明		非		敷		奉		微	
	八	兵	派	片	爬	病	麦	明	飞	风	副	蜂	肥	饭	味	问
溧阳	p	p	p^h	p^h	p^h	p	m	m	f	f/x	f	f	f	f	v	v
句容	p	p	p^h	p^h	p^h	p	m	m	f	f	f	f	f	f	v	v
吴江	p	p	p^h	p^h	p^h	p	m	m	f	f	f	f	f	f	v	v
长兴	p	p	p^h	p^h	p^h	p	m	m	f	f/x	f	f	f	f	v	v
安吉	p	p	p^h	p^h	p^h	p	m	m	f	f	f	f	f	f	ø	v
广德	p	p	p^h	p^h	p^h	p	m	m	f	f	f	f	f	f	v	v

① 调查时间为 2007 年 4 月至 10 月。

表 2–16　　苏浙皖各地“河南话”声母比较表（二）

古声母 / 汉字 / 方言	端		透		定		泥				来			
	多	东	讨	天	甜	毒	脑	南	年	泥	老	蓝	连	路
溧阳	t	t	t^h	t^h	t^h	t	l	l	ȵ	ȵ	l	l	l	l
句容	t	t	t^h	t^h	t^h	t	l	l	n	n	l	l	n	l
吴江	t	t	t^h	t^h	t^h	t	n	l	ȵ	ȵ	l	l	l	l
长兴	t	t	t^h	t^h	t^h	t	l	l	n	n	l	l	n	l
安吉	t	t	t^h	t^h	t^h	t	l	l	n	n	l	l	n	l
广德	t	t	t^h	t^h	t^h	t	l	l	ȵ	ȵ	n	n	n	l

表 2–17　　苏浙皖各地“河南话”声母比较表（三）

古声母 / 汉字 / 方言	精				清				从				心				邪	
	资	早	租	酒	刺	草	寸	清	字	贼	坐	全	丝	三	酸	想	祠	谢
溧阳	ts	ts	ts	tɕ	ts^h	ts^h	ts^h	tɕ^h	ts	ts	ts	tɕ^h	s	s	s	ɕ	ts^h	ɕ
句容	ts	ts	ts	tɕ	ts^h	ts^h	ts^h	tɕ^h	ts	ts	ts	tɕ^h	s	s	s	ɕ	ts^h	ɕ
吴江	ts	ts	ts	tɕ	ts^h	ts^h	ts^h	tɕ^h	ts	ts	ts	tɕ^h	s	s	s	ɕ	ts^h	ɕ
长兴	ts	ts	ts	tɕ	ts^h	ts^h	ts^h	tɕ^h	ts	ts	ts	tɕ^h	s	s	s	ɕ	ts^h	ɕ
安吉	ts	ts	ts	tɕ	ts^h	ts^h	ts^h	tɕ^h	ts	ts	ts	tɕ^h	s	s	s	ɕ	ts^h	ɕ
广德	ts	ts	ts	tɕ	ts^h	ts^h	ts^h	tɕ^h	ts	ts	ts	tɕ^h	s	s	s	ɕ	ts^h	ɕ

表 2–18　　苏浙皖各地“河南话”声母比较表（四）

古声母 / 汉字 / 方言	知		彻		澄		庄		初		崇		生	
	张$_{量}$	竹	抽	拆	茶	柱	争	装	抄	初	事	床	山	双
溧阳	ts	ts	ts^h	ts^h	ts^h	tɕ	ts	ts	ts^h	ts^h	s	ts^h	s	s

续 表

古声母 / 汉字 / 方言	知		彻		澄		庄		初		崇		生	
	张$_{\text{量}}$	竹	抽	拆	茶	柱	争	装	抄	初	事	床	山	双
句容	ts	ts	ts^h	ts^h	ts^h	ts	ts	ts	ts^h	ts^h	s	ts^h	s	s
吴江	ts	ts	ts^h	ts^h	ts^h	tɕ	ts	ts	ts^h	ts^h	s	ts^h	s	s
长兴	ts	ts	ts^h	ts^h	ts^h	tɕ	ts	ts	ts^h	ts^h	s	ts^h	s	s
安吉	ts	ts	ts^h	ts^h	ts^h	ts	ts	ts	ts^h	ts^h	s	ts^h	s	s
广德	ts	ts	ts^h	ts^h	ts^h	tʂ	ts	ts	ts^h	ts^h	s	ts^h	s	s

表 2–19　　苏浙皖各地“河南话”声母比较表（五）

古声母 / 汉字 / 方言	章		昌		船		书		禅		日	
	纸	主	车$_{\text{汽车}}$	春	船	顺	手	书	十	城	热	软
溧阳	ts	tɕ	ts^h	$tɕ^h$	$tɕ^h$	ɕ	s	ɕ	s	ts^h	ø	ø
句容	ts	ts	ts^h	$tɕ^h$	$tɕ^h$	ɕ	s	s	s	ts^h	z	z
吴江	ts	tɕ	ts^h	$tɕ^h$	$tɕ^h$	ɕ	s	ɕ	s	ts^h	z	ø
长兴	ts	ts	ts^h	$tɕ^h$	$tɕ^h$	ɕ	s	ɕ	s	ts^h	z/ø	ø
安吉	ts	tɕ	ts^h	$tɕ^h$	$tɕ^h$	ɕ	s	s /ɕ	s	ts^h	z/ø	z
广德	ts	tʂ	ts^h	$tʂ^h$	$tʂ^h$	ʂ	s	ʂ	s	ts^h	ø	ʐ

表 2–20　　苏浙皖各地“河南话”声母比较表（六）

古声母 / 汉字 / 方言	见		溪		群		疑		晓			匣		影		云		以	
	高	九	开	轻	共	权	熬	月	好	灰	响	活	县	安	温	王	云	用	药
溧阳	k	tɕ	k^h	$tɕ^h$	k	$tɕ^h$	ŋ	ø	x	f	ɕ	x	ɕ	ŋ	v	v	ø	z	ø
句容	k	tɕ	k^h	$tɕ^h$	k	ts^h	ŋ	ø	x	f	ɕ	x	ɕ	ŋ	v	v	ø	z	ø

续　表

古声母／汉字／方言	见		溪		群		疑		晓			匣		影		云		以	
	高	九	开	轻	共	权	敖	月	好	灰	响	活	县	安	温	王	云	用	药
吴江	k	tɕ	k^h	tɕ^h	k	tɕ^h	ŋ	ø	x	f	ɕ	x	ɕ	ŋ	v	v	ø	z	ø
长兴	k	tɕ	k^h	tɕ^h	k	tɕ^h	ø/ŋ	ø	x	f	ɕ	x	ɕ	ø/ŋ	ø	v	ø	ø	ø
安吉	k	tɕ	k^h	tɕ^h	k	tɕ^h	ø/ŋ	ø	x	f	ɕ	x	ɕ	ø/ŋ	ø	ø	ø	ø	ø
广德	k	tɕ	k^h	tɕ^h	k	tʂ^h	ŋ	ø	x	f	ɕ	x	ɕ	ŋ	v	v	ø	z	ø

通过比较，本区各地“河南话”的声母基本相同。差异主要有：

（1）非母字“风”、奉母字“冯”的声母有 f/x 两读，但在多个地方 x 读音已消失。

（2）微母字多数地方读 v 声母，少数地方读零声母。

（3）各地“河南话”的 n、l 声母均不构成对立。在细音前一般读 ȵ，在洪音前因调查对象不同，读 n、l 的情况也不同。

（4）广德“河南话”遇、山、臻摄合口三等知组字声母读 tʂ、tʂ^h、ʂ、ʐ，其他几处为 ts、ts^h、s、z 或 tɕ、tɕ^h、ɕ、ø。如：

“柱、主”在溧阳、吴江读 tɕy，在句容读 tsʮ，在安吉、长兴读 tsu，在广德读 tʂʮ。

（5）日组、通摄以母字声母在各地读音有差异。或读 z，或读 ø。

2. 韵母比较

本书用七张表格比较本区各地“河南话”的韵母，具体如下：

表 2–21　　　　苏浙皖各地“河南话”韵母比较表（一）

古摄／汉字／方言	果				假				遇				蟹						
	歌	坐	过	靴	茶	牙	写	瓦	苦	五	猪	雨	开	排	鞋	米	赔	对	快
溧阳	o	o	o	ye	ɑ	iɑ	ie	ɑ	u	u	y	y	ai	ai	iai/ai	i	ei	ei	uai
句容	o	o	o	ʮe	ɑ	iɑ	ie	ɑ	u	u	ʮ	ʮ	ai	ai	iai/ai	i	ei	ei	uai

续 表

古摄 / 汉字 / 方言	果				假				遇				蟹						
	歌	坐	过	靴	茶	牙	写	瓦	苦	五	猪	雨	开	排	鞋	米	赔	对	快
吴江	o	o	o	ye	ɑ	iɑ	ie	ɑ	u	u	y	y	ai	ai	iai/ai	i	ei	ei	uai
长兴	ə/o	o	o	ye	ɑ	iɑ	ie	ɑ	u	u	y	y	ai	ai	iai/ai	i	ei	ei	uai
安吉	o	o	o	ye	ɑ	iɑ	ie	ɑ	u	u	u	y	ai	ai	iai/ai	i	ei	ei	uai
广德	o	o	o	ʮe	ɑ	iɑ	ie	ɑ	u	u	ʮ	ʮ	ai	ai	iai/ai	i	ei	ei	uai

表 2-22　　苏浙皖各地“河南话”韵母比较表（二）

古摄 / 汉字 / 方言	止								效				流		
	师	丝	试	戏	你	二	飞	鬼	宝	饱	笑	桥	豆	走	油
溧阳	ɿ	ɿ	ɿ	i	n̩	ər	ei	uei	aɯ	aɯ	iaɯ	iaɯ	əɯ	əɯ	iəɯ
句容	ɿ	ɿ	ɿ	i	n̩	ər	ei	uei	aɯ	aɯ	iaɯ	iaɯ	əɯ	əɯ	iəɯ
吴江	ɿ	ɿ	ɿ	i	n̩	ər	ei	uei	aɯ	aɯ	iaɯ	iaɯ	əɯ	əɯ	iəɯ
长兴	ɿ	ɿ	ɿ	i	n̩	ər	ei	uei	aɯ	aɯ	iaɯ	iaɯ	əɯ	əɯ	iəɯ
安吉	ɿ	ɿ	ɿ	i	n̩	ər	ei	uei	aɯ	aɯ	iaɯ	iaɯ	əɯ	əɯ	iəɯ
广德	ɿ	ɿ	ɿ	i	n̩	ər	ei	uei	aɯ	aɯ	iaɯ	iaɯ	əɯ	əɯ	iəɯ

表 2-23　　苏浙皖各地“河南话”韵母比较表（三）

古摄 / 汉字 / 方言	咸阳		深阳		山阳						臻阳					
	南	盐	心	深	山	年	半	短	官	权	根	新	寸	滚	春	云
溧阳	an	ian	in	ən	an	ian	an	an	uan	yan	ən	in	ən	uən	yn	yn
句容	an	ian	in	ən	an	ian	an	an	uan	yan	ən	in	ən	uən	ʮn	ʮn
吴江	an	ian	in	ən	an	ian	an	an	uan	yan	ən	in	ən	uən	yn	yn

续　表

古摄 / 汉字 / 方言	咸阳		深阳		山阳						臻阳					
	南	盐	心	深	山	年	半	短	官	权	根	新	寸	滚	春	云
长兴	an	ian	in	ən	an	ian	an	an	uan	yan	ən	in	ən	uən	yn	yn
安吉	an	ian	in	ən	an	ian	an	an	uan	yan	ən	in	ən	uən	yn	yn
广德	an	ian	in	ən	an	ian	an	an	uan	ɥan	ən	in	ən	uən	ɥn	ɥn

表 2-24　　苏浙皖各地“河南话”韵母比较表（四）

古摄 / 汉字 / 方言	宕阳				江阳		曾阳		梗阳						通阳	
	糖	响	床	王	双	讲	灯	升	硬	争	病	星	横	兄	东	用
溧阳	aŋ	iaŋ	aŋ	aŋ	aŋ	iaŋ	ən	ən	ən	ən	in	in	ən	ioŋ	oŋ	oŋ
句容	aŋ	iaŋ	aŋ	aŋ	aŋ	iaŋ	ən	ən	ən	ən	in	in	ən	ioŋ	oŋ	əŋ
吴江	aŋ	iaŋ	aŋ	aŋ	aŋ	iaŋ	ən	ən	ən	ən	in	in	ən	ioŋ	oŋ	oŋ
长兴	aŋ	iaŋ	aŋ	aŋ	aŋ	iaŋ	ən	ən	in/ən	ən	in	in	ən	ioŋ	oŋ	ioŋ
安吉	aŋ	iaŋ	aŋ	aŋ	aŋ	iaŋ	ən	ən	in/ən	ən	in	in	ən	iəŋ	oŋ	ioŋ
广德	aŋ	iaŋ	aŋ	aŋ	aŋ	iaŋ	ən	ən	ən	ən	in	in	ən	iəŋ	əŋ	əŋ

表 2-25　　苏浙皖各地“河南话”韵母比较表（五）

古摄 / 汉字 / 方言	咸入						深入		山入						
	盒	塔	鸭	接	贴	法	十	急	辣	八	热	节	活	刮	月
溧阳	o	ɑ	iɑ	ie	ie	ɑ	ɿ	i	ɑ	ɑ	ye	ie	o	uɑ	ye
句容	o	ɑ	iɑ	ie	ie	ɑ	ɿ	i	ɑ	ɑ	ɥe/e	ie	o	uɑ	ye
吴江	o	ɑ	iɑ	ie	ie	ɑ	ɿ	i	ɑ	ɑ	e	ie	o	uɑ	ye
长兴	ə/o	ɑ	iɑ	ie	ie	ɑ	ɿ	i	ɑ	ɑ	ə/ye	ie	o	uɑ	ye

续 表

古摄 / 汉字 / 方言	咸入						深入		山入						
	盒	塔	鸭	接	贴	法	十	急	辣	八	热	节	活	刮	月
安吉	o	ɑ	iɑ	ie	ie	ɑ	ʅ	i	ɑ	ɑ	ye	ie	o	uɑ	ye
广德	o	ɑ	iɑ	ie	ie	ɑ	ʅ	i	ɑ	ɑ	ɥe	ie	o	uɑ	ɥe

表 2-26　　苏浙皖各地“河南话”韵母比较表（六）

古摄 / 汉字 / 方言	臻入					宕入			江入		曾入			
	七	一	骨	出	橘	托	药	郭	壳	学	北	直	色	国
溧阳	i	i	u	y	y	o	io	o	o	io	ie	ʅ	e	ue
句容	i	i	u	y	y	o	io	o	o	io	ie	ʅ	e	ue
吴江	i	i	u	y	y	o	io	o	o	io	ie	ʅ	e	ue
长兴	i	i	u	y	y	o	io	o	ə/o	io	ie	ʅ	e	o/ue
安吉	i	i	u	u/y	y	o	io	o	o	io	ie	ʅ	e	ue
广德	i	i	u	ɥ	ɥ	o	io	o	o	io	ie	ʅ	e	ue

表 2-27　　苏浙皖各地“河南话”韵母比较表（七）

古摄 / 汉字 / 方言	梗入			通入			
	白	尺	锡	谷稻谷	六	绿	局
溧阳	ie	ʅ	i	u	əɯ	əɯ	y
句容	ie	ʅ	i	u	iəɯ	u	y
吴江	ie	ʅ	i	u	əɯ	əɯ	y
长兴	ie	ʅ	i	u	iəɯ/əɯ	o	y

续　表

古摄 / 汉字 / 方言	梗入			通入			
	白	尺	锡	谷稻谷	六	绿	局
安吉	ie	ɿ	i	u	əɯ	əɯ	y
广德	ie	ɿ	i	u	iəɯ	əɯ	ʮ

通过比较，本区“河南话”的韵母差异主要有：

（1）y 类韵母在各地读音不同。有 ʮ 类（如广德）、ɥ 类（如句容）、y 类（如溧阳）三种情况。

（2）安吉、长兴、句容三处的“河南话”语音受普通话影响明显。如长兴：硬［in^{212}/ŋən^{212}］、淹［ian^{42}］、盒［xə^{55}/xo^{55}］、热［zə^{42}/ye^{42}］、壳［k^{h}ə^{42}/k^{h}o^{42}］、国［ko^{42}/kue^{42}］、六［liəɯ^{42}/ləɯ^{42}］。这跟发音人的职业和交往人群可能有关系——安吉发音人开了个小超市，长兴发音人开过茶叶店。但笔者认为，他们受普通话的影响主要通过广播电视。安吉和长兴两位发音人开的店处在“河南话”的环境；句容发音人的“河南话”，跟当地属吴语的“此地话”和属江淮官话的“苏北话”相处。他们使用普通语交流多发生于跟孙子辈的孩子讲话。笔者特地考察了句容市天王镇菜巷村谷城村的“河南话”从 1992 年以来的语音变化①，得出的结论是：二十多年来，谷城村的“河南话”语音受普通话影响明显。主要变化如表 2–28 所示。

表 2–28　　句容“河南话”二十多年来语音的主要变化

汉字	去	路	租	酸	竹	装	双	撕	深	热
1992年	tɕ^{h}i^{312}	ləu^{312}	tsəu^{41}	sɛn^{41}	tsəu^{41}	tsaŋ^{41}	saŋ^{41}	tsɿ^{41}	ts^{h}ən^{41}	ye^{41}
2018年	tɕ^{h}y^{212}	lu^{212}	tsɥ^{42}	suan^{42}	tsɥ^{42}	tsuaŋ^{42}	suaŋ^{42}	sɿ^{42}	sən^{42}	zie^{42}/ye^{42}

① 1992 年的语音材料参考了郭熙在句容县磨盘乡谷城村（今为句容市天王镇菜巷村谷城村）的调查结果，主要发音人为彭国基（当时 67 岁，79 岁时去世）。2018 年的语音材料来自本书发音人、谷城村的张瑞泉。

续 表

汉字	六	绿	女	吕	取	娶	眉	选	缩	蛆
1992年	ləu^{41}	ləu^{41}	ɥ^{224}	ɥ^{224}	tɕ^{h}i^{224}	tɕ^{h}i^{224}	mi^{224}	ɕian^{224}	ts^{h}əu^{41}	tɕ^{h}i^{41}
2018年	liəɯ^{42}	lu^{42}	y^{24}	y^{24}	tɕ^{h}y^{24}	tɕ^{h}y^{24}	mei^{55}	ɕyan^{24}	so^{42}	tɕ^{h}y^{42}

（3）"兄、东、用"三字在各地的主要元音存在不同，主要表现为 ə 和 o 的差异。

3. 声调比较

苏浙皖交界地区各地"河南话"的声调基本一致，均为四个调类：阴平［42］、阳平［55］、上声［24］、去声［212］，调型和调值基本相同。调查中发现，长兴发音人的去声跟其他地点略有差异，表现为去声在降后升得不明显。

（二）本区各地"河南话"的词汇和语法比较

本区各地"河南话"的词汇基本相同。有些说法只在某处使用，如"吃完了"只在溧阳"河南话"里叫"吃妥了"，在其他地方叫"吃光了""吃完了"。下面列出部分在各地存在差异的词。

表 2–29　　苏浙皖各地"河南话"词语差异比较

普通话	溧阳	句容	吴江	长兴	安吉	广德
雾	雾帐子	雾帐子	雾帐子	雾帐子	雾帐子	雾罩子
萤火虫	亮毛虫儿	萤火虫	亮毛虫儿	亮亮虫儿	亮亮虫儿	亮毛虫儿
伯父	老爹	大爹	老爹	老爹	老爹	大爹
伯母	老妈	大妈	老妈	老妈	老妈	大妈
泥水匠	泥水［ɕy］匠	泥匠	泥师/泥师匠	泥师匠	泥师匠	泥水［ɕy］匠
简易的厕所	茅窖/茅缸	厕所	茅缸/茅厕缸	茅缸/茅厕/粪缸	茅坑［k^{h}aŋ^{42}］/茅窖	茅缸/厕所
形容多嘴或手到处乱抓	闲贱	闲贱	闲贱	闲贱/抓厌	抓屎厌/抓厌	闲贱
到点就要睡	关门觉	关门瞌睡	关门瞌睡	关门瞌睡	关门瞌睡	关门瞌睡

续 表

普通话	溧阳	句容	吴江	长兴	安吉	广德
故意	特拜/特予	故意	特把儿	特拜	特拜	特予/特把儿
洗一遍	洗一膏	洗一次	洗一遍	洗一遍/洗一道	洗一道	洗一遍
脏	糟	脏/赖咧	赖咧	糟	赖咧	赖咧
肚里做文章的人	瓮懂鬼	闷头驴子	闷肚子角	阴死□［tɕ^{h}iəɯ^{212}］儿	闷头驴子	闷头驴子
木材腐前征象	问了	朽了	朽了/困了	困了/朽了	困了	闷了
磨损	勚了	勚了/未了	勚了/未了	未了	未了	未了
过继	立	过继/立	立嗣［ts^{h}ɿ^{55}］	立嗣［ts^{h}ɿ^{55}］	过继	继
放工	歇夜	放工/歇夜	放工	放工	放工	放工
眼泪	眼泪［li］/眼睛水	眼水/眼泪	眼泪［li］	眼泪［li］水	眼睛水	眼泪［li］/眼睛水
总共	共总/一共总	总共	共总/总共	共总/总共	共总/一共总	总共
本来就	现现/现现自	—	现现	现现	现现	现现/现现自
发炎产生的淋巴液	疿水	黄水	黄水	疿水	黄水	黄水
下蛋	生蛋/□［san^{212}］蛋	生蛋	□［san^{212}］蛋/嬔蛋	□［san^{212}］蛋/生蛋	生蛋	生蛋

各地“河南话”在词法和句法上的差异比较小。有些说法在某处略不同于他处，如：安吉发音人说“等倒急用”“不等急用”，在其他地方则多说“等倒急用”“不等倒急用”。

（三）溧阳市各地“河南话”的差异

1. 语音差异

溧阳市“河南话”语音的内部差异，与苏浙皖交界地区各地“河南话”的语音差异大致相同。下面对社渚金山、天目湖平桥、上兴上城、社渚新塘四地“河南话”的主要语音差异进行比较，日母字的差异单独比较。

表 2–30　　溧阳各地“河南话”声母差异①比较

地点	声母差异组（例字）									
	f/x（挥）	k/tɕ（夹）	kʰ/tɕʰ（掐）	tɕ/tʂ（举）	tɕʰ/tʂʰ（出）	ɕ/ʂ（书）	ɕ/tɕʰ（溪）	x/ɕ（衔）	x/ŋ（岸）	ȵ/ø（毅）
社渚$_{\text{金山}}$	f	k/tɕ	kʰ	tɕ/tʂ	tɕʰ	ɕ	ɕ/tɕʰ	x	x/ŋ	ȵ
天目湖$_{\text{平桥}}$	f/x	tɕ	tɕʰ	tɕ	tɕʰ	ɕ	ɕ	ɕ	x/ŋ	ø
上兴$_{\text{上城}}$②	f	tɕ	kʰ	tʂ	tʂʰ	ʂ	ɕ	x	ŋ	ȵ
社渚$_{\text{新塘}}$	f	tɕ	tɕʰ	tʂ	tʂʰ	ʂ	tɕʰ	ɕ	ŋ	ø

表 2–31　　溧阳各地“河南话”韵母差异比较

地点	韵母差异组（例字）									
	yo/ye/y/ʮ					iai/ian	iɑ/io	y/ʮ	i/ie	ai/iai
	（阅）	（役）	（育）	（确）	（欲）	（岩）	（恰）	（主）	（急）	（街）
社渚$_{\text{金山}}$	yo	yo	yo	yo	yo	iai	iɑ	y	i	ai/iai
天目湖$_{\text{平桥}}$	ye	ye	yo	yo	ye	ian	io	y	i/ie	iai
上兴$_{\text{上城}}$	yo	yo	yo	ye	yo	ian	iɑ	ʮ	i	iai
社渚$_{\text{新塘}}$	ye	y	ʮ	yo	y	iai	iɑ	ʮ	i	iai

表 2–32　　溧阳各地“河南话”日母字读音比较

	乳	而	染	然	软	忍	闰	若	弱	辱
社渚$_{\text{金山}}$	y^{24}	ər	yan^{24}	lan^{55}	yan^{24}	yn^{24}/zən^{24}	yn^{212}	io^{42}	ȵio^{42}	zo^{42}
天目湖$_{\text{平桥}}$	ɕy^{212}	ə③	ȵian^{24}	zan^{55}	yan^{24}	yn^{24}/zən^{24}	yn^{212}/ɕyn^{212}	ye^{42}	ȵio^{42}	zo^{42}
上兴$_{\text{上城}}$	ʮ^{24}	ər④	ʮan^{24}	lan^{55}	ʮan^{24}	ʮn^{24}	ʮn^{212}	zo^{42}	ȵio^{42}	zo^{42}
社渚$_{\text{新塘}}$	ʂʮ^{212}	ər⑤	ȵian^{24}	ʐʮan^{55}	ʐʮan^{24}	ʐʮn^{24}	ʐʮn^{212}	ʐo^{42}	ʐo^{42}	lu^{24}

① 声母和韵母均有差异的，放在声母差异中比较。“主”字除外。

② 上兴$_{\text{上城}}$“河南话”的 tʂ、tʂʰ、ʂ，发音部位与社渚$_{\text{新塘}}$相比要靠前，与社渚$_{\text{金山}}$、天目湖$_{\text{平桥}}$比则靠后。

③ 卷舌不明显。

④ 有卷舌，但不动程。

⑤ 同上。

总的来看，社渚$_{新塘}$“河南话”保留了光山方言显著的语音特征——ɿ类韵母（与 tʂ、tʂʰ、ʂ、ʐ四个声母相拼）。社渚$_{金山}$、天目湖$_{平桥}$两地“河南话”很接近，上兴$_{上城}$“河南话”介于社渚$_{新塘}$和社渚$_{金山}$、天目湖$_{平桥}$之间。

2. 词汇差异

溧阳境内各地“河南话”的用词总体上基本一致，但也有一些差异，见表 2–33 所示。

表 2–33　　　　溧阳各地“河南话”词汇差异比较

普通话	社渚$_{金山}$	上兴$_{上城}$	天目湖$_{平桥}$	社渚$_{新塘}$
晚饭	夜饭	夜饭	黑饭	黑饭
后来	末了	末了	末了	末后
锄头	锄锄	锄锄	锄锄	锄头
石臼	碡米窑子	碡米窑子	碡米窑子	碡臼/地窝子$_{大的}$
篾青	篾青	青篾	篾青	篾青
玉米	苞谷	苞谷	苞谷	苞露
公猪	猪狼	狼猪	猪狼	猪狼
癞蛤蟆	癞不搞子/癞头	癞头	麻癞头	麻癞头/癞头宝子
背心儿	被心子/汗衫子	背夹子	汗衫子	背褡子
棉或皮的背心	背褡子	背褡子	背褡子	坎凳子
鞋	鞋子	鞋	鞋子	鞋子
钱袋	钱袋子	钱褡子	钱褡子	通大海
初生婴儿	小奶毛头子/小奶毛浆子	小奶伢儿	小奶毛头子	小奶毛浆子
小孩儿	小伢儿	小伢儿	小伢儿	鬼娃子/鬼襻子
姑姑	小姑	姑	姑妈	小姑子
妹妹	小妹	妹儿	小妹儿	小妹儿
拳头	捶头子	拳头子	捶头子	捶头子

续 表

普通话	社渚金山	上兴上城	天目湖平桥	社渚新塘
中指	第三个手头	中手头	三手头	三手头
肋骨	肚膀骨	膀郎骨	肚膀骨	肚膀骨
小腿	腿杆子	腿杆子	腿杆子	鲶鱼杆子
雀斑	雀子斑	斑点子	雀子斑	雀子斑
老妇的发髻	鬏巴儿	鬏把儿	鬏巴儿	把把□［$tsan^{24}$］
剁	斩	剁	斩	剁
喊	□［ya^{212}］/□［ye^{212}］	喊	喊	□［ya^{212}］
斟酒	筛酒	筛酒	筛酒	泻［$çie^{24}$］酒

3. 语法差异

溧阳各地“河南话”的语法基本相同，略有差异。如调查中发现“V＋咧＋得”结构在社渚金山、社渚新塘、天目湖平桥都说，如“列衣裳穿咧得”；但在上兴上城只说“V＋得”，如“列衣裳穿得”，不用助词“咧”；等等。

上面对本区各地“河南话”、溧阳各地“河南话”进行了共时比较。可以看出，“河南话”内部差异总体不大，融合的特征和趋势明显。“河南话”基本保留了源方言的成分和特征。八十岁以上老人所说的“河南话”，比较接近罗山、光山方言。这跟语言渐变、“河南人”较多且聚居、语言态度偏保守①、迁出时间不太久等均有关系。与源方言相比，各地“河南话”的变化主要体现在接触成分的增加、部分固有成分的异化。借用成分以词汇为主，在有的地方还扩展到语音。处在双方言环境下的“河南话”（如溧阳），接触的强度和借用等级②相对要高，出现干扰的现象也比较明显。本书重点调查的溧阳“河南话”，其借用溧阳话的成分在表 5–3 里有举例。语言的接触

① 总体上来看，老年人的语言态度偏保守，青年人则趋于开放。这在郭熙以“你是否愿意保持说河南话”为题对苏南地区河南方言岛群中的四个村镇的调查结果中也得到印证（参见郭熙《中国社会语言学》，南京大学出版社 1993 年版，第 53 页）。

② 吴福祥：《关于语言接触引发的语言演变》，载于［美］Sarch G. Thomason 著《语言接触导论》，世界图书出版公司 2014 年版，第 21 页。

和影响是相互的。溧阳话里“溧阳”的发音为［$li^{21}i\varepsilon^{24}$］①，而“溧水”的发音为［$li\partial ʔ^{2}ɕy^{52}$］。前者“溧”的发音可能受到“河南话”的发音“［$li^{42}ia\eta^{5}$］”的影响。

二　新老派语音差异

苏浙皖交界地区的“河南话”，老派和新派语音有明显的差异，主要表现在：

（一）儿化差异

“河南话”有儿化韵，但跟普通话相比，卷舌动作明显简化或弱化。“河南话”里有 18 个儿化韵：æ、iæ、uæ、ur、or、ior、air、iai、uair、yai、er、ier、uer、yer、aɯr、iaɯr、əɯr、iəɯr。

七十岁往上的老人说“河南话”，儿化的卷舌痕迹明显。“河南人”称这种现象为“说话带尾子”。六十岁往下的人说“河南话”，儿化特征已经弱化，逐渐朝不卷舌方向发展。年轻人的“河南话”除了保留少量融合型儿化如“小伢儿［$ɕiaɯ^{24}ŋæ^{55}$］”“吃妈儿［$ts^{h}ɿ^{42}mæ^{212}$］”“脚趾丫儿［$tɕio^{42}tsɿ^{5}ŋæ^{42}$］”等，一般不儿化。“河南话”新老派儿化差异举例比较如表 2–34 所示。

表 2–34　“河南话”新老派儿化差异举例

儿化词	老派	新派	儿化词	老派	新派
（一小）把儿	$pæ^{24}$	$pɑ^{24}$	（牛毛）毡儿	$tsæ^{42}$	$tsan^{42}$
（小）塘儿	$t^hæ^{55}$ 更老的说法	$t^haŋ^{55}$	（瞧）家儿	$tɕiæ^{42}$	$tɕiɑ^{42}$
（小）杨儿	$iæ^{55}$	$iaŋ^{55}$	（合）谱儿	p^hur^{24}	p^hu^{24}
（嘴）角儿	kor^{55}	ko^{55}	（晚儿）黑儿	xor^{42}	xie^{42}
（一小）截儿	$tɕior^{55}$	$tɕie^{55}$	（落）脚儿	$tɕior^{42}$	$tɕio^{42}$
（小）牌儿	p^hair^{55}	p^hai^{55}	（麻）杆儿	$kair^{24}$	kan^{24}
（小）脸儿	$liai^{24}$	$lian^{24}$	（新郎）倌儿	$kuair^{42}$	$kuan^{42}$

① 这一语言现象是在与汪平先生交流过程中，由他问起的。

续 表

儿化词	老派	新派	儿化词	老派	新派
（门）拐儿	kuair²⁴	kuai²⁴	（玩）船儿	tɕʰyai⁵⁵	tɕʰyan⁵⁵
（小脚）盆儿	pʰer⁵⁵	pʰən⁵⁵	（丢）堆儿	ter⁴²	tei⁴²
（认）字儿	tser²¹²	tsɿ²¹²	（亩把）地儿	tier²¹²	ti²¹²
（树棵）林儿	lier⁵⁵	lin⁵⁵	（万）顺儿	ɕyer²¹²	ɕyn²¹²
（荷）泡儿	pʰaɯr²¹²	pʰaɯ²¹²	（一）蔸儿	təɯr⁴²	təɯ⁴²
（小）瘤儿瘤儿	liəɯr⁵⁵	liəɯ⁵⁵	（屌）形儿	ɕier⁵⁵	ɕiei⁵⁵

"河南话"新老派儿化差异主要表现在：（1）融合型儿化变韵老派说的多，新派说的少。（2）拼合型儿化变韵新派已基本不说。（3）新派口音里，部分儿化变韵变回到韵母原形，如 ian＋ər 构成的儿化变韵 iai 变为 ian。（4）儿化变韵 ier 的卷舌特征逐步弱化，新派向 iei 发展。具体内容见第五节"儿化韵"。下面采用语图方式①比较溧阳老、中、青三代人②"河南话"的儿化韵。

第一组：脚趾丫儿

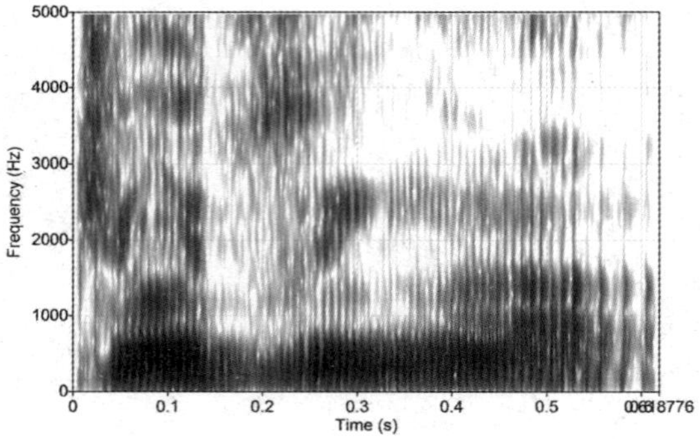

[tɕio⁴²tsɿ⁵ŋæ⁴²]（老）

① 本书中的语图是作者做的。语图分析得到张律博士的帮助，谨向她表示感谢。

② 老、中、青三代人的发音人分别为：作者的父亲吴魁（1938 年）、作者（1970 年）、作者的侄子吴旭东（1996 年）。"老"代表老派，"中、青"分别代表新派的两个层次。

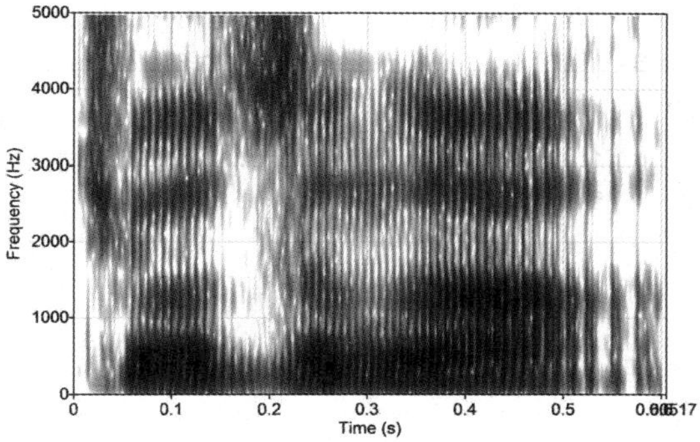

[tɕio^{42}tsɿ^{5}ŋæ^{42}]（中）

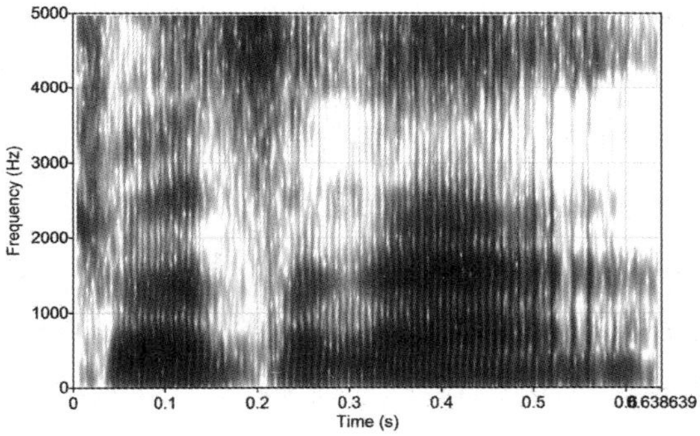

[tɕio^{42}tsɿ^{5}ŋæ^{42}]（青）

这一组发音中，新派（中、青）保留了老派的融合型儿化[æ]（ ɑ +ər=æ ）。三者的“脚趾丫儿”发音均记作［ tɕio^{42}tsɿ^{5}ŋæ^{42} ］，但老派、新派（中）的［ æ ］后保留了卷舌痕迹。

在实验语音学中，儿化韵的声学表现主要体现在 F3 频率降低向 F2 靠拢，因为 F3 的频率主要受舌尖活动的影响。当舌尖抬高卷起发音时，F3 的频率就会明显下降。表 2–35 显示了上述语图中老、中、青融合型儿化韵［ æ ］的相关共振峰数据（表中 F1、F2、F3 分别表示第一、第二、第三共振峰。下文同）。

表 2-35　　“河南话”老、中、青融合型儿化韵［æ］的共振峰数据

韵母	F1动程（Hz）	F2动程（Hz）	F3动程（Hz）	音长（ms）	共振峰频率差 F3-F2（Hz）	备注
［æ］（老）	640–514	1315–1291	3138–2474	117	1832–1183	F2、F3频率差变小
［æ］（中）	483–576	1235–1224	2782–2611	120	1547–1387	F2、F3频率差变小
［æ］（青）	514–129	1413–1415	2061–2328	136	648–913	F2、F3频率差变大

从表中可以发现，“河南话”老派、新派（中）的融合型儿化韵［æ］，在整个发音过程中，F3 的频率均有所下降，老派 F3 从 3138Hz 下降至 2474Hz，新派（中）F3 从 2782Hz 下降至 2611Hz。并且从频率差的变化情况来看，老派、新派（中）儿化韵［æ］的 F3 与 F2 皆存在靠拢的趋势，老派 F3、F2 频率差由 1832Hz 减少至 1183Hz，新派（中）F3、F2 频率差由 1547Hz 减少至 1387Hz。这说明老派、新派（中）的融合型儿化韵［æ］，韵母末尾均带有卷舌音色。而“河南话”新派（青）的融合型儿化韵［æ］则不具备 F3 下降且向 F2 靠拢的特征，因而其韵尾没有卷舌痕迹。

第二组：屌形儿鸟样（粗俗的说法）

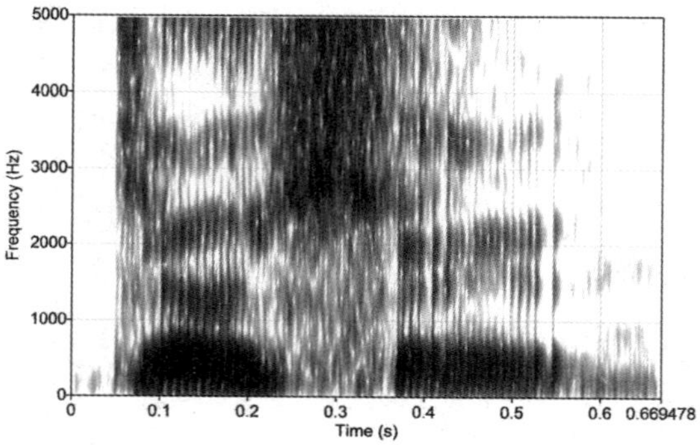

［tiaɯ²⁴ɕier⁵⁵］（老）

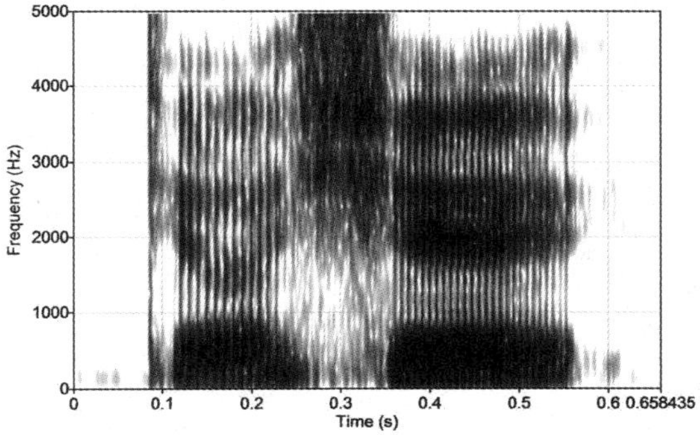

［tiaɯ^{24}çiei^{55}］（中）

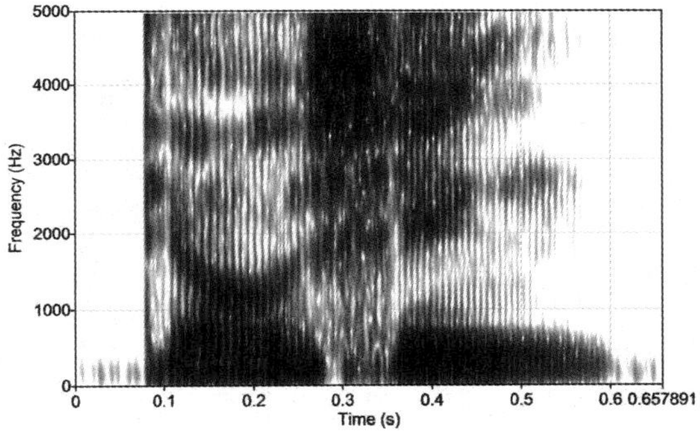

［tiaɯ^{24}çin^{55}］（青）

这一组发音中，老派“屌形儿”的发音为［tiaɯ^{24}çier^{55}］；新派中年的发音为［tiaɯ^{24}çiei^{55}］，儿化韵［ier］已经向［iei］发展；新派青年的发音为［tiaɯ^{24}çin^{55}］，儿化韵［ier］的卷舌成分丢失，还原到“形”的原来韵母［in］。

“河南话”老、中、青“屌形儿”的发音，其后一个音节韵母在韵腹和韵尾上均有各自特点。这些特点在语图中也有所显现。表 2–36 提取了上述语图中老、中、青“屌形儿”发音后一个音节韵母的相关数据。

表 2-36　　“河南话”老、中、青“屌形儿”后一个音节韵母的语图数据

韵母	F1动程（Hz）	F2动程（Hz）	F3动程（Hz）	音长（ms）	共振峰频率差 F2–F1（Hz）	共振峰频率差 F3–F2（Hz）	浊音横杠频率范围（Hz）
[ier]（老）	389–433–466	1305–1240–1470	2145–2293–2079	209	916–807–1004	840–1053–609	不明显
[iei]（中）	305–438–322	2101–1868–2068	2549–2450–2483	204	1796–1430–1746	448–582–415	不明显
[in]（青）	306–338–321	2147–2280–2197	2761–2783–2695	217	1841–1942–1876	614–503–498	222–305

根据对表中数据的观察可知，“河南话”的“屌形儿”一词，老派发音后一个音节韵母的共振峰动程，前半部分 F1 的频率小幅上升，体现了介音滑向韵腹时舌位的轻微下移；后半部分韵腹与韵尾的过渡段 F3、F2 频率差变小，由 1053Hz 减少至 609Hz，出现了靠拢的趋势，即显示了老派“屌形儿”发音末尾的卷舌音色。新派中年“屌形儿”发音的后一个音节韵母，F1 频率先升后降，F2 频率先降后升，F1、F2 之间的频率差先缩小后拉大，体现了复韵母发音中舌位由前高滑向后低再回到前高的整体动程。与老派发音相比，新派中年“屌形儿”的发音，后一个音节韵母的 F3 动程，后半部分的频率变化并不显著，且没有明显的 F3、F2 靠拢趋势，这就说明老派发音中的韵尾卷舌痕迹在新派中年发音中已经弱化。而新派青年“屌形儿”的发音情况，相较于老派和新派中年，其后一个音节韵母的 F1、F2、F3 均无明显动程，但在韵尾出现了明显的鼻音段，有清晰的浊音横杠，其范围在 222Hz—305Hz 之间，这就说明新派青年“屌形儿”一词的发音，后一个音节的韵母已还原为鼻音韵母，且儿化韵已完全脱落。

（二）知系止摄字及深、臻、曾、梗摄入声字的读音差异

“河南话”知系止摄开口字如“知、纸、是、迟、师、屎、痴、痔、士、史、痣”等，老派读音在声韵拼合时有较强的摩擦。这类字的声母老派读音介于［tʂʅ、tʂ^{h}ʅ、ʂʅ］和［tsɿ、ts^{h}ɿ、sɿ］之间，新派读音为［tsɿ、ts^{h}ɿ、sɿ］。笔者认为，“河南话”老派知系止摄字的读音，是舌尖后音向舌尖前音发展的一种过渡。知系深、臻、曾、梗摄入声字如“湿、十、侄、实、失、室、直、织、职、食、识、式、植、赤、尺、适、释、石”等，声韵拼合的读音跟知系止摄情况相同。

下面采用语图的方式比较溧阳老派和新派①“河南话”知系字的读音：

第一组：知［tsʅ^{42}］

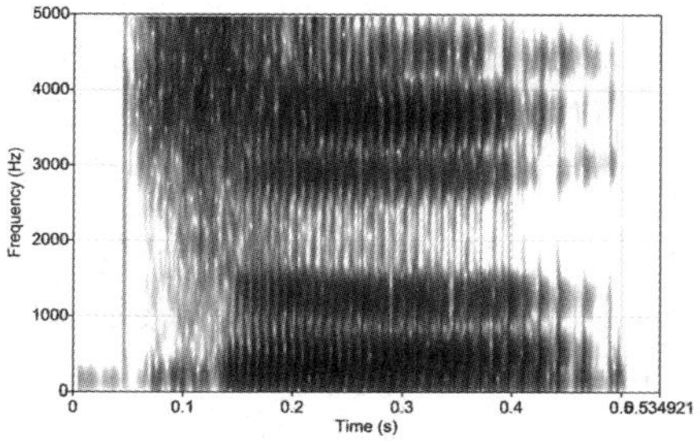

老派

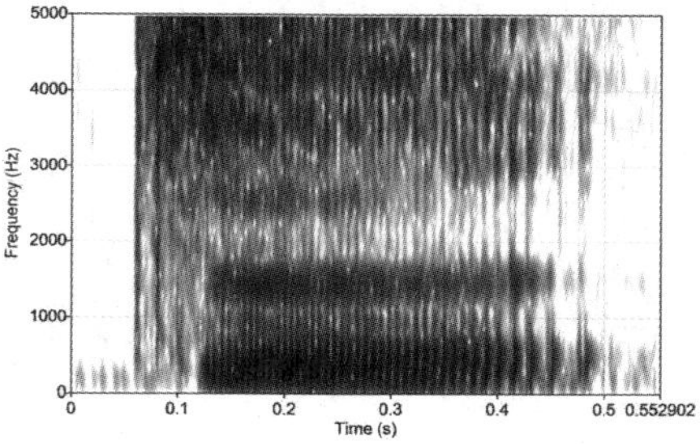

新派

第二组：痴［tsʰʅ^{42}］

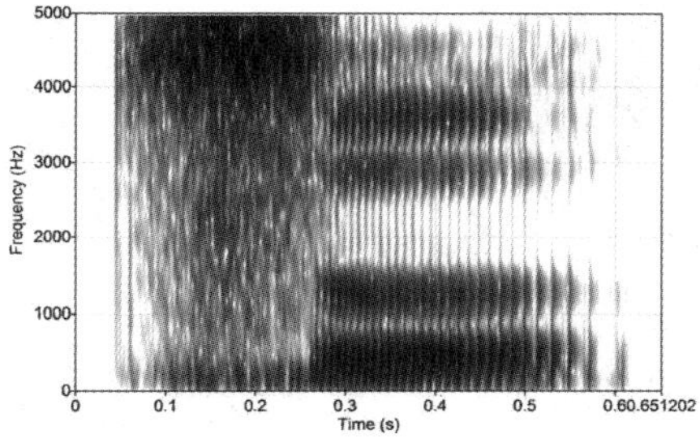

老派

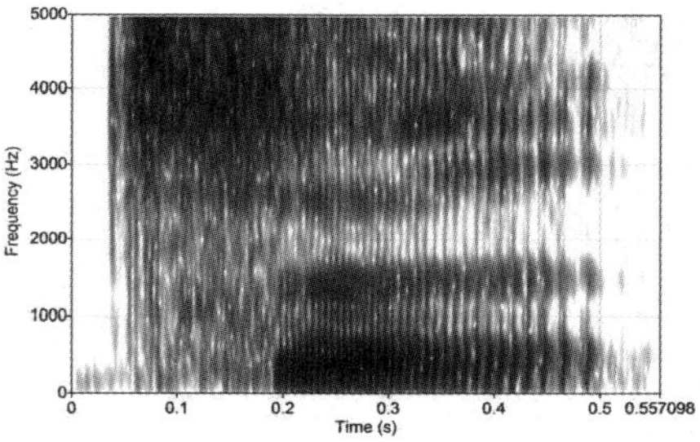

新派

第三组：士［sʅ^{212}］

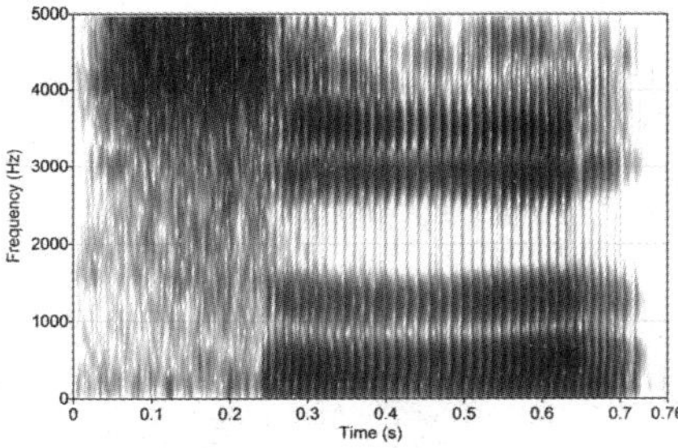

老派

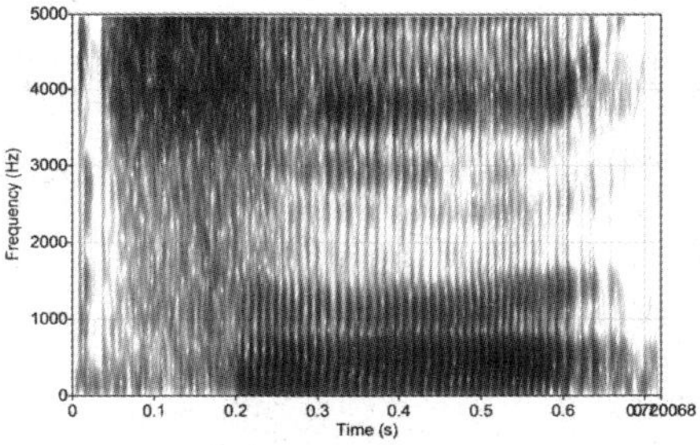

新派

① 老派发音人为吴魁，新派（中）发音人为作者。

第四组：诗［ʂʅ^{42}］

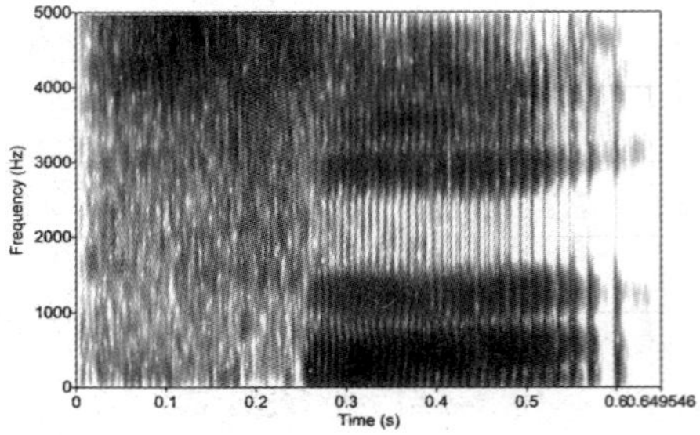

老派

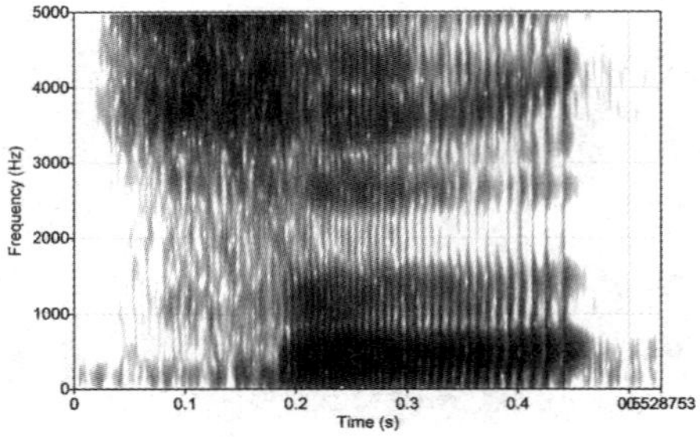

新派

第五组：十［ʂʅ^{55}］

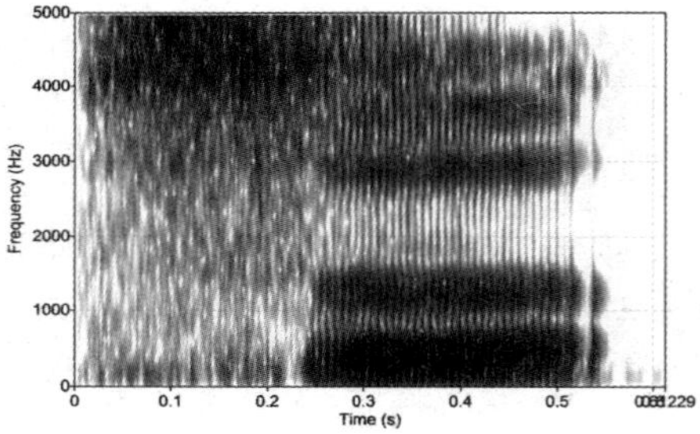

老派

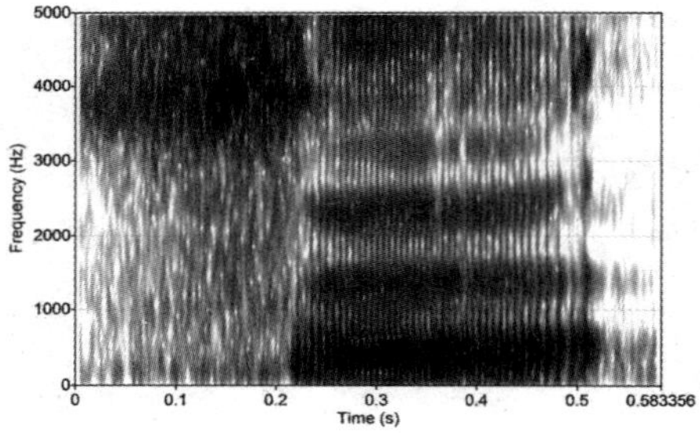

新派

第六组：失［ʂʅ^{42}］

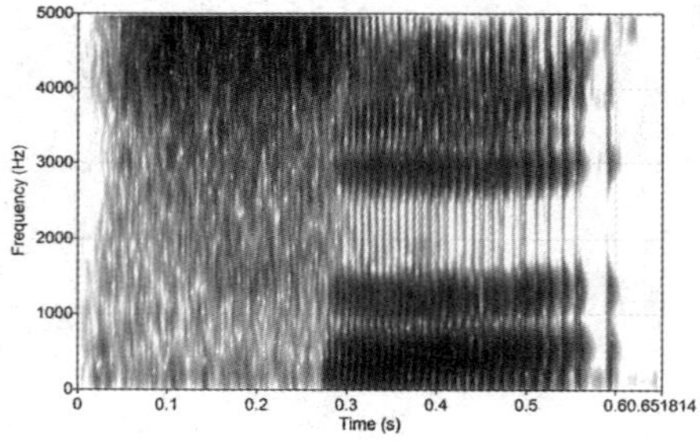

老派

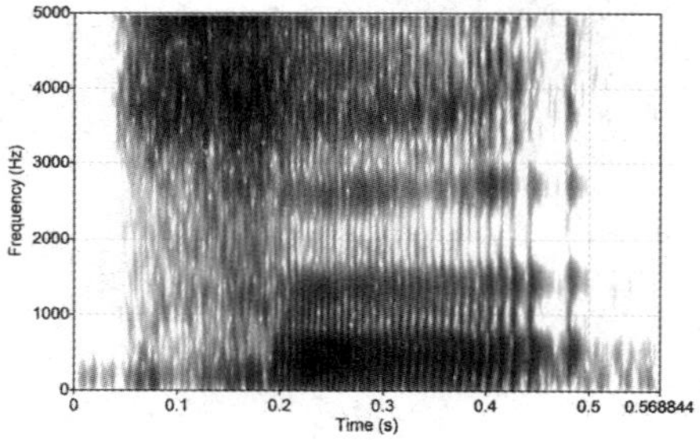

新派

第七组：直［tʂʅ^{55}］

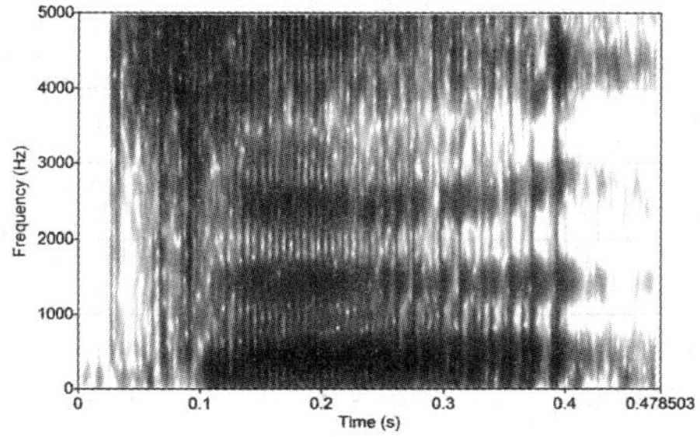

老派

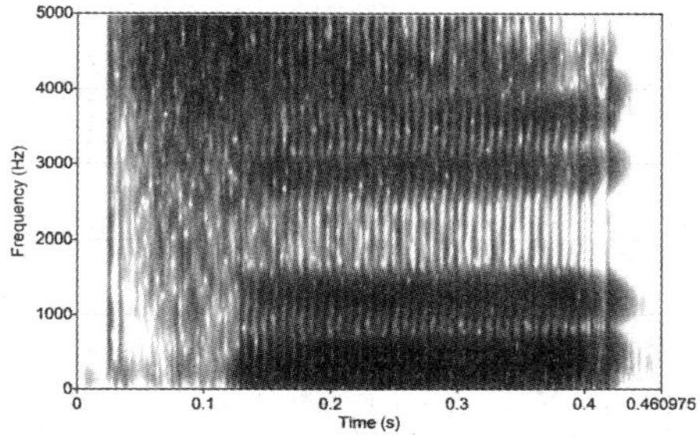

新派

第八组：尺［tʂʰʅ^{42}］

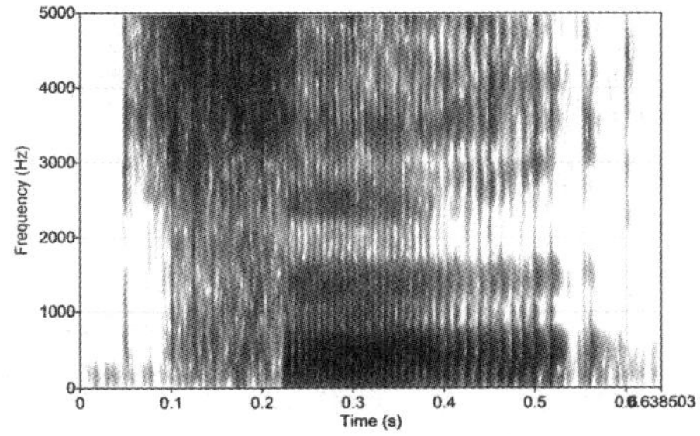

老派

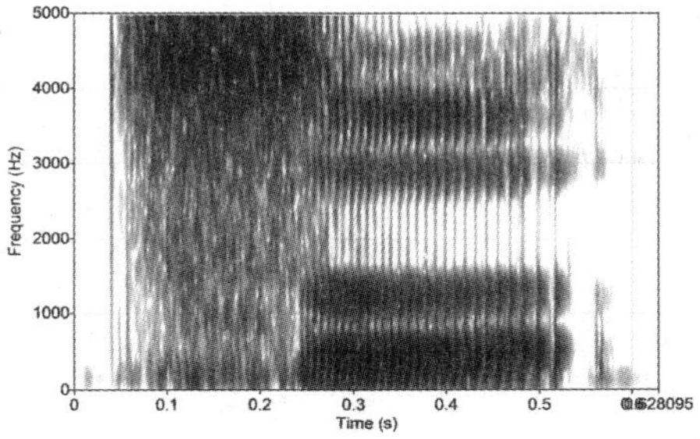

新派

根据实验语音学的相关研究结果，舌尖到舌面前擦音舌位前后的不同，其声学特征主要体现为语图辅音段乱纹强频区下限的不同。舌位越前，下限越高，舌位越后，下限越低[①]。通过对上述语图中辅音段相关数据的提取，即可发现溧阳老派和新派（中）“河南话”知系字读音在辅音声母部分的实际差异。现将语图辅音段相关数据记录于表 2–37。

① 鲍怀翘、林茂灿主编：《实验语音学概要》（增订版），北京大学出版社 2014 年版，第 154 页。

表 2–37　　溧阳老派、新派（中）“河南话”部分知系字发音的辅音段语图数据

例字	声母	起点有无明显冲直条	乱纹强频区频率范围（Hz）	乱纹强频区下限频率（Hz）	VOT（ms）
知	[ts]（老）	有	2000–8000	2000	50
	[ts]（新）	有	3000–9000	3000	61
痴	[ts^h]（老）	有	2200–8500	2200	140
	[ts^h]（新）	有	3400–9000	3400	173
士	[s]（老）	不明显	3100–9000	3100	152
	[s]（新）	无	4000–9500	4000	169
诗	[s]（老）	无	3000–8500	3000	144
	[s]（新）	无	4100–9000	4100	167
十	[s]（老）	无	3100–8000	3100	140
	[s]（新）	无	4000–9000	4000	153
失	[s]（老）	无	3000–8100	3000	121
	[s]（新）	无	4200–9000	4200	163
直	[ts]（老）	有	2000–8500	2000	64
	[ts]（新）	有	3800–9500	3800	77
尺	[ts^h]（老）	有	2500–7500	2500	86
	[ts^h]（新）	有	3800–9500	3800	96

从表 2–37 可知，溧阳“河南话”知系字均为清辅音声母，均有较长的摩擦除阻段乱纹，且乱纹强频区范围显著。根据对乱纹强频区下限频率的考察，可以发现，溧阳老派“河南话”知系字发音，其辅音声母的乱纹强频区下限频率均低于溧阳新派“河南话”知系字发音中的辅音声母，频率差在 900Hz—2000Hz 之间。由此可以推断，老派知系字声母的发音与新派有所不同，其舌位相较于新派声母发音要略微靠后，发音部位大致处于［tʂʅ、$tʂ^h$ʅ、ʂʅ］和［tsɿ、ts^hɿ、sɿ］中间的位置，约可以看作是舌尖后音向舌尖前音的过渡。

（三）章组假开三等字及知系山、深、臻、曾、梗开三等入声字的读音差异

老派“河南话”章组假开三等字和知系山、深、臻、曾、梗开三等入声字的韵母为单元音[e]，但新派读音趋向于复合韵母[ei]。采用语图比较（发音人同上）如下：

第一组：车

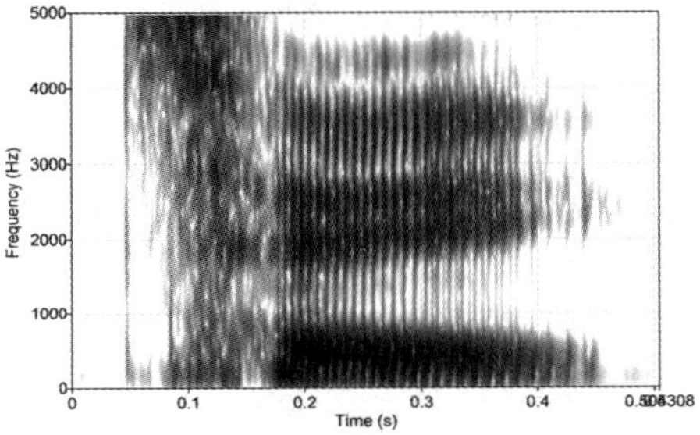

[$ts^{h}e^{42}$]（老派）

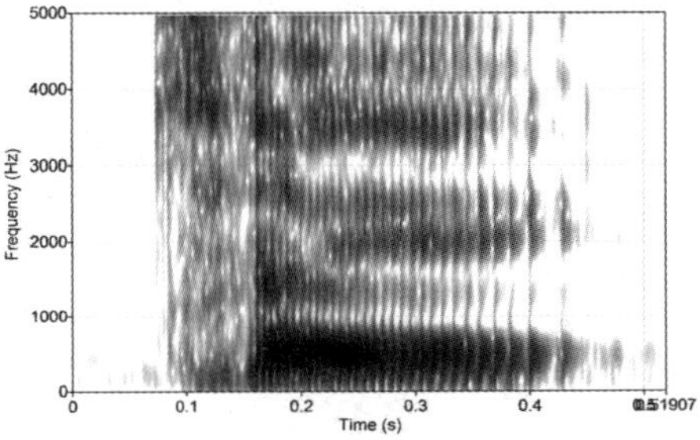

[$ts^{h}ei^{42}$]（新派）

第二组：蛇

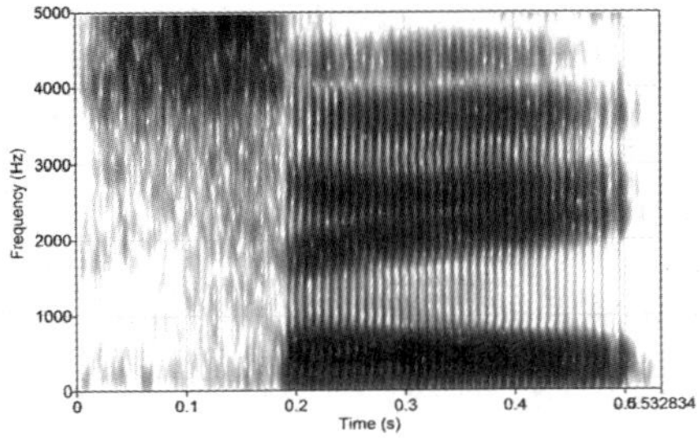

[se^{55}]（老派）

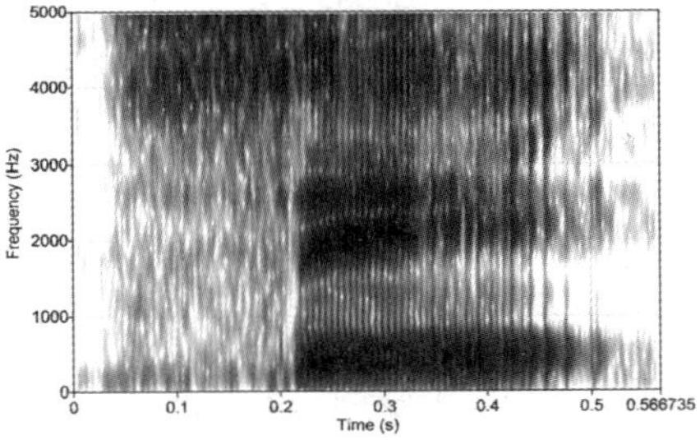

[sei^{55}]（新派）

第三组：浙

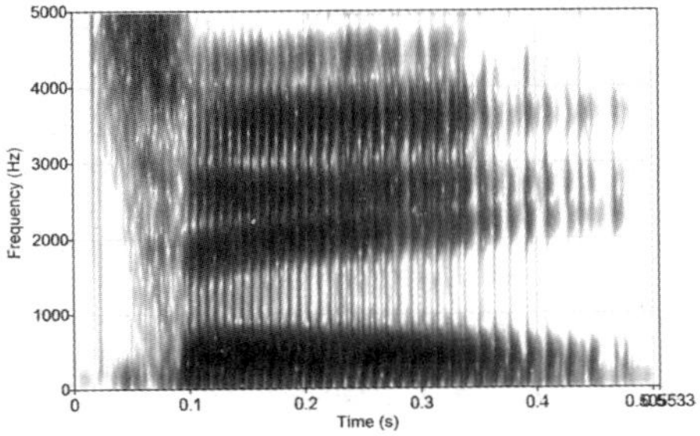

[tse^{42}]（老派）

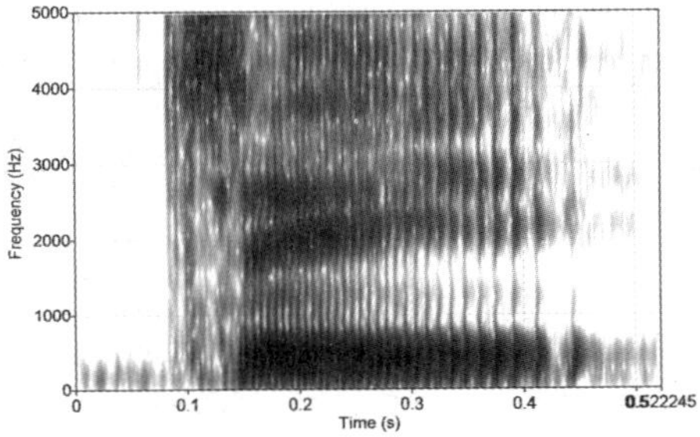

[$tsei^{42}$]（新派）

第四组：色

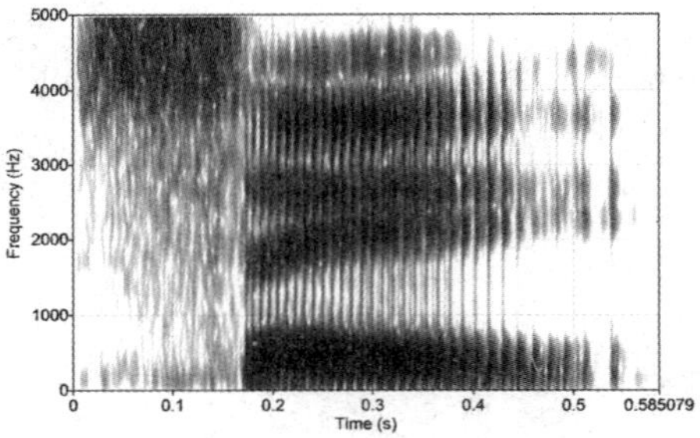

［se⁴²］（老派）

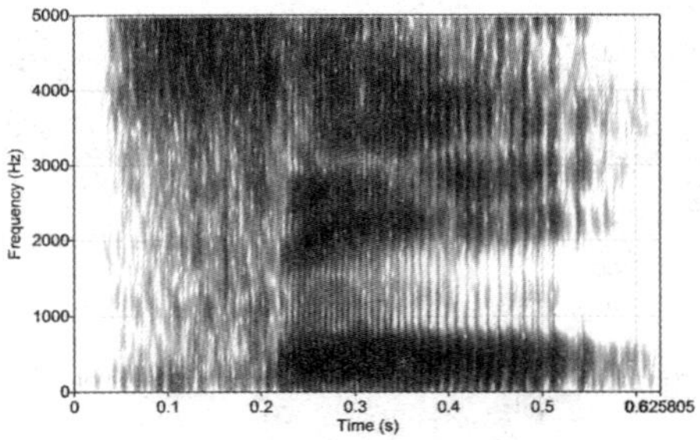

［sei⁴²］（新派）

第五组：窄

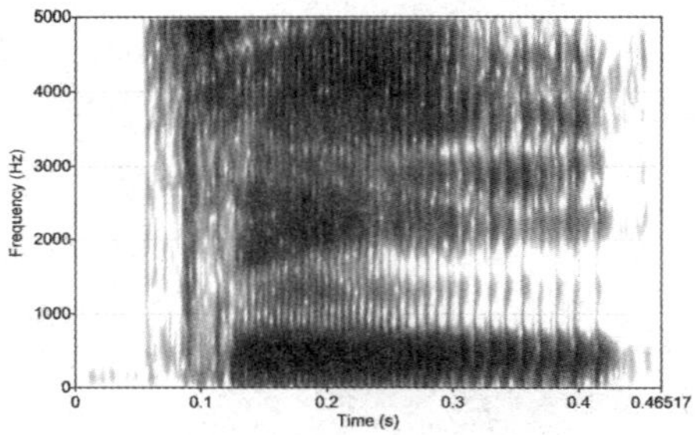

［tse⁴²］（老派）

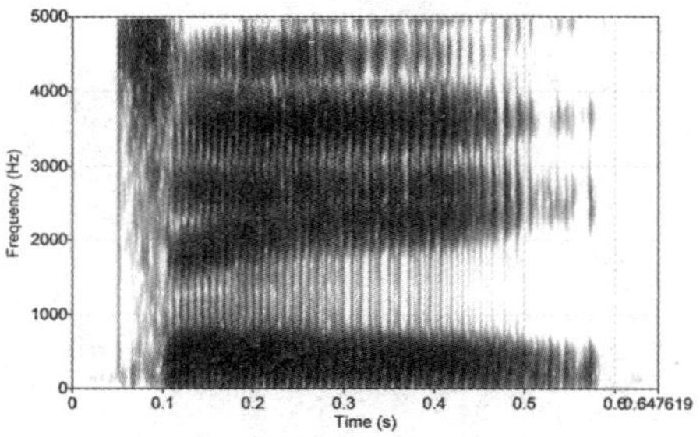

［tsei⁴²］（新派）

根据实验语音学理论，声腔、共振峰频率和元音音色三者存在如下的相互关系：F1 的频率与舌位高低密切相关，舌位高，则 F1 频率就低，舌位低，F1 频率就高；F2 的频率与舌位前后密切相关，舌位靠前，F2 频率就高，舌位靠后，F2 频率就低。因此，普通话韵母的声学特征主要体现在 F1 和 F2 的频率变化上。为对“河南话”知系字韵母进行具体的声学分析，研究者对上述例字语图中的 F1、F2 相关数据进行了提取，并整理于表 2–38 中。

表 2–38　“河南话”知系字部分例字韵母的语图数据

例字	韵母	F1动程（Hz）	F2动程（Hz）	共振峰频率差 F2–F1（Hz）	音长（ms）
车	［e］（老）	426–398	2240–2127	1814–1729	200
	［ei］（新）	453–283	1979–2403	1526–2120	204

续　表

例字	韵母	F1动程（Hz）	F2动程（Hz）	共振峰频率差 F2–F1（Hz）	音长（ms）
蛇	[e]（老）	447–475	2073–2157	1626–1682	211
	[ei]（新）	445–277	1955–2486	1510–2209	233
浙	[e]（老）	387–415	2004–2060	1617–1645	206
	[ei]（新）	466–252	1909–2409	1443–2157	201
色	[e]（老）	405–372	2217–2284	1812–1912	207
	[ei]（新）	455–239	1802–2334	1347–2095	221
窄	[e]（老）	389–339	2184–2201	1795–1862	198
	[ei]（新）	438–206	1901–2450	1463–2244	219

由上表的共振峰数据可以发现，“河南话”知系字的新派发音，其韵母部分均存在 F1 频率下降、F2 频率上升且 F1、F2 频率差变大（≥500Hz）的趋势。而老派发音的韵母部分 F1、F2 的频率变化均不太显著。这说明“河南话”知系字新派发音的韵母部分已出现一定程度的舌位滑动，滑动方向为前高，韵尾趋向于前高元音［i］，带有复元音痕迹。而老派发音的韵母部分则无类似舌位变化，整体上仍表现为单元音韵母。

（四）ʯ类（或ʮ类）韵母与 y 类韵母

遇摄、山摄、臻摄、通摄合口三等字①，少数老派“河南话”读作ʯ类韵母（少数读作ʮ类韵母），多数老派和新派读作 y 类韵母②。下面以遇合三等字为例进行比较。

表 2–39　　新老派“河南话”遇合三等字读音比较

遇摄	例字	少数老派		多数老派/新派
		ʯ类	ʮ类	y类
知组	猪	tʂʯ^{42}	tsʮ^{42}	tɕy^{42}
	拄	tʂ^{h}ʯ^{24}	ts^{h}ʮ^{24}	tɕ^{h}y^{24}
	住	tʂʯ^{212}	tsʮ^{212}	tɕy^{212}

① 还有日母臻开三的“忍”、咸开三的“染”。

② 在实际调查中发现，祖籍为光山的老派发音以ʯ类韵母为主，且特征明显；祖籍为罗山的老派发音以 y 类韵母居多；新派（不分祖籍地）的发音基本为 y 类韵母。

续　表

遇摄	例字	少数老派		多数老派/新派
		ʯ类	ʮ类	y类
章组	主	tʂʯ^{24}	tsʮ^{24}	tɕy^{24}
	书	ʂʯ^{42}	sʮ^{42}	ɕy^{42}
	输	ʯ^{42}	ʮ^{42}	y^{42}
	树	ʂʯ^{212}	sʮ^{212}	ɕy^{212}
日母	如	ʯ^{55}	ʮ^{55}	y^{55}

老派“河南话”y 的发音和新派“河南话”y 的发音略微有不同。老派的发音是介于 ʯ 和 y 两个圆唇元音之间的一个圆唇音，本书统一记作 y。下面用语图对新老派 y 类韵母的发音进行比较。

第一组：猪［tɕy^{42}］

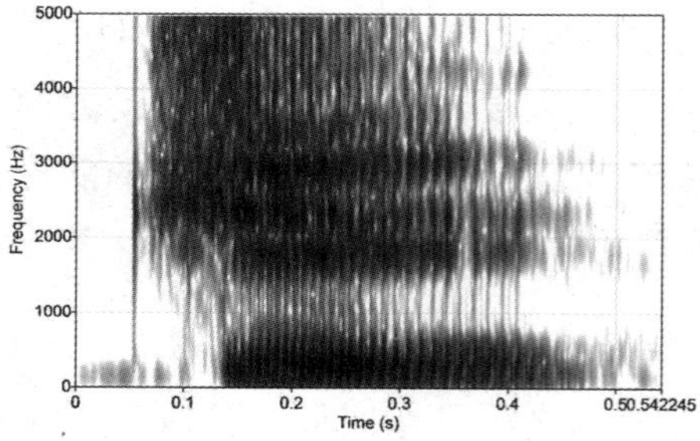

老派

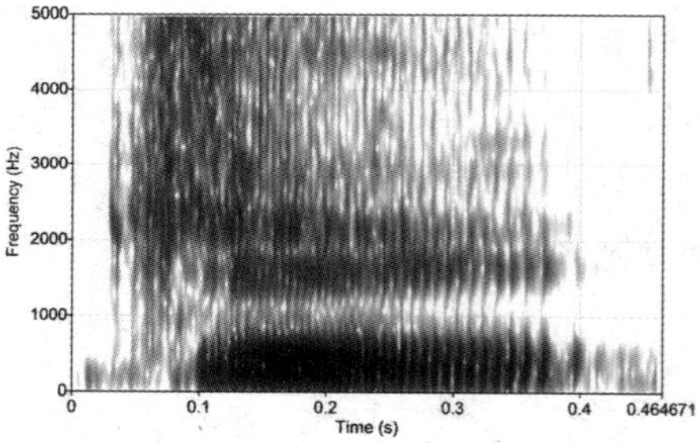

新派

第二组：住［tɕy^{212}］

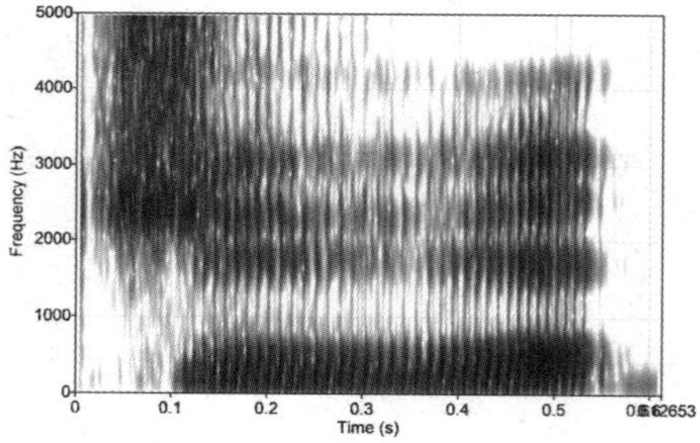

老派

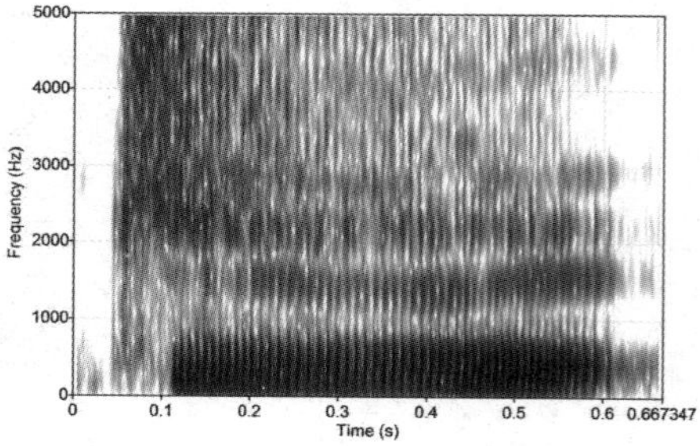

新派

第三组：穿［tɕ^{h}yan^{42}］

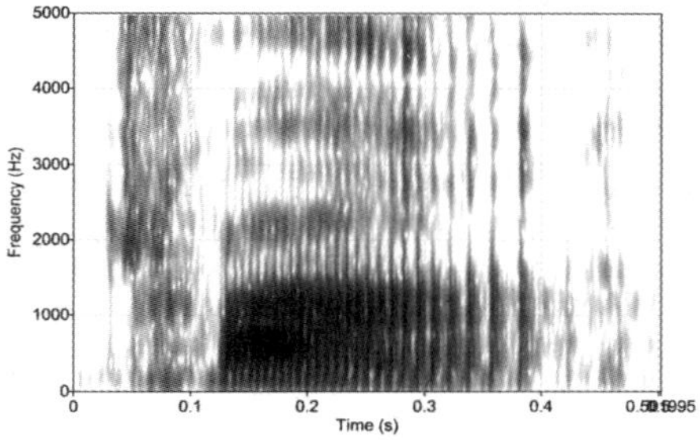

老派

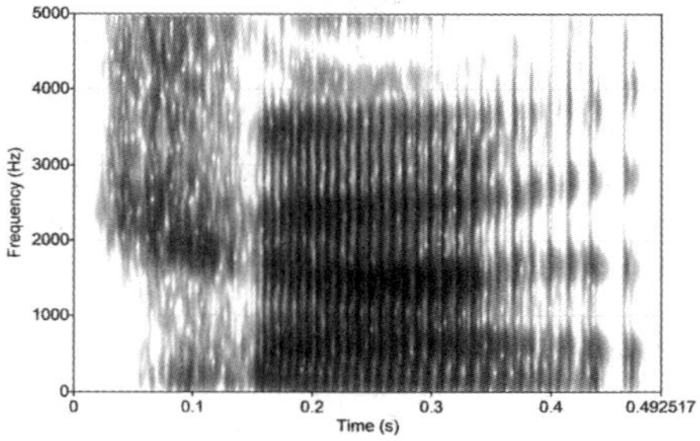

新派

第四组：员［yan^{55}］

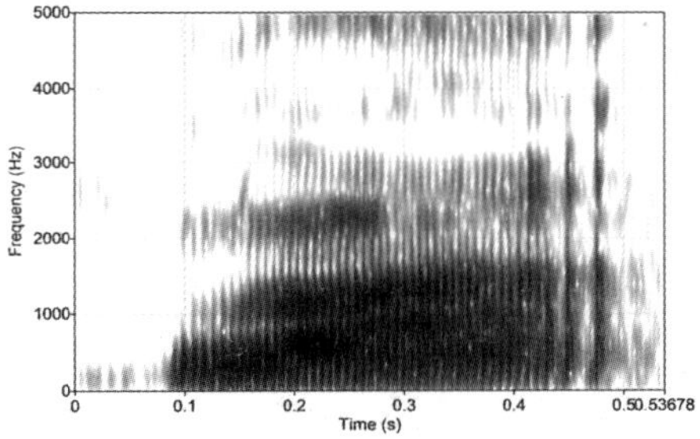

老派

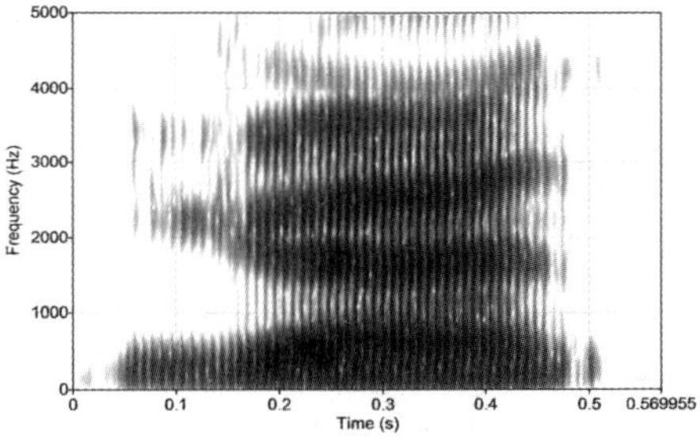

新派

第五组：出［tɕ^{h}y^{42}］

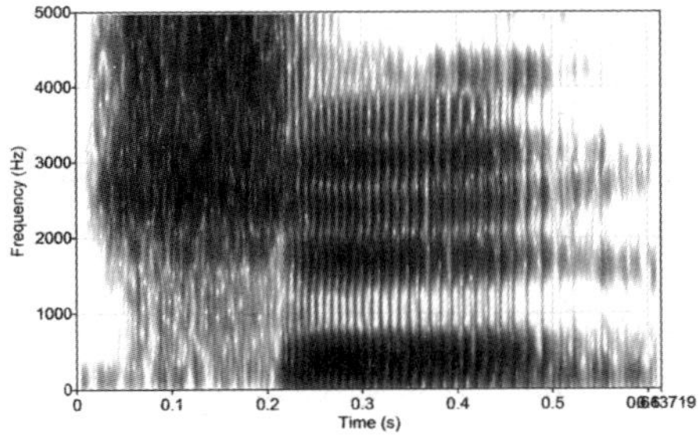

老派

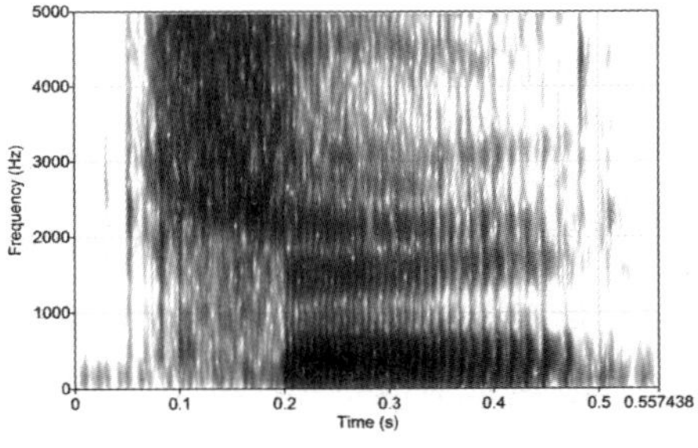

新派

在依靠听感辨别的基础上，研究者又进一步对上述音节中的元音［y］进行了声学测量。首先，用Praat语音分析软件脚本程序逐一提取所有样本音节语图中元音［y］稳定段中点的共振峰数据F1、F2、F3。其次，为在同一坐标图中更为准确地显示新老派“河南话”元音［y］的发音在元音声学活动空间上的相对性差异，使声学数据得到更直观的表达，研究者又依据Traunmüller（1990）提出的归一化处理方案对已获得的共振峰资料进行了归一化处理，即将其实际数值从Hz转化为Bark，具体转化公式如下：

$$Z_i = 26.81/(1+1960/F_i) - 0.53 \quad (F_i \text{ 即 } F1, F2, F3)$$

最后，在坐标图的绘制方面，研究者参照了Syrdal & Gopal（1986）中的定位方式，以Z3–Z1为Y轴（NF1），以Z3–Z2为X轴（NF2），由此画出经过归一化处理的元音声学空间比对坐标图，且坐标图中的前后、高低正好对应元音在口腔中舌位前后、高低的位置。

经由上述三个阶段的数据处理与定点测绘，可获得如图2–1所示的元音声学活动空间对照图。

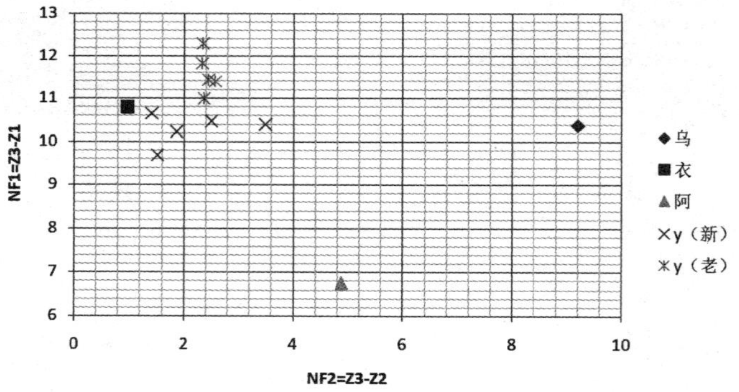

图2–1 新老派“河南话”元音［y］在声学元音空间中的分布图

为给声学元音空间的定位提供一个参考体系，研究者选取了标准普通话语音样本库中“乌”“衣”“阿”三个音节中［u］［i］［a］三个元音的位置来显示标准普通话元音空间的大致范围，以观察新老派“河南话”元音［y］在其中的相对声学元音空间分布。

由“图2–1”的整体元音分布情况可以看出，新老派“河南话”的元音［y］，其声学元音空间的分布与听感辨别基本一致。老派“河南话”的［y］

元音在声学元音空间中处于较靠上的位置，空间上限超过了普通话标准元音［i］，即带有一定的高元音擦化特征，实际发音趋向于元音［ʮ］。相比而言，新派“河南话”的［y］元音则处于偏下的位置，其声学元音空间未超越普通话标准元音的声学空间范畴，即不具备擦化痕迹，实际发音更接近于标准前高圆唇元音［y］。由此可证明，新老派“河南话”的元音［y］在发音上确实存在一定差异。

三 文白异读

文白异读是汉语方言里常见的语音现象。大家通常认为口语读音是白读，书面语读音是文读。文读音通常伴随文字出现，白读音可能有音有义但无字可代。因此，一般会认为白读音更老一些，近古或存古的成分多一些。但是，方言里的文白异读远比我们想象的要复杂。李荣先生认为：方言内部的文白异读，大概是方言互借的结果。北京的文白异读，文言音往往是本地的，白话音往往是从外地借来的；其他方言区的文白异读，白话音是本地的，文言音往往是外来的[①]。罗常培先生在讨论临川文言音和白话音的差别时指出：“就现有材料的数量来统计，似乎白话保存古音的地方比较文言多一点，可是实际上往往参伍错综的难于截然划分。并且像‘车’（尺遮切又九鱼切），‘射’（神夜切又食亦切），‘掉’（徒了切又徒弔切），‘系’（古诣切又胡计切），‘觉’（古孝切又古岳切），‘颈’（巨成切又居郢切）六字，在韵书本来就有两读，他们的文白两种读法，显然是从古代的又读平行演变下来的。”[②]

“河南话”的文白异读数量较多。口语中或只出现白读，或文白两读。“河南话”里只出现白读的音有：拄［tɕ^{h}y^{24}］、撕［tsɿ^{42}］、絮［ɕi^{212}］、夹［kɑ^{42}］、掐［k^{h}ɑ^{42}］、跨［k^{h}ɑ^{55}］、虹［kaŋ^{212}］、阄［kəɯ^{42}］、忍［yn^{24}］、侧［tse^{42}］等。这类字虽然都有书面语读音与其配套，但白读音并不弱势，文读音尚不能排挤它。

“河南话”的文白两读主要表现在字音的某个或某几个成分的语音交替。下面对“河南话”文白两读的语音交替情况进行分析。

---

① 李荣：《语音演变规律的例外》，《音韵存稿》，商务印书馆1982年版，第115页。

② 罗常培：《临川音系》，《民国丛书》第四编（52），上海书店据商务印书馆1947年（民国三十六年）版影印，第95页。

1. 声母交替①，声白韵文。举例说明如下：

表 2–40　“河南话”文白两读声母交替情况

例字	文读		白读		交替特征
	读音	词（短语）	读音	词（短语）	
冯	foŋ^{55}	姓～	xoŋ^{55}	姓～	f–x交替
横	xən^{55}	一～	fən^{55}	～头	
互	fu^{212}	相～	vu^{212}	～相	f–v交替
幻	fan^{212}	～灯	van^{212}	～想	
汇	fei^{212}	～钱	vei^{212}	～款	
浮	fei^{212}	～力	pʰu^{55}	鱼～头	f–pʰ交替
挽	van^{24}	～救	pian^{24}	手～倒	v–p交替
在	tsai^{212}	～意	tai^{212}	～屋里	ts–t交替
翅	tsʰʅ^{212}	鱼～	tsʅ^{212}	～膀	tsʰ–ts交替
随	sei^{55}	～意	tsʰei^{55}	～便	s–tsʰ交替
缩	so^{42}	～短	tsʰəɯ^{42}	～头乌龟	
深	sən^{42}	水～	tsʰən^{42}	水～	
碎	sei^{212}	粉～	ɕi^{212}	嚼～	s–ɕ交替
髓	sei^{24}	骨～	ɕi^{24}	骨～	
家	tɕiɑ^{42}	～长	kɑ^{42}	女佬～	tɕ–k交替
降	tɕiaŋ^{212}	～价	kaŋ^{212}	～低	
戒	tɕiai^{212}	～严	kai^{212}	～指	
解	tɕiai^{24}	～释	kai^{24}	～开	
街	tɕiai^{42}	上～	kai^{42}	～上	
监	tɕian^{42}	～督	kan^{42}	～牢	
间	tɕian^{42}	两～屋	kan^{42}	房～	
交	tɕiaɯ^{42}	～朋结友	kaɯ^{42}	～运	

① 声母、韵母均有交替，主要依声母。

续 表

例字	文读 读音	文读 词（短语）	白读 读音	白读 词（短语）	交替特征
校	tɕiaɯ²¹²	～对	kaɯ²¹²	～试	
锯	tɕy²¹²	电～	kie²¹²	～树	
集	tɕie⁴²	第三～	ɕie⁴²	～中	tɕ-ɕ交替
聚	tɕy²¹²	～会	ɕy²¹²	吃～餐	
赚	tsan²¹²	～钱	tɕyan²¹²	～个本儿	
就	tɕiəɯ²¹²	～汤下面	tsəɯ²¹²	～去	tɕ-ts交替
罪	tsei²¹²	犯～	tɕi⁰	得～	
敲	tɕʰiaɯ⁴²	～锣打鼓	kʰaɯ⁴²	～竹杠	tɕʰ-kʰ交替
确	tɕʰio⁴²	正～	kʰo⁴²	～实	
厨	tɕʰy⁵⁵	～房	tsʰəɯ⁵⁵	～屋	tɕʰ-tsʰ交替
下	ɕia²¹²	～来	xɑ²¹²	一～子	
鞋	ɕiai⁵⁵	～子	xai⁵⁵	拖～	
蟹	ɕiai²⁴	螃～	xai²⁴	螃～	
杏	ɕin²¹²	～子	xən²¹²	～子	ɕ-x交替
苋	ɕian²¹²	～菜	xan²¹²	～菜	
衔	ɕian⁵⁵	～草	xan⁵⁵	～草	
陷	ɕian²¹²	～害	xan²¹²	～进去	
鼠	ɕy²⁴	～年	tɕʰy²⁴	老～	
寻	ɕin⁵⁵	～短路	tɕʰin⁵⁵	～死	
详	ɕiaŋ⁵⁵	～细	tɕʰiaŋ⁵⁵	～细	ɕ-tɕʰ交替
祥	ɕiaŋ⁵⁵	～云	tɕʰiaŋ⁵⁵	四～人名	
溪	ɕi⁴²	郎～安徽县名	tɕʰi⁴²	大～溧阳地名	
奚	ɕi⁴²	姓～	tɕʰi⁴²	小～姓	
输	ɕy⁴²	～赢	y⁴²	～钱	ɕ-ø交替
逆	ȵie⁴²	～风	ie⁴² 较老的说法	～风	ȵ-ø交替

续 表

例字	文读		白读		交替特征
	读音	词（短语）	读音	词（短语）	
挂	$kuɑ^{212}$	～起来	$k^huɑ^{212}$	～了一下子	k- k^h交替
环	k^huan^{55}	带～	fan^{55}	耳～子	k^h-f交替
鹤	xo^{42}	仙～	$ŋo^{42}$	仙～	x-ŋ交替
丫	$iɑ^{42}$	～鬟	$ŋɑ^{42}$	～头	ø-ŋ交替
哑	$iɑ^{24}$	～巴	$ŋɑ^{24}$	～巴	
淹	ian^{42}	～城常州地名	$ŋan^{42}$	～水	
夜	ie^{212}	起～	$iɑ^{212}$	歇～	ø-ø交替

2. 韵母交替，声文韵白。举例说明如下：

表 2-41　“河南话”文白两读韵母交替情况

例字	文读		白读		交替特征
	读音	词（短语）	读音	词（短语）	
扩	k^ho^{42}	～大	k^hue^{42}	～大	o–ue交替
辈	pei^{212}	～分	pi^{212}	一～子	ei–i交替
裴	p^hei^{55}	姓～	p^hi^{55}	姓～	
眉	mei^{55}	峨～山	mi^{55}	～毛	
对	tei^{212}	～门儿	ti^{212}	门～子	
腿	t^hei^{24}	大～	t^hi^{24}	～杆子	
泪	lei^{212}	～痣	li^{212}	眼～巴巴	
蜕	t^hei^{212}	～皮	t^hi^{212}	～壳	
雷	lei^{55}	～阵雨	li^{55}	打～	
累	lei^{212}	连～	li^{212}	～到不中	
尾	vei^{24}	扫～	i^{24}	～巴	
勺	$saɯ^{55}$	～子	so^{55}	～子	aɯ–o交替
你	$ər^{24}$	～	$ṇ^{24}$	～	ər–ø交替

续表

□	sən²¹²	～蛋	san²¹²	～蛋	ən-an交替
凭	pʰin⁵⁵	～证	pʰən²¹²	～倒墙走	ən-in交替
轮	lən⁵⁵	～流	lin⁵⁵	～锅	
樱	in⁴²	～花	ŋən⁴²	～桃	
岩	ian⁵⁵	花岗～	iai⁵⁵	～石 较老的说法	ian-iai交替
胸	ɕioŋ⁴²	～脯子	ɕin⁴²	～口子	ioŋ-in交替
胯	kʰuɑ²¹²	大～沿儿	kʰɑ²¹²	～裆	uɑ-ɑ交替
须	ɕy⁴²	必～	ɕi⁴²	～子	y-i交替
徐	ɕy⁵⁵	～州	ɕi⁵⁵	姓～	
去	tɕʰy²¹²	过～	tɕʰi²¹²	来～	
取	tɕʰy²⁴	争～	tɕʰi²⁴	～钱	
绝	tɕye⁵⁵	～对	tɕie⁵⁵	～户头	ye-ie交替
薛	ɕye⁴²	姓～	ɕie⁴²	姓～	
全	tɕʰyan⁵⁵	～部	tɕʰian⁵⁵	天～姓名	yan-ian交替
选	ɕyan²⁴	改～	ɕian²⁴	～举	

"河南话"里大部分白读是固有成分[①]，如"解、街、鞋、杏、陷、寻、祥、就、髓、罪、冯、徐、横、环、缩、输、去、取、裴、腿、泪、蜕、雷、对、尾、绝、薛、全、选、你、轮"等；一部分白读应该是接触成分，如溧阳"河南话"里的"降、间、交、溪、敲、丫、哑、夜"、莞坪"河南话"里的"不搭界[kɑ]"等明显受到吴语的影响。

"河南话"里有的白读音，保留了上古音特征。如："鱼浮头"的"浮[pʰu⁵⁵]"、"手挽倒"的"挽[pian²⁴]"是"古无轻唇音"的例证；"在屋里"的"在[tai²¹²]"、"这样"的"这[tie²¹²]"[②]、"就是"的"就[təɯ²¹²]"是

[①] 这些白读音在罗山、光山方言里均能见到。
[②] "这"在河南话里通常说"列[lie²¹²]"，但有少数老年人说"[tie²¹²]"。本书的主要发音人通常说"列[lie²¹²]"，但比其小六岁的同村的溧阳"河南话"发音人霍明昌经常说"[tie²¹²]"。句容市天王镇菜巷村发音人张瑞泉、天王镇戴庄村的张德祥（1948年出生）均说"这[tie²¹²]"。郭熙《磨盘话同音字汇》里所记"河南话"的白读"这"也为[tie³¹²]。

“古无舌上音”的例证。

“河南话”里的文读和白读，目前处于动态相持阶段。白读音依然保留着一定的影响力，但已呈现明显的白消文长的趋势，且各地的消长情况不一样。举例说明如下：

表 2–42　　苏浙皖各地“河南话”白消文长情况对比

普通话	溧阳	句容	吴江	长兴	安吉	广德
祥	tɕʰiaŋ^{55}	tɕʰiaŋ^{55}	tɕʰiaŋ^{55}	tɕʰiaŋ^{55}	tɕʰiaŋ^{55}	tɕʰiaŋ^{55}
髓	ɕi^{24}	sei^{24}	ɕi^{24}	ɕi^{24}	ɕi^{24}	ɕi^{24}
冯	xoŋ^{55}	xoŋ^{55}	xəŋ^{55}	xoŋ^{55}	xoŋ^{55}	xəŋ^{55}
徐姓	ɕi^{55}	ɕy^{55}/ɕi^{55}	ɕi^{55}	ɕi^{55}	tɕʰy^{55}	ɕi^{55}
缩	tsʰəɯ^{42}	so^{42}	so^{42}	tsʰəɯ^{42}	so^{42}	tsʰəɯ^{42}
输	y^{42}	ɕy^{42}	y^{42}	y^{42}	y^{42}	ɥ^{42}
去	tɕʰi^{212}	tɕʰy^{212}	tɕʰy^{212}	tɕʰi^{212}	tɕʰi^{212}	tɕʰi^{212}
取	tɕʰi^{24}	tɕʰy^{24}	tɕʰy^{24}	tɕʰi^{24}	tɕʰi^{24}	-
裴	pʰi^{55}	pʰei^{55}	pʰi^{55}/pʰei^{55}	pʰi^{55}	pʰei^{55}	pʰei^{55}
腿	tʰi^{24}	tʰei^{24}	tʰei^{24}/tʰi^{24}	tʰi^{24}	tʰi^{24}	tʰi^{24}
泪	li^{212}	lei^{212}	lei^{212}/li^{212}	li^{212}	li^{212}	li^{212}
蜕	tʰi^{212}	tʰei^{212}	tʰei^{212}	tʰi^{212}	tʰi^{212}	tʰi^{212}
雷	li^{55}	lei^{55}	li^{55}	li^{55}	li^{55}	li^{55}
绝	tɕie^{55}	tɕye^{55}	tɕie^{55}	tɕie^{55}	tɕye^{55}/tɕie^{55}	tɕie^{55}
薛	ɕie^{42}	ɕie^{42}	ɕie^{42}	ɕie^{42}	ɕie^{42}/ɕye^{42}	ɕie^{42}
选	ɕian^{24}	ɕyan^{24}	ɕian^{24}	ɕian^{24}	ɕian^{24}	ɕian^{24}
深	tsʰən^{42}	sən^{42}	sən^{42}/tsʰən^{42}	tsʰən^{42}	sən^{42}	tsʰən^{42}
对	ti^{212}	tei^{212}	tei^{212}	tei^{212}	tei^{212}	ti^{212}

从比较的结果来看，句容“河南话”白消文长的进程最快。其他几处的情况大抵相当。

四 读音特殊的字

“河南话”里有一些字的读音不符合规律，有些跟“河南话”本来的读音相去甚远。出现这种现象的主要原因还是方言接触。下面以溧阳“河南话”为例，分析读音特殊的字与溧阳话的关系。表 2–43 中的地名均为溧阳市地名，“变调音”指例字在下标词中的连读变调音。

表 2–43 “河南话”里读音特殊的字举例

例字		沛上～，地名	昌新～，地名	渚社～，地名	鲁～村，地名	涧横～，地名	舍下田～，地名	岐歌～，地名
“河南话”	应读音	p^{h}ei^{212}	ts^{h}aŋ^{42}	tɕy^{24}	ləɯ^{24}	tɕian^{212}	se^{212}	tɕ^{h}i^{55}
“河南话”	实读音	pai^{24}	ts^{h}an^{24}	tɕ^{h}y^{24}	ləɯ^{212}	kai^{42}	sɑ^{42}	tɕi^{212}
溧阳话	应读音	pɛ^{523}①	ts^{h}a^{44}	tɕ^{h}y^{52}	lu^{35}	ka^{523}	sa^{52}	tɕi^{212}
溧阳话	变调音	pɛ^{24}	ts^{h}a^{5}	tɕ^{h}y^{24}	lu^{231}	ka^{52}	sa^{52}	tɕi^{52}

例字		黄上～，地名	芮姓～	习姓～	姜姓～	施姓～	去不来～	大～好佬
“河南话”	应读音	faŋ^{55}	zei^{212}	ɕi^{55}	tɕiaŋ^{42}	sɿ^{42}	tɕ^{h}i^{212}	tɑ^{212}
“河南话”	实读音	vaŋ^{55}②	sai^{212}	ɕie^{42}	tɕiaŋ^{24}	sɿ^{24}	k^{h}ai^{42}	təɯ^{212}
溧阳话	应读音	ɦuaŋ^{212}	zai^{231}	ʑiəʔ$^{\underline{23}}$	tɕiɛ^{44}	sɿ^{44}	k^{h}ai^{523}	dɤɯ^{231}
溧阳话	变调音	ɦuaŋ^{24}	zai^{231}	ʑiəʔ$^{\underline{23}}$	tɕiɛ^{44}	sɿ^{44}	k^{h}ai^{52}	dɤɯ^{21}

例字		财外～	减～少	染传～	研～究	辰小～光	水泥～匠	愉～快
“河南话”	应读音	ts^{h}ai^{55}	tɕian^{24}	yan^{24}	ȵian^{55}	ts^{h}ən^{55}	sei^{24}	y^{55}
“河南话”	实读音	sai^{212}	kan^{24}	ȵian^{24}	ȵian^{24}	tsən^{55}	ɕy^{42}	y^{212}
溧阳话	应读音	zai^{212}	ka^{52}	ȵɪ^{35}	ȵɪ^{212}	dzən^{212}	ɕy^{52}	y^{231}
溧阳话	变调音	zai^{24}	ka^{52}	ȵɪ^{24}	ȵɪ^{35}	dzən^{21}	ɕy^{24}	y^{21}

① 史建明在《溧阳话》里记作 [pæi^{44}]。详见史建明《溧阳话》，江苏教育出版社 2010 年版，第 39 页。
② 溧阳话“王”“黄”不分。“河南话”将“黄”读作 [vaŋ^{55}]，显然是受到溧阳话的读音影响。

通过比较可以看出，一个半世纪以来，溧阳“河南话”已经从溧阳话里吸收了部分语音成分，导致“河南话”部分字的声母、韵母、声调发生变化。吸收的方式主要有三种：第一，受溧阳话语音影响，吸收其声母、韵母或声调的特征，如：河南话“横涧”的“涧”声母来自溧阳话，“下田舍”的“舍”韵母来自溧阳话，“上沛”的“沛”声韵调均来自溧阳话。第二，对溧阳话变调音的同音吸收，如：溧阳话“鲁村”中的“鲁”变调后读音同“路”，被“河南话”吸收后就按“路［ləɯ^{212}］”的读音使用。第三，对溧阳话同音字的字音吸收，如吸收溧阳话“黄”的同音字“王”的读音［vaŋ］。

长兴“河南话”也有这种情况。在泗安镇有个叫“管埭”的村，其实应叫“官坷”[①]。当地“河南话”叫［kuan^{42}təɯ^{24}］，长兴话叫［kuɤ^{5}tei^{42}］。

第四节　轻声

一　关于轻声

学界对汉语轻声有不同的见解。赵元任较早对北京话轻声的调高作过描写：在阴平字后读半低调（2度），在阳平字后读中调（3度），在上声字后读半高调（4度），在去声字后读低调（1度）[②]。根据赵先生的分析，北京话轻声大致有如下特征：音长缩短一半以上；音高由前面的重读音节决定；音值变化幅度趋向于零；轻声音节在声调弱化的同时，伴有某些音素的变化；轻声字有各种不同的本调。鲁允中认为：大多数情况下，读轻声的音节总紧跟在重读音节之后，其声调变化由前边重读音节的声调来决定[③]。罗常培、王均等的论述跟赵元任相近，并认为轻声也是一种变调[④]。魏钢强将轻声分

---

① 据任大晟先生介绍，“坷”在长兴指“圩”。长兴话里有“坷里厢［tei^{24}li^{5}ɕiaŋ^{42}］”等说法。“官坷”属于政府的圩田。长兴境内叫“官坷”的地名有多处。“河南话”里“管埭”的说法，其实受到长兴话“官坷［kuɤ^{5}tei^{42}］”的发音影响。

② 赵元任：《汉语口语语法》，商务印书馆1979年版，第26页。

③ 鲁允中：《普通话的轻声和儿化》，商务印书馆1995年版，第3页。

④ 罗常培、王均：《普通语音学纲要（修订本）》，商务印书馆2002年版，第148页。

为“调值的轻声”和“调类的轻声”[①]。汪化云在其分类的基础上又增加了一类“调值调类的轻声”[②]。邢向东认为存在两个类型的轻声，“一个类型是极短极弱的、已经表层化的轻声，是语音学和音系学都应该承认的轻声。另一个类型是大量重轻式语音词中经调位中和以后形成的轻声，‘轻声不轻’，是音系学上的轻声”。[③]

随着方言调查和研究的深入、范围的扩大，方言轻声不轻的现象越来越受关注。李荣先生将温岭话轻声分为三类：第一类最轻，第二类中轻，第三类略轻。第一类不区分调值；第二类根据声母区分阴阳，根据韵母区分舒促；第三类字音缩短不明显，也不失去原有调型或引起声韵变化[④]。曹志耘也观察到敦煌话的轻声“既不轻也不短”，认为“这种现象在西北方言里比较普遍”[⑤]。

二　“河南话”的轻声

“河南话”的轻声也不显得“轻”，在音强上不那么弱，在音长上也不那么短。两字组的轻声体现在后字，三字组的轻声体现在后两字，轻声调值完全受前字影响[⑥]。下面对“河南话”两字组、三字组轻声的规律和特点进行归纳和研究。

（一）“河南话”两字组轻声

1. 逢前降则降

“河南话”两字组轻声中，若前字为降调，后字随之降为低调，本节记作“.˩”。如：

表 2–44　“河南话”两字组逢前降则降轻声举例

麦子mie˥˧tsɿ.˩[⑦]	堆子tei˥˧tsɿ.˩	脚子挑剩的；渣子tɕio˥˧tsɿ.˩	窗子tsʰaŋ˥˧tsɿ.˩
猫子mauɯ˥˧tsɿ.˩	雀子tɕʰio˥˧tsɿ.˩	虾子ɕia˥˧tsɿ.˩	吃了tsʰɿ˥˧lo.˩

① 魏钢强：《调值的轻声和调类的轻声》，《方言》2000 年第 1 期。

② 汪化云：《鄂东方言研究》，巴蜀书社 2004 年版，第 44 页。

③ 邢向东：《论西北方言和晋语重轻式语音词的调位中和模式》，《南开语言学刊》2004 年第 3 辑。

④ 李荣：《温岭方言的轻声》，《方言》1992 年第 1 期。

⑤ 曹志耘：《敦煌方言的声调》，《语文研究》1998 年第 1 期。

⑥ 本节所讲“前字”，指两字组、三字组轻声的第一字。儿化轻声词严格讲应采用“两音节组”“三音节组”称说，本节统一归入两字组和三字组处理。相应地，儿化词的“后字”和“后两字”分别指“后一个音节”和“后两个音节”。为了直观形象，本节和“第五节 儿化韵”均采用五度制调符标记调值。

⑦ 有些虚化得较早、已变成轻声的成分如“子、了、头、倒着、它动词后缀、煞、咧的、地、得、里”等，以及连绵词“咕喽、啰嗦”等的后字，直接标为轻声。

续　表

泼溢出了pʰo˦˨lo·˩	出了发芽了tɕʰy˦˨lo·˩	弯了van˦˨lo·˩	青了tɕʰin˦˨lo·˩
日头ər˦˨tʰəɯ·˩	骨头ku˦˨tʰəɯ·˩	高头kaɯ˦˨tʰəɯ·˩	脚头靠脚处tɕio˦˨tʰəɯ·˩
丁倒tin˦˨taɯ·˩	亏倒kʰuei˦˨taɯ·˩	吃它吃掉tsʰɿ˦˨tʰɑ·˩	松它松掉soŋ˦˨tʰɑ·˩
脱它脱掉tʰo˦˨tʰɑ·˩	搛它用筷夹走ȵian˦˨tʰɑ·˩	咕喽ku˦˨ləɯ·˩	啰嗦lo˦˨so·˩
天天tʰian˦˨tʰian˦˨˩·	虹虹tin˦˨tin˦˨˩·	揩揩擦擦kʰai˦˨kʰai˦˨˩·	清清tɕʰin˦˨tɕʰin˦˨˩·
拍拍pʰie˦˨pʰie˦˨˩·	冬天toŋ˦˨tʰian˦˨˩·	热天ye˦˨tʰian˦˨˩·	阴历in˦˨li˦˨˩·
腊月lɑ˦˨ye˦˨˩·	正月tsən˦˨ye˦˨˩·	高瓜kaɯ˦˨kuɑ˦˨˩·	甘蔗kan˦˨tsɑ˦˨˩·
仙鹤ɕian˦˨xo˦˨˩·	斑雀pan˦˨tɕʰio˦˨˩·	沙发sɑ˦˨fɑ˦˨˩·	东西物体toŋ˦˨ɕi˦˨˩·
腰身iaɯ˦˨sən˦˨˩·	衣裳i˦˨saŋ˦˨˩·	东家toŋ˦˨tɕiɑ˦˨˩·	亲戚tɕʰin˦˨ɕi˦˨˩·
街上kai˦˨saŋ˨˩˩·	乡下ɕiaŋ˦˨ɕiɑ˨˩˩·	出来tɕʰy˦˨lai˥˧˩·	出去tɕʰy˦˨tɕʰi˨˩˩·
新鲜ɕin˦˨ɕian˦˨˩·	促掐tsʰo˦˨kʰɑ˦˨˩·	方法faŋ˦˨fɑ˦˨˩·	今年tɕin˦˨ȵian˥˧˩·
丫鬟iɑ˦˨fan˥˧˩·	先人ɕian˦˨zən˥˧˩·	仙人ɕian˦˨zən˥˧˩·	灯笼tən˦˨loŋ˥˧˩·
苞谷paɯ˦˨ku˧˥˩·	八哥pɑ˦˨ko˧˥˩·	格朗kie˦˨laŋ˧˥˩·	舒坦tɕʰy˦˨tʰan˧˥˩·
月份ye˦˨fən˨˩˩·	木匠mu˦˨tɕiaŋ˨˩˩·	方便faŋ˦˨pian˨˩˩·	忠厚tsoŋ˦˨xəɯ˨˩˩·

2. 逢前升则升

若前字为升调，则后字跟着升为高调，本节记作“˥”。如：

表 2–45　　　　“河南话”两字组逢前升则升轻声举例

笋子sən˧˥tsɿ˥	檩子lin˧˥tsɿ˥	场子tsʰaŋ˧˥tsɿ˥	坎子kʰan˧˥tsɿ˥
蠓子moŋ˧˥tsɿ˥	饼子pin˧˥tsɿ˥	狗子kəɯ˧˥tsɿ˥	领子lin˧˥tsɿ˥
拐子kuai˧˥tsɿ˥	婊子piaɯ˧˥tsɿ˥	傻子sɑ˧˥tsɿ˥	嗓子saŋ˧˥tsɿ˥
左了tso˧˥lo˥	板了丢了pan˧˥lo˥	和了混了xo˧˥lo˥	跑了pʰaɯ˧˥lo˥
□头借口tsei˧˥tʰəɯ˥	榫头sən˧˥tʰəɯ˥	堵倒堵着təɯ˧˥taɯ˥	扯倒扯住tsʰe˧˥taɯ˥
咬倒咬着ŋaɯ˧˥taɯ˥	挽倒身后挽手pian˧˥taɯ˥	甩它甩掉sai˧˥tʰɑ˥	□它扔掉tei˧˥tʰɑ˥
板它丢掉pan˧˥tʰɑ˥	□它用手折掉pʰie˧˥tʰɑ˥	砍它砍掉kʰan˧˥tʰɑ˥	女咧ȵy˧˥lie˥
有咧iəɯ˧˥lie˥	叵咧pʰo˧˥lie˥	拐儿里kuair˧˥lie˥	补疤儿pu˧˥pæ˦˨˥
考交kʰaɯ˧˥tɕiaɯ˦˨˥	喜欢ɕi˧˥fan˦˨˥	爽当爽快saŋ˧˥taŋ˦˨˥	屌经tiaɯ˧˥tɕin˦˨˥
敞延tsʰaŋ˧˥ian˥˧˥	老婆laɯ˧˥pʰo˥˧˥	老长laɯ˧˥tsʰaŋ˥˧˥	管闲儿kuan˧˥ɕiai˥˧˥

续 表

老老lauɯ˧˥lauɯ˧˥·	搞搞kauɯ˧˥kauɯ˧˥·	咬咬ŋauɯ˧˥ŋauɯ˧˥·	走走tsəɯ˧˥tsəɯ˧˥·
跑跑pʰauɯ˧˥pʰauɯ˧˥·	访访faŋ˧˥faŋ˧˥·	扯扯tsʰe˧˥tsʰe˧˥·	估估ku˧˥ku˧˥·
手巾səɯ˧˥tɕin˧˥·	耳朵ər˧˥təɯ˧˥·	姊妹tsɿ˧˥mei˨˩·	野物ie˧˥vu˨˩·
扁担pian˧˥tan˨˩·	打扮tɑ˧˥pan˨˩·	小气ɕiauɯ˧˥tɕʰi˨˩·	底下ti˧˥ɕiɑ˨˩·

3. 逢前平则降

若前字为平调，则后字降为半低调，本节记作“·˨”。如：

表 2–46　　“河南话”两字组逢前平则降轻声举例

绳子sən˥tsɿ·˨	席子ɕi˥tsɿ·˨	房子faŋ˥tsɿ·˨	椽子tɕʰyan˥tsɿ·˨
台子tʰai˥tsɿ·˨	镯子tso˥tsɿ·˨	白子pie˥tsɿ·˨	羊子iaŋ˥tsɿ·˨
肠子tsʰaŋ˥tsɿ·˨	瘸子tɕʰye˥tsɿ·˨	麻子mɑ˥tsɿ·˨	驼子tʰo˥tsɿ·˨
红了xoŋ˥lo·˨	黄了faŋ˥lo·˨	赢了in˥lo·˨	折了se˥lo·˨
头头tʰəɯ˥tʰəɯ·˨	□头ŋan˥tʰəɯ·˨	轮到lin˥tauɯ·˨	拿倒拿着lɑ˥tauɯ·˨
揪倒揪住tɕiəɯ˥tauɯ·˨	横倒横着fən˥tauɯ·˨	来煞lai˥sɑ·˨	男咧lan˥lie·˨
泥巴ȵi˥pɑ˥˧·	糍粑tsʰɿ˥pɑ˥˧·	婆婆pʰo˥pʰo˥·	馍馍mo˥mo˥·
尝尝tsʰaŋ˥tsʰaŋ˥·	嚼嚼tɕio˥tɕio˥·	闻闻vən˥vən˥·	回回fei˥fei˥·
同年tʰoŋ˥ȵian˥·	嫌人难为情ɕian˥zən˥·	绒和zoŋ˥xo˥·	回来fei˥lai˥·
残坏tsʰai˥fai˨˩·	匀净yn˥tɕin˨˩·	麻利mɑ˥li˨˩·	门面mən˥mian˨˩·

4. 逢前曲则升

若前字为曲调，则后字呈现中升调，本节记作“˧˥”。如：

表 2–47　　“河南话”两字组逢前曲则升轻声举例

稻子tauɯ˨˩˩tsɿ˧˥[1]	柿子sɿ˨˩˩tsɿ˧˥	扇子san˨˩˩tsɿ˧˥	帐子tsaŋ˨˩˩tsɿ˧˥
棍子kuən˨˩˩tsɿ˧˥	柱子tɕy˨˩˩tsɿ˧˥	凼子taŋ˨˩˩tsɿ˧˥	兔子tʰəɯ˨˩˩tsɿ˧˥

① “子、了、头、倒着、它跟‘掉’接近、里”等已经虚化的成分在此类连读变调中拥有了实在的调值，本节在记写时未将其作为轻声的变调来处理。

续 表

胖子pʰaŋ˧˩˨tsɿ˦	瘦子səɯ˧˩˨tsɿ˦	锈了ɕiəɯ˧˩˨lo˦	未了刀口钝了vei˧˩˨lo˦
饿了ŋo˧˩˨lo˦	胖了pʰaŋ˧˩˨lo˦	瘦了səɯ˧˩˨lo˦	睡了sei˧˩˨lo˦
外头vai˧˩˨tʰəɯ˦	芋头y˧˩˨tʰəɯ˦	赚头tɕyan˧˩˨tʰəɯ˦	靠倒靠着kʰaɯ˧˩˨taɯ˦
睡倒sei˧˩˨taɯ˦	并倒并着pin˧˩˨taɯ˦	顺倒ɕyn˧˩˨taɯ˦	对倒tei˧˩˨taɯ˦
掼它摔掉kʰuan˧˩˨tʰɑ˦	剁它剁掉to˧˩˨tʰɑ˦	撂它扔掉liaɯ˧˩˨tʰɑ˦	锯它锯掉kie˧˩˨tʰɑ˦
窭里təɯ˧˩˨lie˦	命命min˧˩˨min˧˩˨	空儿空儿kʰor˧˩˨kʰor˧˩˨	问问vən˧˩˨vən˧˩˨
睡睡sei˧˩˨sei˧˩˨	望望看看vaŋ˧˩˨vaŋ˧˩˨	转转tɕyan˧˩˨tɕyan˧˩˨	惯侍kuan˧˩˨sɿ˧˩˨

（二）“河南话”三字组轻声

“河南话”的三字组轻声，后两个字均处于轻声位置。总体上是前字决定后面两个字的轻声调值，不管后面两个字的结构紧密程度和声调情况如何。

1. 前字降则递降

第一个字若为降调，则后两个字呈现递降的轻声调。本节依次记作“·˧ ·˩”。如：

表 2–48 “河南话”三字组逢前字降则递降轻声举例

吃去了吃掉了tsʰɿ˥˧tɕʰi˧˩·lo·˩	荒去了荒掉了faŋ˥˧tɕʰi˧˩·lo·˩	翻去了翻掉了fan˥˧tɕʰi˧˩·lo·˩
山高头山上san˥˧kaɯ˥˧·tʰəɯ·˩	偷倒说偷偷地说tʰəɯ˥˧taɯ·˧ɕye˥˧·	吃倒些一直在吃tsʰɿ˥˧taɯ·˧ɕie˥˧·
踢过去tʰi˥˧ko˧˩·tɕʰi˧˩·	翻过去fan˥˧ko˧˩·tɕʰi˧˩·	夯下去xaŋ˥˧ɕiɑ˧˩·tɕʰi˧˩·
吞下去tʰən˥˧ɕiɑ˧˩·tɕʰi˧˩·	挳用力塞进去tsəɯ˥˧tɕin˧˩·tɕʰi˧˩·	塞进去se˥˧tɕin˧˩·tɕʰi˧˩·
巴不得pɑ˥˧pu˥˧·tie˥˧·	说不得ɕye˥˧pu˥˧·tie˥˧·	吃没喃吃了没tsʰɿ˥˧m·˧lan·˩

2. 前字升则升降

若第一个字为升调，则后两个字呈“高—中”调，即第二字升至高调，第三个字降为中调。本节依次记作“˥ ·˧”。如：

表 2–49 “河南话”三字组逢前字升则升降轻声举例

跑去了跑掉了pʰaɯ˦tɕʰi˩˥lo·˧	起去了tɕʰi˦tɕʰi˩˥lo·˧	瘪去了瘪掉了pie˦tɕʰi˩˥lo·˧

续 表

腿高头$_{\text{腿上}}$tʰei˧˥kaɯ˥˩·tʰəɯ·˧	手高头$_{\text{手上}}$səɯ˧˥kaɯ˥˩·tʰəɯ·˧	板了它$_{\text{丢掉}}$pan˧˥lo·˥tʰɑ·˧
□了它$_{\text{扔掉}}$tei˧˥lo·˥tʰɑ·˧	丑不过$_{\text{感到丑}}$tsʰəɯ˧˥pu˥˩·ko˨˩·	冷不过$_{\text{感到冷}}$lən˧˥pu˥˩·ko˨˩·
逮$_{\text{抓}}$起来tai˧˥tɕʰi˨˩·lai˥˧·	打起来tɑ˧˥tɕʰi˨˩·lai˥˧·	火起来$_{\text{主观上想发火}}$xo˧˥tɕʰi˨˩·lai˥˧·
举起来tɕy˧˥tɕʰi˨˩·lai˥˧·	仰过去ȵiaŋ˧˥ko˨˩·tɕʰi˨˩·	走过去tsəɯ˧˥ko˨˩·tɕʰi˨˩·
走不啦$_{\text{走不走}}$tsəɯ˧˥pu˥˩·læ·˧	好不啦$_{\text{好不好}}$xaɯ˧˥pu˥˩·læ·˧	有不啦$_{\text{有没有}}$iəɯ˧˥pu˥˩·læ·˧

3. 前字平则递降

若第一个字为平调，则后两个字呈现递降调。本节依次记作“·˧·˩”，与“前字降则递降”相同。如：

表 2–50　　“河南话”三字组逢前字平则递降轻声举例

回去了fei˥tɕʰi˨˩·lo·˩	门高头mən˥kaɯ˥˩·tʰəɯ·˩	墙高头tɕʰiaŋ˥kaɯ˥˩·tʰəɯ·˩
拿起来lɑ˥tɕʰi˧˦·lai˥˧·	□起来$_{\text{骂起人来}}$tɕye˥tɕʰi˧˦·lai˥˧·	围起来vei˥tɕʰi˧˦·lai˥˧·
蛮$_{\text{不讲理}}$起来man˥tɕʰi˧˦·lai˥˧·	折下去se˥ɕiɑ˨˩·tɕʰi˨˩·	轮下去lin˥ɕiɑ˨˩·tɕʰi˨˩·
戳下来tsʰo˥ɕiɑ˨˩·lai˥˧·	跍$_{\text{蹲}}$下来kʰu˥ɕiɑ˨˩·lai˥˧·	停下来tʰin˥ɕiɑ˨˩·lai˥˧·
能不过$_{\text{有点儿自大}}$lən˥pu˥˩·ko˨˩·	烦不过$_{\text{感到烦}}$fan˥pu˥˩·ko˨˩·	□不过$_{\text{洋洋得意}}$tɕioŋ˥pu˥˩·ko˨˩·
门边儿上mən˥piai˥˩·saŋ·˩	回没喃$_{\text{回了没}}$fei˥m·˧lan·˩	回不啦$_{\text{回不回}}$fei˥pu˥˩·læ·˩

4. 前字曲则降升

若第一个字为曲调，则后两个字呈现“低—半高”调，即第二个字降为低调，第三个字升为半高调。本节依次记作“·˩·˦”。如：

表 2–51　　“河南话”三字组逢前字曲则降升轻声举例

饿坏了ŋo˨˩˧fai˨˩·lo·˦	忘尽了$_{\text{忘记了}}$vaŋ˨˩˧tɕin˨˩·lo·˦	气倒了$_{\text{气着了}}$tɕʰi˨˩˧taɯ·˩lo·˦
记起来tɕi˨˩˧tɕʰi˨˩·lai˥˧·	坐起来tso˨˩˧tɕʰi˨˩·lai˥˧·	放进去faŋ˨˩˧tɕin˨˩·tɕʰi˨˩·
混进去fən˨˩˧tɕin˨˩·tɕʰi˨˩·	睡下去sei˨˩˧ɕiɑ˨˩·tɕʰi˨˩·	放下去faŋ˨˩˧ɕiɑ˨˩·tɕʰi˨˩·
去没喃$_{\text{去了没}}$tɕʰi˨˩˧m·˩lan·˦	重不啦$_{\text{重不重}}$tsoŋ˨˩˧pu˥˩·læ·˦	是不啦$_{\text{是不是}}$sɿ˨˩˧pu˥˩·læ·˦

三　“河南话”轻声的特征

经过调查研究，“河南话”轻声的调值变化主要受前字影响。具体讲，两字组轻声的调值，前字降、平则后字降，前字升、曲则后字升；三字组轻声的调值，前字降、平则后两字递降，前字升则后两字升降，前字曲则后两字降升。其中，两字组轻声逢前字降、前字平均降，这里“均降”的“降”情况是不同的——前字为降调时后字降为低，前字为平调时后字降为中低；同样，两字组轻声逢前字升、前字曲均升，这里“均升”的“升”的情况也是不同的——前字为升调时后字升为高，前字为曲调时后字呈现中升。三字组轻声逢前字降、平后两字均递降，这两个“递降”也有不同——前字降后两字递降为“中低—低”，前字平后两字递降为“中—低”。“河南话”轻声的特征可以列表概括如下。

表 2–52　“河南话”两字组、三字组轻声特征表

<table>
<tr><th rowspan="2">字组</th><th colspan="3">前字声调</th><th colspan="3">轻声调</th></tr>
<tr><th>调类</th><th>调值</th><th>调型</th><th>相对于前字的声调走势</th><th>具体特征</th><th>承载</th></tr>
<tr><td rowspan="4">两字组</td><td>阴平</td><td>42</td><td>降</td><td rowspan="2">降</td><td>低</td><td rowspan="4">后字</td></tr>
<tr><td>阳平</td><td>55</td><td>平</td><td>中低</td></tr>
<tr><td>上声</td><td>24</td><td>升</td><td rowspan="2">升</td><td>高</td></tr>
<tr><td>去声</td><td>212</td><td>曲</td><td>中升</td></tr>
<tr><td rowspan="4">三字组</td><td>阴平</td><td>42</td><td>降</td><td rowspan="2">递降</td><td>中低+低</td><td rowspan="4">后两字</td></tr>
<tr><td>阳平</td><td>55</td><td>平</td><td>中+低</td></tr>
<tr><td>上声</td><td>24</td><td>升</td><td>升降</td><td>高+中</td></tr>
<tr><td>去声</td><td>212</td><td>曲</td><td>降升</td><td>低+半高</td></tr>
</table>

“河南话”的轻声只跟前字有关，跟后字没有关系，属于“非自主”的轻声。这是汉语方言轻声中较为典型的一类。即使是一些例外的轻声词，如“马虎［mɑ˨˦˨fu˦˨˨.］”，“马”的本调应该是上声（升调），但在“马”的声调变读为阴平（降调）后，“虎”的轻声调值变化遵守了前字降则后字降（低调）

的规律。在三字组轻声中，后两字的结构关系和声调组合均无法影响轻声的调值。

第五节　儿化韵

“河南话”的 38 个韵母中，可以儿化的有 28 个，分别是：ɿ、i、u、ɑ、iɑ、uɑ、o、io、ie、ai、iai、uai、aɯ、iaɯ、əɯ、iəɯ、ei、an、ian、uan、yan、ən、in、uən、yn、aŋ、iaŋ、oŋ。这些韵母儿化后形成 18 个儿化韵。其中，iai 儿化后不变韵，其他 27 个韵母儿化后变韵。根据韵母的成分，“河南话”的儿化韵可归为七组，分别是：（一）æ 组（含 æ、iæ、uæ）；（二）ur 组（ur）；（三）or 组（含 or、ior）；（四）ai 组（含 air、iai、uair、yai）；（五）er 组（含 er、ier、uer、yer）；（六）aɯr 组（含 aɯr、iaɯr）；（七）əɯr 组（含 əɯr、iəɯr）。

一　“河南话”的儿化变韵

（一）æ 组变韵

“河南话”的 æ 组儿化变韵有三个：æ、iæ、uæ。

1.æ 韵

① ɑ＋ər＝æ

（拈）巴儿抓阄儿 pɑ˨˦＋ər＝pæ˨˦

（小凼）巴儿小水凼 pɑ˨˦˥＋ər＝pæ˥

（一小）把儿 pɑ˥˧＋ər＝pæ˥˧

（点儿）把儿 pɑ˥˧＋ər＝pæ˥˧

（蒂）把儿 pɑ˥˧＋ər＝pæ˥˧

罢儿罢儿[①]难得 pɑ˧˩＋ər＝pæ˧˩

（小）马儿 mɑ˥˧＋ər＝mæ˥˧

马儿马上 mɑ˥˧＋ər＝mæ˥˧

（吃）妈儿吃奶 mɑ˧˩＋ər＝mæ˧˩

花儿花儿牛痘 fɑ˨˦＋ər＝fæ˨˦

（老一）伐儿上一辈儿 fɑ˥ ＋ər＝fæ˥

（笑）话儿 fɑ˧˩˧＋ər＝fæ˥˧

（疙）瘩儿 tɑ˨˦＋ər＝tæ˨˦

（浪里）搭儿游手好闲者 tɑ˨˦＋ər＝tæ˨˦

① 出现儿化重叠时，只标单个的儿化音。下同。

背褡儿$_{\text{棉背心}}$ tɑ˥˧＋ər＝tæ˥˧　　达儿$_{\text{爸爸}}$ tɑ˥ ＋ər＝tæ˥

（瓜）辣儿$_{\text{带花的小瓜}}$ lɑ˥˧＋ər＝læ˥˧　　哪儿 lɑ˨˦＋ər＝læ˨˦

（旮）旯儿 lɑ˧˩＋ər＝læ˧˩　　咂儿$_{\text{不允声}}$ tsɑ˥ ＋ər＝tsæ˥

（列）咋儿$_{\text{怎么}}$ tsɑ˨˦˥ ＋ər＝tsæ˥　　（打小）镲儿 ts^{h}ɑ˨˦＋ər＝ts^{h}æ˨˦

尜儿尜儿$_{\text{小儿阴茎}}$ kɑ˥＋ər＝kæ˥　　（脚趾）丫儿 ŋɑ˥˧＋ər＝ŋæ˥˧

（小）伢儿$_{\text{小孩儿}}$ ŋɑ˥＋ər＝ŋæ˥　　（放牛）伢儿$_{\text{放牛娃}}$ ŋɑ˥＋ər＝ŋæ˥

（一）哈儿$_{\text{一会儿}}$ xɑ˧˩＋ər＝xæ˧˩　　（一暇儿）哈儿$_{\text{一小会儿}}$ xɑ˧˩＋ər＝xæ˧˩

（姑）娃儿$_{\text{小姑姑}}$ vɑ˥＋ər＝væ˥　　（小羊）娃儿 vɑ˥＋ər＝væ˥

② an＋ər＝æ

山儿（芋）$_{\text{山芋}}$ san˥˧＋ər＝sæ˥˧　　（牛毛）毡儿 tsan˥˧＋ər＝tsæ˥˧

晚儿（黑）$_{\text{夜里}}$ van˨˦˥ ＋ər＝væ˥

③ aŋ＋ər＝æ

（哪个）场儿$_{\text{哪个地方}}$ ts^{h}aŋ˨˦＋ər＝ts^{h}æ˨˦　　（小）塘儿$_{\text{更老的说法}}$ t^{h}aŋ˥ ＋ər＝t^{h}æ˥

2.iæ 韵

① iɑ＋ər＝iæ

（瞧）家儿$_{\text{女方去男方家相亲}}$ tɕiɑ˥˧＋ər＝tɕiæ˥˧　　（么）价儿$_{\text{什么价}}$ tɕiɑ˧˩＋ər＝tɕiæ˧˩

（一）暇儿（哈儿） ɕiɑ˥ ＋ər＝ɕiæ˥　　牙儿$_{\text{一片儿}}$ iɑ˥ ＋ər＝iæ˥

② iaŋ＋ər＝iæ

（隔）墙儿$_{\text{隔壁}}$ tɕ^{h}iaŋ˥ ＋ər＝tɕ^{h}iæ˥　　（小）杨儿$_{\text{姓}}$ iaŋ˥＋ər＝iæ˥

（两）样儿 iaŋ˧˩＋ər＝iæ˧˩　　（么）样儿$_{\text{怎么样}}$ iaŋ˧˩＋ər＝iæ˧˩

（装）佯儿 iaŋ˥ ＋ər＝iæ˥

3.uæ 韵

uɑ＋ər＝uæ

（短）褂儿 k^{h}uɑ˧˩＋ər＝k^{h}uæ˧˩

（二）ur 组变韵

“河南话”的 ur 组儿化变韵只有一个 ur，由 u 和 ər 拼合而成：u＋ər＝ur。

（合）谱儿$_{\text{估计}}$ p^{h}u˨˦＋ər＝p^{h}ur˨˦　　（地）铺儿 p^{h}u˧˩＋ər＝p^{h}ur˧˩

（一）亩儿 mu˨˦＋ər＝mur˨˦　　（小）屋儿 vu˧˩＋ər＝vur˧˩

（小）鼓儿 ku˨˦＋ər＝kur˨˦　　（顶顶）箍儿$_{\text{针箍}}$ k^{h}u˥˧＋ər＝k^{h}ur˥˧

（三）or 组变韵

“河南话”的 or 组儿化变韵有两个：or、ior。

1.or 韵

① o＋ər＝or

（哪个）坡儿哪里 p^{h}o˥˧＋ər＝p^{h}or˥˧　　婆儿（妹儿）丈夫的妹妹 p^{h}o˥＋ər＝ p^{h}or˥

（手）叵儿手指甲 p^{h}o˨˦＋ər＝ p^{h}or˨˦　　（一）坨儿一团儿 t^{h}o˥ ＋ər＝ t^{h}or˥

（镗）锣儿 lo˥ ＋ər＝ lor˥　　锁儿 so˨˦＋ər＝sor˨˦

（八）哥儿 ko˥˧＋ər＝ kor˥˧　　（唱）歌儿 ko˥˧＋ər＝ kor˥˧

（嘴）角儿 ko˥ ＋ər＝ kor˥　　（橡栎）果儿 ko˨˦＋ər＝ kor˨˦

（一独）个儿 ko˧˩＋ər＝ kor˧˩　　（睡）瞌儿睡觉，儿语 k^{h}o˥＋ər＝ k^{h}or˥

鹅儿 ŋo˥＋ər＝ ŋor˥　　（小）河儿 xo˥＋ər＝ xor˥

（点）火儿 xo˨˦＋ər＝ xor˨˦　　（卖小）货儿挑着货郎担叫卖 xo˧˩＋ər＝ xor˧˩

（戳）货儿挑拨 xo˧˩＋ər＝ xor˧˩

② ie＋ər＝ or

（晚儿）黑儿夜晚 xie˥˧＋ər＝xor˥˧

③ oŋ＋ər＝ or

（小）棚儿 p^{h}oŋ˥ ＋ər＝ p^{h}or˥　　（袖）筒儿 t^{h}oŋ˨˦＋ər＝t^{h}or˨˦

（亮毛）虫儿萤火虫 ts^{h}oŋ˥ ＋ər＝ ts^{h}or˥　空儿夹缝 k^{h}oŋ˧˩＋ər＝ k^{h}or˧˩

哄儿欺骗 xoŋ˧˩＋ər＝ xor˧˩

2.ior 韵

① ie＋ər＝ior

（一小）截儿 tɕie˥ ＋ ər＝tɕior˥

② io＋ər＝ior

（打赤）脚儿 tɕio˥˧＋ər＝tɕior˥˧　　（落）脚儿 tɕio˥˧＋ər＝tɕior˥˧

（麻）雀儿 tɕ^{h}io˥˧＋ər＝tɕ^{h}ior˥˧　　□ [tɕ^{h}io˥˧] 儿驱赶牲畜的声音 tɕ^{h}io˥˧＋ ər＝tɕ^{h}ior˥˧

（小）□ [ɕio˥˧] 儿弟弟 ɕio˥˧＋ ər＝ɕior˥˧　（抓）药儿 io˥˧＋ ər＝ior˥˧

（四）ai 组变韵

“河南话”的 ai 组儿化变韵有四个：air、iai、uair、yai。

1.air 韵

① ai＋ər＝ air

（小）牌儿纸牌 pʰai˥ ＋ər＝pʰair˥

（名）牌儿 pʰai˥＋ər＝pʰair˥

（方便）袋儿 tai˧˩＋ər＝tair˧˩

（老）太儿爷爷的父亲 tʰai˧˩＋ər＝tʰair˧˩

（小）盖儿盖儿 kai˧˩＋ər＝kair˧˩

② an＋ər＝ air

（条）板儿身材 pan˧˥＋ər＝pair˧˥

（四角）板儿纸包 pan˧˥＋ər＝pair˧˥

（一）半儿 pan˧˩＋ər＝pair˧˩

（作）伴儿 pan˧˩＋ər＝pair˧˩

（扯筋拉）襻儿东拉西扯 pʰan˧˩＋ər＝pʰair˧˩

慢儿慢儿 man˧˩＋ər＝mair˧˩

（田）畈儿田野 fan˧˩＋ər＝fair˧˩

饭儿饭儿饭，儿语 fan˧˩＋ər＝fair˧˩

摊儿桌菜 tʰan˥˧＋ər＝tʰair˥˧

（麻）杆儿 kan˧˥＋ər＝kair˧˥

坎儿 kʰan˧˥＋ər＝kʰair˧˥

塆儿村子 van˥˧ ＋ər＝vair˥˧

（拐）弯儿 van˥˧ ＋ər＝vair˥˧

晚儿（上）van˧˥＋ər＝vair˧˥

（洋）碗儿 van˧˥ ＋ər＝vair˧˥

碗儿碗儿儿语 van˧˥ ＋ər＝vair˧˥

万儿人名 van ˧˩＋ər＝vair˧˩

2.iai 韵

① iɑ＋ər＝iai

（梿）枷儿 tɕia˥˧＋ər＝ tɕiai˥˧/tɕiai˧˥

② ian＋ər＝iai

边儿（上） pian˥˧＋ər＝ piai˥˧

（小）辫儿 pian˧˩＋ər＝ piai˧˩

（一）片儿～西瓜；～田 pʰian˧˩˧˥＋ər＝pʰiai˧˥

（照）面儿见面 mian˧˩＋ər＝miai˧˩

（一）点儿 tian˧˥＋ər＝tiai˧˥

点儿点儿很少 tian˧˥＋ər＝tiai˧˥

（小）店儿 tian˧˩＋ər＝tiai˧˩

（没得儿）天儿 tʰian˥˧＋ər＝tʰiai˥˧

（小）田儿人名 tʰian˥＋ər＝tʰiai˥

（小）连儿人名 lian˥＋ər＝liai˥

（鲫鱼）镰儿 lian˥＋ər＝ liai˥

（小）脸儿 lian˧˥＋ər＝liai˧˥

（搭）尖儿垫饥 tɕian˥˧＋ər＝ tɕiai˥˧

（条）件儿 tɕian˧˩˧˥＋ər＝tɕiai˧˥

（几个）钱儿 tɕʰian˥＋ər＝ tɕʰiai˥

（起）欠儿找茬 tɕʰian˧˩＋ər＝tɕʰiai˧˩

（跟）前儿 tɕʰian˥＋ər＝ tɕʰiai˥

（菊）仙儿人名 ɕian˥˧＋ər＝ɕiai˥˧

（管）闲儿管用 ɕian˥＋ər＝ɕiai˥

研儿（细）磨细 ian˥＋ər＝iai˥

岩儿（石）更早的老派 ian˥＋ər＝ iai˥　　（边儿）沿儿 ian˥＋ər＝iai˥[1]

（小）眼儿 ian˦＋ər＝ iai˦　　沿儿沿儿（好）正好 ian˥＋ər＝iai˥

③ iaŋ＋ər＝iai

娘儿（伙里）娘俩 ȵiaŋ˥＋ər＝ȵiai˥

3.uair 韵

① uan＋ər＝uair

（新郎）倌儿新郎 kuan˧˩＋ər＝kuair˧˩　　（当）官儿 kuan˧˩＋ər＝kuair˧˩

（小）罐儿 kuan˩˧＋ər＝kuair˩˧　　（活）款儿款儿活结 k^huan˦＋ər＝k^huair˦

② uai＋ər＝uair

乖儿乖儿（头）小孩儿的爱称 kuai˧˩＋ər＝kuair˧˩　　（门）拐儿 kuai˦＋ər＝kuair˦

块儿块儿 k^huai˦＋ər＝k^huair˦

4.yai 韵

yan＋ər＝yai

□儿（手）手疾，伸不直 tɕyan˧˩＋ər＝tɕyai˧˩　　拽儿卖弄 tɕyan˦＋ər＝tɕyai˦

（一）卷儿 tɕyan˦＋ər＝tɕyai˦　　（一）转儿四周 tɕyan˩˧＋ər＝tɕyai˩˧

（半）转儿不明事理者 tɕyan˩˧＋ər＝tɕyai˩˧　（转）圈儿 $tɕ^h$yan˧˩＋ər＝$tɕ^h$yai˧˩

（玩）船儿玩旱船 $tɕ^h$yan˥＋ər＝$tɕ^h$yai˥　（罢）园儿瓜果蔬菜收获季结束 yan˥＋ər＝yai˥

（五）er 组变韵

“河南话”的 er 组儿化变韵有四个：er、ier、uer、yer。

1.er 韵

① ən＋ər＝er

（扳）本儿 pən˦＋ər＝per˦　　（小脚）盆儿 p^hən˥＋ər＝p^her˥

（小）门儿 mən˥＋ər＝mer˥　　（对）门儿 mən˥＋ər＝mer˥

（有）份儿 fən˩˧＋ər＝fer˩˧　　（小）凳儿 tən˩˧＋ər＝ter˩˧

（一独）顿儿一顿 tən˩˧＋ər＝ter˩˧　　（坐）臀儿坐臀肉 tən˦＋ər＝ter˦

孙儿 sən˧˩＋ər＝ser˧˩　　（大）婶儿 sən˦＋ər＝ser˦

根儿 kən˧˩＋ər＝ker˧˩　　（拽）文儿卖弄文采 vən˥＋ər＝ ver˥

[1] “（边儿）沿儿”在“河南话”里已经合音，由“边儿”和“沿儿”两个儿化融合而成，实际发音为 [piai]。

（皱）纹儿 vən˥＋ər＝ ver˥

② ei＋ər＝er

（老一）辈儿 pei˨˩＋ər＝per˨˩

配儿成对 pʰei˨˩＋ər＝pʰer˨˩

（小）妹儿妹妹 mei˨˩＋ər＝mer˨˩

（估）堆儿估计分量 tei˥˧＋ər＝ter˥˧

（丢）堆儿丢丑 tei˥˧＋ər＝ter˥˧

（炝）腿儿罗锅儿 tʰei˧˥＋ər＝tʰer˧˥

（通）嘴儿亲嘴 tsei˧˥＋ər＝tser˧˥

（走）味儿 vei˨˩＋ər＝ver˨˩

③ ɿ＋ər＝er

（认）字儿 tsɿ˨˩＋ər＝tser˨˩

（姨）侄儿 tsɿ˥˧＋ər＝tser˥˧

（年三）十儿 sɿ˥（tsʰɿ˥）＋ər＝ser˥（tsʰer˥）

事儿 sɿ˨˩＋ər＝ ser˨˩

2.ier 韵

① i＋ər＝ier

（亩把）地儿 ti˨˩＋ər＝tier˨˩

（小公）鸡儿 tɕi˥˧＋ər＝tɕier˥˧

（口口）气儿只剩一口气 tɕʰi˨˩＋ər＝tɕʰier˨˩

② in＋ər＝ier

（小）饼儿 pin˧˥＋ər＝pier˧˥

品儿品质 pʰin˧˥＋ər＝ pʰier˧˥

（树棵）林儿树林 lin˥＋ər＝lier˥

今儿今天 tɕin˥˧＋ər＝tɕier˥˧[①]

（扼）颈儿颈状处 tɕin˧˥＋ər＝ tɕier˧˥

轻儿轻儿（咧）轻轻地 tɕʰin˥˧＋ər＝tɕʰier˥˧

（和）庆儿人名 tɕʰin˨˩＋ər＝ tɕʰier˨˩

（屌）形儿鸟样 ɕin˥＋ər＝ɕier˥

（豁）形儿好险 ɕin˥＋ər＝ɕier˥

（占）赢儿占便宜 in˥＋ər＝ier˥

（打麻子）影儿天快黑的时候 in˧˥＋ər＝ ier˧˥

③ ie＋ər＝ier

爷儿（伙里）爷俩 ie˥＋ər＝ ier˥

“河南话”变 ier 韵的儿化，目前正朝 iei 方向发展，如新派说“（豁）形儿好险”接近 [ɕiei˥]。

3.uer 韵

uən＋ər＝uer

（小）棍儿 kuən˨˩＋ər＝kuer˨˩

（打）滚儿 kuən˧˥＋ər＝kuer˧˥

（一小）捆儿 kʰuən˧˥＋ər＝kʰuer˧˥

---

① 赵元任先生（1979）认为“儿”缀有一部分来源于“日”。“河南话”的“今儿、明儿、后儿、昨儿、前儿”就属于这种情况。其中，“今儿 [tɕier˥˧]、前儿 [tɕʻiai˥˧]”已基本合音，“明儿 [me˥ər˥˧]、后儿 [xəɯ˨˩˩ər˨˦]、昨儿 [tso˥ər˥˧]”尚未合音，还带有明显的双音节特征。

4.yer 韵

yn＋ər＝yer

（小）云儿人名 yn˥＋ər＝yer˥　　（爱）群儿人名 tɕʰyn˥＋ər＝tɕʰyer˥

（嘴）唇儿 tɕʰyn˥＋ər＝tɕʰyer˥　　（万）顺儿人名 ɕyn˨˩＋ər＝ɕyer˨˩

（六）aɯr 组变韵

“河南话”的 aɯr 组儿化变韵有两个：aɯr、iaɯr。

1.aɯr 韵

aɯ＋ər＝ aɯr

包儿包好的红糖、蜜枣等 paɯ˥˧＋ər＝paɯr˥˧　　（红）包儿 paɯ˥˧＋ər＝paɯr˥˧

苞儿苞儿花苞 paɯ˥˧＋ər＝paɯr˥˧　　宝儿宝儿对小孩儿的爱称 paɯ˧˥＋ər＝paɯr˧˥

奝儿说大话 pʰaɯ˥˧＋ər＝pʰaɯr˥˧　　毴 [pʰaɯ˥˧] 儿蓬松 pʰaɯ˥˧＋ər＝pʰaɯr˥˧

（旗）袍儿 pʰaɯ˥＋ər＝pʰaɯr˥　　泡儿泡儿泡沫 pʰaɯ˨˩＋ər＝pʰaɯr˨˩

（荷）泡儿口袋 pʰaɯ˨˩＋ər＝pʰaɯr˨˩　　（小钢）炮儿 pʰaɯ˨˩＋ər＝pʰaɯr˨˩

（躲）猫儿 maɯ˥˧＋ər＝maɯr˥˧　　（长）毛儿对太平军的俗称 maɯ˥＋ər＝maɯr˥

（猪）毛儿 maɯ˥＋ər＝maɯr˥　　（点）卯儿 maɯ˧˥＋ər＝maɯr˧˥

（凉）帽儿 maɯ˨˩＋ər＝maɯr˨˩　　（螺）帽儿 maɯ˨˩＋ər＝maɯr˨˩

（一）刀儿纸张计量单位 taɯ˥˧＋ər＝taɯr˥˧　　（小）刀儿 taɯ˥˧＋ər＝taɯr˥˧

（毛）桃儿野桃儿 tʰaɯ˥＋ər＝tʰaɯr˥　　（红）枣儿 tsaɯ˧˥＋ər＝tsaɯr˧˥

（小）赵儿姓 tsaɯ˨˩＋ər＝tsaɯr˨˩　　（小）嫂儿最小哥哥的妻子 saɯ˧˥＋ər＝saɯr˧˥

（小）高儿姓 kaɯ˥˧＋ər＝kaɯr˥˧

2.iaɯr 韵

iaɯ＋ər＝ iaɯr

（白）飚儿整天在外跑的人 piaɯ˥˧＋ər＝piaɯr˥˧　　（老）表儿表兄弟 piaɯ˧˥＋ər＝piaɯr˧˥

（粪）瓢儿 pʰiaɯ˥＋ər＝pʰiaɯr˥　　（买）票儿 pʰiaɯ˨˩＋ər＝pʰiaɯr˨˩

篻儿塘边洗衣用的石板 pʰiaɯ˨˩＋ər＝pʰiaɯr˨˩　　（搭）篻儿建房搭竹板 pʰiaɯ˨˩＋ər＝pʰiaɯr˨˩

（豆）苗儿 miaɯ˥＋ər＝miaɯr˥　　（树）杪儿树梢 miaɯ˧˥＋ər＝miaɯr˧˥

（屙）尿儿 ɳiaɯ˨˩＋ər＝ɳiaɯr˨˩　　（小）刁儿狡猾的人；姓 tiaɯ˥˧＋ər＝tiaɯr˥˧

屌儿阴茎 tiaɯ˧˥＋ər＝tiaɯr˧˥　　（金）条儿 tʰiaɯ˥＋ər＝tʰiaɯr˥

（鲹）鲦儿 tʰiaɯ˥＋ər＝tʰiaɯr˥　　（一担）挑儿连襟 tʰiaɯ˥˧＋ər＝tʰiaɯr˥˧

□ [liaɯ˥˧] 儿（摸）知觉 liaɯ˥˧＋ər＝liaɯr˥˧　　（小）饺儿 tɕiaɯ˧˥＋ər＝tɕiaɯr˧˥

叫儿叫儿哨子 tɕiauɯ˩+ər=tɕiauɯr˩ 小儿小儿（咧）很小的 ɕiauɯ˦+ər=ɕiauɯr˦

（开玩）笑儿 ɕiauɯ˩+ər=ɕiauɯr˩ （小）幺儿（儿）最小的儿子 iauɯ˥+ər=iauɯr˥

（七）əɯr 组变韵

“河南话”的 əɯr 组儿化变韵有两个：əɯr、iəɯr。

1.əɯr 韵

əɯ+ər= əɯr

（一）蔸儿一株 təɯ˥+ər=təɯr˥ （能）豆儿喜欢出风头的人 təɯ˩+ər=təɯr˩

（短裤）头儿 tʰəɯ˥+ər=tʰəɯr˥ （肉）头儿懦弱无能者 tʰəɯ˥+ər=tʰəɯr˥

（葫）芦儿 ləɯ˥·+ər=ləɯr· （搞么）猴儿搞什么名堂 xəɯ˥+ər=xəɯr˥

2.iəɯr 韵

iəɯ+ər= iəɯr

（小）瘤儿瘤儿 liəɯ˥+ər=liəɯr˥ （倒挂）柳儿垂柳 liəɯ˦+ər=liəɯr˦

（斑）鸠儿 tɕiəɯ˥+ər=tɕiəɯr˥ （小）酒儿 tɕiəɯ˦+ər=tɕiəɯr˦

（小）秋儿人名 tɕʰiəɯ˥+ər=tɕʰiəɯr˥ （皮）球儿 tɕʰiəɯ˥+ər=tɕʰiəɯr˥

二 “河南话”的儿化韵 iai[①]

“河南话”里的 iai，既是“河南话”的韵母，也是 iɑ、ian、iaŋ 儿化后的变韵。作为“河南话”韵母的 iai 在儿化后不变韵，如：鞋儿 ɕiai˥、街儿 tɕiai˥更早的老派。“河南话”韵母为 iai 的字，为中古蟹摄开口二等皆佳韵见匣母字。这些字通常有文白两读，文读韵母为 iai，白读韵母为 ai。如：

“河南话”	街	戒	解~开	鞋	蟹
文读 / 白读	iai/ai	iai/ai	iai/ai	iai/ai	iai/ai

这些字的文白读均可儿化。文读的 iai 儿化后不变韵，白读的 ai 儿化后变为 air。如：

（上）街儿 tɕiai˥更早的老派/kair˥ （边）界儿 tɕiai˩/（搭）界儿 kair˩

（拖）鞋儿 ɕiai˥/xair˥ （螃）蟹儿 ɕiai˦/xair˦

① iai 的用法跟罗山、光山方言一致，是“河南话”的固定成分。

三　“河南话”儿化韵的重叠

“河南话”儿化韵可以重叠。重叠的儿化韵，具有小称、爱称、强调等作用，可以作名词、动词、形容词、副词、量词等。如：

表 2–53　　“河南话”儿化韵的重叠举例

名词	拐儿拐儿拐角kuair˨˦kuair˨˦ˈ	苞儿苞儿paɯr˥˧paɯr˥˧.
	泡儿泡儿pʰaɯr˧˩pʰaɯr˧˩ˊ	宝儿宝儿paɯr˨˦paɯr˨˦ˈ
	乖儿乖儿kuair˥˧kuair˥˧.	头儿头儿tʰəɯr˥tʰəɯr˥.
	嘴儿嘴儿tser˨˦tser˨˦ˈ	把儿把儿果实的柄pæ˧˩pæ˧˩ˊ
	块儿块儿kʰuair˨˦kʰuair˨˦ˈ	瘤儿瘤儿liəɯr˥liəɯr˥.
	巴儿巴儿粪便，儿语pæ˥˧pæ˥˧.	妈儿妈儿乳房mæ˧˩mæ˧˩ˈ
	花儿花儿牛痘fæ˥˧fæ˥˧.	尜儿尜儿小儿阴茎kæ˥kæ˥.
	伢儿伢儿小儿图像ŋæ˥ŋæ˥.	哥儿哥儿kor˨˦kor˨˦ˈ
	果儿果儿kor˨˦kor˨˦ˈ	瞌儿瞌儿瞌睡，儿语kor˥kor˥
	空儿空儿夹缝kʰor˧˩kʰor˧˩ˊ	盖儿盖儿kair˧˩kair˧˩ˊ
	歪儿歪儿蚌vair˥˧vair˥˧.	片儿片儿切成的片状pʰiai˨˦pʰiai˨˦ˈ
	杪儿杪儿末梢miaɯr˨˦miaɯr˨˦ˈ	叫儿叫儿哨子tɕiaɯr˧˩tɕiaɯr˧˩ˈ
动词	尿儿尿儿撒尿，儿语 ȵiaɯr˧˩ȵiaɯr˧˩ˈ	搅儿搅儿tɕiaɯr˨˦tɕiaɯr˨˦ˈ
	鹞儿鹞儿挥手iaɯr˧˩iaɯr˧˩ˊ	跳儿跳儿在锅里炒几下tʰiaɯr˧˩tʰiaɯr˧˩ˊ
形容词	慢儿慢儿mair˧˩mair˧˩˥	轻儿轻儿tɕʰier˥˧˥ tɕʰier˥˧
	牌儿牌儿漂亮，儿语 pʰair˥pʰair˥	（大）奓儿奓儿说大话pʰaɯr˥˧˥ pʰaɯr˥˧
副词	罢儿罢儿难得pæ˧˩pæ˧˩ˊ	沿儿沿儿（好）正好iai˥iai˥˩
量词	点儿点儿tiai˨˦tiai˨˦ˈ	个儿个儿kor˧˩kor˧˩ˊ

四　“河南话”儿化韵的语法功能和发展趋势

1.“河南话”儿化韵的语法功能

（1）用作构词手段。分两种情况：第一，通过儿化改变词性，构成新词，如：

把儿、场儿地方、点儿、马儿马上、空儿夹缝

第二，通过儿化改变词义，构成新词，如：

妈儿、坡儿地方、包儿包好的红糖、蜜枣等、猫儿迷藏

（2）表达小称、爱称。

表示小称的儿化如：

疤儿、辣儿带花的小瓜果、尜儿、镰儿、眼儿、空儿、凳儿、棍儿

表示爱称的儿化如：

田儿用于称呼人名、连儿用于称呼人名、顺儿用于称呼人名

同时表示小称和爱称的儿化如：

娃儿、伢儿、孙儿、妹儿

“河南话”表示小称的儿化，除了在名词后直接加“儿”外，还可以在名词前加上“小”后儿化。如在小称的名词前加“小”：

小马儿、小塘儿、小杨儿、小棚儿、小店儿、小脸儿、小门儿、小饼儿、小公鸡儿

前加“小”的儿化名词，在去掉“小”后，其儿化使用受到限制，即“马儿动物、塘儿、杨儿、棚儿、店儿、脸儿、门儿、饼儿、公鸡儿”一般不单说，只能说无小称意义的“马、塘、杨、棚、店、脸、门、饼、公鸡”。

在“河南话”的名量词前加“一小”后儿化，表示数量更少，如：

一小把儿、一小截儿、一小捆儿、一小坨儿

（3）重叠后表示强调。“河南话”的儿化重叠，可用来强调小、少、薄、动作轻（慢）等。如：

把儿把儿、苞儿苞儿、拐儿拐儿、泡儿泡儿、瘤儿瘤儿、点儿点儿、片儿片儿、轻儿轻儿、慢儿慢儿

2.“河南话”儿化韵的发展趋势

根据儿化韵的结构特点和在语音系统中的地位，可将“河南话”的儿化

韵分为三个层次：第一个层次是拼合变韵，有 ur、or（o+ər）、ior（io+ər）、air（ai＋ər）、uair（uai＋ər）、aɯr、iaɯr、əɯr、iəɯr；第二个层次是融合变韵，有 æ、iæ、uæ、or（ie＋ər、oŋ＋ər）、ior（ie＋ər）、air（an＋ər）、iai（iɑ＋ər、ian＋ər、iaŋ＋ər）、uair（uan＋ər）、yai、er、ier、uer、yer；第三个层次是融合变韵与韵母合流，有 iai。

发音时卷舌是儿化的主要特征。“河南话”的儿化卷舌动作已明显简化或弱化。虽然目前老派发音里还保留了儿化的卷舌特征，但与普通话或“河南话”的源方言罗山、光山方言相比，其卷舌幅度偏小、舌位明显前移。这些变化，跟一百多年来“河南话”受到当地吴语的影响有关。目前，“河南话”新派发音的儿化卷舌特征还在进一步弱化，并向不卷舌方向发展。“河南话”是笔者的母语方言。笔者能够真切地感受到其发生的变化。“河南话”儿化韵的发展趋势可以概括为：

（1）ur 向 u 发展。

（2）or、ior 向 o、io 发展。

（3）air、iai（ian＋ər）、uair 向 ai、ian、uai 发展。

（4）ier 向 iei 发展。

（5）aɯr、iaɯr 向 aɯ、iaɯ 发展。

（6）əɯr、iəɯr 向 əɯ、iəɯ 发展。

“河南话”的 18 个儿化韵分组情况列表如下：

表 2–54　　“河南话”儿化韵分组表

基本韵母	儿化变韵		变韵类型
	变韵形式	分组	
ɑ an aŋ	æ	æ	融合
iɑ iaŋ	iæ		
uɑ	uæ		
u	ur	ur	拼合
o	or	or	

续　表

<table>
<tr><th rowspan="2">基本韵母</th><th colspan="2">儿化变韵</th><th rowspan="2">变韵类型</th></tr>
<tr><th>变韵形式</th><th>分组</th></tr>
<tr><td>ie oŋ</td><td>or</td><td rowspan="3">or</td><td rowspan="2">融合</td></tr>
<tr><td>ie</td><td rowspan="2">ior</td></tr>
<tr><td>io</td><td rowspan="2">拼合</td></tr>
<tr><td>ai</td><td rowspan="2">air</td><td rowspan="6">ai</td></tr>
<tr><td>an</td><td rowspan="2">融合</td></tr>
<tr><td>iɑ ian iaŋ</td><td>iai</td></tr>
<tr><td>uai</td><td rowspan="2">uair</td><td>拼合</td></tr>
<tr><td>uan</td><td rowspan="4">融合</td></tr>
<tr><td>yan</td><td>yai</td></tr>
<tr><td>ən ei ʅ</td><td>er</td><td rowspan="4">er</td></tr>
<tr><td>i in</td><td rowspan="2">ier</td></tr>
<tr><td>ie</td><td>拼合</td></tr>
<tr><td>uən yn</td><td>uer yer</td><td>融合</td></tr>
<tr><td>aɯ iaɯ</td><td>aɯr iaɯr</td><td>aɯr</td><td rowspan="2">拼合</td></tr>
<tr><td>əɯ iəɯ</td><td>əɯr iəɯr</td><td>əɯr</td></tr>
</table>

从“河南话”的儿化现状和发展趋势来看，无论老派还是新派，儿化韵色彩越来越淡，卷舌特征不断弱化。主要表现在：其一，拼合型儿化卷舌特征的 r 尾正在脱落。其二，融合型儿化老派使用频率较高，新派使用趋少。其三，儿化韵 ier 的卷舌特征进一步弱化，正在向 iei 发展。“河南话”儿化的这些特征和趋势，既有其自身演变的因素，更多是受到了当地吴语的影响。

第六节　合音

“河南话”除了儿化合音外，口语里还有一些非儿化的合音字组。这些合音字组主要有几种情况：

第一，后字是零声母，连读形成合音。如“列样这样”在“河南话”里慢说时发音应该是［lie^{21}iaŋ^{24}］，快说时变成了［liaŋ^{212}］。“样”是零声母字，连读时容易与前字合音。普通话也有这种情况，如“皮袄”。“河南话”里这类合音字组有：

表 2–55　　“河南话”合音类型一

合音字组	合音前	合音后	合音字组	合音前	合音后
（么）事啊	（mo^{55}）sɿ^{21}a^{24}	sæ^{212}	（气）死你	（tɕ^{h}i^{21}）sɿ^{24}n^{5}	sɿn^{24}
不要	pu^{5}iaɯ^{212}	piaɯ^{42}	么样	mo^{55}iaŋ^{212}	miaŋ^{42}
列样	lie^{21}iaŋ^{24}	liaŋ^{212}	（去）的啊？	（tɕ^{h}i^{21}）tə^{24}ɑ^{5}	tɑ^{24}

第二，儿化合音后，继续与其他音节合音。

表 2–56　　“河南话”合音类型二

合音字组	合音前	合音后	合音字组	合音前	合音后
么样儿	mo^{5}iæ^{212}	miæ^{542}	列样儿	lie^{21}iæ^{24}	liæ^{212}
歇哈儿	ɕie^{42}xæ^{0}	ɕiæ^{42}	哪哈儿	lɑ^{24}xæ^{5}	læ^{24}
列哈儿	lie^{21}xæ^{24}	liæ^{212}	边沿儿	pian^{42}iai^{5}	piai^{55}

第三，非零声母与前字的合音。

表 2–57　　“河南话”合音类型三

合音字组	合音前	合音后	合音字组	合音前	合音后
不晓（得）	pu^{42}ɕiaɯ^{24}（tie^{5}）	p^{h}iaɯ^{24}	（好）不啦？	（xaɯ^{24}）pu^{5}læ^{42}	pæ^{55}
不好①	pu^{42}xaɯ^{24}	paɯ^{24}			

① “不好”跟“不晓（得）”的合音相近。“不晓”合音后声母送气。用法举例：（1）你不好［paɯ^{24}］坐哈儿蛮（你坐会儿就是了）。（2）他不晓［p^{h}iaɯ^{24}］么样搞好了（他不知道咋搞好了）。

上面合音的字组，在合音后基本都能在语音系统中找到相近的调型和调值。“河南话”里还有些合音字，由三个音节合音构成。如用“多喒”“几喒”表示“什么时候”，且常用在问句里。如：“你来多喒了蛮你来多久了？”

“多喒”表时间用法，可能是从“多早晚”连续音变缩减而来的。“早晚”变成“喒”（也写作“咱”），是取“早”的声母和“晚”的韵母拼合而成。这种用法在《红楼梦》里也有，如六十六回：“这人此刻不在这里，不知多早晚才来呢。也难为他的眼力。”这里用的是合音前的原形①。

此外，“河南话”里表示“前天、昨天、今天、明天、后天”的一组词“前日、昨日、今日、明日、后日”，有些已经合音，有些尚未融合。具体分析如下：

前日：前 $tɕ^hian^{55}$ ＋日 $ər^{42}$ →前日 $tɕ^hiair^{42}$

昨日：昨 tso^{55} ＋日 $ər^{42}$ →昨日 $tso^{5}r^{42}$

今日：今 $tɕin^{42}$＋ 日 $ər^{42}$ →今日 $tɕier^{42}$

明日：明 $mən^{55}$＋ 日 $ər^{42}$ →明日 mer^{542}

后日：后 $xəɯ^{212}$ ＋日 $ər^{42}$ →后日 $xəɯ^{21}r^{24}$

上述合音跟“河南话”的儿化相比，有三种情形：第一，合音后与儿化韵相同，如“今日［$tɕier^{42}$］”。有的方言直接写成“今儿”。第二，合音后与儿化韵接近，如“前日［$tɕ^hiair^{42}$］”合音后与儿化韵［iai］很近；“明日［mer^{542}］”合音后声调略有变化，但韵母与儿化韵相同。第三，合音后与儿化韵尚有一定距离，如“昨日［$tso^{5}r^{42}$］”“后日［$xəɯ^{21}r^{24}$］”合音后，动程幅度减小，［ə］的特征弱化，但尚未融合。

可见，“河南话”里表示“一昼夜”意思的“日”有向“儿”缀发展的趋势。这与赵元任先生所说的“儿”缀有一部分来源于“日”的考察结果吻合②。

---

① 李行建、［日］折敷濑兴：《现代汉语方言词语的研究与近代汉语词语的考释》，《中国语文》1987 年第 3 期。

② 赵元任：《汉语口语语法》，商务印书馆 1979 年版，第 118 页。

第三章　语音比较

第一节　“河南话”与中古音[1]比较

一　声母的比较

为了简明直观，我们首先采用三张表格来展示“河南话”声母与中古声母之间的关系。

表 3–1　　“河南话”与中古音声母比较表之（一）

	帮	滂	並	明	非	敷	奉	微	端	透	定	泥洪	来	知	见	溪	晓	匣	影	喻云	喻以
p	八	玻	病																		
p^h	绊	派	爬		甫	捧															
m				麦																	
f					飞	副	肥									恢	灰	回	秽		
v				戊				味									歪	完	温	王	维
t									多	贷	稻			爹							
t^h										讨	徒										
l												脑	老		脸						

① 这里说的“中古音”指《切韵》《广韵》代表的中古音，采用中国社会科学院语言研究所《方言调查字表》（修订本）的中古音系统。

表 3–2　　“河南话”与中古音声母比较表之（二）

	精	清	从	心	邪	知	彻	澄	庄	初	崇	生	章	昌	船	书	禅
ts	资		字	撕		竹	侦	赵	抓		镯		纸		剩	翅	殖
ts^h		刺	财	赐	祠		抽	茶		抄	床	缩		车$_{马\sim}$		深	城
s				丝	寺					厕	柿	山			蛇	手	十
tɕ	酒		罪		像	猪		柱	眨				主				
$tɕ^h$		清	全		祥	拄		除						春	船	舒	篅
ɕ		戚		想	谢										顺	书	树

表 3–3　　“河南话”与中古音声母比较表之（三）

	奉	敷	泥$_{细}$	章	日	见	溪	群	疑	晓	匣	影	喻$_{以}$
z					人							拥	用
tɕ						九		旧			舰$_{军\sim}$		捐
$tɕ^h$							轻	权			洽		
ɕ						懈				响	县		
ȵ			年						牛				
k				整		高		共			汞		
k^h						会$_{\sim计}$	开	葵					
x	冯	蜂①								好$_{\sim坏}$	活		
ŋ									熬			安	
ø					热				月		萤	烟	药

通过比较，中古声母在“河南话”里的演变特点可以归纳为以下几条：

1. 古全浊声母全部清化。全浊声母“並、定、从、澄、崇、群”遵循平声送气、仄声不送气的规律。崇母“士仕柿事”在“河南话”里读擦音 s（擦音无所谓送气不送气）。例如：

① “蜂”在更老的“河南话”里声母为 x，目前基本读 f。

表 3–4 全浊声母“並、定、从、澄、崇、群”在“河南话”里的演变

中古声母	平声例字	“河南话”	仄声例字	“河南话”
並母	婆爬袍盆朋	p^h	步抱办白病	p
定母	题桃头甜堂	t^h	稻豆淡电毒	t
从母	瓷曹蚕残存	ts^h	坐罪字杂贼	ts
	齐钱前全秦	$tɕ^h$	剂嚼绝匠净	tɕ
澄母	茶迟陈肠虫	ts^h	痔赵侄丈直	ts
	除传~达	$tɕ^h$	住赚传~记	tɕ
崇母	锄豺柴馋床	ts^h	寨闸铡状镯	ts
			士仕柿事	s
群母	瘸桥求琴拳	$tɕ^h$	轿舅及近局	tɕ
	逵葵	k^h	跪柜共	k

2. 中古来母读［l］。中古泥（娘）母跟洪音韵母相拼读［l］，如“挪、拿、奴、奶、挠、南、难、农”等；跟细音韵母相拼读［ȵ］，如“泥、尼、尿、年、娘”等。例外：曾开三等蒸韵“匿”读［li^{42}］，梗开四等青韵“宁”读［lin^{55}］。

3. 中古知系三组声母全部读如精组，分［ts、ts^h、s］和［tɕ、$tɕ^h$、ɕ］两套声母①。例如：增精 = 珍知 = 争庄 = 蒸章［tsən^{42}］，“仓精、肠知、疮庄、昌章”声母为［ts^h］，“私精、森庄、身章”声母为［s］；“挤精、猪知、阻庄、准章”声母为［tɕ］，“钱精、除知、雏庄、船章”声母为［$tɕ^h$］，“斜精、疏庄、书章”声母为［ɕ］。

4. 非组声母与晓组声母相混。例如：飞 = 灰［fei^{42}］、法 = 花［fɑ^{42}］、欢 = 帆［fan^{42}］。因此，人们要用组词的方式区分“发芽”的“发”和“开花”的“花”。少数老派“河南话”通摄合口三等字声母读［x］，例如：风 = 蜂 = 烘［xoŋ^{42}］、冯 = 红［xoŋ^{55}］。

5. “河南话”不分尖团。例如：焦 = 骄［tɕiaɯ^{42}］、酒 = 九［tɕiəɯ^{24}］；

① 少数老派“河南话”保留了［tʂ、$tʂ^h$、ʂ、ʐ］声母，但与北京话相比发音部位靠前，显示向［ts、ts^h、s、z］过渡的痕迹。

清 = 轻［tɕʰin^{42}］、秋 = 丘［tɕʰiəɯ^{42}］；西 = 溪［ɕi^{42}］、星 = 馨［ɕin^{42}］。

6. 日母主要读［z］，少数读［ø］。例如：饶［zaɯ^{55}］、揉［zəɯ^{55}］、认［zən^{212}］、肉［zəɯ^{212}］，如［y^{55}］、耳［ər^{24}］、染［yan^{24}］、热［ye^{42}］。例外字：“芮$_{姓}$”［sai^{212}］、“弱”［ȵio^{42}］。

7. 疑母、影母部分字声母读［ŋ］。例如：鹅［ŋo^{55}］、熬［ŋaɯ^{55}］、硬［ŋən^{212}］、爱［ŋai^{212}］、淹［ŋan^{42}］、安［ŋan^{42}］。

8. 影组部分梗、通合口三等字声母读［z］，跟日母相混。例如：绒$_{日}$ = 荣$_{云}$ = 容$_{以}$［zoŋ^{55}］。

二　韵母的比较

“河南话”韵母与中古音韵母的比较也采用表格，分舒声开口、舒声合口、入声开口、入声合口四个类别。

表 3–5　　　　韵母比较表之一：舒声开口

		一等			二等				
		帮系	端系	见系	帮系	泥组	精组	知庄组	见系
果摄	例字		多 他	歌					
	“河”①		o ɑ	o					
假摄	例字				怕	拿	姐	茶 岔	丫 牙
	“河”				ɑ	ɑ	ie	ɑ	ɑ iɑ
蟹摄	例字	沛②贝	戴	改咳	拜罢			筛 洒	矮解$_{\sim放}$佳谐
	“河”	ai ei	ai	ai ie	ai ɑ			ai ɑ	ai iai iɑ ie
止摄	例字								
	“河”								
效摄	例字	保	岛	高	包	挠		罩 抓	交 咬
	“河”	aɯ	aɯ	aɯ	aɯ	aɯ		aɯ ɑ	iaɯ aɯ
流摄	例字	某牡母剖	抖	狗					
	“河”	ei aɯ u o	əɯ	əɯ					

① “河”在此代表“河南话”。
② “沛”在作溧阳地名“上沛”时，“河南话”说［pai^{24}］。

续　表

		一等			二等				
		帮系	端系	见系	帮系	泥组	精组	知庄组	见系
咸摄	例字		贪	敢				赚 衫	陷 咸
	“河”		an	an				yan an	an ian
深摄	例字								
	“河”								
山摄	例字		炭	肝	班			绽破~ 山	间 眼
	“河”		an	an	an			an	an ian
臻摄	例字		吞	根					
	“河”		ən	ən					
宕摄	例字	帮	汤 脏	糠					
	“河”	aŋ	aŋ aɯ	aŋ					
江摄	例字				蚌	攮		撞 双	夯 讲
	“河”				aŋ	aŋ		aŋ	aŋ iaŋ
曾摄	例字	朋	等	肯					
	“河”	oŋ	ən	ən					
梗摄①	例字				彭盲猛	冷		牚 生	埂行品~
	“河”				ən aŋ oŋ	ən		ən	ən in

		三、四等							
		帮系	端组	泥组	精组	庄组	知章组	日母	见系
果摄	例字								茄
	“河”								ie
假摄	例字				写		爹蔗蛇	惹	爷
	“河”				ie		ie ɑ e	ye	ie
蟹摄	例字	批	低	犁	西		滞 世		鸡
	“河”	i	i	i	i		ʅ		i

① 梗开二梗端母字“打”的韵母为［ɑ］，未在表中列出。

续 表

		三、四等							
		帮系	端组	泥组	精组	庄组	知章组	日母	见系
止摄[①]	例字	皮 碑		梨	紫	筛 柿	知 纸	儿	气
	“河”	i ei		i	ɿ	ai ɿ	ɿ	ər	i
效摄	例字	表	跳	尿	焦		赵 烧	饶	桥
	“河”	iaɯ	iaɯ	iaɯ	iaɯ		aɯ	aɯ	iaɯ
流摄	例字	彪谋阴~ 矛谬谋	丢	流 廖	酒 就	搜皱~纹	抽 手	揉	九
	“河”	iaɯ əɯ aɯ iəɯ u	iəɯ	iəɯ iaɯ	iəɯ əɯ	əɯ oŋ	əɯ	əɯ	iəɯ
咸摄	例字	贬	店	镰 念	尖		沾 陕	染 冉	淹 嫌
	“河”	ian	ian	ian	ian		an	yan an	an ian
深摄	例字	品		林	心	簪参人~	沉 枕	任姓	金
	“河”	in		in	in	an ən	ən	ən	in
山摄	例字	鞭 片	天	连 年	煎 千		展 战	然	演 牵
	“河”	ian	ian	ian	ian		an	yan	ian
臻摄	例字	民		鳞	亲 讯	衬	镇 神	人	银
	“河”	in		in	in yn	ən	ən	ən	in
宕摄	例字			亮	墙	床	张 厂	瓤	香
	“河”			iaŋ	iaŋ	aŋ	aŋ	aŋ	iaŋ
江摄	例字								
	“河”								
曾摄	例字	冰		菱			瞪 蒸	仍	鹰 孕
	“河”	in		in			ən	ən	in yn
梗摄	例字	兵 瓶	丁	领 零	井 青		郑 声	镜 形	
	“河”	in	in	in	in		ən	in	

① 止开三止泥（娘）母字“你”在“河南话”里读声化韵 n̩。

表 3-6　　韵母比较表之二：舒声合口

		一等			二等			
		帮系	端系	见系	帮系	泥组	知庄组	见系
果摄	例字	波	坐	锅				
	"河"	o	o	o				
假摄	例字						傻	花 瓜
	"河"						ɑ	ɑ uɑ
遇摄	例字	布	土 错	姑				
	"河"	u	əɯ o	u				
蟹摄	例字	杯 裴	堆 雷	块盔外灰				乖卦坏话
	"河"	ei i	ei i	uai uei ai ei				uai ua ai ɑ
止摄	例字							
	"河"							
效摄	例字							
	"河"							
流摄	例字							
	"河"							
咸摄	例字							
	"河"							
深摄	例字							
	"河"							
山摄	例字	搬	端 氽	官 玩			拴	惯 弯
	"河"	an	an yan	uan an			an	uan an
臻摄	例字	盆	顿	坤 昏				
	"河"	ən	ən	uən ən				
宕摄	例字			荒 光				
	"河"			aŋ uaŋ				

续 表

		一等			二等			
		帮系	端系	见系	帮系	泥组	知庄组	见系
江摄	例字							
	“河”							
曾摄	例字			弘				
	“河”			oŋ				
梗摄	例字							矿 横 宏
	“河”							uaŋ ən oŋ
通摄	例字	篷	东	公 虹				
	“河”	oŋ	oŋ	oŋ aŋ				

		三、四等							
		帮系	端组	泥组	精组	庄组	知章组	日母	见系
果摄	例字								瘸
	“河”								ye
假摄	例字								
	“河”								
遇摄	例字	府		屡	需 蛆	数 所	蛛 主	儒	句
	“河”	u		y	y i	əɯ o	y	y	y
蟹摄	例字	肺			脆		缀 税	芮姓	桂 携 卫
	“河”	ei			ei		ei	ai	uei ie ei
止摄	例字	非 尾		类 泪	嘴 髓	帅	追 睡	蕊	规 季 辉
	“河”	ei i		ei i	ei i	ai	ei	ei	uei i ei
效摄	例字								
	“河”								
流摄	例字								
	“河”								

续　表

		三、四等							
		帮系	端组	泥组	精组	庄组	知章组	日母	见系
咸摄	例字	帆							
	"河"	an							
深摄	例字								
	"河"								
山摄	例字	反		恋	全 宣		转 船	软	拳 县 铅
	"河"	an		ian	ian yan		yan	yan	yan ian an
臻摄	例字	粉		轮	遵		椿 盾	闰	菌 尹
	"河"	ən		ən	ən		yn ən	yn	yn in
宕摄	例字	方							筐
	"河"	aŋ							uaŋ
江摄	例字								
	"河"								
曾摄	例字								
	"河"								
梗摄	例字								顷 永 兄
	"河"								in yn ioŋ
通摄	例字	风		隆	嵩	崇	忠 终	绒	弓 熊 胸
	"河"	oŋ		oŋ	oŋ	oŋ	oŋ	oŋ	oŋ ioŋ in

表 3–7　　韵母比较表之三：入声开口

		一等			二等				
		帮系	端系	见系	帮系	泥组	知庄组	章组	见系
咸摄	例字		塔	喝			劄 眨		掐 压
	"河"		ɑ	o			ɑ iɑ		ɑ iɑ

续 表

		一等			二等				
		帮系	端系	见系	帮系	泥组	知庄组	章组	见系
深摄	例字								
	“河”								
山摄	例字		辣	割	八		铡		瞎 轧~米~
	“河”		ɑ	o	ɑ		ɑ		iɑ ɑ
臻摄	例字								
	“河”								
宕摄	例字	泊~梁山~~ 薄	落	恶					
	“河”	ie o	o	o					
江摄	例字				剥 雹		啄 镯		角 岳 饺
	“河”				o aɯ		o		o io iaɯ
曾摄	例字	北	德 塞 贼						刻
	“河”	ie	ie e ei						ie
梗摄	例字				百		拆 栅		格
	“河”				ie		e ɑ		ie
		三、四等							
		帮系	端组	泥组	精组	庄组	知章组	日母	见系
咸摄	例字		贴	聂	接		折~打~~		业 腌
	“河”		ie	ie	ie		e		ie ian
深摄	例字			粒	习	涩	蛰~惊~~ 湿	入	急
	“河”			i	i	e	ʅ	y	i
山摄	例字	鳖 篾	铁	列	切		撤 浙	热	孽 结
	“河”	ie	ie	ie	ie		e	ye	ie
臻摄	例字	笔 匹		栗	七	虱	侄 质	日	一
	“河”	ie i		i	i	e	ʅ	ər/ʅ	i

续 表

		三、四等							
		帮系	端组	泥组	精组	庄组	知章组	日母	见系
宕摄	例字			略	雀		着睡~ 勺	弱	脚虐
	“河”			io	io		o aɯ	io	io ie
江摄	例字								
	“河”								
曾摄	例字	逼		匿力	熄~火 鲫	色	直 织		亿
	“河”	ie		i	ie i	e	ɿ		i
梗摄	例字	碧	踢	历	锡		掷 射 尺		译剧~烈
	“河”	ie	i	i	i		ən e ɿ		ie ye

表 3–8　韵母比较表之四：入声合口

		一等			二等			
		帮系	端系	见系	帮系	泥组	知庄组	见系
咸摄	例字	法						
	“河”	ɑ						
深摄	例字							
	“河”							
山摄	例字	拨	脱 捋	括 活			刷	刮
	“河”	o	o əɯ	uɑ o			ɑ	uɑ
臻摄	例字	不 没	卒 突	骨				
	“河”	u ei	əɯ ie	u				
宕摄	例字			郭				
	“河”			o				
江摄	例字							
	“河”							

续 表

		一等				二等			
		帮系	端系	见系		帮系	泥组	知庄组	见系
曾摄	例字			国 或					
	“河”			ue ei					
梗摄	例字								获 划
	“河”								o ɑ
通摄	例字	瀑木	独 秃	哭 沃					
	“河”	o u	əɯ o	u o					
		三、四等							
		帮系	端组	泥组	精组	庄组	知章组	日母	见系
咸摄	例字								
	“河”								
深摄	例字								
	“河”								
山摄	例字	发		劣	雪		拙 说		月 血
	“河”	ɑ		i	ie		o ye		ye ie
臻摄	例字	佛		律	黢	率	术 出		橘 掘
	“河”	u		i	y	ai	ye y		y ye
宕摄	例字	缚							
	“河”	u							
江摄	例字								
	“河”								
曾摄	例字								域
	“河”								io
梗摄	例字								役
	“河”								io
通摄	例字	福		六	宿~舍	缩	竹 束	肉 辱侮~	菊育畜~牧业
	“河”	u		əɯ	o	əɯ	əɯ o	əɯ o	y io ie

“河南话”与中古韵母之间的关系简要概括如下：

1.“河南话”没有入声韵。古入声韵在“河南话”里均读阴声韵，“腌［ian^{42}］”字例外。

2. 果摄一歌、果合一戈的字均读［o］，比较整齐。此外，咸开一合、山开一曷、山合一末、山合三薛的入声见系字和部分通摄入声字也读［o］。宕摄、江摄的入声韵读［o］或［io］。因此，“河南话”的［o］韵母字特别多。

3. 遇摄字、通摄入声字，在“河南话”里多读［əɯ］韵母，与流摄字相混。例如：堵 = 抖［təɯ^{24}］，路 = 漏［ləɯ^{212}］，祖 = 走［tsəɯ^{24}］。其他摄的个别入声字也读［əɯ］韵母，如：山合一末的“捋［ləɯ^{24}］”、臻合一没的“卒［tsəɯ^{55}］”。

4. 蟹摄二等见系字有文白两读，白读韵母为［ai］，文读韵母为［iai］。例如：戒［kai^{212}/ tɕiai^{212}］、街［kai^{42}/ tɕiai^{42}］、解［kai^{24}/ tɕiai^{24}］、鞋［xai^{55}/ ɕiai^{55}］。

5. 中古曾、梗摄舒声字与深、臻摄舒声字合流，读［in］［ən］。例如：鹰$_{曾}$ = 英$_{梗}$ = 音$_{深}$ = 因$_{臻}$［in^{42}］、兵$_{梗}$ = 冰$_{曾}$ = 宾$_{臻}$［pin^{42}］、升$_{曾}$ = 生$_{梗}$ = 森$_{深}$ = 身$_{臻}$［sən^{42}］、蒸$_{曾}$ = 征$_{梗}$ = 针$_{深}$ = 真$_{臻}$［tsən^{42}］。

6. 有较多的中古合口字今读开口韵母。例如：

端系合口：剁$_{果}$［to^{212}］、奴$_{遇}$［ləɯ^{55}］、祖$_{遇}$［tsəɯ^{24}］、堆$_{蟹}$［tei^{42}］、脆$_{蟹}$［ts^{h}ei^{212}］、嘴$_{止}$［tsei^{24}］、短$_{山}$［tan^{24}］、顿$_{臻}$［tən^{212}］、毒$_{通}$［təɯ^{55}］。

知系合口：初$_{遇}$［ts^{h}əɯ^{42}］、数$_{遇,动词}$［səɯ^{24}］、税$_{蟹}$［sei^{212}］、吹$_{止}$［ts^{h}ei^{42}］、闩$_{山}$［san^{42}］、竹$_{通}$［tsəɯ^{42}］。

日母：蕊$_{止}$［lei^{24}］、肉$_{通}$［zəɯ^{212}］。

见系合口：跨$_{假}$［k^{h}ɑ^{55}］、灰$_{蟹}$［fei^{42}］、坏$_{蟹}$［fai^{212}］、辉$_{止}$［fei^{42}］、欢$_{山}$［fan^{42}］、环$_{山,耳\sim}$［fan^{55}］、婚$_{臻}$［fən^{42}］、慌$_{宕}$［faŋ^{42}］、或$_{曾}$［fei^{212}］、横$_{梗}$［fən^{55}］、用$_{通}$［zoŋ^{212}］。

7. 部分端系合口字白读［i］。例如：

遇合三等精组：蛆［tɕ^{h}i^{42}］、徐$_{姓\sim}$［ɕi^{55}］、絮$_{棉花\sim}$［ɕi^{212}］、取$_{\sim钱}$［tɕ^{h}i^{24}］、须$_{\sim子}$［ɕi^{42}］。

蟹合一等端系：对$_{门\sim子}$［ti^{212}］、腿$_{\sim杆子}$［t^{h}i^{24}］、蜕$_{\sim壳}$［t^{h}i^{212}］、雷$_{打\sim}$［li^{55}］、累$_{受\sim}$［li^{212}］、罪$_{得\sim}$［tɕi^{0}］、碎$_{磨\sim}$［ɕi^{212}］。

止合三等端系：泪［li^{0}］、髓［ɕi^{24}］。

8. 见系开口二等字，白读为声母是 k、k^{h}、x、ŋ 的洪音。

假开二等：家女佬~［kɑ^{42}］、伢儿［ŋæ^{55}］、暇~腰［xɑ^{42}］、丫~头［ŋɑ^{42}］、哑~巴［ŋɑ^{212}］。

蟹开二等：戒~酒［kai^{212}］、街［kai^{42}］、解~开［kai^{24}］、鞋［xai^{55}］、蟹［xai^{24}］。

效开二等：交~运［kaɯ^{42}］、铰~链［kaɯ^{42}］、校把手表~准［kaɯ^{212}］、窖粪~［kaɯ^{212}］、觉关门~［kaɯ^{212}］、敲~竹杠［k^{h}aɯ^{42}］、咬［ŋaɯ^{24}］。

咸开二等：夹~子［kɑ^{42}］、掐［k^{h}ɑ^{42}］、陷［xan^{212}］、监~牢［kan^{42}］、嵌［k^{h}ɑ^{212}］、衔~草［xan^{55}］、舰兵~［k^{h}an^{24}］。

山开二等：间中~［kan^{24}］、苋~菜［xan^{212}］、晏晚［ŋan^{212}］。

江开二等：豇~豆［kaŋ^{42}］、降~低［kaŋ^{212}］、虹［kaŋ^{212}］、项~链［xaŋ^{212}］、巷~子［xaŋ^{212}］。

9. 山摄、臻摄合口三等知系字基本读［y］介音韵母。例如：

山合三等：转~身［tɕyan^{24}］、传~话［tɕ^{h}yan^{55}］、砖［tɕyan^{42}］、川［tɕ^{h}yan^{42}］、穿［tɕ^{h}yan^{42}］、船［tɕ^{h}yan^{55}］、篅［tɕ^{h}yan^{42}］、软［yan^{24}］。

臻合三等：椿~树［tɕ^{h}yn^{42}］、肫鸡~［tɕyn^{42}］、准［tɕyn^{24}］、春［tɕ^{h}yn^{42}］、唇［tɕ^{h}yn^{55}］、顺［ɕyn^{212}］、闰［yn^{212}］。

三　声调的比较

表 3–9　　中古声调与“河南话”声调比较

古调 / 河调		平声				上声				去声				入声			
		全清	次清	次浊	全浊	全清	次清	次浊	全浊	全清	次清	次浊	全浊	全清	次清	次浊	全浊
阴平	42	高猪	开粗											百搭	拍切	六月	
阳平	55			龙油	穷陈												读白
上声	24					古九	苦草	五老									
去声	212								近坐	对半	痛寸	卖硬	洞树				

注：表中的“河调”指“河南话”声调，“古调”指中古声调。

通过比较，中古声调与“河南话”声调之间的演变关系是：

1. 古平声按清浊分为阴平和阳平。其中，古清声母今读阴平，古浊声母今读阳平。这点跟分阴阳平的方言基本一致。

2. 古清上声和次浊上声归入上声，古全浊上声变为去声。这点跟官话区方言基本一致。

3. 古去声在“河南话”中全部归去声。这点也跟官话区方言基本相同。

4. 古全浊入声归入阳平，其他入声归入阴平。前者例外字有：沓一~纸[tɑ^{42}]、捷[tɕie^{42}]、集第三~[tɕie^{42}]、辑编~[tɕie^{42}]、达[tɑ^{42}]、辙[tse^{42}]、杰[tɕie^{42}]、弼[pie^{42}]、疾[tɕi^{42}]、秩[tsɿ^{42}]、术[tɕye^{42}]、佛[fu^{42}]、雹[paɯ^{212}]、浊[tso^{42}]、泽[tse^{42}]、籍[ɕie^{42}]、掷[tsən^{212}]、射[se^{212}]、敌[ti^{42}]、狄[ti^{42}]、寂[tɕi^{42}]、族[ts^{h}əɯ^{42}]、服~从[fu^{42}]、复~原[fu^{42}]、局[tɕy^{42}]等。后者例外字有：泄[ɕie^{212}]、哕干~[yɑ^{24}]、卒[tsəɯ^{55}]、物[vu^{212}]、幕[mo^{212}]、错[ts^{h}o^{212}]、亿[i^{212}]、屋[vu^{212}]、玉[y^{212}]等。这些例外字，应该是方言接触或普通话影响的结果。

第二节 “河南话”与北京话比较

一 **声母的比较**（用两张表表示，左端为“河南话”声母，上端为普通话声母）

表 3–10 “河南话”与北京话声母比较表之（一）

	p	p^{h}	m	f	t	t^{h}	n	l	ʐ	ø
p	病									
p^{h}	遍①	爬		浮						
m			明							

① “万山红遍”的“遍”。

续　表

	p	p^h	m	f	t	t^h	n	l	ʐ	ø
f				肥						
t					毒	特				
t^h						甜				
l							南	连		
ȵ							年		弱	义
x				冯						

表 3-11　“河南话”与北京话声母比较表之（二）

	ts	ts^h	s	tʂ	$tʂ^h$	ʂ	ʐ	tɕ	$tɕ^h$	ɕ	k	k^h	x	ø
f													灰	
v													互	屋
t	在													
ts	资	侧	撕	竹	翅									
ts^h		刺	缩	蛰	茶	深								
s		厕	丝			事								
z							人							用
tɕ	阻			住				酒		像	刚			
$tɕ^h$				拄	春	舒			清	祥				
ɕ			髓			书		聚	戚	谢				
k								戒			高		痕	
k^h								舰	掐		挂	开	环	
x										苋			好	

续　表

	ts	ts^{h}	s	tʂ	tʂ^{h}	ʂ	ʐ	tɕ	tɕ^{h}	ɕ	k	k^{h}	x	ø
ŋ													鹤	安
ø						输	热							药

“河南话”和北京话均属北方方言，在声母上比较接近，其差别主要体现在以下几方面：

1. “河南话”没有卷舌声母（舌尖后音），北京话的卷舌音声母 tʂ、tʂ^{h}、ʂ、ʐ 在“河南话”里分别作 ts、ts^{h}、s、z。因此，知 = 资［tsɿ^{42}］、迟 = 瓷［ts^{h}ɿ^{55}］、师 = 丝［sɿ^{42}］，饶、揉、人的声母均为［z］。

2.“河南话”的 n、l 声母不构成对立，不像北京话那样具有区别音位的作用。因此，南 = 蓝［lan^{55}］、奴 = 卢［ləɯ^{55}］。

3. 北京话里大部分读作 x 的晓组字，在“河南话”里读作 f。例如：

表 3–12　　北京话晓组字在“河南话”里读 f 声母举例

花	呼	灰	挥	欢	婚	慌	华	胡	回	怀	还$_{归\sim}$	魂	黄
fɑ^{42}	fu^{42}	fei^{42}	fei^{42}	fan^{42}	fən^{42}	faŋ^{42}	fɑ^{55}	fu^{55}	fei^{55}	fai^{55}	fan^{55}	fən^{55}	faŋ^{55}

4. 北京话里部分声母读作 tʂ、tʂ^{h}、ʂ 的知系遇摄、山摄、臻摄字在“河南话”里读作 tɕ、tɕ^{h}、ɕ。例如：

表 3–13　　北京话 tʂ、tʂ^{h}、ʂ 在“河南话”里读 tɕ、tɕ^{h}、ɕ 举例

知组			庄组	章组						
猪	椿	厨	阻	朱	准	穿	春	船	书	竖
tɕy^{42}	tɕ^{h}yn^{42}	tɕ^{h}y^{55}	tɕy^{24}	tɕy^{42}	tɕyn^{24}	tɕ^{h}yan^{42}	tɕ^{h}yn^{42}	tɕ^{h}yan^{55}	ɕy^{42}	ɕy^{212}

5. 北京话里部分读作 tɕ、tɕ^{h}、ɕ 的见、晓组蟹摄、效摄、咸摄、山摄、江摄二等字在“河南话”里白读为 k、k^{h}、x。例如：

表 3–14　　北京话 tɕ、tɕ^{h}、ɕ 在"河南话"里白读 k、k^{h}、x 的例字

见母						溪母		匣母			
戒	街	交	监	间	虹	敲	掐	鞋	陷	衔	杏
kai^{212}	kai^{42}	kaɯ^{42}	kan^{42}	kan^{42}	kaŋ^{212}	k^{h}aɯ^{42}	k^{h}ɑ^{42}	xai^{55}	xan^{212}	xan^{55}	xən^{212}

6. 由于"河南话"里白读音较多，一个声母对应北京话多个声母的情况较多。

二　韵母的比较（用三张表表示，左右端为"河南话"韵母，上下端为普通话韵母）

表 3–15　　"河南话"与北京话韵母比较表之（一）

	ɿ	ʅ	A	o	ɤ	ai	ei	ɑu	ou	ɚ	an	ən	aŋ	əŋ	
ɿ	丝	师			<u>厕</u>										ɿ
ɑ			茶		<u>遮</u>										ɑ
o				波	歌			勺	剖						o
e					色	摘									e
ai						开	沛①								ai
ei					扯		赔		某						ei
aɯ								宝							aɯ
əɯ									豆						əɯ
ər										二					ər
an											南				an
ən												根		灯	ən
aŋ													塘		aŋ
oŋ														风	oŋ
i							<u>裴</u>								i
ie				魄	德	白	黑								ie
	ɿ	ʅ	A	o	ɤ	ai	ei	ɑu	ou	ɚ	an	ən	aŋ	əŋ	

① 上沛，溧阳市地名。

续　表

	ɿ	ʅ	A	o	ɤ	ai	ei	ɑu	ou	ɚ	an	ən	aŋ	əŋ	
u				陌											u
ye					热										ye
yan											染				yan
yn												忍			yn
	ɿ	ʅ	A	o	ɤ	ai	ei	ɑu	ou	ɚ	an	ən	aŋ	əŋ	

表 3–16　　“河南话”与北京话韵母比较表之（二）

	i	iA	iɛ	iɑu	iou	iɛn	in	iɑŋ	iŋ	
ɑ		夹								ɑ
ai			戒							ai
aɯ				交						aɯ
əɯ					六					əɯ
an						铅				an
ən									硬	ən
aŋ								巷		aŋ
i	米		憋①							i
iɑ		牙								iɑ
io	疫	恰		药						io
ie	笔	吓	写							ie
iai			阶							iai
iaɯ				笑						iaɯ
iəɯ					油					iəɯ
	i	iA	iɛ	iɑu	iou	iɛn	in	iɑŋ	iŋ	

① “憋气”的“憋”。

续　表

	i	iA	iɛ	iɑu	iou	iɛn	in	iɑŋ	iŋ	
ian						盐				ian
in							新		病	in
iaŋ						趼		响		iaŋ
ṇ	你									ṇ
	i	iA	iɛ	iɑu	iou	iɛn	in	iɑŋ	iŋ	

表 3-17　“河南话”与北京话韵母比较表之（三）

	u	uA	uo	uai	uei	uan	uən	uɑŋ	uəŋ	uŋ	y	yɛ	yan	yn	yŋ	
ɑ		花														ɑ
o	秃		坐			卵						确				o
ai				怀	赘											ai
ei					对											ei
əɯ	卢		捋								绿					əɯ
an						短										an
ən							婚									ən
aŋ								床								aŋ
i					腿						去					i
io			弱								育	学				io
ie	突										畜①	绝				ie
ian													全			ian
u	苦															u
uɑ		刮														uɑ
	u	uA	uo	uai	uei	uan	uən	uɑŋ	uəŋ	uŋ	y	yɛ	yan	yn	yŋ	

① “畜牧业”的“畜”。

续　表

	u	uᴀ	uo	uai	uei	uan	uən	uɑŋ	uəŋ	uŋ	y	yɛ	yan	yn	yŋ	
ue			国													ue
uai				快												uai
uei					鬼											uei
uan						官										uan
uən							滚									uən
uaŋ								光								uaŋ
oŋ									翁	动						oŋ
y	猪										鱼					y
yɑ												哕				yɑ
ye	术										曲	靴				ye
yan						软							权			yan
yn							春							云	<u>永</u>	yn
ioŋ															兄	ioŋ
	u	uᴀ	uo	uai	uei	uan	uən	uɑŋ	uəŋ	uŋ	y	yɛ	yan	yn	yŋ	

“河南话”和北京话只有阴声韵、阳声韵，均无入声韵。相对于其他方言来讲，两者的区别要小一些。主要对照关系如下：

1. 跟声母相对应，“河南话”没有舌尖后元音［ʅ］，北京话的舌尖后元音在“河南话”里均读成舌尖前元音韵母［ɿ］。如：师 ＝ 丝［$sɿ^{42}$］。

2. 北京话深、臻摄字的韵尾为［-n］，曾、梗摄字的韵尾为［-ŋ］；“河南话”曾、梗摄字的韵尾与深、臻摄字的韵尾相同，均为［-n］。因此，在“河南话”里，星 ＝ 新［$ɕin^{42}$］、程 ＝ 陈［$tʂ^hən^{55}$］。

3. 北京话蟹摄、止摄、山摄、臻摄部分合口呼韵母在“河南话”里读开口呼韵母。如：

表 3–18　　北京话与“河南话”蟹、止、山、臻摄合口韵母比较

古摄	蟹摄		止摄		山摄		臻摄	
例字	堆	岁	嘴	水	短	拴	孙	婚
北京话	uei	uei	uei	uei	uan	uan	uən	uən
“河南话”	ei	ei	ei	ei	an	an	ən	ən

4. 北京话宕摄知系舒声字和江摄知系舒声字韵母有［ɑŋ］［uɑŋ］两个，在“河南话”里则合并为一个［ɑŋ］韵母。如：丈 = 撞［$tsaŋ^{212}$］、疮 = 昌 = 窗［$ts^{h}aŋ^{42}$］、霜 = 双［$saŋ^{42}$］。

5. 北京话遇摄合口三等知系字的韵母为［u］，“河南话”则分为两种情况：庄组字为［əɯ］韵母，如：初［$ts^{h}əɯ^{42}$］、梳［$səɯ^{42}$］、数$_{动词}$［$səɯ^{24}$］；知章组和日母字为［y］，如：猪［$tɕy^{42}$］、书［$ɕy^{42}$］、如［y^{55}］、蛛［$tɕy^{42}$］、主［$tɕy^{24}$］。

6. 北京话山摄、臻摄合口三等知系字为合口呼韵母，“河南话”则为撮口呼韵母。例如：

表 3–19　　北京话与“河南话”山、臻摄合口三等知系字韵母比较

古摄	山摄				臻摄			
例字	椽	专	穿	软	椿	准	纯	闰
北京话	uan	uan	uan	uan	uən	uən	uən	uən
“河南话”	yan	yan	yan	yan	yn	yn	yn	yn

三　声调的比较（表的左端为“河南话”调类，上端为普通话调类）

表 3–20　　北京话与“河南话”声调比较

	阴平	阳平	上声	去声
阴平	通	*德*	*骨*	*室*
阳平	*哥*	铜		

续 表

	阴平	阳平	上声	去声
上声			走	
去声				硬

“河南话”和北京话的调类相同，分阴平、阳平、上声、去声。“河南话”和北京话声调最大的不同，在于入声归并的差异。中古的入声在“河南话”里归入阴平的字较多。一些在北京话里归入阳平、上声、去声的字在“河南话”里都读阴平，具体情况是：

1. 入声字在北京话里归入去声的，在“河南话”里多归入阴平。这种情况的字最多。例如：室 = 式 = 适 = 释［sɿ⁴²］、立 = 粒 = 栗 = 律 = 力 = 历［li⁴²］、洛 = 落 = 骆 = 录［lo⁴²］、灭 = 蜜 = 墨 = 麦 = 脉［mie⁴²］。

2. 入声字在北京话里归入阳平的，在“河南话”里归入阴平。例如：嫡~亲 = 敌 = 狄姓［ti⁴²］、得 = 德［tie⁴²］、急 = 疾［tɕi⁴²］、级 = 杰 = 结 = 洁［tɕie⁴²］。

3. 入声字在北京话里归入上声的，在“河南话”里归入阴平。例如：骨 = 谷［ku⁴²］、北 = 百 = 柏［pie⁴²］。

4. 还有少数字（既有舒声字，也有入声字）在北京话里读阴平，在“河南话”里读阳平、上声等。例如：哥［ko²⁴］、戳［tsʰo⁵⁵］。

“河南话”和北京话调类不一致的字在表 3–20 中用斜体表示。

第四章　同音字汇

凡　例

1.本字汇的排列次序，先按韵母分部，同韵母的字按声母排列，同声韵母的字按声调排列。

韵母的次序是：

ɿ i u y

ɑ iɑ uɑ yɑ，o io，e ie ue ye

ai iai uai，aɯ iaɯ，əɯ iəɯ，ei uei

ər

an ian uan yan，ən in uən yn

aŋ iaŋ uaŋ，oŋ ioŋ

n̩

声母的次序是：

p	pʰ	m	f	v
t	tʰ	l		
ts	tsʰ	s	z	
tɕ	tɕʰ	ɕ	ȵ	
k	kʰ	x	ŋ	
ø				

声调采用数字标于右上角。共四个单字调，次序是：

阴平 42，阳平 55，上声 24，去声 212

0 表示轻声，但实际音值不轻。

2. 字下加双线“═”表示文读，加单线“—”表示白读，“< 书 >”表示书面语。右上角标 1、2、3 等数字的，表示多音字，数字顺序根据经常使用的程度排列。

3. 方框“□”表示没有适当的字可写。

4. 举例时以“～”代替本字。例句中的注释用“（ ）”表示。

5. 字下加浪线表示写的是同音字。

6. 以下情况一般都举出用例：普通话不常用，但在“河南话”口语中比较常用，能反映“河南话”特点的；白读、文读，或有不止一个读音的；不符合古今演变规律的。

7. 有的字注明来历，前用符号“◇”表示。

8. 本同音字汇反映“河南话”基本的声韵调形式，不包括因音变产生的韵母形式。

ɿ

tsɿ^{42}　撕知蜘支枝肢栀只～有资姿咨脂疻皮肤发炎时分泌的淋巴液：～水◇《广韵》旨夷切“积血肿”鉙器皿边沿上的缺口：～口◇《玉篇》知骇切“缺也”兹<书>滋辎～重<书>之芝执汁侄秩质织职植

tsɿ^{55}　直值殖

tsɿ^{24}　紫纸姊旨指子梓<书>滓渣～洞止趾址

tsɿ^{212}　滞<书>制智翅[1]～膀自致雉稚<书>至字置痔治[1]～虫志痣

tsʰɿ^{42}　疵差[3]参～痴嗤赤斥尺吃

tsʰɿ^{55}　治[2]～鱼雌池驰瓷糍～巴迟慈磁辞词祠持蛰[1]惊～□米面的黏性大

tsʰɿ^{24}　跐◇《广韵》雌氏切“蹈也”此侈豉耻齿

tsʰɿ^{212}　刺赐翅[2]鱼～次伺厕[1]～所

sɿ^{42}　斯厮施[1]西～私师狮尸司丝思诗湿失室塞[2]脑梗～识式饰适释

sɿ^{55}　时鲥十什～锦菜拾实食蚀石～头

sɿ^{24}　施[2]姓豕<书>死矢屎史使驶始

sɿ^{212}　世势誓逝是氏四肆示视嗜似祀巳～时寺嗣饲士仕柿俟<书>事试市恃

sɿ^{0}　匙钥～厕[2]茅～,更老的说法侍服～

zɿ^{42}　肏性交

i

pi^{42}　屄女阴

pi^{55}　鼻

pi^{24}　彼鄙比

pi^{212}　蔽闭箅敝弊币毙陛<书>鐾◇《集韵》蒲计切“治刀使利”辈[2]一～子臂婢避秘～书泌篦憋[1]～气

pʰi^{42}　批刡将肉削成薄片◇《集韵》篇迷切“削也”披岥◇《广韵》匹支切“器破而未离”丕匹劈

pʰi^{55}　蓖～麻坯[1]土～裴皮疲脾琵～琶枇～杷

pʰi^{24}　譬～喻□锅巴变软

p^hi^{212} 庇痹麻～屁

mi^{42} 眯[1]眼睛～倒湎抿嘴小口喝◇《说文》绵婢切“饮也”

mi^{55} 迷糜弥眉[1]～毛

mi^{24} 米靡

mi^{212} 眯[2]尘入目谜沕□～子（扎猛子）◇《集韵》莫笔切“潜藏也”

ti^{42} 低的目～滴嫡～亲敌狄姓

ti^{55} 笛籴<书>

ti^{24} 底抵

ti^{212} 帝弟第递对[2]门～子地

t^hi^{42} 堤梯踢剔

t^hi^{55} 题提蹄啼

t^hi^{24} 体腿[2]～杆子

t^hi^{212} 替涕<书>剃屉蜕[1]～壳

li^{42} 荔立笠粒劣栗律率[1]效～匿力历沥□揪：～耳朵蹨用脚掌踩住碾碎◇《广韵》乃殄切“蹂～”

li^{55} 犁黎雷[1]打～离[1]～婚篱梨厘狸～猫

li^{24} 礼李里理鲤

li^{212} 例厉励丽隶累[1]极困离[2]～远点儿利痢吏

li^{0} 璃玻～泪[1]眼～

$tɕi^{42}$ 剂～量鸡稽髻鬏～饥肌几[2]茶～机讥基杞[2]枸～子急疾即鲫脊寂缉[1]派～所

$tɕi^{24}$ 挤己几[1]～个

$tɕi^{212}$ 聚[3]～宝盆祭际济计继系[1]～鞋带寄岐[2]歌～，溧阳地名技妓冀鳍纪记忌既季

$tɕi^{0}$ 罪[2]得～荠荸～

$tɕ^hi^{42}$ 蛆妻奚[2]姓欺期缉[2]～鞋口七漆戚[2]姓

$tɕ^hi^{55}$ 齐脐畦<书>奇骑岐[1]祁其棋旗祈

$tɕ^hi^{24}$ 取[2]～钱砌～院墙启企起杞[1]～人忧天岂乞

$tɕ^hi^{212}$ 去[1]来～契器弃气汽泣曝用热汽熏讫

$ɕi^{42}$ 须[1]～子西栖犀溪奚[1]姓兮牺嬉熙希稀习吸悉膝息媳惜锡析

$ɕi^{55}$ 徐[1]姓席

$ɕi^{24}$ 洗玺徙喜髓骨～

$ɕi^{212}$ 絮棉花～细系[2]中文～碎[1]杂～戏

$ɕi^{0}$ 婿女～戚[1]亲～

$ȵi^{55}$ 泥涅动词，涂抹：～墙◇《集韵》年题切“涂也”倪宜仪蚁尼疑沂

$ȵi^{24}$ 拟

$ȵi^{212}$ 艺谊义议腻毅

i^{42} 伊医衣依揖作～乙一

i^{55} 移夷姨饴高粱～遗

i^{24} 倚椅矣已以尾[2]～巴

i^{212} 刈<书>缢<书>瞖眼疾◇《集韵》壹计切“目疾”易肄～业勚磨损◇《说文》余制切“劳也”，段玉裁注：“凡物久用而劳敝曰～，今人谓物消磨曰～是也”意异逸忆亿抑翼

u

pu^{42} 不

pu^{55} 荸～荠

pu^{24} 补捕

pu^{212} 布怖部簿步踊蹲守埠孵～坊◇《广韵》芳无切“卵化”

p^hu^{42} 铺[1]～路卜[1]～卦

p^hu^{55} 䨦因沸而溢出◇《说文》蒲没切“炊釜溢也”蒲菩～萨脯胸～子浮[1]鱼～头醭白～仆～人

p^hu^{24} 谱普浦甫

p^hu^{212} 铺[2]店～

mu^{42} 陌～生木目穆牧

mu^{55} 模[2]～子谋[2]淘，找：到哪哈儿去～

mu^{24} 亩母拇

mu^{212} 暮慕墓募

fu^{42} 呼乎夫肤敷俘～虏麸芙忽佛如来～缚福幅蝠复腹覆服～从

fu^{55} 胡湖糊[1]烧焦了狐壶扶～栏

fu^{24}　虎浒府腑俯斧抚釜腐辅糊^{2}糊弄：～眼子

fu^{212}　戽～水◇《广韵》侯古切“抒也”户沪互^{2}护瓠～瓜付赋傅姓赴讣符父附富副～官妇负阜

vu^{42}　乌污巫诬侮～辱戊頞头入水◇《广韵》乌没切“内头水中”

vu^{55}　吴蜈吾<书>梧无

vu^{24}　五伍午武舞鹉

vu^{212}　误悟互^{1}～相坞<书>务雾物勿<书>屋

vu^{0}　恶^{2}可～

ku^{42}　姑孤咕～喽骨谷

ku^{24}　古估牯公牛◇《广韵》公户切“～牛”股鼓

ku^{212}　故固锢<书>雇顾

kʰu^{42}　箍枯窟～窿哭

kʰu^{55}　跍蹲着◇《广韵》苦胡切“蹲貌”

kʰu^{24}　苦

kʰu^{212}　库裤

y

tɕy^{42}　猪诸居车^{2}～马炮诛<书>蛛株朱硃珠拘驹橘菊掬局

tɕy^{24}　阻^{1}～力煮举^{1}主

tɕy^{212}　著苎～麻据锯^{1}电～剧^{2}连续～巨拒距聚^{1}～会驻柱住注蛀铸俱句具惧

tɕy^{0}　矩规～

tɕʰy^{42}　舒^{2}～坦趋区驱怯胆～～黢黑～～出屈麹甜酒～子

tɕʰy^{55}　除渠厨^{2}～房雏<书>瞿

tɕʰy^{24}　褚储箸处^{1}相～杵<书>鼠取^{1}录～娶拄

tɕʰy^{212}　措处^{2}～处去^{2}～年趣

ɕy^{42}　疏<书>书舒^{1}～服墟虚嘘须^{2}姓需枢输^{1}运～殊戌恤

ɕy^{55}　徐^{2}～州

ɕy^{24}　暑黍<书>署薯许

ɕy^{212}　序叙绪庶<书>恕<书>聚^{2}吃～餐续连～剧竖树

ȵy^{24}　女语^{1}～文

y^{42}　淤誉输^{2}～钱迂

y^{55}　驴如汝<书>鱼渔余儒愚虞娱于盂榆

y^{24}　吕旅语^{2}～录与缕屡乳雨宇禹羽履

y^{212}　虑滤御预豫遇寓芋愉愈喻裕玉

y^{0}　吁呼～<书>入收～

ɑ

pɑ^{42}　巴芭疤爸八扒^{1}～开

pɑ^{55}　拔

pɑ^{24}　把^{1}～握

pɑ^{212}　霸把^{2}刀～坝耙^{1}～田罢

pɑ^{0}　琶琵～杷枇～

pʰɑ^{42}　趴

pʰɑ^{55}　爬耙^{2}秧～子扒^{2}窃：～二手

pʰɑ^{24}　□走路时两腿叉得较开

pʰɑ^{212}　怕

mɑ^{42}　妈抹^{3}～布

mɑ^{55}　麻

mɑ^{24}　马码

mɑ^{212}　骂□从绳套里解脱，也指定亲后出现变化（多指女方）：～箍

mɑ^{0}　蟆

fɑ^{42}　花法发

fɑ^{55}　华^{1}中～铧划^{1}～船乏滑猾伐筏罚□茬：种一～

fɑ^{212}　化华^{2}姓桦划^{2}～开画话

vɑ^{42}　蛙剜挖袜

vɑ^{24}　瓦^{1}～片搲用瓢类取东西◇《集韵》乌瓦切“吴俗谓手爬物曰～”

va^{212}　瓦^{2}～匠窊山～子（山谷）◇《集韵》乌化切“下地也”

ta^{42}　答搭沓溻劄用机器缝□摔达皶皮下垂：蔫皮～～

ta^{24}　打

ta^{212}　大^{1}～小□往自身方向用棍子、钩子取物

t^{h}a^{42}　他踏拓～本塔榻塌□搽,抹

la^{42}　纳拉腊蜡镴～枪头捺辣瘌□洋～子（褐边绿刺蛾）

la^{55}　拿

la^{24}　哪喇～叭

la^{212}　那

tsa^{42}　奓口或手张开◇《集韵》充夜切“开也”哆张口◇《集韵》陟嫁切“张口貌”楂渣髽～髻抓札扎

tsa^{55}　杂闸炸^{1}油～铡

tsa^{24}　爪^{1}～子拃

tsa^{212}　诈榨炸^{2}～弹乍先～遮^{2}～荫栅

tsa^{0}　蔗甘～

ts^{h}a^{42}　叉差^{1}～不多插擦察

ts^{h}a^{55}　茶搽茬查

ts^{h}a^{24}　□乱七八糟状

ts^{h}a^{212}　杈岔詫打断别人的话：打～◇《集韵》楚嫁切“异言”□淋

sa^{42}　沙纱杉^{1}～树钐带齿的镰刀◇《集韵》所鉴切“长镰也”騇母的牛马萨杀刷躧穿鞋不提后跟◇《集韵》所寄切“履不蹑跟也”

sa^{55}　謏好搭讪：～搭子

sa^{24}　洒傻耍撒^{1}～稻种

sa^{212}　□间苗撒^{2}大手大脚：手～□走路腿曲状

ka^{42}　家^{2}女佬～夹挟～菜轧^{1}～米

ka^{55}　尜阴茎：～子

ka^{24}　嘎鹅叫声

ka^{212}　□搞：～住了

ka^{0}　尬尴～

k^{h}a^{42}　掐

k^{h}a^{55}　跨◇《广韵》苦化切“越也”

k^{h}a^{24}　卡^{1}～车搭扼住◇《集韵》丘加切“扼也”

k^{h}a^{212}　□嵌胯^{1}～裆◇《广韵》苦化切“股间也”

xa^{42}　鰕～腰◇《集韵》虚加切“身佝貌”哈^{1}～气□因气味或烟味刺激喉咙感到不适：～嗓子蛤～蜊

xa^{55}　哈^{3}～痒

xa^{212}　哈^{2}全都下^{1}一～子

ŋa^{42}　阿丫^{2}～头

ŋa^{55}　伢^{1}小孩儿，通常儿化

ŋa^{24}　哑^{2}～巴

ŋa^{212}　□叠压

ia

pia^{42}　□盯梢皅脸色黄◇《集韵》披巴切“面黄”

pia^{24}　□～淡（没有咸味儿，很淡）

p^{h}ia^{24}　啪拟声词□一片儿□形状扁的

p^{h}ia^{212}　□泻：～稀（拉稀）

tia^{55}　奃软：绒～～

t^{h}ia^{24}　□在泥水里踩踏

tɕia^{42}　家^{1}人～加痂嘉傢佳甲胛

tɕia^{55}　浃水～～

tɕia^{24}　假贾姓眨～眼睛

tɕia^{212}　架驾嫁稼<书>价

tɕ^{h}ia^{24}　卡^{2}庙山～，地名

tɕ^{h}ia^{212}　□乱说：瞎～

ɕia^{42}　虾吓^{1}～人瞎

ɕia^{55}　霞瑕<书>遐<书>狭峡匣辖

ɕia^{212}　下^{2}～回厦

ȵia^{42}　□嘴巴无力地一张一翕□～亲

ia^{42}　鸦丫^{1}～鬟桠树～子鸭押压

ia^{55}　牙芽衙伢^{2}蛆～子（对未成年人的蔑称）涯崖

ia^{24}　雅哑^{1}～炮

iɑ^{212}　研～平亚夜^{2}歇～轧^{2}～棉花

 uɑ

kuɑ^{42}　瓜括包～刮^{1}～风

kuɑ^{55}　呱闲谈：～老空

kuɑ^{24}　寡剐刮^{2}用刀去掉物体表面的东西

kuɑ^{212}　挂^{1}～历卦

k^{h}uɑ^{42}　夸

k^{h}uɑ^{55}　□闲谈垮^{2}垂下来

k^{h}uɑ^{24}　侉～子垮^{1}搞～了胯^{2}大～沿儿

k^{h}uɑ^{212}　挂^{2}勾住挎褂短～子

yɑ

tɕyɑ^{42}　□手疾伸不直

yɑ^{24}　哕想吐的感觉：干掉～

yɑ^{212}　□喊

o

po^{42}　波菠玻钵拨□用石头砌博剥驳

po^{55}　勃薄^{1}纸～

po^{24}　跛

po^{212}　簸～箕薄^{2}～荷

p^{h}o^{42}　颇坡^{1}哪个～（哪里）泼朴～耷子（堆聚在一起的丛生植物）◇《广韵》博木切“朴属，丛生貌”扑瀑

p^{h}o^{55}　婆

p^{h}o^{24}　坡^{2}上～□使劲儿

p^{h}o^{212}　破剖

p^{h}o^{0}　卜^{2}萝～

mo^{42}　末莫寞摸

mo^{55}　魔磨^{1}～刀子摩馍模^{1}～范摹膜

mo^{24}　抹^{1}泥～子么～事

mo^{212}　磨^{2}～面沫～子抹^{2}转身幕

to^{42}　多掇用手托着沰量词◇《集韵》当各切“滴也”笃～定

to^{55}　夺

to^{24}　朵躲

to^{212}　舵剁惰垛草～子

t^{h}o^{42}　拖脱托秃

t^{h}o^{55}　驼驮陀～螺坨汤～子

t^{h}o^{24}　妥椭庹一～长

t^{h}o^{212}　□松动使拔出唾拕把东西从别人手里夺下来

lo^{42}　啰～唆赂诺洛络落烙骆酪乐录嚧唤猪声

lo^{55}　挪罗锣箩骡螺脶指纹◇《广韵》落戈切“手指文也”

lo^{24}　裸卵^{1}男性生殖器

lo^{212}　糯摞

tso^{42}　拙作～天色（逢天阴下雨疼痛）桌卓琢啄浊捉筑^{1}

tso^{55}　凿昨着～火酌镯□手指紧勾着敲击

tso^{24}　左佐□畏惧撮^{2}一～毛

tso^{212}　坐座

ts^{h}o^{42}　猝～死搓撮^{1}～土绰□手持半圆形渔网捉鱼促触

ts^{h}o^{55}　矬矮：矮巴～子蹉蹉：～被服◇《集韵》才何切“踏也”戳

ts^{h}o^{212}　错锉措龊～牙

so^{42}　蓑唆啰～莎～草索朔嗍吮吸◇《集韵》色角切“《说文》：吮也”速肃宿～舍缩^{1}～小粟束属

so^{55}　勺芍

so^{24}　锁琐所

so^{212}　□歪斜的样子睃瞥

so^{0}　俗风～

zo^{42}　辱侮～

ko^{42}　歌锅戈鸽割葛各阁搁胳郭角^{1}牛～佮相处

ko^{55}　角^{2}墙～儿

ko^{24}　哥果裹馃

ko^{212}　个过□用清水洗

k^{h}o^{42}　科窠棵颗磕渴阔廓扩^{2}～大确^{1}～实敲敲◇《集韵》克盍切“敲也”壳酷

k^{h}o^{55} 瞌～睡虫

k^{h}o^{24} 可

k^{h}o^{212} 课□缝隙

xo^{42} 喝合豁□巴结霍藿获蓋毛物蜇人

xo^{55} 河何荷和^{1}～平盒活禾

xo^{24} 火伙和^{2}～到一路（和在一起）

xo^{212} 贺货祸□骗

xo^{0} 荷薄～

ŋo^{42} 倭踒扭伤◇《说文》乌过切“足跌也”窝蜗□放置时未敞开鄂恶^{1}～人沃鹤

ŋo^{55} 蛾鹅俄讹～人

ŋo^{24} 我

ŋo^{212} 饿卧

io

lio^{42} 略掠

tɕio^{42} 觉^{1}～悟脚

tɕio^{55} 爵嚼^{1}～东西

tɕ^{h}io^{42} 恰～当洽～谈雀鹊却确^{2}正～榷

ɕio^{42} 削□弟弟

ɕio^{55} 学

ȵio^{42} 弱

io^{42} 悦阅若约药育郁姓钥～匙岳乐音～疫役狱欲浴域^{1}

e

te^{0} 的助词，放在句尾

tse^{42} 哲蛰^{2}～人辙折^{1}打～浙则侧摘泽择^{1}选～宅窄责

tse^{55} 择^{2}～菜

tse^{24} 者<书>

tse^{212} 遮^{1}～倒（遮着）

ts^{h}e^{42} 车^{1}名词，马～；动词，～水彻撤测拆皴皱◇《广韵》丑格切“皴～”策册

ts^{h}e^{24} 扯

se^{42} 奢赊摄涉涩设瑟虱塞^{1}～子色啬

se^{55} 蛇折^{2}～本舌佘姓

se^{24} 舍^{1}～不得

se^{212} 射麝赦<书>舍^{2}宿～社

ie

pie^{42} 鳖憋^{2}～一天陛<书>笔滗挡住固体使液体流出◇《广韵》鄙密切“去滓”毕必弼北逼百柏伯泊梁山～碧壁璧

pie^{55} 别^{1}区～白帛

pie^{24} 秕～子瘪

pie^{212} 别^{2}～脚～手

p^{h}ie^{42} 撇拍迫帕魄辟僻□聊天

p^{h}ie^{24} □拗断

mie^{42} 灭篾蔑密蜜墨默麦脉觅<书>

mie^{24} 搣～断

tie^{42} 爹老～（伯父）跌～打损伤得德

tie^{55} 叠碟牒蝶谍特^{2}～予

t^{h}ie^{42} 帖请～贴铁特^{1}～别突～出

lie^{42} 猎列烈裂肋勒

lie^{24} 咧～嘴

lie^{212} 裂～手□这

tɕie^{42} 皆<书>秸接捷劫集^{1}第三～辑^{1}编～级及杰揭节结洁吉极积迹绩击激

tɕie^{55} 截绝^{1}～种

tɕie^{24} 姐

tɕie^{212} 借

tɕ^{h}ie^{42} 妾切

tɕ^{h}ie^{55} 茄

tɕ^{h}ie^{24} 且<书>

tɕ^{h}ie^{212} 笡斜

çie^{42} 些集^{2}～中袭薛^{1}歇蝎屑楔揳雪血胁熄～火籍畜^{2}～牧业昔夕

çie^{55} 邪斜谐携协

çie^{24} 写

çie^{212} 泻卸谢懈解^{3}姓泄

ȵie^{42} 聂姓镊蹑业孽捏虐疟溺逆^{1}～子儿匿

kie^{42} 革□～巴，锅巴隔虼～蚤格

kie^{55} □皮垢：～子旮～旯儿

kie^{24} 给嗝□割

kie^{212} 锯^{2}动词，～树

kʰie^{42} 咳客刻克剋

kʰie^{55} □吃，更老的说法

kʰie^{212} □节俭

xie^{42} 黑赫吓^{2}～人核^{1}～对

xie^{55} 核^{2}果核儿

ŋie^{42} 额扼

ie^{42} 耶叶页噎逆^{2}～风，更老的说法益译液腋

ie^{55} 爷

ie^{24} 也野

ie^{212} 夜^{1}起～

ue

kue^{42} 国

kʰue^{42} 扩^{1}～大

ye

tɕye^{42} 撅决诀噘^{2}～嘴术述剧^{1}～烈

tɕye^{55} 掘橛木～子噘^{1}骂

tɕye^{212} 蹶脾气～

tɕʰye^{42} 缺曲

tɕʰye^{55} 瘸

çye^{42} 靴绝^{2}～对说穴蓄～电池

çye^{24} □衣服敞开着

çye^{212} □因年老而显得呆滞

ye^{42} 热月越曰<书>粤域^{2}

ye^{24} 惹

ye^{212} □喊

ai

pai^{24} 沛^{2}上～：溧阳地名摆

pai^{212} 拜稗败

pʰai^{55} 排^{1}～长牌箄

pʰai^{24} 排^{2}～开

pʰai^{212} 派

mai^{55} 埋

mai^{24} 买

mai^{212} 卖迈

fai^{55} 怀槐淮

fai^{212} 坏

vai^{42} 歪崴只使用儿化形式

vai^{55} □摇晃使松动

vai^{24} □扭伤

vai^{212} 外

tai^{42} 呆^{1}～子

tai^{24} 逮□沸煮

tai^{212} 戴带贷待怠殆<书>代袋大^{2}～夫在^{1}～屋里

tʰai^{42} 胎台^{2}～州

tʰai^{55} 台^{1}～湾薹菜～苔^{1}青～抬

tʰai^{212} 态太泰

tʰai^{0} 苔^{2}舌～

lai^{42} □脏

lai^{55} 来莱

lai^{24} 乃<书>奶□幅度大的采或搂

lai^{212} 耐奈赖癞类^{1}

tsai^{42} 灾栽斋

tsai^{24} 宰载^{2}三年五～崽男孩儿

tsai^{212} 再载^{1}重～在^{2}自～债寨摔缝赘累～

tsʰai^{42} 猜钗差^{2}出～
tsʰai^{55} 才材财裁豺柴
tsʰai^{24} 彩采睬揣
tsʰai^{212} 菜蔡□对方不中意之物硬要给予
sai^{42} 腮鳃筛衰
sai^{24} 甩摔跌
sai^{212} 赛晒芮姓帅率^{2}蟀
kai^{42} 该赅街^{1}涧^{2}横～，溧阳地名
kai^{24} 改解^{1}～手
kai^{212} 概溉盖丐界^{2}搭～疥戒^{1}
kʰai^{42} 开揩
kʰai^{24} 凯慨感～楷
xai^{42} 嗨□受得住：吃～
xai^{55} 孩鞋^{1}还^{2}～有
xai^{24} 海骇<书>蟹^{1}
xai^{212} 亥害
ŋai^{42} 哀埃挨～倒
ŋai^{55} 捱～打癌呆^{2}迟钝磑细磨
ŋai^{24} 矮
ŋai^{212} 碍艾爱蔼隘

iai

tɕiai^{42} 阶街^{2}辑^{2}编～部
tɕiai^{24} 解^{2}～放
tɕiai^{212} 介界^{1}边～芥届戒^{2}猪八～械
ɕiai^{55} 鞋^{2}
ɕiai^{24} 蟹^{2}
iai^{55} 岩^{2}～石

uai

kuai^{42} 乖
kuai^{24} 拐□坏
kuai^{212} 怪
kʰuai^{24} 块蒯姓㧟用胳膊挎着
kʰuai^{212} 会^{2}～计刽快筷

aɯ

paɯ^{42} 褒包胞疱
paɯ^{24} 保堡宝饱
paɯ^{212} 报抱暴菢～小鸡◇《广韵》薄报切“鸟伏卵”豹爆鲍铇雹龅～牙◇《集韵》薄交切“齿露”
pʰaɯ^{42} 㲏蓬松；轻◇《集韵》普刀切“毛起貌。一曰轻也”抛奅～屁
pʰaɯ^{55} 袍刨
pʰaɯ^{24} 跑
pʰaɯ^{212} 炮泡
maɯ^{42} 猫□言过其实
maɯ^{55} 毛茅锚矛
maɯ^{24} 卯牡～丹
maɯ^{212} 冒帽貌茂贸□滑了，没抓住
taɯ^{42} 刀叨唠～叼啄
taɯ^{24} 祷～咕岛倒导
taɯ^{212} 到倒道稻盗
tʰaɯ^{42} 滔掏涛
tʰaɯ^{55} 桃逃淘陶萄
tʰaɯ^{24} 讨
tʰaɯ^{212} 套
laɯ^{42} 捞唠～叨痨
laɯ^{55} 劳牢铙挠痨
laɯ^{24} 脑恼老
laɯ^{212} 涝闹痨用药毒◇《说文》郎到切“朝鲜谓药毒曰～”□拖
tsaɯ^{42} 遭糟朝^{2}今～昭招脏
tsaɯ^{55} 着不～兮
tsaɯ^{24} 早枣蚤澡爪^{2}五～龙找沼
tsaɯ^{212} 躁灶皂造罩笊赵兆召照诏
tsʰaɯ^{42} 操糙抄钞超

tsʰaɯ^{55}　曹槽膻～头肉（猪脖子下的肉）巢朝^{1}～代潮

tsʰaɯ^{24}　草騲母的家畜：～狗◇《广韵》采老切“牝马曰～”炒吵

tsʰaɯ^{212}　焯翻炒躁伆未成年牲畜：半～子耖

saɯ^{42}　骚臊梢捎稍烧

saɯ^{55}　韶勺□傻

saɯ^{24}　扫^{1}打扫嫂少^{1}多～晌～午

saɯ^{212}　扫^{2}～把星潲猪～少^{2}～将绍邵

zaɯ^{55}　饶

zaɯ^{24}　扰

zaɯ^{212}　绕～过去

kaɯ^{42}　高膏^{1}药～篙羔糕交^{2}～运铰～链

kaɯ^{24}　稿搞

kaɯ^{212}　告膏^{2}～油校^{2}校对：把手表～准窖山芋～觉^{2}睡中～□埋叫^{2}～花子

kaɯ^{0}　□量词，遍：洗一～

kʰaɯ^{42}　敲^{2}～竹杠尻□～倒人

kʰaɯ^{24}　考烤

kʰaɯ^{212}　靠犒铐

xaɯ^{42}　蒿薅锄草◇《说文》呼毛切“拔去田草也”耗变质变味

xaɯ^{55}　豪壕毫号^{2}哭

xaɯ^{24}　好^{1}～坏

xaɯ^{212}　号^{1}～子好^{2}爱～耗～油浩

ŋaɯ^{42}　拗～价

ŋaɯ^{55}　熬傲爊

ŋaɯ^{24}　袄咬

ŋaɯ^{212}　奥懊坳

iaɯ

piaɯ^{42}　膘标彪猋液体冲射而出

piaɯ^{24}　表

piaɯ^{212}　覭盯梢◇《说文》方小切“目有察省见也”

pʰiaɯ^{42}　飘漂^{1}～流

pʰiaɯ^{55}　瓢嫖

pʰiaɯ^{24}　漂^{2}～白嘌～情

pʰiaɯ^{212}　票漂^{3}～亮鳔鱼～篻～板

miaɯ^{55}　苗描瞄

miaɯ^{24}　藐渺秒杪梢：树～子◇《说文》亡沼切“木标末也”

miaɯ^{212}　庙妙

tiaɯ^{42}　刁貂雕杓稻麦等的穗◇《说文》亡沼切“禾危穗也”

tiaɯ^{24}　屌男性生殖器

tiaɯ^{212}　钓吊掉调^{1}～动

tʰiaɯ^{42}　挑^{1}～水

tʰiaɯ^{55}　条鲦鲹～子调^{2}～颜色

tʰiaɯ^{24}　挑^{2}～祸斢调换

tʰiaɯ^{212}　跳粜□在锅里微炒

liaɯ^{42}　□～摸（“心中有数”的“数”）

liaɯ^{55}　燎疗聊辽撩寥瞭缭缝合醲面白◇《集韵》卢鸟切“～～面白”潦～草

liaɯ^{24}　了末～

liaɯ^{212}　料炮～腿廖姓

tɕiaɯ^{42}　交^{1}上～郊胶教^{1}～书焦蕉椒骄娇浇缴～枪

tɕiaɯ^{55}　嚼^{2}瞎说

tɕiaɯ^{24}　绞狡饺搅剿矫侥～幸

tɕiaɯ^{212}　教^{2}～室较酵^{2}～头噍倒～轿叫^{1}鬼～

tɕʰiaɯ^{42}　敲^{1}～边鼓锹缲～边悄劁

tɕʰiaɯ^{55}　樵瞧乔侨桥荞挢因变形翘起

tɕʰiaɯ^{24}　巧

tɕʰiaɯ^{212}　俏鞘窍翘愀生气状：搞～了

tɕʰiaɯ^{0}　□翻～（翻花样）

ɕiaɯ^{42}　消宵霄硝销枵薄～～嚣萧箫

ɕiaɯ^{24}　淆小晓

ɕiaɯ^{212}　酵^{1}发～孝效校^{1}学～笑

ȵiaɯ^{24}　鸟袅

ȵiaɯ^{212}　尿

iaɯ42 妖邀腰要1～求幺吆～喝
iaɯ55 肴摇谣窑姚尧
iaɯ24 舀～水杳～无音信
iaɯ212 要2～饭䅬用稻草简易拧成的粗绳◇《集韵》一笑切“衣䅬”耀鹞～子□招手跃大～进

əɯ

məɯ55 谋1阴～诡计
fəɯ24 否2
təɯ42 都兜苑树～子逗□身体或物体与接触面快速相碰：把锄头往地下一～督
təɯ55 独读犊毒
təɯ24 堵赌肚妒斗1一～米抖陡
təɯ212 杜度渡镀斗2～争豆豉□拼接，拼凑
tʰəɯ42 偷
tʰəɯ55 徒屠途涂图头投
tʰəɯ24 土吐1～馋（吐痰）
tʰəɯ212 吐2呕兔透
ləɯ42 捋鹿搉捞，取禄绿六陆
ləɯ55 奴努卢炉芦鸬～鹚庐楼
ləɯ24 鲁橹虏卤搂抱攎用手或工具聚物◇《广韵》落胡切“～敛”篓
ləɯ212 怒路露鹭漏陋
tsəɯ42 租邹周舟州洲竹筑2往已满的空间里捣塞◇《广韵》张六切“捣也”祝𡍲塞◇《广韵》侧六切“塞也”粥足烛嘱～咐
tsəɯ55 卒逐轴
tsəɯ24 祖组阻2电～举走肘帚
tsəɯ212 做助奏就1～去昼纣宙骤咒
tsʰəɯ42 粗初抽㨨从一端托起重物搊扶：～起来族～谱畜1～牲缩2～头乌龟
tsʰəɯ55 锄厨1～屋绸稠筹愁仇酬
tsʰəɯ24 楚础丑瞅
tsʰəɯ212 醋凑臭
səɯ42 梭苏酥塑梳疏蔬搜飕馊收□吸叔
səɯ55 熟
səɯ24 数1动词叟<书>手首守
səɯ212 素诉嗉禽的胃：鸡～包◇《广韵》桑故切“鸟～”数2名词嗽瘦漱～嘴兽受寿授售
zəɯ42 郁姓
zəɯ55 柔揉
zəɯ212 肉□动作慢
kəɯ42 勾钩沟阄抽～
kəɯ24 狗苟
kəɯ212 够构购䪷◇《集韵》墟侯切“挹也”
kʰəɯ42 抠眍目深陷：眼睛瘦～了◇《广韵》乌侯切“深目貌”怄吝啬□打架：～一架
kʰəɯ24 口□责备
kʰəɯ212 叩<书>扣寇
xəɯ42 齁～巴子
xəɯ55 侯喉猴瘊～子睺贪心◇《广韵》胡遘切“～瞜贪财之貌”
xəɯ24 吼
xəɯ212 后厚候
ŋəɯ42 欧瓯呕<书>殴<书>剾用手指抠◇《广韵》乌侯切“剜”
ŋəɯ24 藕偶熰柴草未充分燃烧，不旺不熄只冒烟；饭等烧糊的程度深：糊～了◇《集韵》乌侯切“炮也”
ŋəɯ212 沤泡在水里◇《集韵》乌侯切“水泡也”怄～气□～冷（御寒）

iəɯ

miəɯ24 谬～论
tiəɯ42 丢～人
liəɯ42 榴溜馏
liəɯ55 流刘留硫琉～璃瓦

liəɯ^{24}　柳稆～生◇《集韵》两举切“禾自生”

liəɯ^{212}　□～煞（动作敏捷）

tɕiəɯ^{42}　揪～小辫子鬏～巴鸠纠

tɕiəɯ^{55}　□女～子（女孩儿）勼～了筋◇《说文》居求切“聚也”

tɕiəɯ^{24}　酒九韭久灸针～

tɕiəɯ^{212}　就^{2}～汤下面救究臼磉～舅咎旧柩<书>

tɕʰiəɯ^{42}　秋丘煪烟熏◇《集韵》即由切“火貌”

tɕʰiəɯ^{55}　囚泅求球仇姓

tɕʰiəɯ^{24}　□质量次□搞

tɕʰiəɯ^{212}　□乜斜着眼

ɕiəɯ^{42}　修羞休

ɕiəɯ^{24}　朽

ɕiəɯ^{212}　秀绣锈宿星～袖嗅

ȵiəɯ^{55}　牛

ȵiəɯ^{24}　纽扭～转

iəɯ^{42}　忧优悠幽

iəɯ^{55}　尤邮由油游犹

iəɯ^{24}　有友

iəɯ^{212}　又右佑酉莠诱柚鼬釉幼

ei

pei^{42}　杯碑卑悲

pei^{24}　背^{2}负重

pei^{212}　贝辈^{1}长～背^{1}后～倍被～服备

pʰei^{42}　胚坯^{2}毛～

pʰei^{55}　培陪赔

pʰei^{212}　沛^{1}～县配佩

mei^{55}　梅枚媒煤眉^{2}峨～山楣霉

mei^{24}　每美某

mei^{212}　妹昧媚寐没～得

fei^{42}　恢灰麾非飞妃挥辉徽

fei^{55}　回茴肥

fei^{24}　悔毁匪翡否^{1}

fei^{212}　桧贿晦汇^{2}～报废肺吠<书>秽痱费浮^{2}～力或惑会^{1}开～绘讳

vei^{42}　煨偎蜷缩着渨隐藏：黑鱼～到泥巴窦里去了◇《说文》乌恢切“没也”危微威

vei^{55}　桅为^{2}～人维惟唯违围

vei^{24}　伪萎委尾^{1}扫～伟苇纬

vei^{212}　惠慧卫喂为^{1}～么事位未味魏畏慰胃谓猬汇^{1}～款□刀口钝

tei^{42}　堆

tei^{24}　□丢弃

tei^{212}　对^{1}～错队兑

tʰei^{42}　推

tʰei^{24}　腿^{1}猪～

tʰei^{212}　退褪蜕^{2}～皮

lei^{55}　雷^{2}～阵雨

lei^{24}　儡傀～累^{3}积～蕊垒

lei^{212}　内累^{2}连～类^{2}泪^{2}～腺

tsei^{42}　追锥

tsei^{55}　贼

tsei^{24}　嘴

tsei^{212}　最罪^{1}犯～缀点～赘<书>醉坠

tsʰei^{42}　催崔姓吹炊

tsʰei^{55}　随^{1}～便垂锤槌

tsʰei^{212}　脆翠

sei^{42}　虽

sei^{55}　随^{2}～意绥谁□～手不管

sei^{24}　水

sei^{212}　碎^{2}零～岁税锐睡瑞粹纯～遂<书>隧穗

uei

kuei^{42}　圭闺规龟归

kuei^{24}　诡轨鬼

kuei^{212}　鳜桂跪柜贵

k^huei^{42} 盔亏窥溃~疡愧

k^huei^{55} 魁奎傀~儡<书>癸逵葵

k^huei^{24} 刽~子手□用肘撑着

ər

$ər^{42}$ 日

$ər^{55}$ 儿

$ər^{24}$ 而你[2]更老的说法耳饵尔

$ər^{212}$ 二贰

an

pan^{42} 班斑颁扳般搬

pan^{24} 板版拚~命，挣扎或瞎折腾拌[2]丢弃◇《集韵》铺官切“《方言》楚人凡挥弃物谓之~”

pan^{212} 扮瓣办伴半

p^han^{42} 攀潘

p^han^{55} 爿盘

p^han^{212} 盼襻绊判叛

man^{55} 蛮瞒馒

man^{24} 满

man^{212} 慢漫幔蔓

fan^{42} 欢藩翻番三~两次帆疲恶心◇《广韵》芳万切“吐疲”

fan^{55} 凡矾桓还[1]~钱环[1]耳~子烦繁

fan^{24} 缓反返

fan^{212} 泛范犯唤焕换患宦贩饭

van^{42} 豌弯湾

van^{55} 完玩顽[1]~固

van^{24} 皖碗晚挽[2]~救宛绾

van^{212} 腕顽[2]~皮幻~想万

tan^{42} 耽担[1]负~丹单~独端

tan^{24} 胆掸短

tan^{212} 担[2]~子淡诞旦但弹[2]子~蛋断锻段缎

t^han^{42} 贪滩摊

t^han^{55} 潭谭谈痰檀坛弹[1]~琴团

t^han^{24} 毯坦

t^han^{212} 探坍~方（坍塌）炭碳叹□~笔

lan^{55} 南男蓝篮难[1]困~兰拦栏鸾<书>銮

lan^{24} 漤把柿子放在谷物中使熟：~柿子◇《广韵》卢感切“盐渍果”览揽榄橄~缆懒暖卵[2]~蛋

lan^{212} 滥难[2]受~烂乱

$tsan^{42}$ 簪沾粘瞻占[2]~卜毡钻[2]~空子

$tsan^{24}$ 斩盏展搌用布轻抹吸水；将被子边沿儿往里卷◇《广韵》知演切“缚束”纂攒□剁□儿~偡一~齐

$tsan^{212}$ 暂錾~字站赚[1]~钱蘸占[1]~位子栈战钻[1]~眼儿赞溃溅绽颤撰

ts^han^{42} 参[1]~加餐鲹~鲦子

ts^han^{55} 蚕惭谗馋蟾残缠蝉禅[1]~宗

ts^han^{24} 产铲□用巴掌扇

ts^han^{212} 篡~位灿孱~头

san^{42} 三杉[2]衫珊山删疝膻酸闩拴栓

san^{55} 闪[2]有节奏地晃动

san^{24} 陕闪[1]~了腰散[1]分~伞馓

san^{212} 扇善膳单姓禅[2]~让算蒜涮骟□~蛋散[2]~烟（逐个发烟给人抽）

kan^{42} 甘柑泔尴~尬监[2]~牢干[1]发天~肝竿间[3]一~屋

kan^{24} 感敢橄杆秆擀赶间[2]中~裥打~

kan^{212} 干[2]单~□花蕊里的小虫间[4]间隔：~一天

k^han^{42} 堪龛勘看[1]~门狗刊铅

k^han^{24} 坎砍䫲罩，盖◇《集韵》古禫切“盖也”舰[2]兵~

k^han^{212} 看[2]好~

xan^{42} 憨痴；顽皮酣鼾

xan^{55} 含函衔[1]~草寒韩

xan^{24} 喊罕

xan^{212} 撼憾陷旱岸汉汗焊翰苋[1]马齿~熯文火烤

◇《广韵》呼旱切“或乾”

ŋan^{42}　庵淹^{1}~水安鞍

ŋan^{55}　□~头（附近）

ŋan^{212}　揞用手覆住◇《广韵》乌感切“手覆”暗按案晏晚◇《集韵》於旰切“晚也”

ian

pian^{42}　鞭编^{1}~故事边蝙

pian^{24}　贬缏用针缝；衣服的下边◇《说文》房连切“叫枭也。一曰緁衣也”扁匾挽^{1}双手放在身后挽着

pian^{212}　编^{2}~篮子辨辩变汴便^{1}方~遍^{1}一~辫

p^{h}ian^{42}　篇偏

p^{h}ian^{55}　便^{2}~宜

p^{h}ian^{24}　片^{2}篾~子

p^{h}ian^{212}　骗~人遍^{2}万山红~片^{1}照~

mian^{55}　绵棉□蜷

mian^{24}　免勉娩分~缅渑眠

mian^{212}　面□铺，排

tian^{42}　掂颠

tian^{24}　点典碘

tian^{212}　店电殿奠佃垫

t^{h}ian^{42}　添天

t^{h}ian^{55}　甜田填

t^{h}ian^{24}　舔

t^{h}ian^{212}　㮇~笔

lian^{55}　廉镰帘连联怜莲

lian^{24}　敛脸

lian^{212}　殓练链楝~子树恋谈~爱

tɕian^{42}　监^{1}太~尖歼兼艰间^{1}时~奸煎肩坚

tɕian^{24}　减碱检俭简柬拣锏剪茧

tɕian^{212}　鉴监^{3}国子~舰^{1}军~渐剑谏涧^{1}山~践犍件箭贱饯建键健腱荐见

tɕ^{h}ian^{42}　搀签谦迁千牵杴锹属：铁~

tɕ^{h}ian^{55}　潜钳钱乾~坤虔掮前全^{2}

tɕ^{h}ian^{24}　浅遣

tɕ^{h}ian^{212}　欠歉忺扦剔

ɕian^{42}　仙鲜^{1}新~轩掀先

ɕian^{55}　咸衔^{2}~草嫌闲涎贤弦攀摘毛

ɕian^{24}　险鲜^{2}朝~癣显选^{2}擤^{1}

ɕian^{212}　馅限苋^{2}线羡宪献现县

ȵian^{42}　拈~起来搛~菜

ȵian^{55}　黏严鲇~鱼年

ȵian^{24}　染^{2}传~碾辇研撵捻

ȵian^{212}　验酽浓稠念砚

ian^{42}　淹^{2}~城：常州地名阉<书>腌蔫焉<书>烟

ian^{55}　岩^{1}~浆炎盐阎檐颜延言沿

ian^{24}　掩眼演兖

ian^{212}　厌艳焰雁筵谚堰燕咽宴揜用粉粒状东西覆

uan

kuan^{42}　官棺观^{1}参~冠^{1}鸡~子鳏<书>关

kuan^{24}　管馆

kuan^{212}　贯灌罐观^{2}~山(溧阳地名)冠^{2}~军惯

k^{h}uan^{42}　宽

k^{h}uan^{55}　环^{2}带~

k^{h}uan^{24}　款

k^{h}uan^{212}　掼捏住一端摔

yan

tɕyan^{42}　专砖绢捐

tɕyan^{24}　转^{2}~去（返回）卷

tɕyan^{212}　赚^{2}～钱转^{1}～圈儿传^{2}岳飞～篆圈^{2}猪～眷倦

tɕʰyan^{42}　川穿篅盛谷器具◇《说文》市缘切“以判竹圜以盛谷也”桊穿在牛鼻上的小木棍儿：牛～◇《说文》居倦切“牛鼻中环也”圈^{1}圆～

tɕʰyan^{55}　全^{1}～部泉传^{1}～话船拳权颧～骨椽

tɕʰyan^{24}　惨喘犬

tɕʰyan^{212}　窜串劝券

ɕyan^{42}　宣喧

ɕyan^{55}　旋^{2}凯～城玄悬

ɕyan^{24}　揎掀开：～帘子◇《广韵》须缘切“手发衣也”选^{1}

ɕyan^{212}　旋^{1}～螺丝楦鞋～头眩

yan^{42}　冤渊鞔◇《广韵》於袁切“量物之具”

yan^{55}　然燃丸圆员缘元原源袁辕园援

yan^{24}　染^{1}～布冉软～和阮姓远

yan^{212}　院愿怨

ən

pən^{42}　奔^{1}崩□搬

pən^{24}　本

pən^{212}　拌^{1}～饭奔^{2}～命笨

pʰən^{42}　喷^{1}～壶烹

pʰən^{55}　盆彭膨

pʰən^{212}　凭^{2}扶着◇《广韵》皮证切“依几也”

mən^{42}　闷^{2}笨

mən^{55}　门明～朝

mən^{24}　□植株密

mən^{212}　闷^{1}～热焖～山芋

fən^{42}　分芬纷昏婚荤

fən^{55}　魂浑焚坟横^{1}～头

fən^{24}　粉

fən^{212}　喷^{2}～雀混粪奋愤忿份

vən^{42}　温瘟

vən^{55}　文纹蚊闻

vən^{24}　吻刎稳

vən^{212}　问璺<书>□朽了

tən^{42}　敦墩蹲登蹬灯

tən^{24}　等吨

tən^{212}　顿扽拉紧囤鸡～沌盾钝遁<书>邓凳瞪澄把水～清炖～汤

tʰən^{42}　吞□文火煮

tʰən^{55}　屯豚臀腾誊藤

tʰən^{212}　□颠簸

tʰən^{0}　饨馄～

lən^{42}　抡用手指拧线

lən^{55}　论^{1}～语仑伦沦轮

lən^{24}　冷

lən^{212}　嫩论^{2}辩～楞

tsən^{42}　针斟～酒尊珍榛臻真遵曾姓增憎赠蒸争筝睁贞侦正征^{1}～求

tsən^{24}　枕诊疹拯整^{1}～个

tsən^{212}　镇阵振震剩郑掷正证症征^{2}长～政症

tsʰən^{42}　参^{2}～差深^{2}村皴称撑抻伸◇《集韵》痴邻切“申也，引戾也”藂茅草的嫩芽，可食：茅～◇《集韵》粗送切“草稚也”

tsʰən^{55}　沉岑存陈尘辰晨臣醇曾层惩澄橙乘承丞呈程成城诚盛^{1}～饭

tsʰən^{24}　忖费力思索逞□按住

tsʰən^{212}　趁寸衬称秤樘椅～子◇《说文》丑庚切“衺柱也”蹭

sən^{42}　森参^{3}人～深^{1}孙身申伸僧声升生牲笙甥

sən^{55}　神绳

sən^{24}　沈审婶损笋榫~头省^{1}江苏~

sən^{212}　甚<书>葚渗~透肾慎□~蛋胜圣盛^{2}姓

zən^{55}　壬任^{2}姓人仁

zən^{24}　仍

zən^{212}　任^{1}~务纫刃认韧

kən^{42}　跟根更^{1}半夜三~粳庚羹耕

kən^{24}　哽~喉咙埂耿整^{2}整个的

kən^{212}　更^{2}~好梗~子痕^{2}印子：一道~

kʰən^{42}　坑

kʰən^{24}　恳垦啃肯

kʰən^{212}　□污垢

xən^{42}　哼

xən^{55}　痕^{1}恒衡横^{2}

xən^{24}　很狠

xən^{212}　恨杏◇《广韵》何梗切“果名”

ŋən^{42}　恩樱^{2}~桃

ŋən^{24}　□被硬物硌

ŋən^{212}　硬跟“软”相对

in

pin^{42}　彬宾槟~榔殡鬓兵冰

pin^{24}　禀丙秉饼

pin^{212}　并病柄

pʰin^{42}　拼姘

pʰin^{55}　贫频凭^{1}~证平坪萍屏瓶

pʰin^{24}　品评

pʰin^{212}　聘

min^{55}　民名铭明盟

min^{24}　闽悯敏抿皿鸣脗合缝：~缝◇《集韵》武粉切“~合，无波际也”；《正字通》：“~，音敏”

min^{212}　命□~~流子（冰凌）

tin^{42}　丁钉^{1}名词疔虰蜻蜓：~~

tin^{24}　顶鼎

tin^{212}　钉^{2}动词订~婚锭定

tʰin^{42}　厅汀

tʰin^{55}　亭停廷庭蜓

tʰin^{24}　艇挺

tʰin^{212}　听□搁在一边

lin^{42}　拎

lin^{55}　林淋临邻鳞磷陵凌菱宁^{1}~国，地名灵零铃翎

lin^{24}　檩领岭

lin^{212}　赁吝令宁^{2}姓另

tɕin^{42}　今金襟连~津斤筋精睛晶京惊鲸荆经

tɕin^{24}　锦巾仅尽^{1}~他拣谨井颈径茎紧警景

tɕin^{212}　浸禁尽^{2}~力进晋劲近净静靖竞竟境镜瀞水冷◇《说文》七定切“冷寒也”敬

tɕʰin^{42}　侵钦亲^{1}~嘴卿轻青蜻清

tɕʰin^{55}　琴禽擒秦勤芹情晴䞍~罪受寻~死

tɕʰin^{24}　寝~室请

tɕʰin^{212}　亲^{2}~家庆顷□低着头

ɕin^{42}　心辛新薪欣星腥馨兴种植胸^{2}~面前

ɕin^{55}　行形型刑

ɕin^{24}　省^{2}反~醒擤^{2}

ɕin^{212}　衅信兴性姓幸悻~种（做事冲动不计后果的人）焮发炎引起其他部位肿痛◇《广韵》香靳切“火气”

in^{42}　音阴窨~井因姻殷应英莺婴缨鹦樱^{1}~花

in^{55} 淫银寅迎盈凝赢营

in^{24} 吟饮引隐瘾尹影萤颖□照看小孩儿

in^{212} 荫屋里～饮～马洇液体渗透纸布等印映□浇

in^{0} 蝇苍～

uən

kuən^{24} 滚绲沿着衣服边缘缝上布条：～边◇《说文》古本切“织带也”

kuən^{212} 棍

k^{h}uən^{42} 昆坤

k^{h}uən^{24} 捆

k^{h}uən^{212} 困

yn

tɕyn^{42} 君军肫鸡～子均钧菌

tɕyn^{24} 准

tɕyn^{212} 俊郡

tɕ^{h}yn^{42} 春椿

tɕ^{h}yn^{55} 唇裙群

tɕ^{h}yn^{24} 蠢

ɕyn^{42} 熏薰勋

ɕyn^{55} 循□～了手纯

ɕyn^{212} 讯逊旬荀殉迅巡顺训舜

yn^{42} 晕

yn^{55} 匀云

yn^{24} 忍允永

yn^{212} 闰润熨韵运孕

aŋ

paŋ^{42} 帮邦浜沙家～梆～硬

paŋ^{24} 榜绑

paŋ^{212} 谤棒蚌拌揍：～一顿◇《集韵》部项切“打也”

p^{h}aŋ^{42} 胖～腥（非常腥）◇《广韵》匹绛切“胀臭貌”胖^{1}又傻又可爱

p^{h}aŋ^{55} 旁滂螃～蟹傍防^{1}～洪庞

p^{h}aŋ^{24} □打听□用肘轻碰

p^{h}aŋ^{212} 胖^{2}肥

maŋ^{55} 忙芒茫

maŋ^{24} 莽蟒盲虻

faŋ^{42} 方芳荒慌

faŋ^{55} 防^{2}边～线房黄簧皇蝗

faŋ^{24} 仿妨纺访谎晃

faŋ^{212} 放衁禽、兽之凝血◇《广韵》呼光切“血也”

faŋ^{0} 肪脂～

vaŋ^{42} 汪枉

vaŋ^{55} 亡芒麦～王

vaŋ^{24} 网往

vaŋ^{212} 忘妄旺望

taŋ^{42} 当^{1}～面裆

taŋ^{24} 党挡阻～

taŋ^{212} 当^{2}～铺荡宕凼水～子

t^{h}aŋ^{42} 汤

t^{h}aŋ^{55} 堂棠螳～螂唐糖塘□屋梁等因负重而变形镗～锣◇《广韵》吐郎切“以铁贯物。《说文》曰：鼓钟声也”

t^{h}aŋ^{24} 倘躺淌

t^{h}aŋ^{212} 烫趟□用网沿河底往前探取

laŋ^{42} 齉

laŋ^{55} 囊郎廊狼螂

laŋ^{24}　朗㩉用铁耙将田里的土块弄碎整平，～田；用匕首刺◇《集韵》匿讲切“擅也。刺也”饟不择饭菜地吃一饱：～一饱◇《集韵》匿讲切“河朔谓强食不已曰～”

laŋ^{212}　浪㫰晾、晒◇《集韵》郎宕切“暴也”

tsaŋ^{42}　庄桩赃张装章樟障□踹

tsaŋ^{24}　长掌涨

tsaŋ^{212}　藏葬帐胀涨丈仗杖壮状瘴撞噇吃，贬义

tsʰaŋ^{42}　仓苍疮昌菖窗

tsʰaŋ^{55}　藏长肠床常尝

tsʰaŋ^{24}　场闯创厂

tsʰaŋ^{212}　畅唱倡

saŋ^{42}　桑丧霜商伤裳双

saŋ^{24}　磉～礅嗓爽赏偿赔～□说话冲，带有责怪

saŋ^{212}　上尚

zaŋ^{55}　瓤穰软：～劲◇《说文》汝阳切“黍梨已治者”

zaŋ^{24}　壤嚷

zaŋ^{212}　让

kaŋ^{42}　冈岗^{1}～南：郎溪县地名纲钢刚^{1}缸豇

kaŋ^{55}　□金属的清脆声

kaŋ^{24}　港岗^{2}木～：溧阳市社渚镇地名

kaŋ^{212}　㧏略磨杠降^{4}温度～下来虹戆～头

kʰaŋ^{42}　康糠慷

kʰaŋ^{55}　扛^{1}负重在肩

kʰaŋ^{24}　扛^{2}用肩运送

kʰaŋ^{212}　抗炕灼：～人◇《集韵》丘冈切“灼也”囥藏◇《集韵》口浪切“藏也”

xaŋ^{42}　夯亨大～（有钱有地位的人）

xaŋ^{55}　行航杭□经受绗缝被子◇《广韵》胡郎切“刺，缝”

xaŋ^{212}　巷～子项～链

ŋaŋ^{42}　䲟～魟肮～脏□很：～苦

ŋaŋ^{55}　昂

iaŋ

tiaŋ^{55}　□慢悠悠地走

tiaŋ^{212}　□减少精饲料但不使猪掉膘

liaŋ^{55}　良凉量^{1}～衣裳粮梁粱

liaŋ^{24}　两

liaŋ^{212}　量^{2}酒～酿亮谅辆

tɕiaŋ^{42}　橡^{2}～栎果（栎实）◇《广韵》徐两切“栎实”将浆匠疆僵薑礓沙～缰～江刚^{2}～去

tɕiaŋ^{24}　跰姜姓讲□蠓虫咬蒋奖桨

tɕiaŋ^{212}　酱将犟～嘴降^{1}～落伞像^{2}长得～

tɕʰiaŋ^{42}　枪羌腔

tɕʰiaŋ^{55}　降^{2}投～强墙详祥

tɕʰiaŋ^{24}　抢强勉～

tɕʰiaŋ^{212}　呛

ɕiaŋ^{42}　香乡相^{1}互～箱厢湘襄镶

ɕiaŋ^{55}　降^{3}～不住（疼痛等受不住）

ɕiaŋ^{24}　想饷响享

ɕiaŋ^{212}　相^{2}丞～象像^{1}画～橡^{1}～树向

ȵiaŋ^{55}　娘

ȵiaŋ^{24}　仰^{1}往后倒

ȵiaŋ^{212}　仰^{2}头朝上□腻：～人

iaŋ^{42}　央秧栽；幼苗◇《集韵》淤郎切“栽也。一曰～穰，禾下叶多”殃恙无精打采状◇《说文》余亮切“忧也”

iaŋ^{55}　羊洋烊融化阳杨扬疡溃～

iaŋ^{24}　养痒

iaŋ^{212} 样

uaŋ

kuaŋ^{42} 光□刮

kuaŋ^{55} 咣～当

kuaŋ^{24} 广

kuaŋ^{212} 逛□滑

k^{h}uaŋ^{42} 匡筐眶框

k^{h}uaŋ^{55} 狂

k^{h}uaŋ^{212} 旷况矿

oŋ

poŋ^{42} 崩□聚集：～到一路（集聚在一起）

poŋ^{24} 绷～脆□中间隆起

poŋ^{212} 蹦

p^{h}oŋ^{42} 嘭

p^{h}oŋ^{55} 朋棚篷蓬

p^{h}oŋ^{24} 捧

p^{h}oŋ^{212} 熢火苗旺而窜起◇《集韵》蒲蠓切“～焠，火气” 碰 埲起尘：灰～◇《广韵》蒲蠓切“塕塕尘起” 蜯虫乱飞撞脸◇《集韵》补孔切“虫乱飞貌” 𩡎～香（很香）◇《集韵》蒲蠓切“香气盛也”

moŋ^{42} 蒙^{1}糊涂瞢鸡～眼（夜盲症）

moŋ^{55} 萌

moŋ^{24} 猛蠓～虫蒙^{2}捂住

moŋ^{212} 孟蒙^{3}内～古梦

foŋ^{42} 风枫疯丰封峰蜂锋

foŋ^{55} 逢

foŋ^{24} 讽

foŋ^{212} 凤奉俸缝门～

toŋ^{42} 东冬

toŋ^{55} □怂恿

toŋ^{24} 董懂

toŋ^{212} 蝀青蛙的卵◇《广韵》德红切“科斗虫也” 冻栋动洞

t^{h}oŋ^{42} 通□出拳直击：～一拳

t^{h}oŋ^{55} 同铜桐筒童瞳橦一截树干

t^{h}oŋ^{24} 桶捅挪动◇《广韵》他孔切“进前也” 统□倒掉

t^{h}oŋ^{212} 痛

loŋ^{42} 齈多涕鼻疾聋

loŋ^{55} 龙笼农脓浓隆

loŋ^{24} 拢陇垅垄

loŋ^{212} 弄

tsoŋ^{42} 宗棕鬃综中忠盅终踪钟

tsoŋ^{24} 总种^{1}留～肿

tsoŋ^{212} 皱～纹儿粽中仲种^{2}～树众纵重

ts^{h}oŋ^{42} 聪匆葱充冲^{1}～水

ts^{h}oŋ^{55} 从丛重崇虫

ts^{h}oŋ^{24} 宠冲^{2}气味刺鼻

ts^{h}oŋ^{212} 囱翀往上猛地飞窜：炮～到房子高头去了◇《广韵》直弓切“直上飞也” 铳放～舂冲^{3}说话～

soŋ^{42} 松嵩

soŋ^{55} 倯蠢，傻

soŋ^{24} 搜推◇《集韵》主勇切“执也，推也”

soŋ^{212} 送宋诵颂讼

zoŋ^{55} □软荣容蓉镕熔溶戎绒融茸

zoŋ^{24} 氄鸟禽的细毛：～毛◇《广韵》而陇切“鸟细毛也” 痈勇涌蛹拥□作呕

zoŋ^{212}　用佣

koŋ^{42}　公工功攻弓躬宫恭供^{1}～应

koŋ^{55}　拱^{1}钻

koŋ^{24}　拱^{2}弯～桥巩

koŋ^{212}　贡汞共供^{2}～桌

koŋ^{0}　蚣蜈～

k^{h}oŋ^{42}　空^{1}～心

k^{h}oŋ^{24}　孔控恐

k^{h}oŋ^{212}　空^{2}有～

xoŋ^{42}　轰掏～走

xoŋ^{55}　宏弘红虹洪鸿冯

xoŋ^{24}　哼□擤哄^{1}～他开心

xoŋ^{212}　烘哄^{2}起～□嘟囔

ŋoŋ^{42}　翁壅～土◇《集韵》於用切切“塞也。一曰加土封也”

ŋoŋ^{212}　瓮□言语少，难交往

ioŋ

tɕioŋ^{55}　□神气活现，贬义

tɕ^{h}ioŋ^{55}　琼穷

ɕioŋ^{42}　兄胸^{1}凶

ɕioŋ^{55}　熊雄

ioŋ^{42}　雍庸

ioŋ^{24}　泳咏

n̩

n^{42}　嗯

n^{24}　你^{1}

第五章　词汇

第一节　概述

苏浙皖交界地区的“河南话”词汇基本相同。本节对“河南话”词汇的特点作一些概括。

一　称谓语中单音节词较多

汉语词汇的发展趋势，是单音节词的双音节化。“河南话”保留了“星、风、雪、雷、地、灶、粉”等单音节基础名词，在称谓语中也保留了较多的单音节词。如：

表 5–1　　“河南话”单音节称谓语

“河南话”	爷	奶	达儿	妈	哥	嫂	□［ɕio^{42}］	妹儿	伢儿	儿	女	孙儿
普通话	爷爷	奶奶	爸爸	妈妈	哥哥	嫂子	弟弟	妹妹	子女	儿子	女儿	孙子

二　带“子”尾的词较多

“河南话”里带“子”尾的词十分丰富，主要是名词加“子”尾，有多种形式：

单音节名词 + 子：鸡～、鸭～、嘴～、女～、腰～、脚～、疤～。

双音节名词 + 子：雨点～、山窊～、锅烟～、秧耙～、石磙～。

多音节名词 + 子：泥巴坨～、洋龙管～、磉米窑～、树棵林～、小奶毛浆～。

三　保留了部分儿化词

儿化是北方话的一个特点。“河南话”是北方移民方言，保留了一些儿化词语，但卷舌的成分已经弱化。这种略带卷舌成分的语音被“河南人”自己称为“说话带尾子”。具体例子见第二章“第五节儿化韵”。

四　“河南话”有些词形和北京话[①]完全一样，但语义相差甚远

表 5–2　“河南话”与北京话同形异义词举例

词语	“河南话”词义	北京话词义
瘪子	无实之谷	困难，苦头
饼子	扁而圆的食品	性情执拗或乱花钱的人
孱头	喜欢挑头的人	怯懦的人
戳	用长条物体的顶端去触动另一物体	支持；竖立
方子	药方	羊两肋下部侧面的肉
钢口	刀刃的质量	口才
拐子	专门拐带小孩儿的人	有专门用途的棍棒类东西
姑娘	女儿；夫之姐妹	旧指已与主人同炕但尚未立为侧室的婢女

五　“河南话”有一些词序相反但词义相同或相近的词

词义相同：共总—总共、将才—才将、冰棒—棒冰、月大—大月、月小—小月、鸡婆—婆鸡、鸡公—公鸡。

词义相近：该应—应该、出进—进出、膏药—药膏。

六　“河南话”受当地吴语影响，吸收了一部分吴语词

从实际调查的情况来看，溧阳“河南话”在这方面比较突出。改革开放前，“河南话”和“溧阳话”接触了近一个世纪，但方言变化较慢。改革开放后，

① 参照陈刚《北京方言词语》，商务印书馆 1985 年版。

“河南人”和溧阳人的通婚人数明显增加，方言接触更加主动和深入，方言变化速度明显加快。“从方言发展变化的角度来说，经济文化水平越高的地区，内部各方言之间、本地方言与外地方言或共同语之间的接触就越频繁”。①本书以溧阳“河南话”为例，考察其吸收和使用的吴语词。

表 5–3　　溧阳“河南话”里的吴语词②

词语	语义	词语	语义
弄僁	捉弄人	推板	品质不行
细巧	正巧	结棍	厉害
作兴	习惯允许；可能	出趟	大方
易在	容易	歇夜［iɑ²¹²］	傍晚收工
烊了	化了	不来去［kʰai⁴²］	不来往
晾衣裳	晾衣服	钝祖宗	使祖宗蒙羞
打格愣	说话出现中断、不连贯	灵清	清楚，明白
魇倒	用法术、巫术等咒人倒霉	促掐	刁滑，故意刁难
坍铳	坍台	心焦	焦急
丁倒	颠倒	问信	关心，注意
做生活	干活，工作	出出进进	进进出出
上山瘟	上场就紧张	开火仓	做饭
来煞	干练泼辣	稀罝罝	植物稀疏
稳笃笃	很有把握	热烔烔	热乎乎
黄鼽鼽	偏黄色	冷兮兮	冷飕飕
黑黢黢③	形容黑	硬邦邦	很硬

① 曹志耘：《论方言岛的形成和消亡——以吴徽语区为例》，《语言研究》2005 年第 4 期。

② 石汝杰、［日］宫田一郎主编：《明清吴语词典》，上海辞书出版社 2005 年版；（清）胡文英：《吴下方言考》，中国书店 1980 年版；［英］艾约瑟（J.Edkins）编著：《上海方言词汇集》，上海大学出版社 2016 年版；丁邦新编著：《一百年前的苏州话》，上海教育出版社 2003 年版。

③ 胡文英《吴下方言考》作“黑黟黟”。

续 表

词语	语义	词语	语义
赤刮新	崭新	蛮好	挺好
一式一样	一模一样	余六	一边……
共总	一共，总计	有辰光	有时候
井罐	灶上利用灶温热水的金属罐	生果	花生
女佬家	妇女	大好佬	有钱有势的人
做贼佬	贼	力生	力气
一世人生	一辈子	世间路上	世上
一沰雨	一滴雨	大伙	大家
夜壶	尿壶	□［$k^hən^{212}$］	污垢
下路	外地	孱头	喜欢挑头的人
坐板疮	臀部生的疮	众生	牲口
丫头家	女孩子	夹里	里子

七 “河南话”受普通话的影响不能简单以年龄来判断

一般来讲，新派方言受普通话影响比老派明显。但在“河南话”里，有些老派“河南话”吸纳普通话词汇的主动性比新派还强，女性老派比男性老派更加明显①。例如：本书发音人之一的周世娣和同村的几位老年人聊天，经常说“蚊子”“下雨”，而“蚊虫”“落雨”则经常被冷落。相反，在中青年人的口语交流中，则能经常听到“蚊虫”和“落雨”。又如句容的发音人张瑞泉，已不说“落雨”“落雪”，而说“下雨”“下雪”。

八 一批老的词汇已陆续消失，日常生活中已很少使用

本节收录了一些这样的词汇，如表 5–4 所示。

① 可能跟老年人经常看电视有关系。

表 5–4　　“河南话”里逐渐消失的词语

较老的说法	现在的说法	普通话
日头［ər^{42}t^{h}əɯ^{0}］	太阳［t^{h}ai^{21}iaŋ^{24}］	太阳
洋泥［iaŋ^{5}ȵi^{5}］	水泥［sei^{24}ȵi^{5}］	水泥
么时夫［mo^{24}sɿ^{5}fu^{42}］	几咱［tɕi^{5}tsan^{24}］	啥时候
□子［li^{21}tsɿ^{24}］		砻
箩腔［lo^{5}tɕ^{h}iaŋ^{42}］	稻箩［taɯ^{21}lo^{5}］	箩筐
风箱［fən^{5}ɕiaŋ^{42}］	风斗［fən^{42}təɯ^{24}］	扬谷的风车
郎猫［laŋ^{5}maɯ^{42}］	公猫［koŋ^{42}maɯ^{0}］	雄性的猫
米猫［mi^{24}maɯ^{42}］	母猫［mu^{24}maɯ^{42}］	雌性的猫
小鹅黄［ɕiaɯ^{24}ŋo^{5}faŋ^{5}］	小鹅儿［ɕiaɯ^{24}ŋo^{5}ər^{5}］	雏鹅
长虫［ts^{h}aŋ^{5}ts^{h}oŋ^{42}］	蛇［se^{55}］	蛇
歪歪［vai^{42}vai^{0}］	蚌蚌［paŋ^{21}paŋ^{24}］	蚌
茅厕［maɯ^{5}sɿ^{42}］	茅窖［maɯ^{5}kaɯ^{212}］	简易厕所
车盘子［ts^{h}e^{42}p^{h}an^{5}tsɿ^{42}］	滚辘子［kuən^{24}ləɯ^{5}tsɿ^{42}］	车轮
女□子［ȵy^{24}tɕiəɯ^{5}tsɿ^{42}］	小女子［ɕiaɯ^{5}ȵy^{24}tsɿ^{5}］	女孩儿
绗被服［xaŋ^{5}pei^{21}vu^{24}］	搸被服［tsai^{212}pei^{21}vu^{24}］	缝被子
过嘴［ko^{21}tsei^{24}］	漱嘴［səɯ^{21}tsei^{24}］	漱口
洗油［ɕi^{24}iəɯ^{5}］	洗澡［ɕi^{5}tsaɯ^{24}］	洗澡
归屋［kuei^{42}vu^{212}］	回去［fei^{5}tɕ^{h}i^{42}］	回家
打信［tɑ^{24}ɕin^{212}］	寄信［tɕi^{212}ɕin^{1}］	寄信
压子女［iɑ^{42}tsɿ^{2}ȵy^{24}］		希望得子而抱养的女子
跑旱［p^{h}aɯ^{24}xan^{212}］		从陆地迁移
马达卡［mɑ^{24}tɑ^{42}k^{h}ɑ^{24}］	摩托车［mo^{5}t^{h}o^{5}ts^{h}e^{42}］	摩托车

续　表

发模［fɑ^{42}mu^{5}］		入学
字杆［tsɿ^{21}kan^{24}］	铅笔［k^{h}an^{5}pie^{42}］	（铅）笔
砚□台［ȵian^{21}ŋo^{1}t^{h}ai^{5}］	砚台［ȵian^{21}t^{h}ai^{5}］	砚
探［t^{h}an^{212}］		掭（毛笔）
□［k^{h}ie^{55}］	吃［ts^{h}ɿ^{42}］	吃
谈闲白［t^{h}an^{5}ɕian^{5}pie^{5}］	谈老空［t^{h}an^{5}laɯ^{5}koŋ^{42}］	闲聊
赖咧［lai^{42}lie^{0}］	脏［tsaɯ^{42}］	脏
捣衣绿［taɯ^{24}i^{42}ləɯ^{0}］		人死前吃最后一顿，詈词
牙狗［iɑ^{5}kəɯ^{24}］	公狗［koŋ^{42}kəɯ^{24}］	公狗
騲狗［ts^{h}aɯ^{5}kəɯ^{24}］	母狗［mu^{5}kəɯ^{24}］/婆狗［p^{h}o^{5}kəɯ^{24}］	母狗
稻行［taɯ^{21}xaŋ^{5}］	粮店［liaŋ^{5}tian^{212}］	粮店
做滑稽［tsəɯ^{21}fɑ^{5}tɕi^{42}］	演戏［ian^{24}ɕi^{212}］	演戏
诋抹［ti^{21}mo^{24}］		在领导面前说人坏话

第二节　分类词表

凡例

1. 本词表共分二十类。最后一类为俗语等，以三字、四字为主。

2. 同义词排在一起，第一条顶格排，其他各条缩一格排列。

3. 每条先写汉字，后用国际音标标音，最后是解释或说明。举例时以“～”代替本字。

4. 较新的说法，加注小字“新”；较老的说法，加注小字“老”。

5. 汉字下加浪线，表示用的是同音代替字。

6. 有些出现频率较高的字，其常用写法并非本字，下文不加浪线，也不再一一注释。这些字有：

咧 lie$_{\text{的、地、得}}$ 列 lie^{212}$_{\text{这}}$ 倒 taɯ$_{\text{着}}$ 哩 lie$_{\text{呢}}$

7. 单字调标本调，其他标变调。单字调不明的字不注声调。

一 天文、地理

（1）天文

天 tʰian^{42} ①天气；②天空

日头$_{\text{老}}$ ər^{42}tʰəɯ^{0} 太阳

　太阳 tʰai^{21}iaŋ^{24}

太阳窠里 tʰai^{21}iaŋ^{24}ko^{42}lie^{0} 太阳地儿

阴凉坡 in^{42}liaŋ^{2}pʰo^{0} 太阳照不到的地方

月亮 ye^{5}liaŋ^{212}

月亮长毛 ye^{42}liaŋ^{2}tsaŋ^{24}maɯ^{5} 月晕

鹅毛月 ŋo^{5}maɯ^{5}ye^{42}

星 ɕin^{42} 星星

扫帚星 saɯ^{21}tsəɯ^{24}ɕin^{42} 彗星

天河 tʰian^{42}xo^{5} 银河

云彩 yn^{5}tsʰai^{42} 云

风 foŋ^{42}

台风 tʰai^{5}foŋ^{42}

龙卷风 loŋ^{5}tɕyan^{5}foŋ^{42}

溜溜子风 liəɯ^{42}liəɯ^{2}tsɿ^{2}foŋ^{0} 缕缕微风

刮风 kuɑ^{5}foŋ^{42}

风息了 foŋ^{5}ɕie^{42}lo^{0} 息风

扯霍 tsʰe^{5}xo^{42} 打闪

雷 li^{55}

打雷 tɑ^{24}li^{5}

天火 tʰian^{42}xo^{24} 遭雷击起火

雨 y^{24}

落雨 lo^{42}y^{24} 下雨

打暴 tɑ^{5}paɯ^{212} 雷阵雨

麻份子 mɑ^{5}fən^{21}tsɿ^{24} 毛毛雨

雨点子 y^{5}tian^{24}tsɿ^{5} 雨点

起阵 tɕʰi^{5}tsən^{212} 雨前乌云集聚

　下脚 ɕiɑ^{212}tɕio^{42}

□雨 poŋ^{42}y^{24} 风聚集雨云

龙吊水 loŋ^{5}tiaɯ^{21}sei^{24} 水龙卷

掉点了 tiaɯ^{21}tian^{24}lo^{5}

住点了 tɕy^{21}tian^{24}lo^{5}

岔雨 tsʰɑ^{21}y^{24} 淋雨

漂雨 pʰiaɯ^{21}y^{24} 潲雨

雪 ɕie^{42}

落雪 lo^{5}ɕie^{42} 下雪

雪子子 ɕie^{42}tsɿ^{24}tsɿ^{5} 雪珠子

雪烊了 ɕie^{42}iaŋ^{5}lo^{42} 雪化了

命命 min^{21}min^{24} 冰

命命流子 min^{2}min^{1}liəɯ^{5}tsɿ^{42} 冰锥

结命命 tɕie^{42}min^{2}min^{24} 结冰

　上冻 saŋ^{5}toŋ^{212} 结冰

化凌 fa^{5}lin^{212} 化冻

冷子 lən^{5}tsɿ^{24} 冰雹

霜 saŋ^{42}

打霜 tɑ^{5}saŋ^{42} 下霜

露水 ləɯ^{21}sei^{24} 露

起露水 tɕ^{h}i^{24}ləɯ^{21}sei^{24}

雾 vu^{212}

　雾帐子 vu^{5}tsaŋ^{21}tsɿ^{24}

虹 kaŋ^{212}

天狗吃太阳 t^{h}ian^{42}kəɯ^{24}ts^{h}ɿ^{5}t^{h}ai^{21}iaŋ^{24} 日食

天狗吃月亮 t^{h}ian^{42}kəɯ^{24}ts^{h}ɿ^{42}ye^{5}liaŋ^{212} 月食

晴天 tɕ^{h}in^{5}t^{h}ian^{42}

阴天 in^{42}t^{h}ian^{0}

落雨天 lo^{42}y^{24}t^{h}ian^{42} 下雨天

发大水 fa^{5}tɑ^{21}sei^{24} 水灾

发天干 fa^{42}t^{h}ian^{5}kan^{42} 天旱

发冷性 fɑ^{42}lən^{24}ɕin^{5} 寒流来到

打连阴 tɑ^{24}lian^{5}in^{42} 连续阴天

秋半天 tɕ^{h}iəɯ^{42}pan^{212}t^{h}ian^{42} 秋季半天阴半天晴的天气

（2）地理

田 t^{h}ian^{55} ①统称；②水田

稻田 taɯ^{21}t^{h}ian^{5} 专种水稻的田

地 ti^{212} 旱地

菜地 ts^{h}ai^{5}ti^{212}

田埂 t^{h}ian^{5}kən^{24}

堎子 lən^{5}tsɿ^{42} 田地里高出的种植农作物的长条

麦堎子 mie^{42}lən^{5}tsɿ^{42} 麦田里的行

菜埂 ts^{h}ai^{21}kən^{24} 种菜的条状旱地

平地 p^{h}in^{5}ti^{212}

地下 ti^{21}ɕiɑ^{24} 地上

山 san^{42}

山包子 san^{5}paɯ^{42}tsɿ^{0} 土丘

山顶 san^{42}tin^{24}

半山腰 pan^{21}san^{5}iaɯ^{42}

山脚 san^{5}tɕio^{42} 山底下

　山脚头 san^{5}tɕio^{42}t^{h}əɯ^{0}

山洞 san^{5}toŋ^{212}

山窊子 san^{5}vɑ^{21}tsɿ^{24} 山谷

　山窊窊子 san^{5}vɑ^{2}vɑ^{1}tsɿ^{24}

岕儿 kæ^{212} 两山之间，多用作地名

水 sei^{24}

凉水 liaŋ^{5}sei^{24}

　冷水 lən^{5}sei^{24}

热水 ye^{42}sei^{24} 没有沸腾，不能喝

温热水 vən^{42}ye^{2}sei^{24} 温水，比热水温度低

　温兜子水 vən^{42}təɯ^{2}tsɿ^{1}sei^{24}

开水 k^{h}ai^{42}sei^{24} 烧开的，可以喝

冷开水 lən^{24}k^{h}ai^{42}sei^{24} 冷却的开水

江 tɕiaŋ^{42}

河 xo^{55}

湖 fu^{55}

海 xai^{24}

塘 t^{h}aŋ^{55}

凼子 taŋ^{21}tsɿ^{24} 小水塘

　凼巴子 taŋ^{21}pɑ^{5}tsɿ^{42}

水凼巴儿 sei^{24}taŋ^{42}pæ^{5} 有积水的小洼儿

水沟 sei^{5}kəɯ^{42}

洪水 xoŋ^{5}sei^{24}

田畈儿 tʰian^{5}fair^{212} 田野

田冲 tʰian^{5}tsʰoŋ^{42} 山区平地

坎子 kʰan^{24}tsɿ^{5} 田野里自然形成的台阶状地方

河坎子 xo^{5}kʰan^{24}tsɿ^{5} 河道里的坡

河边沿儿 xo^{5}piai^{5} 河边

滚水坝 kuən^{24}sei^{5}pɑ^{212} 用水泥、石头砌成的坝

道石坝 tauɯ^{21}sɿ^{5}pɑ^{212} 河水冲刷自然形成的坝

洋车渡 iaŋ^{5}tsʰe^{5}təɯ^{212} 人工筑成的带垛口的引水设施

塘埂 tʰaŋ^{5}kən^{24} 池塘四周的围埂

塘楼 tʰaŋ^{5}ləɯ^{5} 将水泥管埋入塘埂引水形成的洞口

缝子 fən^{21}tsɿ^{24} 缝隙

空儿 kʰor^{212} 缝隙大小的空间

石头 sɿ^{5}tʰəɯ^{42} 统称

石子 sɿ^{5}tsɿ^{24} 小颗的石头

毛石 mauɯ^{5}sɿ^{5} 大块的石头

麻古石 mɑ^{5}ku^{24}sɿ^{5} 花岗石

石板 sɿ^{5}pan^{24}

土 tʰəɯ^{24} ①统称；②泥土（干的）

白珊土 pie^{5}san^{42}tʰəɯ^{24} 容易板结的土

泥巴 ȵi^{5}pɑ^{42} 泥土（湿的）

泥巴坨子 ȵi^{5}pɑ^{42}tʰo^{5}tsɿ^{42} 土块儿

塘泥 tʰaŋ^{5}ȵi^{5} 池塘里的泥巴

土坯 tʰəɯ^{24}pʰi^{5}

水泥 sei^{24}ȵi^{5}

洋泥$_{老}$ iaŋ^{5}ȵi^{5}

沙 sɑ^{42} 统称

沙子 sɑ^{42}tsɿ^{24}

砖 tɕyan^{42} 统称

砖头 tɕyan^{42}tʰəɯ^{5}

瓦 vɑ^{24} 统称

瓦片 vɑ^{24}pʰian^{212} 碎瓦

煤 mei^{55}

煤屎 mei^{5}sɿ^{24} 煤渣

洋油 iaŋ^{5}iəɯ^{5} 煤油

炭 tʰan^{212} 木炭

石灰 sɿ^{5}fei^{42}

灰 fei^{42} 灰尘

塘灰 tʰaŋ^{5}fei^{42} 粉状尘土

阳尘 iaŋ^{5}tsʰən^{42}（tsʰoŋ^{42}） 屋顶四角或墙上的灰尘、蛛网等：掸～

锅烟子 ko^{5}ian^{42}tsɿ^{0} 锅底的灰垢

金子 tɕin^{42}tsɿ^{0}

银子 in^{5}tsɿ^{42}

铜 tʰoŋ^{55}

铁 tʰie^{42}

锡 ɕi^{42}

铅 kʰan^{42}

吸铁石 ɕie^{42}tie^{2}sɿ^{5} 磁铁

玉 y^{212}

锈 ɕiəɯ^{212}

木头 mu^{42}tʰəɯ^{0}

火 xo^{24}

烟 ian^{42} ①烧火形成的；②香烟

乡下 ɕiaŋ^{42}ɕiɑ^{0} 乡村

塆儿 vair^{42} 村庄

小巷巷子 ɕiaɯ^{5}xaŋ^{2}xaŋ^{1}tsɿ^{5} 狭窄的弄堂

小□□ ɕiaɯ^{5}laɯ^{21}laɯ^{24}

街 kai^{42} 街道

路 ləɯ^{212}

阎王路 iaŋ^{5}vaŋ^{42}ləɯ^{212} 喻指泥泞的路

横涧 fən^{5}kai^{42} 地名（溧阳）

社渚 sɑ^{42}tɕʰy^{0} 地名（溧阳）

竹箦桥 tsəɯ^{42}tsɿ^{2}tɕʰiaɯ^{5} 地名（溧阳）

新昌 ɕin^{42}tsʰan^{24} 地名（溧阳）

石街头 sɿ^{5}kai^{42}tʰəɯ^{5} 地名（溧阳）

仙山岕儿 ɕian^{42}san^{2}kair^{212} 地名（溧阳）

二　时令、时间

春天 tɕʰyn^{42}tʰian^{0}

热天 ye^{42}tʰian^{0} 夏天

秋天 tɕʰiəɯ^{42}tʰian^{0}

冷天 lən^{24}tʰian^{42} 冬天

皇历 faŋ^{5}li^{42} 历书

阴历 in^{42}li^{0}

阳历 iaŋ^{5}li^{42}

春上 tɕʰyn^{42}saŋ^{212} 春季

开春 kʰai^{5}tɕʰyn^{42} 入春

打春 ta^{24}tɕʰyn^{42} 立春

惊蛰 tɕin^{42}tsʰɿ^{5}

清明节 tɕʰin^{42}min^{5}tɕie^{42}

伏天 fu^{42}tʰian^{0}

头伏 tʰəɯ^{5}fu^{42}

二伏 ər^{212}fu^{42} 中伏

大伏 tɑ^{212}fu^{42}

末伏 mo^{42}fu^{0}

告秋 kaɯ^{212}tɕʰiəɯ^{42} 立秋

进九 tɕin^{21}tɕiəɯ^{24}

出九 tɕʰy^{42}tɕiəɯ^{24}

正月 tsən^{42}ye^{0}

正月间 tsən^{42}ye^{2}tɕian^{0}

腊月 lɑ^{42}ye^{0}

腊月间 lɑ^{42}ye^{2}tɕian^{0}

年三十儿 ȵian^{5}san^{42}ser^{5}（tsʰer^{5}）除夕

腊月三十儿 lɑ^{42}ye^{2}san^{42}ser^{5}（tsʰer^{5}）

过小年 ko^{21}ɕiaɯ^{24}ȵian^{5} 腊月二十三

接年 tɕie^{42}ȵian^{5}

年初一 ȵian^{5}tsʰəɯ^{5}i^{42} 正月初一

拜年 pai^{21}ȵian^{5}

正月半儿 tsən^{42}ye^{2}pair^{212} 农历正月十五

端阳节 tan^{42}iaŋ^{5}tɕie^{42} 端午节

七月半儿 tɕʰi^{42}ye^{2}pair^{212} 鬼节，祭祖的日子

八月半儿 pɑ^{42}ye^{2}pair^{212} 中秋节

重阳节 tsʰoŋ^{5}iaŋ^{5}tɕie^{42}

冬至 toŋ^{42}tsɿ^{212}

今年 tɕin^{42}ȵian^{0}

明年 mən^{5}ȵian^{42}

开年 kʰai^{42}ȵian^{5} 通常在农历年末时说

后年 xəɯ^{21}ȵian^{24}

大后年 tɑ^{212}xəɯ^{1}ȵian^{24}

去年$_{老}$ tɕʰy^{21}ȵian^{24}

旧年 tɕiəɯ^{21}ȵian^{24}

前年 tɕʰian^{5}ȵian^{42}

向前年 ɕiaŋ^{21}tɕʰian^{5}ȵian^{42} 大前年

往年 vaŋ^{24}ȵian^{5}

闰年 yn^{21}ȵian^{5}

年年 ȵian^{5}ȵian^{42} 每年

一整年 i^{21}kən^{24}ȵian^{5}

一年到头 i^{42}ȵian^{5}taɯ^{21}tʰəɯ^{5}

年头 ȵian^{5}tʰəɯ^{5} 年

年把两年 ȵian^{5}pɑ^{42}liaŋ^{24}ȵian^{5}

十拉年 sɿ^{5}lɑ^{42}ȵian^{5} 十来年

年头边儿 ȵian^{5}tʰəɯ^{5}piai^{42} 年初

年底 ȵian^{5}ti^{24}

年里 ȵian^{5}li^{24} 年内

月大 ye^{42}tɑ^{212} 农历三十天的月份

月小 ye^{42}ɕiaɯ^{24} 农历二十九天的月份

六月间 ləɯ^{42}ye^{2}tɕian^{0} 六月里

日子 ər^{42}tsɿ^{0} ①日期；②生活

今朝 tɕin^{42}tsaɯ^{0} 今天

真朝 tsən^{42}tsaɯ^{0}

今日 tɕier^{42}

明朝 mən^{5}tsaɯ^{42} 明天

明日 mer^{542}

后日 xəɯ^{21}r^{24} 后天

外后日 ŋai^{212}xəɯ^{1}r^{24} 大后天

大后日 tɑ^{212}xəɯ^{1}r^{24}

昨日 tso^{5}r^{42}

前日 tɕʰiair^{42} 前天

向前日 ɕiaŋ^{212}tɕʰiair^{42} 大前天

天天 tʰian^{42}tʰian^{0} 每天

一整天 i^{21}kən^{24}tʰian^{42}

一天到黑 i^{5}tʰian^{42}taɯ^{5}xie^{42} 从早到晚

天麻麻亮 tʰian^{42}mɑ^{5}mɑ^{5}liaŋ^{212} 天快亮时

早起 tsaɯ^{24}tɕʰi^{5} 早晨

早行 tsaɯ^{24}ɕin^{5}

白日 pie^{5}r^{42} 白天

晌午 saɯ^{24}vu^{5} 上午

半晌午 pan^{21}saɯ^{24}vu^{5} 上午十点前后

晚儿上 vai^{24}saŋ^{5} 下午

半晚儿上 pan^{21}vai^{24}saŋ^{5} 下午三点前后

太阳落山了 tʰai^{21}iaŋ^{24}lo^{5}san^{42}lo^{0} 黄昏

太阳落土了 tʰai^{21}iaŋ^{24}lo^{42} tʰəɯ^{24}lo^{5}

断黑 tan^{212}xie^{42} 天黑时分

打麻子影儿 tɑ^{24}mɑ^{5}tsɿ^{42}ier^{24} 天快黑时（能隐约见人影）

晚儿黑 væ^{5}xie^{42} 夜晚

半夜 pan^{5}ie^{212}

上半夜 saŋ^{21}pan^{5}ie^{212}

下半夜 ɕiɑ^{21}pan^{5}ie^{212}

后半夜 xəɯ^{21}pan^{5}ie^{212}

通宵 tʰoŋ^{5}ɕiaɯ^{42}

饭餐头 fan^{212}tsʰan^{42}tʰəɯ^{5} 用餐时分

星期 ɕin^{42}tɕʰi^{0}

星期天 ɕin^{42}tɕʰi^{5}tʰian^{42}

礼拜天 li^{24}pai^{5}t^{h}ian^{42}

号 xaɯ^{212} 阳历年月日的日

一个礼拜 i^{42}ko^{2}li^{24}pai^{212} 一个星期

十来（拉）天 sɿ^{5}lai^{5}（lɑ^{5}）t^{h}ian^{42} 十几天

几喒 tɕi^{5}tsan^{24} 什么时候

么时夫$_{老}$ mo^{24}sɿ^{5}fu^{42}

多喒 to^{42}tsan^{24} 多久

正喒 tsən^{21}tsan^{24} 现在

列喒 lie^{21}tsan^{24}

列么喒 lie^{21}m^{1}tsan^{24}

那喒 lɑ^{21}tsan^{24}

那么喒 lɑ^{21}m^{1}tsan^{24}

先头 ɕian^{42}t^{h}əɯ^{5} 以前（离现在较近）

过去$_{老}$ ko^{21}tɕ^{h}y^{24} 以前（离现在较远）

往喒 vaŋ^{24}tsan^{5}

头起 t^{h}əɯ^{5}tɕ^{h}i^{24} 刚过去没多久

一乍 i^{5}tsɑ^{212} 刚开始的时候

先乍 ɕian^{5}tsɑ^{212} 起先

过后 ko^{5}xəɯ^{212} 后来（指过去某事之后）

赶明朝 kan^{24}mən^{5}tsaɯ^{42} 等以后

往下去 vaŋ^{5}ɕiɑ^{21}tɕ^{h}i^{24} 往后

晏点儿 ŋan^{21}tiai^{24} 晚些时候

列景子 lie^{21}tɕin^{24}tsɿ^{5} 最近

那景子 lɑ^{21}tɕin^{24}tsɿ^{5} 过去某段时间

一辈子 i^{5}pi^{21}tsɿ^{24}

一哈儿 i^{5}xæ^{212} 一会儿

一暇儿哈儿 i^{42}ɕiæ^{5}xæ^{212} 时间很短

歇哈儿 ɕie^{42}xæ^{0} ①待会儿；②休息一下

三　方向、位置

场子 ts^{h}aŋ^{24}tsɿ^{5} 地方

场儿 ts^{h}æ^{24}

坡 p^{h}o^{42}

么场儿 mo^{5}ts^{h}æ^{24} 啥地方

世□ sɿ^{21}kai^{24} 空间

高头 kaɯ^{42}t^{h}əɯ^{0} ①上面（贴近物体表面）；②上方

顶高头 tin^{24}kaɯ^{42}t^{h}əɯ^{0} 最上面

底下 ti^{24}ɕia^{5} ①下面；②下方

顶底下 tin^{5}ti^{24}ɕia^{5} 最下面

左边儿 tso^{24}piai^{5}

大首边儿 tɑ^{21}səɯ^{24}piai^{42}

右边儿 iəɯ^{21}piai^{24}

小首边儿 ɕiaɯ^{24}səɯ^{5}piai^{42}

中间 tsoŋ^{42}kan^{24}

当中 taŋ^{5}tsoŋ^{42}

前头 tɕ^{h}ian^{5}t^{h}əɯ^{42} 前面

顶前头 tin^{24}tɕ^{h}ian^{5}t^{h}əɯ^{42} 最前面

后头 xəɯ^{21}t^{h}əɯ^{24} 后面

顶后头 tin^{24}xəɯ^{21}t^{h}əɯ^{24} 位置的末端

顶末了 tin^{24}mo^{42}liaɯ^{24} 时间或次序的末尾

顶头边儿 tin^{24}t^{h}əɯ^{5}piai^{42} 最顶头

顶那头 tin^{24}lɑ^{21}t^{h}əɯ^{5} 最那边

横头 fən^{5}t^{h}əɯ^{5} 最顶头的横处

前脚……后脚 tɕʰian^{5}tɕio^{42}……xəɯ^{212}tɕio^{42} 两件事先后紧连着发生：你～走，他～跟

对过 tei^{5}ko^{212} 对面

眼面前 ian^{24}mian^{21}tɕʰian^{24} 眼前

窦里 təɯ^{21}lie^{24} 里面

外头 vai^{21}tʰəɯ^{24} 外面

边儿沿儿 piai^{42}iai^{5} 边上

□头 ŋan^{5}tʰəɯ^{42} 附近

没多远 mei^{212}to^{42}yan^{24}

近坡 tɕin^{212}pʰo^{42} 较近的地方

远坡 yan^{24}pʰo^{42} 较远的地方

拐儿里 kuair^{24}lie^{5} 角落

格旯儿 kie^{5}læ^{212}

角旯儿 ko^{5}læ^{212}

转角 tɕyan^{212}ko^{42} 拐角处

东边儿 toŋ^{42}piai^{0}

东头 toŋ^{42}tʰəɯ^{0}

西边儿 ɕi^{42}piai^{0}

西头 ɕi^{42}tʰəɯ^{0}

南边儿 lan^{5}piai^{42}

北边儿 pie^{42}piai^{0}

隔墙儿 kie^{42}tɕʰiæ^{5} 隔壁

地下 ti^{21}ɕia^{24} ①地下：他一跟头跶倒～他一跟头摔在地上；②地上：～哈是灰地上都是灰尘

地底下 ti^{21}ti^{24}ɕia^{5} 地面的下面

床底下 tsʰaŋ^{5}ti^{24}ɕia^{5}

床脚头 tsʰaŋ^{5}tɕio^{42}tʰəɯ^{0}

脚头 tɕio^{42}tʰəɯ^{0} 靠近双脚的地方

门外头 mən^{5}vai^{21}tʰəɯ^{24} 门外面

屋里 vu^{21}lie^{24} ①家里；②对爱人的婉称

乡下 ɕiaŋ^{42}ɕia^{0}

街上 kai^{42}saŋ^{0}

心里 ɕin^{42}lie^{0}

怀里 fai^{5}lie

手里 səɯ^{24}lie^{5}

水窦里 sei^{24}təɯ^{21}lie^{24} 水里面

碗蔸子 van^{24}təɯ^{42}tsɿ^{0} 碗底儿

往窦里走 vaŋ^{5}təɯ^{2}lie^{1}tsəɯ^{24} 往里走

往外头走 vaŋ^{5}vai^{2}tʰəɯ^{1}tsəɯ^{24} 往外走

朝外 tsʰaɯ^{5}vai^{212} 向外

朝前 tsʰaɯ^{5}tɕʰian^{5} 向前

……往东 vaŋ^{24}toŋ^{42} ……以东

……往西 vaŋ^{24}ɕi^{42} ……以西

……以里 i^{5}li^{24} ……以内

……以外 i^{5}vai^{212}

四 农事、农具

（1）农事

年成 ȵian^{5}tsʰən^{42}

歉收 tɕʰian^{212}səɯ^{42} 收成不好

下秧 ɕia^{212}iaŋ^{42} 撒稻种育秧

栽秧 tsai^{5}iaŋ^{42} 插秧

薅草 xaɯ^{42}tsʰaɯ^{24} 锄草

刨草皮 pʰaɯ^{5}tsʰaɯ^{24}pʰi^{5} 用锄头连草带泥刨成块状，可积肥

扯草 tsʰe^{5}tsʰaɯ^{24} 拔草

跪草 kuei^{21}tsʰaɯ^{24} 跪在稻田里拔草

打草 tɑ^{5}tsʰaɯ^{24} 用耥耙在稻田里除草

耕田 kən^{42}tʰian^{5}

犁田 li^{5}tʰian^{5}

耙田 pɑ^{21}tʰian^{5}

耖田 tsʰaɯ^{21}tʰian^{5}

平田 pʰin^{5}tʰian^{5}

挖田 vɑ^{42}tʰian^{5} 用钉耙等翻土

攮田 laŋ^{24}tʰian^{5} 用钉耙松土

倒 taɯ^{212} ①用锄头将大泥块斩碎锄平；②倒掉；③倒车

靠田 kʰaɯ^{21}tʰian^{5} 在水稻分蘖末期，排干田里的水晒田

撩土 liaɯ^{5}tʰəɯ^{24} 用锄头培土

壅土 ŋoŋ^{42}tʰəɯ^{24} 在植物根部培土

洇水 in^{21}sei^{24} 浇水

洇粪水 in^{5}fən^{21}sei^{24} 浇粪

窖肥料 kaɯ^{21}fei^{5}liaɯ^{212} 在植物根部施固体肥

散苗 san^{21}miaɯ^{5} 间苗

□［sɑ^{212}］苗

塌凼 tʰɑ^{42}taŋ^{212} 点种的种子未发芽或栽的幼苗未成活

割稻子 ko^{5}taɯ^{21}tsɿ^{24}

掼稻子 kʰuan^{212}taɯ^{1}tsɿ^{24} 用掼桶人工脱粒

打麦子 tɑ^{24}mie^{42}tsɿ^{0} 打场

轧稻子 kɑ^{42}taɯ^{2}tsɿ^{24} 脱粒

扬稻子 iaŋ^{5}taɯ^{21}tsɿ^{24} 扬场

晒稻子 sai^{212}taɯ^{1}tsɿ^{24}

轧米 kɑ^{42}mi^{24} 碾米

火灰 xo^{5}fei^{42} 草木灰

粪水 fən^{21}sei^{24} 大小便的混合物

猪囤 tɕy^{42}tən^{212} 猪粪（也指猪待的地方）

羊囤 iaŋ^{5}tən^{212} 羊粪（也指羊待的地方）

粪堆子 fən^{212}tei^{42}tsɿ^{0} 用塘泥将猪、羊粪等泥成的圆形堆

记肥料 tɕi^{21}fei^{5}liaɯ^{212} 积粪肥

出猪囤 tɕʰy^{42}tɕy^{2}tən^{212} 将猪粪从猪圈里运出

捡粪 tɕian^{24}fən^{212} 拾粪

捡狗屎 tɕian^{24}kəɯ^{5}sɿ^{24}

车水 tsʰe^{42}sei^{24} 用水车灌溉农田

打水 tɑ^{5}sei^{24} 用抽水机抽水

戽水 fu^{21}sei^{24} 用戽斗或盆状物取水

拎水 lin^{42}sei^{24} 提水，多从河塘里取水

吊水 tiaɯ^{21}sei^{24} 从井里取水

瞧水 tɕʰiaɯ^{5}sei^{24} 现场察看灌溉情况

放水 faŋ^{21}sei^{24} 引水或排水

偷水 tʰəɯ^{42}sei^{24} 用不道德的方式（改变水路、在田埂上戳洞等）引水灌溉自家农田

田缺 tʰian^{5}tɕʰye^{42} 田埂上用来排水的缺口

（2）农具

锄锄 tsʰəɯ^{5}tsʰəɯ^{42} 锄头

钉耙 tin^{42}pʰɑ^{5}

镰刀 lian^{5}taɯ^{42} 统称

毛镰 maɯ^{5}lian^{5} 砍柴的镰刀（不带齿）

钐镰 sɑ^{42}lian^{5} 割稻的镰刀（带齿）

篾刀 mie^{5}taɯ^{42} 劈篾、断柴用的砍刀

铡刀 tsɑ^{5}taɯ^{42}

粪桶 fən^{21}tʰoŋ^{24}

粪舀子 fən^{21}iaɯ^{24}tsɿ^{5} 舀粪的长柄工具

系 ɕi^{212} 箩筐等农具上系的绳子，便于用扁担挑

鞔子 yan^{42}tsɿ^{0} 形似畚箕的竹编农具，以尼龙绳为“系”。也作“篼子”

秧篮 iaŋ^{42}lan^{5} 用于挑秧的竹编农具。采用劈开的钢竹煨成三根与篮底相连的“系”

秧篮钵子 iaŋ^{42}lan^{5}po^{42}tsɿ^{0} 秧篮底

秧马 iaŋ^{42}mɑ^{24} 供坐着拔秧的农具

秧耙子 iaŋ^{42}pʰɑ^{5}tsɿ^{42} 耘耥

秧拐子 iaŋ^{42}kuai^{24}tsɿ^{5} 收放秧绳的农具

犁 li^{55}

犁铧子 li^{5}fɑ^{5}tsɿ^{42} 犁铧

耖子 tsʰaɯ^{21}tsɿ^{24} 耖

牛轭头 ȵiəɯ^{5}ŋie^{42}tʰəɯ^{0} 牛轭

鼻桊 pi^{5}tɕʰyan^{42} 牛桊

摇车 iaɯ^{5}tsʰe^{42} 水车

洋龙管子 iaŋ^{5}loŋ^{5}kuan^{24}tsɿ^{5} （抽水机的）抽水管

喷壶 pʰən^{42}fu^{5} 喷洒农药用的水壶

洋锹 iaŋ^{5}tɕʰiaɯ^{42} 和石灰、水泥用的长柄锹

和锹 xo^{5}tɕʰiaɯ^{42} 田间清沟用的长柄锹

挖锹 vɑ^{5}tɕʰiaɯ^{42} 田间开沟用的短柄锹

小铲子 ɕiaɯ^{5}tsʰan^{24}tsɿ^{5}

撬棍 tɕʰiaɯ^{5}kuən^{212} 用来撬石头的铁棍

抬杠 tʰai^{5}kaŋ^{212} ①抬重物的杠子；②争辩

梿枷儿 lian^{5}tɕiai^{24} 打麦用的农具

翻锨 fan^{42}ɕian^{0} 扬谷用的农具（头翘起）

木锨 mu^{5}ɕian^{42} 翻晒谷物的农具（头平）

扬叉 iaŋ^{5}tsʰɑ^{42} 翻晒稻草用的叉子

耙子 pʰɑ^{5}tsɿ^{42} 聚拢稻草的竹制多齿农具

哈耙子 xɑ^{42}pʰɑ^{5}tsɿ^{42}

□子老 li^{21}tsɿ^{24} 砻

掼桶 kʰuan^{21}tʰoŋ^{24} 人工脱粒的木桶

石磙子 sɿ^{5}kuən^{24}tsɿ^{5} 石碌碡

磨子 mo^{21}tsɿ^{24} 石磨

磨盘 mo^{21}pʰan^{5} 由上（转动盘）下（不动盘）两扇组成

磨手 mo^{21}səɯ^{24} 磨把儿

磨担子老 mo^{212}tan^{42}tsɿ^{0} 丁字形推磨装置，一头系在梁上，一头插入磨把儿的孔里

磨心 mo^{212}ɕin^{42} 磨脐儿

磨凳 mo^{5}tən^{212} 支撑磨盘的架子
磉米窑子 saŋ^{24}mi^{5}iaɯ^{5}tsɿ^{42} 石臼
磉米榔头 saŋ^{24}mi^{5}laŋ^{5}t^{h}əɯ^{42} 碓
扁担 pian^{24}tan^{5}
扁担钩子 pian^{24}tan^{5}kəɯ^{42}tsɿ^{0}
稻箩 taɯ^{21}lo^{5} 箩筐
　箩腔$_{老}$ lo^{5}tɕ^{h}iaŋ^{42}
稻篅 taɯ^{212}tɕ^{h}yan^{42} 存放稻谷的囤
　茓篅 ɕie^{5}tɕ^{h}yan^{42}
茓条 ɕie^{5}t^{h}iaɯ^{5} 茓子
簸匾 po^{21}pian^{24} 盛晒粮食用的圆竹匾
风斗 fɔŋ^{42}təɯ^{24} 扬谷的风车
风箱 fɔŋ^{5}ɕiaŋ^{42} ①“风斗”的老派说法；②通过抽拉给炉子输入空气的装置
麻袋 mɑ^{5}tai^{212} 粗麻布口袋
筛子 sai^{42}tsɿ^{0} 统称
米筛 mi^{24}sai^{42} 筛米、麦等的筛子，孔较大
箩筛 lo^{5}sai^{42} 筛米粉、麦面的筛子，孔小
纤绳 tɕ^{h}ian^{21}sən^{5} 粗绳子
草襻子 ts^{h}aɯ^{5}iaɯ^{21}tsɿ^{24} 简单拧成的粗草绳
草帘子 ts^{h}aɯ^{24}lian^{5}tsɿ^{42} 将稻草编在竹棍儿上的一种遮盖物，用于搭棚
搭网子 tɑ^{42}vaŋ^{24}tsɿ^{5} 绑在两根竹竿上的手持式鱼网
下爬 ɕiɑ^{21}p^{h}ɑ^{5} 半圆形手持式鱼网
笆篓 pɑ^{42}ləɯ^{24} 柳条或竹篾编成的鱼篓
下网 ɕiɑ^{21}vaŋ^{24} 罾
漂子 p^{h}iaɯ^{42}tsɿ^{0} 钓鱼用的浮子
打窝子 tɑ^{24}ŋo^{42}tsɿ^{0} 预先投放食饵吸引鱼儿

五　动物、植物

（1）树木、花草

树 ɕy^{212}
树杪子 ɕy^{21}miaɯ^{24}tsɿ^{5} 树梢
树蔸子 ɕy^{24}təɯ^{42}tsɿ^{0} 树的根部
树丫子 ɕy^{24}iɑ^{42}tsɿ^{0} 树枝
树叶子 ɕy^{24}ie^{42}tsɿ^{0} 树叶
树橦子 ɕy^{21}t^{h}oŋ^{5}tsɿ^{42} 一截一截的树干
树棵林子 ɕy^{2}k^{h}o^{1}lin^{5}tsɿ^{42} 树林
刺不笼子 ts^{h}ɿ^{2}pu^{1}loŋ^{5}tsɿ^{42} 荆棘丛
节疤儿 tɕie^{42}pæ^{0} 植物茎杆节上的突起部分
松树 soŋ^{42}ɕy^{212}
松坨 soŋ^{42}t^{h}o^{5} 松球
松毛 soŋ^{42}maɯ^{5} 松针
松桠 soŋ^{5}iɑ^{42} 松树的枝条
杉树 sɑ^{42}ɕy^{212}
柏子树 pie^{42}tsɿ^{2}ɕy^{212} 柏树
桑树 saŋ^{42}ɕy^{212}
桑果 saŋ^{42}ko^{24} 桑葚
橡栎果 tɕiaŋ^{42}li^{2}ko^{24} 栎实
山柏杨 san^{42}pie^{2}iaŋ^{5} 白杨树
杨柳树 iaŋ^{5}liəɯ^{24}ɕy^{212} ①柳树（也叫“倒挂柳”）；②也可指杨树，

二者分不清

木荆条 mu^{42}tɕin^{2}tʰiaɯ^{5} 荆条

楝子树 lian^{21}tsɿ^{24}ɕy^{212} 苦楝树

竹子 tsəɯ^{42}tsɿ^{0}

⿱⺮水竹 sei^{24}tsəɯ^{42} 竹子种类，细长绿皮

钢竹 kaŋ^{42}tsəɯ^{0} 竹子种类，皮金黄色

毛竹 maɯ^{5}tsəɯ^{42} 竹子种类，粗壮绿色

笋子 sən^{24}tsɿ^{5} 竹笋

笋壳子 sən^{24}kʰo^{42}tsɿ^{0} 笋壳

篾片子 mie^{42}pʰian^{24}tsɿ^{5} 篾片

篾黄 mie^{42}faŋ^{5} 用非竹子外皮劈成的篾条

篾青 mie^{5}tɕʰin^{42} 用竹子外皮劈成的篾条

桂花 kuei^{212}fɑ^{42}

菊花 tɕy^{42}fɑ^{0}

梅花 mei^{5}fɑ^{42}

痨羊花 laɯ^{21}iaŋ^{5}fɑ^{42} 杜鹃花，据说羊吃了会中毒

蚵蟆草 kʰie^{5}mɑ^{42}tsʰaɯ^{24} 车前子

手巨花 səɯ^{5}pʰo^{5}fɑ^{42} 凤仙花

月月红 ye^{42}ye^{2}xoŋ^{5} 月季花

莲花 lian^{5}fɑ^{42} 荷花

牵牛花 tɕʰian^{42}ȵiəɯ^{5}fɑ^{42}

喇叭花 lɑ^{24}pɑ^{5}fɑ^{42}

万年青 van^{21}ȵian^{5}tɕʰin^{42}

仙人掌 ɕian^{42}zən^{2}tsaŋ^{24}

草子 tsʰaɯ^{5}tsɿ^{24} 紫云英

芦苇 ləɯ^{5}vei^{24}

绿绿萍 ləɯ^{42}ləɯ^{2}pʰin^{5} 浮萍的一种，体小，漂浮在水面

董董浮 toŋ^{24}toŋ^{5}pʰu^{5} 浮萍的一种，体稍大，叶圆形

茅蓁 maɯ^{5}tsʰən^{42} 茅草的芽，可食用

茅柴 maɯ^{5}tsʰai^{5} 茅草

辣蓼子 lɑ^{42}liaɯ^{24}tsɿ^{5} 辣蓼

青苔 tɕʰin^{42}tʰai^{5}

花瓣 fɑ^{42}pan^{212}

花心 fɑ^{5}ɕin^{42} 花蕊

花苞 fɑ^{5}paɯ^{42} 花蕾

梗梗子 kən^{21}kən^{1}tsɿ^{5} 植物的茎

（2）农作物

稻子 taɯ^{21}tsʰɿ^{24} 指植株，也指子实

双季稻 saŋ^{42}tɕi^{2}taɯ^{212} 一年内种植、收割两次的水稻

稻杓子 taɯ^{212}tiaɯ^{42}tsɿ^{0} 稻穗

瘪壳 pie^{5}kʰo^{42} 空的或不饱满的稻谷

瘪子 pie^{24}tsɿ^{5}

砻糠 loŋ^{5}kaŋ^{42} 稻谷的外壳

稻草 taɯ^{21}tsʰaɯ^{24}

稻谷桩子 taɯ^{21}ku^{5}tsaŋ^{42}tsɿ^{0} 稻茬儿

稻把子 taɯ^{21}pɑ^{24}tsɿ^{5} 整把带子实的稻秆

稗子 pai^{21}tsɿ^{24}

秧 iaŋ^{42} ①秧苗；②种植

米 mi^{24}

粳米 kən^{42}mi^{24}

籼米 ɕian^{42}mi^{24}

糯米 lo^{21}mi^{24}

米粉 mi^{5}fən^{24} 大米磨成的粉

麦子 mie^{42}tsɿ^{0} 小麦

大麦 tɑ^{212}mie^{42}

元麦 yan^{5}mie^{42}

麦草 mie^{42}tsʰaɯ^{24} 麦秸

麦颖子 mie^{42}in^{24}tsɿ^{5} 麦壳和麦芒儿

麦桩子 mie^{5}tsaŋ^{42}tsɿ^{0} 麦茬儿

麸皮 fu^{42}pʰi^{5} 麦麸

苞谷 paɯ^{42}ku^{0} 玉米

秫秫 ɕy^{5}ɕy^{42} 甜甘蔗

菜子 tsʰai^{21}tsɿ^{24} 油菜子（榨油用）

棉花 mian^{5}fɑ^{42}

棉桃 mian^{5}tʰaɯ^{5} 棉花桃儿

棉柴 mian^{5}tsʰai^{5}

（3）豆类、菜蔬

黄豆 faŋ^{5}təɯ^{212} 黄豆的统称（不论鲜否）

黄豆角子 faŋ^{5}təɯ^{5}ko^{42}tsɿ^{0} 黄豆荚

黄豆棵子 faŋ^{5}təɯ^{5}kʰo^{42}tsɿ^{0} 整个植株

绿豆 ləɯ^{42}təɯ^{212}

红豆 xoŋ^{5}təɯ^{212} 红小豆

蚕豆 tsʰan^{5}təɯ^{212}

豌豆 van^{42}təɯ^{212}

豇豆子 kaŋ^{42}təɯ^{2}tsɿ^{24} 豇豆

刀豆 taɯ^{42}təɯ^{212} 扁豆

四季豆 sɿ^{21}tɕi^{5}təɯ^{212} 豆角

菠菜 po^{42}tsʰai^{212}

青菜 tɕʰin^{42}tsʰai^{212}

黑白菜 xie^{42}pie^{5}tsʰai^{212}

菜薹子 tsʰai^{21}tʰai^{5}tsɿ^{42} 菜薹

小青菜 ɕiaɯ^{24}tɕʰin^{5}tsʰai^{212}

鸡毛菜 tɕi^{42}maɯ^{2}tsʰai^{212}

包心菜 paɯ^{42}ɕin^{2}tsʰai^{212} 圆白菜

芹菜 tɕʰin^{5}tsʰai^{212} 芹菜的统称

药芹 io^{42}tɕʰin^{5} 芹菜的一种，长在旱地，全株有香气

水芹 sei^{24}tɕʰin^{5} 芹菜的一种，长在水田里

韭菜 tɕiəɯ^{5}tsʰai^{212}

韭黄 tɕiəɯ^{24}faŋ^{5}

莴笋 ŋo^{42}sən^{24} 莴苣

芫荽 ian^{5}ɕi^{42}

苋菜 xan^{212}tsʰai^{1}/ɕian^{212}tsʰai^{1}

空心菜 kʰoŋ^{42}ɕin^{2}tsʰai^{212} 蕹菜

地菜 ti^{212}tsʰai^{1} 荠菜

茄子 tɕʰie^{5}tsɿ^{42}

高瓜 kaɯ^{42}kuɑ^{0} 茭白

油菜 iəɯ^{5}tsʰai^{212}

荆芥 tɕin^{42}tɕiai^{212} 一种可入药的可食植物

茼蒿 tʰoŋ^{5}xaɯ^{42} 又名蓬蒿

萝卜 lo^{5}pʰo^{42} 萝卜的统称

水萝卜 sei^{24}lo^{5}pʰo^{42} 白萝卜

胡萝卜 fu^{5}lo^{5}pʰo^{42}

萝卜缨子 lo^{5}pʰo^{5}in^{42}tsɿ^{0} 萝卜叶

大头菜 tɑ^{21}tʰəɯ^{5}tsʰai^{212} 芥菜

番茄 fan^{42}tɕiɑ^{0}

生姜 sən^{5}tɕiaŋ^{42}

辣椒 lɑ^{5}tɕiaɯ^{42}

洋葱 iaŋ^{5}ts^{h}oŋ^{42}

香葱 ɕiaŋ^{42}ts^{h}oŋ^{0} 小葱

胡葱 fu^{5}ts^{h}oŋ^{42} 大葱

大蒜 tɑ^{5}san^{212} 青蒜，有嫩的梗和叶

大蒜陀子 tɑ^{5}san^{2}t^{h}o^{5}tsɿ^{42} 蒜头

大蒜薹子 tɑ^{5}san^{2}t^{h}ai^{5}tsɿ^{42} 蒜苗

山芋 sæ^{5}y^{212} 甘薯

洋芋头 iaŋ^{5}y^{21}t^{h}əɯ^{24} 马铃薯

慈菇 ts^{h}ɿ^{5}ku^{42} 生在水田里的植物，以其球茎做菜

菇子 ku^{42}tsɿ^{0} 菇的统称

地搭皮 ti^{21}tɑ^{1}p^{h}i^{24} 地衣

（4）瓜果等

冬瓜 toŋ^{5}kuɑ^{42}

南瓜 lan^{5}kuɑ^{42}

黄瓜 faŋ^{5}kuɑ^{42}

菜瓜 ts^{h}ai^{212}kuɑ^{42}

西瓜 ɕi^{5}kuɑ^{42}

苦瓜 k^{h}u^{24}kuɑ^{42}

丝瓜 sɿ^{42}kuɑ^{0}

葫芦 k^{h}u^{5}ləɯ^{42}

瓠瓜 fu^{212}kuɑ^{42} 瓠子

瓜辣儿 kuɑ^{5}læ^{42} 刚结出不久的带花小瓜

桃子 t^{h}aɯ^{5}tsɿ^{42}

樱桃 ŋən^{42}t^{h}aɯ^{5}

梨子 li^{5}tsɿ^{42}

杏子 xən^{21}tsɿ^{24}

苹果 p^{h}in^{5}ko^{24}

嘉兴子 tɕiɑ^{42}ɕin^{2}tsɿ^{24} 李子

枣子 tsaɯ^{24}tsɿ^{5} 枣儿

枇杷 p^{h}i^{5}pɑ^{42}

柿子 sɿ^{21}tsɿ^{24}

柿饼 sɿ^{21}pin^{24}

石榴 sɿ^{5}liəɯ^{42}

橘子 tɕy^{42}tsɿ^{0}

金橘 tɕin^{42}tɕy^{0}

橙子 ts^{h}ən^{5}tsɿ^{42}

柚子 iəɯ^{21}tsɿ^{24}

木瓜 mu^{42}kuɑ^{0}

桂圆 kuei^{21}yan^{5} 龙眼

板栗 pan^{5}li^{42} 栗子

毛楂子 maɯ^{5}tsɑ^{21}tsɿ^{24} 山楂

葡萄 p^{h}u^{5}t^{h}aɯ^{5}

桑果 saŋ^{42}ko^{24} 桑葚

白果 pie^{5}ko^{24} 银杏的果实

荸荠 pu^{5}tɕi^{42}

甘蔗 kan^{42}tsɑ^{0}

花生 fɑ^{5}sən^{42} 带壳的子实（也指植株）

生果$_{老}$ sən^{42}ko^{24} 只指子实

花生米 fɑ^{5}sən^{42}mi^{24}

生果米$_{老}$ sən^{42}ko^{5}mi^{24}

生果米衣子$_{老}$ sən^{42}ko^{5}mi^{24}i^{42}tsɿ^{0} 花生米外面的红皮

葵花 k^{h}uei^{5}fɑ^{42} 向日葵

瓜子 kuɑ^{42}tsɿ^{24} 统称（一般指葵花子）

葵花子 k^{h}uei^{5}fɑ^{42}tsɿ^{24}

南瓜子 lan^{5}kuɑ^{42}tsɿ^{24}

西瓜子 ɕi^{5}kuɑ^{42}tsɿ^{24}

藕 ŋəɯ^{24}

莲心 lian^{5}ɕin^{42}

莲蓬 lian^{5}p^{h}oŋ^{5} 莲房

鸡菱泡子 tɕi^{42}lin^{5}p^{h}aɯ^{42}tsɿ^{0} 芡实（既指植物，也指子实）

菱角 lin^{5}ko^{42} 菱

蒂巴儿 ti^{21}pæ^{24} 瓜果的蒂

（5）家畜、家禽

畜生 ts^{h}əɯ^{42}sən^{0} 牲畜

　众生 tsoŋ^{42}sən^{0}

半仯子 pan^{5}ts^{h}aɯ^{21}tsɿ^{24} 未成年的牲畜

公马 koŋ^{42}mɑ^{24}

母马 mu^{5}mɑ^{24}

牯子 ku^{24}tsɿ^{5} 公牛

騇子 sɑ^{42}tsɿ^{0} 母牛

黄牛 faŋ^{5}ȵiəɯ^{5}

水牛 sei^{24}ȵiəɯ^{5}

牛娃子 ȵiəɯ^{5}vɑ^{5}tsɿ^{42} 牛犊

倒嚼 taɯ^{5}tɕiaɯ^{212} 反刍

驴子 y^{5}tsɿ^{42}

骡子 lo^{5}tsɿ^{42}

羊子 iaŋ^{5}tsɿ^{42} 羊的统称（一般指山羊）

本里羊子 pən^{24}li^{5}iaŋ^{5}tsɿ^{42} 本地山羊

绵羊 mian^{5}iaŋ^{5}

公羊 koŋ^{42}iaŋ^{5}

　臊公羊 saɯ^{42}koŋ^{2}iaŋ^{5}

婆羊 p^{h}o^{5}iaŋ^{5} 母羊

小羊娃儿 ɕiaɯ^{24}iaŋ^{5}væ^{5} 羊羔

狗子 kəɯ^{24}tsɿ^{5} 狗

来富 lai^{5}fu^{212} 狗的代称。民间有“狗来富”的说法

公狗 koŋ^{42}kəɯ^{24}

　牙狗$_{\text{老}}$ iɑ^{5}kəɯ^{24}

母狗 mu^{5}kəɯ^{24}

　婆狗 p^{h}o^{5}kəɯ^{24}

　騲狗$_{\text{老}}$ ts^{h}aɯ^{5}kəɯ^{24}

　老母狗 laɯ^{24}mu^{5}kəɯ^{24}

狗娃子 kəɯ^{24}va^{5}tsɿ^{42} 小狗

疯狗 foŋ^{42}kəɯ^{24}

猫子 maɯ^{42}tsɿ^{0} 猫的统称

公猫 koŋ^{42}maɯ^{0}

　郎猫$_{\text{老}}$ laŋ^{5}maɯ^{42}

母猫 mu^{24}maɯ^{42}

　米猫$_{\text{老}}$ mi^{24}maɯ^{42}

猪郎 tɕy^{42}laŋ^{5} 种猪

老母猪 laɯ^{24}mu^{5}tɕy^{42}

　老猪婆 laɯ^{5}tɕy^{42}p^{h}o^{5}

小猪 ɕiaɯ^{5}tɕy^{42}

　小猪娃儿 ɕiaɯ^{5}tɕy^{42}væ^{5}

猪潲 tɕy^{5}saɯ^{212} 猪食

兔子 t^{h}əɯ^{21}tsɿ^{24}

鸡子 tɕi^{42}tsɿ^{0} 鸡的统称

公鸡 koŋ^{42}tɕi^{0}

　鸡公 tɕi^{5}koŋ^{42}

老母鸡 laɯ^{24}mu^{5}tɕi^{42}

鸡婆 tɕi^{42}pʰo^{5}

婆鸡 pʰo^{5}tɕi^{42}

鸡儿 tɕi^{42}ər^{5}

小鸡儿 ɕiaɯ^{5}tɕi^{42}ər^{5}

菢鸡婆 paɯ^{21}tɕi^{1}pʰo^{5} 抱窝鸡

菢小鸡 paɯ^{21}ɕiaɯ^{5}tɕi^{42} 孵小鸡

菢鸡儿 paɯ^{21}tɕi^{1}ər^{5}

叫窠 tɕiaɯ^{212}kʰo^{42} 山羊等因发情叫唤

叫春 tɕiaɯ^{212}tɕʰyn^{42} 猫因发情叫唤

走騲 tsəɯ^{5}tsʰaɯ^{24} 狗等雌雄交配

赶燕 kan^{5}ian^{212} 禽类在陆地交配

踩水 tsʰai^{5}sei^{24} ①禽类在水里交配；②仰泳时脚的动作

劁 tɕʰiaɯ^{42} 阉（猪）

骟 san^{212} 阉（马、牛、羊）

上窠 saŋ^{212}kʰo^{42} 种猪与母猪交配

搭窠 ta^{5}kʰo^{42}（人工辅助）

鸡蛋 tɕi^{5}tan^{212}

散蛋 san^{5}tan^{212} 下蛋

□蛋 sən^{5}tan^{212}

寡鸡蛋 kua^{24}tɕi^{5}tan^{212} 未孵出小鸡的蛋

鸡冠子 tɕi^{5}kuan^{42}tsɿ^{0}

鸡爪子 tɕi^{42}tsa^{24}tsɿ^{5}

嗉包 səɯ^{5}paɯ^{42} 嗉子

扁嘴 pian^{5}tsei^{24} 鸭子

公鸭头 koŋ^{42}ia^{2}tʰəɯ^{5} 公鸭

怀鸭 fai^{5}ia^{42} 母鸭

江西蛮儿 tɕiaŋ^{42}ɕi^{2}mæ^{5} 一种体型小产蛋多的鸭

鸭蛋 ia^{42}tan^{212}

公鹅头 koŋ^{42}ŋo^{2}tʰəɯ^{5} 公鹅

小鹅黄老 ɕiaɯ^{24}ŋo^{5}faŋ^{5} 雏鹅

小鹅儿 ɕiaɯ^{24}ŋo^{5}ər^{5}

（6）鸟、兽、虫类

雀子 tɕʰio^{42}tsɿ^{0} 鸟的统称

老鸹 laɯ^{24}kua^{5} 乌鸦

鸦鹊 ia^{42}tɕʰio^{0} 喜鹊

麻雀子 ma^{5}tɕʰio^{42}tsɿ^{0} 麻雀

燕子 ian^{21}tsɿ^{24}

雁鹅 ian^{21}ŋo^{5} 大雁

斑雀 pan^{42}tɕʰio^{0} 斑鸠

鸽子 ko^{42}tsɿ^{0}

布谷 pu^{5}ku^{42} 布谷鸟

秧鸡子 iaŋ^{42}tɕi^{2}tsɿ^{0} 秧鸡，生活在水田边

蹲鸡 tən^{42}tɕi^{0}

猫头鹰 maɯ^{42}tʰəɯ^{5}in^{42}

八哥 pa^{42}ko^{0} 八哥儿

洼子 va^{21}tsɿ^{24} 鹭的一种，晚上边飞边叫

仙鹤 ɕian^{42}xo^{0}

老鹰 laɯ^{5}in^{42}

野鸡 ie^{24}tɕi^{42}

野鸭 ie^{24}ia^{42}

水老鸹 sei^{5}laɯ^{24}kua^{5} 鱼鹰

洋老鼠 iaŋ^{5}laɯ^{24}tɕʰy^{5} 蝙蝠

翅膀 tsɿ^{21}paŋ^{24}

氄毛 zoŋ^{24}maɯ^{5} 鸟禽的细毛

雀窝 tɕ^{h}io^{5}ŋo^{42} 鸟窝

野物 ie^{24}vu^{5} 野兽

老虎 laɯ^{5}fu^{24}

狗熊 kəɯ^{24}ɕioŋ^{5}

豹子 paɯ^{21}tsɿ^{24}

猴子 xəɯ^{5}tsɿ^{42}

毛狗 maɯ^{5}kəɯ^{24} 狐狸

野猪 ie^{24}tɕy^{42}

狼巴子 laŋ^{5}pɑ^{42}tsɿ^{0} 狼

狗豁子 kəɯ^{24}xo^{42}tsɿ^{0} 狗獾

黄皮狼子 faŋ^{5}p^{h}i^{5}laŋ^{42}tsɿ^{0} 黄鼠狼

水塘猫 sei^{24}t^{h}aŋ^{5}maɯ^{42} 水獭

　水猴子 sei^{24}xəɯ^{5}tsɿ^{42}

野兔子 ie^{24}t^{h}əɯ^{21}tsɿ^{24}

刺猬子 ts^{h}ɿ^{21}vei^{24}tsɿ^{5}

老鼠 laɯ^{24}tɕ^{h}y^{5}

蛇 se^{55}

　长虫$_{\text{老}}$ ts^{h}aŋ^{5}ts^{h}oŋ^{42}

火赤链 xo^{24}ts^{h}e^{5}lian^{212} 赤链蛇

水蛇 sei^{24}se^{5}

乌蛸 vu^{5}saɯ^{42} 乌蛸蛇

绵蛇 mian^{5}se^{5} 又叫"家蛇"，以鼠为食

青竹标 tɕ^{h}in^{42}tsəɯ^{5}piaɯ^{42} 竹叶青，一种蛇

土狗子 t^{h}əɯ^{5}kəɯ^{24}tsɿ^{5} 土鬼蛇

四脚蛇 sɿ^{21}tɕio^{1}se^{5} 蜥蜴

蚕子 ts^{h}an^{5}tsɿ^{42} 蚕

蚕宝宝 ts^{h}an^{5}paɯ^{24}paɯ^{5} 对蚕的爱称

蚕纸 ts^{h}an^{5}tsɿ^{24} 蚕卵

蚕沙 ts^{h}an^{5}sɑ^{42} 蚕屎

茧子 tɕian^{24}tsɿ^{5} 蚕茧

蛛蛛 tɕy^{42}tɕy^{0} 蜘蛛

蚂蚁 mɑ^{24}ȵi^{5}

灶蚂子 tsaɯ^{21}mɑ^{24}tsɿ^{5} 蟋蟀

蚂蚱 mɑ^{42}tsɑ^{24}

地乌龟 ti^{212}vu^{42}kuei^{0} 土鳖

天螺蛳 t^{h}ian^{42}lo^{5}sɿ^{42} 蜗牛

臭蚕子 ts^{h}əɯ^{21}ts^{h}an^{5}tsɿ^{42} 蚯蚓

黏蚂蝗 ȵian^{5}mɑ^{24}faŋ^{5} 蜒蚰

蜈蚣 vu^{5}koŋ^{42}

草鞋爬子 ts^{h}aɯ^{24}xai^{5}p^{h}ɑ^{5}tsɿ^{42} 百脚虫

壁虎子 pie^{42}fu^{24}tsɿ^{5} 壁虎

毛虫 maɯ^{5}ts^{h}oŋ^{5} 体上多毛的昆虫，毒毛可引起人类皮炎

洋辣子 iaŋ^{5}lɑ^{42}tsɿ^{0} 一种肥短的青绿色毛虫

牛子 ȵiəɯ^{5}tsɿ^{42} ①米里的黑色小虫；②天牛

苍蝇 ts^{h}aŋ^{42}in^{0}

绿蠓 ləɯ^{42}moŋ^{24} 绿蝇

　绿蠓苍蝇 ləɯ^{42}moŋ^{24}ts^{h}aŋ^{42}in^{0}

蚊子 vən^{5}tsɿ^{42} 部分老派也说

　蚊虫 vən^{5}ts^{h}oŋ^{42}

麻蚊虫 mɑ^{5}vən^{5}ts^{h}oŋ^{42} 花蚊子

蠓子 moŋ^{24}tsɿ^{5} 蠓虫，一种黑色小虫

　蠓虫子 moŋ^{24}ts^{h}oŋ^{5}tsɿ^{42}

虱子 se^{42}tsɿ^{0}

虱儿子 se^{42}tɕi^{24}tsɿ^{5} 虱子卵

蛆 tɕ^{h}i^{42}

蛆拱头 tɕ^{h}i^{42}koŋ^{2}t^{h}əɯ^{5}

螬虫 ts^{h}aɯ^{5}ts^{h}oŋ^{5} 蛔虫

打屁虫 tɑ^{5}p^{h}i^{21}ts^{h}oŋ^{5} 臭大姐

虼蚤 kie^{42}tsaɯ^{24} 跳蚤

蝣子 iəɯ^{5}tsɿ^{42} 蟋蟀

蛸子 ɕiəɯ^{42}tsɿ^{0} 螳螂

唧呤子 tɕi^{42}lin^{2}tsɿ^{0} 蝉的统称

洋唧呤子 iaŋ^{5}tɕi^{42}lin^{2}tsɿ^{0} 体型小，青绿色

蜂子 foŋ^{42}tsɿ^{0} 蜂的统称

胡蜂 vu^{5}foŋ^{42} 马蜂

葫芦蜂 k^{h}u^{5}ləɯ^{5}foŋ^{42}

蜂子窝 foŋ^{42}tsɿ^{5}ŋo^{42} 蜂窝

蜜蜂 mie^{5}foŋ^{42}

蜜糖 mie^{42}t^{h}aŋ^{5} 蜂蜜

亮毛虫儿 liaŋ^{21}maɯ^{1}ts^{h}o^{5} 萤火虫

飞蛾子 fei^{42}ŋo^{5}tsɿ^{42} ①蝴蝶；②蛾子

虰虰 tin^{42}tin^{0} 蜻蜓

硬壳虫 ŋən^{21}k^{h}o^{1}ts^{h}oŋ^{5} 瓢虫

地蚕 ti^{21}ts^{h}an^{5} 蛴螬，喜食植物根茎

（7）鱼虾类

家鱼 tɕiɑ^{42}y^{5} ①人工饲养的鱼；②鲢鱼

野鱼 ie^{24}y^{5} 野生的鱼

鲤鱼 li^{24}y^{5}

鲫鱼 tɕi^{42}y^{5}

鳊鱼 pian^{24}y^{5}

草鱼 ts^{h}aɯ^{24}y^{5}

螺蛳青 lo^{5}sɿ^{5}tɕ^{h}in^{42} 青鱼

鳜鱼 kuei^{21}y^{5}

鲶鱼 ȵian^{5}y^{5}

鲶咕浪子 ȵian^{5}ku^{5}laŋ^{42}tsɿ^{0}

鲹鲦子 ts^{h}an^{42}t^{h}iaɯ^{5}tsɿ^{42} 白鲦鱼

翘头鲹 tɕ^{h}iaɯ^{21}t^{h}əɯ^{5}ts^{h}an^{42} 白鱼（嘴上翘）

黑鱼 xie^{42}y^{5} 乌鱼

鲢胖头 lian^{5}p^{h}aŋ^{42}t^{h}əɯ^{5} 鲢鱼

鳑魟子 ŋaŋ^{42}koŋ^{2}tsɿ^{0} 黄颡鱼，有须和硬刺，鱼刺少

银鱼 in^{5}y^{5} 一种产于太湖的小鱼，色泽如银

带鱼 tai^{21}y^{5}

黄鱼 faŋ^{5}y^{5}

金鱼 tɕin^{42}y^{5}

烧咕佬 saɯ^{42}ku^{2}laɯ^{24} 石爬子

丝肛鲏 sɿ^{42}kaŋ^{2}p^{h}i^{24} 鳑鲏

白鳝 pie^{5}san^{24} 鳗鱼

泥拱子 ȵi^{5}koŋ^{24}tsɿ^{5} 泥鳅

王八雀 vaŋ^{5}pɑ^{5}tɕ^{h}io^{42}

刀雀 taɯ^{42}tɕ^{h}io^{0} 一种体形扁长带刺的尖嘴鳅

黄鳝 faŋ^{5}san^{24}

鱼鳞 y^{5}lin^{5}

鱼骨头 y^{5}ku^{42}t^{h}əɯ^{0}

鱼刺 y^{5}ts^{h}ɿ^{212}

鱼泡 y^{5}p^{h}aɯ^{212} 鱼鳔儿

鱼鳃 y^{5}sai^{42}

鱼子 y^{5}tsɿ^{24} 鱼的卵

鱼秧 y^{5}iaŋ^{42} 鱼苗儿

虾子 ɕiɑ^{42}tsɿ^{0} 虾

　蟆虾 mɑ^{5}ɕiɑ^{42}

虾米 ɕiɑ^{42}mi^{24} 干的虾仁

虾皮 ɕiɑ^{42}p^{h}i^{5} 晒干的小虾

团鱼 t^{h}an^{5}y^{5} 鳖

　甲鱼 tɕiɑ^{42}y^{5}

乌龟 vu^{42}kuei^{0}

螃蟹 p^{h}aŋ^{5}xai^{24}/p^{h}aŋ^{5}ɕiai^{24} 蟹的统称

毛蟹 maɯ^{5}xai^{24} 大闸蟹

螃蟹黄子 p^{h}aŋ^{5}xai^{24}faŋ^{5}tsɿ^{42} 蟹黄

蚵蟆 k^{h}ie^{5}mɑ^{42} 青蛙

　田鸡 t^{h}ian^{5}tɕi^{42}

蚵蟆蚪子 k^{h}ie^{5}mɑ^{42}təɯ^{24}tsɿ^{5} 蝌蚪

蚵蟆蠹子 k^{h}ie^{5}mɑ^{42}toŋ^{21}tsɿ^{24} 青蛙的卵

癞头宝子 lai^{21}t^{h}əɯ^{1}paɯ^{24}tsɿ^{5} 蟾蜍

　癞头 lai^{21}t^{h}əɯ^{24}

　癞不搞子 lai^{21}pu^{1}kaɯ^{24}tsɿ^{5}

水蛆 sei^{24}tɕ^{h}i^{42} 水蛭

螺蛳 lo^{5}sɿ^{42} 多产于池塘、河沟

田螺 t^{h}ian^{5}lo^{5} 产于水田较大的螺蛳

蚌蚌 paŋ^{21}paŋ^{24} 蚌

　歪歪老 vai^{42}vai^{0}

蚂蝗 mɑ^{24}faŋ^{5}

六 房舍、家具

（1）房子及结构

房子 faŋ^{5}tsɿ^{42} 整座的，不包括院子

盖 kai^{212} 建造（房子）

地身 ti^{212}sən^{42} 地基

下赶脚 ɕiɑ^{21}kan^{24}tɕio^{5} 用石头砌房基

　起赶脚 tɕ^{h}i^{5}kan^{24}tɕio^{5}

上梁 saŋ^{21}liaŋ^{5} 安装房屋最高中梁的仪式

稻场 taɯ^{21}ts^{h}aŋ^{5} 农村用来打谷、晒粮的平坦场地

大门口 tɑ^{21}mən^{5}k^{h}əɯ^{24}

院墙 yan^{21}tɕ^{h}iaŋ^{5} 庭院的围墙

屋 vu^{212} 屋子，由房子分割而成

大屋 tɑ^{212}vu^{1} 正屋（主要用来住人）

小屋 ɕiaɯ^{24}vu^{212} 边屋（主要用来养家畜）

披 p^{h}i^{42} 靠着正屋搭建的简易小屋（无地基）

干草瓦 kan^{42}ts^{h}aɯ^{2}vɑ^{24} 简易的瓦顶房

院子 yan^{21}tsɿ^{24} 庭院

房 faŋ^{55} 卧室

进深 tɕin^{212}ts^{h}ən^{42} 住房前墙到后墙的距离

房里 faŋ^{5}lie^{42} 卧室

堂屋 t^{h}aɯ^{5}vu^{42} 客厅

平房 p^{h}in^{5}faŋ^{5} 一层的住宅

楼房 ləɯ^{5}faŋ^{5} 两层以上的住宅

草房子 ts^{h}aɯ^{24}faŋ^{5}tsɿ^{42} 用茅草搭建的

房子

楼高头 ləɯ^{5}kaɯ^{42}tʰəɯ^{0} 楼上

楼底下 ləɯ^{5}ti^{24}ɕiɑ^{5} 楼下

大门楼子 tɑ^{21}mən^{5}ləɯ^{5}tsɿ^{42} 门楼儿

门头 mən^{5}tʰəɯ^{5} ①门框上部；②门户

楼梯 ləɯ^{5}tʰi^{42} 固定的

梯子 tʰi^{42}tsɿ^{0} 可移动的

阳台 iaŋ^{5}tʰai^{5}

屋山头 vu^{21}san^{1}tʰəɯ^{5} 山墙

　山头 san^{42}tʰəɯ^{5}

间墙儿 kan^{21}tɕʰiæ^{5} 隔开屋子的墙

开斗墙 kʰai^{42}təɯ^{24}tɕiaŋ^{5} 砖头侧立砌成的墙

屋脊 vu^{5}tɕi^{42}

房顶 faŋ^{5}tin^{24}

屋檐 vu^{42}ian^{5} 房檐儿

廊檐 laŋ^{21}ian^{5} 下方带走廊的屋檐

屋阳沟 vu^{21}iaŋ^{5}kəɯ^{42} 屋后檐下的排水沟

　后阳沟 xəɯ^{21}iaŋ^{5}kəɯ^{42}

大梁 tɑ^{21}liaŋ^{5} 房屋正中与屋脊平行的中梁

搁梁 ko^{42}liaŋ^{5} 前墙到后墙方向的梁

桁条 xən^{5}tʰiaɯ^{5}

檩子 lin^{24}tsɿ^{5}

椽子 tɕʰyan^{5}tsɿ^{42}

网砖 vaŋ^{24}tɕyan^{42} 铺在椽子上的薄砖

明瓦 min^{5}vɑ^{24} 旧式屋顶上用的透亮玻璃

捡瓦 tɕian^{5}vɑ^{24} 修整屋瓦

牛毛毡 ȵiəɯ^{5}maɯ^{5}tsan^{42} 一种防水材料

天沟 tʰian^{5}kəɯ^{42} 屋顶的排水道

柱子 tɕy^{21}tsɿ^{24}

磉礅 saŋ^{5}tən^{24} 柱下石

地门石 ti^{21}mən^{1}sɿ^{5} 门框下的长条石

搭步 tɑ^{5}pu^{212} 台阶

天花板 tʰian^{42}fɑ^{2}pan^{24}

　天棚$_{老}$ tian^{42}pʰoŋ^{5}

顶棚 tin^{24}pʰoŋ^{5} ①屋子的顶部（内）；②带棚车的顶部

前门 tɕʰian^{5}mən^{5} 正门

　大门 tɑ^{21}mən^{5}

后门 xəɯ^{21}mən^{5}

腰门 iaɯ^{42}mən^{5} 边门儿

门槛 mən^{5}kʰan^{24}

门角落 mən^{5}ko^{5}lo^{42} 门的后面

门闩子 mən^{5}san^{42}tsɿ^{0} 门闩

门款子 mən^{5}kʰuan^{24}tsɿ^{5} 门钌铞儿

门枋子 mən^{5}faŋ^{42}tsɿ^{0} 门四周的方木

插销 tsʰɑ^{5}ɕiaɯ^{42}

天窗 tʰian^{5}tsʰaŋ^{42} 开在屋顶的窗

窗笼子 tsʰaŋ^{42}loŋ^{5}tsɿ^{42} 窗户

　窗子 tsʰaŋ^{42}tsɿ^{0}

窗台子 tsʰaŋ^{42}tʰai^{5}tsɿ^{42} 窗台

厨屋 tsʰəɯ^{5}vu^{42} 厨房

　灶头间 tsaɯ^{21}tʰəɯ^{5}kan^{42}

灶 tsaɯ^{212}

　灶头 tsaɯ^{21}tʰəɯ^{5}

灶台 tsaɯ^{21}tʰai^{5} 锅台

灶庙 tsaɯ^{5}miaɯ^{212} 灶壁上方的拱形洞（或上方两侧做成耳状），代表灶神的房子

灶洞 tsaɯ^{5}toŋ^{212} 点火添柴的洞（在灶背面）

鞋洞 xai^{5}toŋ^{212} 借灶热烘鞋的洞（在灶正面）

温坛 vən^{42}tʰan^{5} 固定在灶上的金属罐，利用烧灶的温度热水

烟囱 ian^{42}tsʰoŋ^{212}

茅窖 maɯ^{5}kaɯ^{212} 简易厕所（挖成或砌成）

粪窖 fən^{5}kaɯ^{212}（直接在地上挖的）

茅厕$_{老}$ maɯ^{5}sɿ^{42}

茅缸 maɯ^{5}kaŋ^{42}（用大缸做的）

粪缸 fən^{212}kaŋ^{42}

井 tɕin^{24}

牛栏 ȵiəɯ^{5}lan^{5} 牛棚

猪圈 tɕy^{42}tɕyan^{212}

猪槽 tɕy^{42}tsʰaɯ^{5} 猪进食用的槽

羊圈 iaŋ^{5}tɕyan^{212}

羊囤 iaŋ^{5}tən^{212}（也指羊粪）

狗窝 kəɯ^{24}ŋo^{42}

鸡窝 tɕi^{5}ŋo^{42}

鸡笼子 tɕi^{42}loŋ^{5}tsɿ^{42} 鸡笼

鸡厨子 tɕi^{42}tsʰəɯ^{5}tsɿ^{42} 家庭鸡舍

鸡囤 tɕi^{42}tən^{212}

草垛子 tsʰaɯ^{5}to^{21}tsɿ^{24} 柴草堆

草堆子 tsʰaɯ^{5}tei^{42}tsɿ^{0}

（2）家庭用具

家具 tɕiɑ^{42}tɕy^{0}

大柜 tɑ^{5}kuei^{212} 衣柜

五斗橱 vu^{24}təɯ^{5}tɕʰy^{5} 五斗柜

碗柜子 van^{5}kuei^{21}tsɿ^{24} 碗柜

碗架子 van^{5}tɕiɑ^{21}tsɿ^{24}

台子 tʰai^{5}tsɿ^{42} 桌子

八仙桌 pɑ^{42}ɕian^{5}tso^{42} 可坐八人的方桌（不带抽屉）

四仙桌 sɿ^{21}ɕian^{5}tso^{42} 带抽屉的方桌

圆台子 yan^{5}tʰai^{5}tsɿ^{42} 圆桌

条台 tʰiaɯ^{5}tʰai^{5} 条案，放在客厅正中、靠墙的狭长桌子

供桌 koŋ^{5}tso^{42}

吃饭台子 tsʰɿ^{42}fan^{2}tʰai^{5}tsɿ^{42} 餐桌

台布 tʰai^{5}pu^{212} 桌布

围腰子 vei^{5}iaɯ^{42}tsɿ^{0} 围裙

绞台布 tɕiaɯ^{24}tʰai^{5}pu^{212} 擦桌子的布

揩台布 kʰai^{42}tʰai^{2}pu^{212}

抹布子 mɑ^{5}pu^{21}tsɿ^{24} 抹布

丝瓜篓 sɿ^{42}kuɑ^{2}ləɯ^{24} 丝瓜筋

泡瓜篓 pʰaɯ^{21}kuɑ^{1}ləɯ^{24}

抽屉 tsʰəɯ^{5}ti^{212}

凳子 tən^{21}tsɿ^{24} 板凳的统称

长凳子 tsʰaŋ^{5}tən^{21}tsɿ^{24} 两人坐的长条板凳

独凳 təɯ^{5}tən^{212} 一人坐的方凳

小板凳 ɕiaɯ^{24}pan^{5}tən^{212} 小的长方凳

椅子 i^{24}tsɿ^{5} 竹椅子

椅夹子 i^{24}kɑ^{42}tsɿ^{0} 婴儿坐的椅子

　伽椅子 tɕiɑ^{42}i^{24}tsɿ^{5}

摇窝子 iaɯ^{5}ŋo^{42}tsɿ^{0} 摇篮

躺椅 tʰaŋ^{5}i^{24}

椅靠子 i^{5}kʰaɯ^{21}tsɿ^{24} 椅子的后背

椅樘子 i^{5}tsʰən^{21}tsɿ^{24} 椅子后背上一根根的竹（木）片

床 tsʰaŋ^{55}

床帮 tsʰaŋ^{55}paŋ^{42}

凉床子 liaŋ^{5}tsʰaŋ^{5}tsɿ^{42} 竹床

铺板 pʰu^{21}pan^{24} 炕铺的板子

棕绷 tsoŋ^{5}pən^{42}

地铺 ti^{5}pʰu^{212} 在地上摊成的简易床

帐子 tsaŋ^{21}tsɿ^{24} 蚊帐

帐钩子 tsaŋ^{212}kəɯ^{42}tsɿ^{0}

帐檐子 tsaŋ^{21}ian^{5}tsɿ^{42} 挂于帐门的绣花帘

门帘子 mən^{5}lian^{5}tsɿ^{42} 门帘（通常绣花）

毯子 tʰan^{24}tsɿ^{5}

被服 pei^{21}vu^{24} 被子

被服絮 pei^{21}vu^{5}ɕi^{212} 棉絮

套絮巴 tʰaɯ^{21}ɕi^{5}pɑ^{42} 破棉絮

被服筒子 pei^{21}vu^{1}tʰoŋ^{24}tsɿ^{5} 被窝

被服里子 pei^{21}vu^{1}li^{24}tsɿ^{5} 被里

被服面子 pei^{21}vu^{5}mian^{21}tsɿ^{24} 被面

被服单子 pei^{21}vu^{5}tan^{42}tsɿ^{0} 被单

席子 ɕi^{5}tsɿ^{42} 竹席子

灯草席子 tən^{42}tsʰaɯ^{24}ɕi^{5}tsɿ^{42} 草席

枕头 tsən^{24}tʰəɯ^{5}

枕头套子 tsən^{24}tʰəɯ^{5}tʰaɯ^{21}tsɿ^{24} 枕套

枕头胆 tsən^{24}tʰəɯ^{5}tan^{24} 枕头芯子

梳妆台 səɯ^{42}tsaŋ^{2}tʰai^{5} 梳头用

晒衣裳架子 sai^{212}i^{42}saŋ^{2}tɕiɑ^{21}tsɿ^{24} 晾衣架

马桶 mɑ^{5}tʰoŋ^{24}

尿壶 ȵiaɯ^{21}fu^{5}

　夜壶$_{老}$ ie^{21}fu^{5}

碗 van^{24}

海碗 xai^{5}van^{24} 大碗

碗蔸子 van^{24}təɯ^{42}tsɿ^{0} 碗底儿

菜碗 tsʰai^{21}van^{24}

饭碗 fan^{21}van^{24}

洋碗 iaŋ^{5}van^{24} 瓷碗

鈘口 tsɿ^{42}kʰəɯ^{24} 器皿边沿上的缺口

茶杯 tsʰɑ^{5}pei^{42} 瓷的，带把儿的杯子

茶壶 tsʰɑ^{5}fu^{5} 陶的，带把儿的壶

茶吊子 tsʰɑ^{5}tiaɯ^{21}tsɿ^{24} 在火堆上烧水的水壶

茶缸子 tsʰɑ^{5}kaŋ^{42}tsɿ^{0} 瓷的，带把儿的缸子

鳖壶 pie^{42}fu^{5} 军用水壶

酒杯 tɕiəɯ^{5}pei^{42} 玻璃的，不带把儿的杯子

酒盅子 tɕiəɯ^{5}tsoŋ^{42}tsɿ^{0} 酒盅

酒壶 tɕiəɯ^{24}fu^{5}

酒坛子 tɕiəɯ^{24}tʰan^{5}tsɿ^{42}

坛子 tʰan^{5}tsɿ^{42}

盐水坛子 ian^{5}sei^{5}tʰan^{5}tsɿ^{42} 腌咸菜的细颈坛子

盐水缸 ian^{5}sei^{5}kaŋ^{42} 缸

罐子 kuan^{42}tsɿ^{24}

瓶子 pʰin^{5}tsɿ^{42}

瓶塞子 pʰin^{5}se^{42}tsɿ^{0} 瓶塞儿

瓶盖子 pʰin^{5}kai^{21}tsɿ^{24}

瓢 pʰiaɯ^{55} 统称

葫芦瓢 kʰu^{5}ləɯ^{42}pʰiaɯ^{5} 用锯将葫芦锯成两开做成的瓢

铜瓢 tʰoŋ^{5}pʰiaɯ^{5} 铜或铅制的舀水器具

勺子 saɯ^{5}tsɿ^{42} 统称

饭勺子 fan^{21}saɯ^{5}tsɿ^{42}

筷子 kʰuai^{21}tsɿ^{24}

筷笼子 kʰuai^{21}loŋ^{5}tsɿ^{42} 筷笼

　筷篓子 kʰuai^{21}ləɯ^{24}tsɿ^{5}

盘子 pʰan^{5}tsɿ^{42} 瓷的

方盘 faŋ^{42}pʰan^{5} 端菜用的木制方形盘

锅 ko^{42}

钢钢锅 kaŋ^{42}kaŋ^{5}ko^{42} 带双柄的铝锅

　洋锅子 iaŋ^{5}ko^{42}tsɿ^{0}

锅铲子 ko^{42}tsʰan^{24}tsɿ^{5} 锅铲

摅勺 ləɯ^{42}so^{5} 笊篱

斢子 kəɯ^{21}tsɿ^{24} 舀酒、油的长柄器具

洗锅把子 ɕi^{5}ko^{42}pɑ^{24}tsɿ^{5} 竹草制的刷锅用具

淘米篮子 tʰaɯ^{5}mi^{5}lan^{5}tsɿ^{42} 淘米用的竹器

　饭篮子 fan^{21}lan^{5}tsɿ^{42}

菜刀 tsʰai^{212}taɯ^{42}

刀板子 taɯ^{42}pan^{24}tsɿ^{5} 砧板

蒸笼 tsən^{42}loŋ^{5}

饭架子 fan^{5}tɕiɑ^{21}tsɿ^{24} 蒸食物用的竹箅子

水缸 sei^{5}kaŋ^{42}

水桶 sei^{5}tʰoŋ^{24}

拖把 tʰo^{42}pɑ^{24}

火叉 xo^{5}tsʰɑ^{42} 铁制长条烧火工具

火钳 xo^{5}tɕʰian^{5}

捞灰耙子 laɯ^{21}fei^{1}pʰɑ^{5}tsɿ^{42} 从灶膛里往外掏灰的工具

草把子 tsʰaɯ^{5}pɑ^{24}tsɿ^{5} 团状物的柴草

柴火 tsʰai^{5}xo^{42}

柴火堆子 tsʰai^{5}xo^{5}tei^{42}tsɿ^{0}

绒柴火 zoŋ^{5}tsʰai^{5}xo^{42} 茅柴、稻草等

硬柴火 ŋən^{21}tsʰai^{5}xo^{42} 树枝、木板等

芝麻秆子 tsɿ^{42}mɑ^{2}kan^{24}tsɿ^{5} 芝麻的茎

洋盆 iaŋ^{5}pən^{5} 脸盆

　洗脸盆 ɕi^{24}lian^{5}pʰən^{5}

洗脸架子 ɕi^{24}lian^{5}tɕiɑ^{21}tsɿ^{24} 脸盆架

洋火 iaŋ^{5}xo^{24} 火柴

洋碱 iaŋ^{5}tɕian^{24} 肥皂

香洋碱 ɕiaŋ^{42}iaŋ^{5}tɕian^{24} 香皂

洋碱粉 iaŋ^{5}tɕian^{5}fən^{24} 肥皂粉

洗脸手巾 ɕi^{5}lian^{5}səɯ^{24}tɕin^{5}

　手巾 səɯ^{24}tɕin^{5}

揩脚布 kʰai^{42}tɕio^{2}pu^{212} 洗脚布

脚盆 tɕio^{42}pʰən^{5} 专门用于洗脚的盆

大脚盆 tɑ^{21}tɕio^{1}pʰən^{5} 木制澡盆

井桶 tɕin^{5}tʰoŋ^{24} 用来吊井水的桶

热水瓶 ye^{42}sei^{24}pin^{5}

火炉子 xo^{24}ləɯ^{5}tsɿ^{42} 炉子。有陶制和铜制，内置秕谷、砻糠、木炭等，供手脚取暖

煤炉子 mei^{5}ləɯ^{5}tsɿ^{42} 烧煤的炉子

手焐子 səɯ^{24}vu^{21}tsɿ^{24} 汤壶

火盆 xo^{24}pʰən^{5} 烤火用的盆（内放秕谷等）

火凼子 xo^{24}taŋ^{21}tsɿ^{24} 用砖围起的炭火堆

梳子 səɯ^{42}tsɿ^{0}

篦子 pi^{21}tsɿ^{24}

洋蜡 iaŋ^{5}lɑ^{42} 蜡烛

洋灯 iaŋ^{5}tən^{42} 煤油灯

罩子灯 tsaɯ^{21}tsɿ^{5}tən^{42} 有罩子的煤油灯

青油灯 tɕʰin^{42}iəɯ^{5}tən^{42} 菜油灯

灯草 tən^{42}tsʰaɯ^{24} 油灯的灯芯

灯罩子 tən^{42}tsaɯ^{2}tsɿ^{24}

灯笼 tən^{42}loŋ^{0}

电火 tian^{21}xo^{24} 电灯

绳子 sən^{5}tsɿ^{42}

伞 san^{24} 统称

布伞 pu^{21}san^{24} 油布制的伞

阳伞 iaŋ^{5}san^{24} 遮太阳的伞（金属柄）

花伞 fɑ^{42}san^{24} 油纸伞

雨衣 y^{5}i^{42}

蓑衣 so^{42}i^{0}

包 paɯ^{42}

皮夹子 pʰi^{5}kɑ^{42}tsɿ^{0} 钱包

钱袋子$_{老}$ tɕʰian^{5}tai^{21}tsɿ^{24} 一种老式钱包

印 in^{212} 印章（官方的）

章 tsaŋ^{42} 印章（公私皆可）

印色 in^{212}se^{42} 印泥

眼镜子 ian^{5}tɕin^{21}tsɿ^{24}

手表 səɯ^{5}piaɯ^{24}

糨子 tɕiaŋ^{21}tsɿ^{24} 糨糊

粉 fən^{24} 香粉的统称

顶顶箍 tin^{5}tin^{5}kʰu^{42} 顶针儿

做针线 tsəɯ^{212}tsən^{42}ɕian^{0} 纳鞋底、缝衣服等

针 tsən^{42} 缝衣针

针屁股 tsən^{42}pʰi^{2}ku^{24} 针鼻儿

针鼻子 tsən^{42}pi^{5}tsɿ^{42}

针头子 tsən^{42}tʰəɯ^{5}tsɿ^{42} 针尖

剪子 tɕian^{24}tsɿ^{5}

钻子 tsan^{21}tsɿ^{24}

锥子 tsei^{42}tsɿ^{0}

擦板 tsʰɑ^{42}pan^{24} 搓衣板

棒槌 paŋ^{21}tsʰei^{5}

鸡毛掸子 tɕi^{42}maɯ^{5}tan^{24}tsɿ^{5}

扇子 san^{21}tsɿ^{24}

拐棍 kuai^{5}kuən^{212} 中式拐杖

文明棍儿 vən^{5}min^{5}kuer^{212} 西式手杖

烟袋 ian^{42}tai^{212}

烟袋包子 ian^{42}tai^{5}paɯ^{42}tsɿ^{0} 烟袋头

烟袋把 ian^{42}tai^{2}pɑ^{212} 烟袋杆子

条帚 tʰiaɯ^{5}tɕy^{42} 扫地用的工具

洋扒箕 iaŋ^{5}pɑ^{42}tɕ^{h}i^{0} 装垃圾的洋铁皮工具

撮箕 ts^{h}o^{42}tɕi^{0}

大扒箕 tɑ^{212}pɑ^{42}tɕi^{0} 装运粮食的竹制工具

畚箕头 pən^{42}tɕi^{2}t^{h}əɯ^{5} 装垃圾的竹制工具

垃圾 lie^{42}se^{0}

硝 ɕiaɯ^{42} 马桶边上的白色物

车盘子$_{\text{老}}$ ts^{h}e^{42}p^{h}an^{5}tsɿ^{42} 车轮

滚辘子 kuən^{24}ləɯ^{5}tsɿ^{42} 轮子（包含车轮）

线拐子 ɕian^{21}kuai^{24}tsɿ^{5} 线轴儿

香火 ɕiaŋ^{42}xo^{0} 中堂（正屋挂的）

门第子 mən^{5}ti^{21}tsɿ^{24} 对联

（3）工匠用具

瓦刀 vɑ^{212}taɯ^{42}

泥抹子 ȵi^{5}mo^{24}tsɿ^{5} 瓦工抹泥灰用的工具

泥桶 ȵi^{5}t^{h}oŋ^{24}

篻 p^{h}iaɯ^{212} 水塘边架起的石板，供洗衣用

篻板 p^{h}iaɯ^{21}pan^{24} 建房时搭建的竹制板，工人可站在上面施工

榔头 laŋ^{5}t^{h}əɯ^{42}

斧子 fu^{24}tsɿ^{5}

钉锤 tin^{42}ts^{h}ei^{5} 钉钉子用的锤子

锯 tɕy^{212}

墨斗 mie^{42}təɯ^{24} 木匠打线用的工具

刨子 paɯ^{21}tsɿ^{24} 礤床儿

起子 tɕ^{h}i^{24}tsɿ^{5} 改锥

锯末 tɕy^{212}mo^{42}

刨花 paɯ^{212}fɑ^{42}

洋钉 iaŋ^{5}tin^{42} 铁钉儿

老虎钳子 laɯ^{5}fu^{5}tɕ^{h}ian^{5}tsɿ^{42} 钢丝钳

铰链 kaɯ^{42}lian^{212} 合叶

剃头刀 t^{h}i^{21}t^{h}əɯ^{5}taɯ^{42}

轧剪 kɑ^{42}tɕian^{24} 理发用的推子

鐾刀布 pi^{21}taɯ^{5}pu^{212} 磨剃头刀用的布

洋机子 iaŋ^{5}tɕi^{42}tsɿ^{0} 缝纫机

烙铁 lo^{5}t^{h}ie^{42} 电熨斗

梭子 səɯ^{42}tsɿ^{0}

笆斗 pɑ^{42}təɯ^{24} 用柳条等编成的一种容器，形状像斗，底为半球形

听筒 t^{h}in^{21}t^{h}oŋ^{24} 听诊器

洋炮 iaŋ^{5}p^{h}aɯ^{212} 猎枪

七　称谓、亲属

（1）一般称谓

男咧 lan^{5}lie^{42} 男人的统称

女咧 ȵy^{24}lie^{5} 女人的统称

女佬家 ȵy^{24}laɯ^{5}kɑ^{42} 妇道人家

奶毛头子 lai^{24}maɯ^{5}t^{h}əɯ^{5}tsɿ^{42} 初生儿

小奶毛浆子 ɕiaɯ^{5}lai^{24}maɯ^{5}tɕiaŋ^{42}tsɿ^{0}

毛辣子 maɯ^{5}lɑ^{42}tsɿ^{0}

小伢儿 ɕiaɯ^{24}ŋæ^{5} 小孩儿

小男伢儿 ɕiaɯ^{24}lan^{5}ŋæ^{42} 小男孩儿

小崽伢儿 ɕiaɯ^{5}tsai^{24}ŋæ^{5}

崽咧 tsai²⁴lie⁵

大崽头子 tɑ²¹tsai²⁴tʰəɯ⁵tsɿ⁴² 大男孩儿

小女伢儿 ɕiaɯ⁵n̩y²⁴ŋæ⁵ 女孩儿

 小女子 ɕiaɯ⁵n̩y²⁴tsɿ⁵

 女□子₈ n̩y²⁴tɕiəɯ⁵tsɿ⁴²

老头子 laɯ²⁴tʰəɯ⁵tsɿ⁴² ①年纪大的男人；②老夫妻之间妻对夫的背称

老妈子 laɯ⁵mɑ²⁴tsɿ⁵ ①年纪大的女人；②老夫妻之间夫对妻的背称

小伙子 ɕiaɯ²⁴xo⁵tsɿ⁴² 男青年

大小伙子 tɑ²¹ɕiaɯ²⁴xo⁵tsɿ⁴² 身体魁梧、发育成熟的男青年

老几 laɯ⁵tɕi²⁴ 成年男子（含贬义）

城市人 tsʰən⁵sɿ⁴²zən⁰

乡下人 ɕiaŋ⁴²ɕiɑ²zən⁰

 乡巴佬 ɕiaŋ⁴²pɑ²laɯ²⁴ （贬称）

亲戚 tɕʰin⁴²ɕi⁰

干亲 kan⁴²tɕʰin⁰ 认的亲戚

派分 pʰai²¹fən²⁴ 辈份

自家屋里 tsɿ²¹tɕiɑ⁵vu²¹lie²⁴ 同姓族人的统称

 一门儿咧 i⁴²mer⁵lie⁴²

近门儿咧 tɕin²¹mer⁵lie⁴² 关系近的同姓家族

外地佬 vai²¹ti¹laɯ²⁴ 外地人（含贬义）

本里人 pən²⁴li⁵zən⁵ 本地人，土著居民

 蛮子 man⁵tsɿ⁴² "河南人"称呼土著人

下路人 ɕiɑ²¹ləɯ¹zən⁵ 对平原地带人的称说

外人 vai²¹zən⁵ 旁姓的，跟"自己人"相对

生人 sən⁴²zən⁵ 陌生人

外国人 vai²¹kue¹zən⁵

长毛 tsʰaŋ⁵maɯ⁵ 太平军（含贬义）

各人人 ko⁵zən⁵zən⁵ 自己人

客 kʰie⁴² 客人

同年 tʰoŋ⁵n̩ian⁴² 同庚

老契 laɯ⁵tɕʰi²¹² 干亲的双方家长互称（对象为男）

老契婆 laɯ⁵tɕʰi²¹pʰo⁵ 干亲的双方家长互称（对象为女）

内行 lei²¹xaŋ⁵

 懂行 toŋ²⁴xaŋ⁵

外行 vai²¹xaŋ⁵

半瓢水 pan²¹pʰiaɯ⁵sei²⁴ 技术不精

光棍儿 kuaŋ⁴²kuer²¹²

 光棍条子 kuaŋ⁴²kun²tʰiaɯ⁵tsɿ⁴²

 光蛋 kuaŋ⁴²tan²¹²

 光蛋条子 kuaŋ⁴²tan²tʰiaɯ⁵tsɿ⁴²

老姑娘 laɯ²⁴ku⁴²n̩iaŋ⁰ 大龄未婚女子

寡妇 kuɑ²⁴fu⁵

童养媳 tʰoŋ⁵iaŋ⁵ɕi⁴²

过婚 ko²¹fən²⁴ 二婚头

婊子 piaɯ²⁴tsɿ⁵

 卖屄佬 mai²¹²pi⁴²laɯ²⁴

招女婿 tsaɯ⁴²n̩y²⁴ɕi⁵ 入赘的女婿

姘头 pʰin⁴²tʰəɯ⁰

私伢子 sɿ^{42}ŋɑ^{2}tsɿ^{0} 私生子（詈词）

独子儿 təɯ^{5}tsɿ^{24}ər^{5} 独子

　独种 təɯ^{5}tsoŋ^{24} （含贬义）

劳改犯 laɯ^{5}kai^{5}fan^{212} 囚犯

小气鬼 ɕiaɯ^{24}tɕʰi^{5}kuei^{24} 吝啬鬼

　尖头码子 tɕian^{42}tʰəɯ^{2}mɑ^{24}tsɿ^{5}

败家子 pai^{21}tɕiɑ^{1}tsɿ^{24}

要饭咧 iaɯ^{5}fan^{21}lie^{24} 乞丐

　叫花子 kaɯ^{212}fɑ^{42}tsɿ^{0}

拐子 kuai^{24}tsɿ^{5} 专门拐带小孩儿的人

跑江湖咧 paɯ^{24}tɕiaŋ^{42}fu^{5}lie^{42} 见过世面的人

骗子 pʰian^{21}tsɿ^{24}

流氓 liəɯ^{5}maŋ^{24}

二流子 ər^{21}liəɯ^{5}tsɿ^{42} 游手好闲者

土匪 tʰəɯ^{5}fei^{24}

小偷 ɕiaɯ^{5}tʰəɯ^{42}

扒二手 pʰɑ^{5}ər^{21}səɯ^{24} 扒手

强盗 tɕʰiaŋ^{5}taɯ^{42}

断路咧 tan^{5}ləɯ^{21}lie^{24} 拦路抢劫的

江北佬 tɕiaŋ^{42}pie^{2}laɯ^{24} 苏北人（贬称）

货 xo^{212} 对人的贬称或戏称

老货 laɯ^{24}xo^{212} 很有经验的人（贬称或戏称）

戆头 kaŋ^{21}tʰəɯ^{5} 固执己见或故意反对者

孱头 tsʰan^{21}tʰəɯ^{5} 喜欢挑头者

　孱头拐子 tsʰan^{2}tʰəɯ^{1}kuai^{24}tsɿ^{5}

甲鱼头 tɕiɑ^{42} y^{2}tʰəɯ^{5} 刁钻吝啬之人

红霸头 xoŋ^{5}pa^{21}tʰəɯ^{5} 逞霸之人

（大）丢料（tɑ^{212}）tiəɯ^{42}liaɯ^{0} 无能者

蚌蚌精 paŋ^{21}paŋ^{5}tɕin^{42} 妖媚之人

下流胚 ɕiɑ^{21}liəɯ^{5}pei^{42} 下流之人

鸡作包 tɕi^{42}tso^{5}paɯ^{42} 促狭之人

轻骨头 tɕʰin^{42}ku^{2}tʰəɯ^{0} 轻佻之人

木头伢儿 mu^{42}tʰəɯ^{2}ŋæ^{5} 笨人

礼驼子 li^{24}tʰo^{5}tsɿ^{42} 礼性重的人

老实鳖 laɯ^{24}sɿ^{5}pie^{42} 老实人（含贬义）

半吊子 pan^{5}tiaɯ^{21}tsɿ^{24} 不明事理或言行不得体者

　半转儿 pan^{5}tɕyai^{212}

　十三点 sɿ^{5}san^{42}tian^{24}

谡搭子 sɑ^{5}tɑ^{42} tsɿ^{0} 好搭讪、闲扯者

　呱搭子 kuɑ^{5}tɑ^{42}tsɿ^{0}

夹卵哄子 kɑ^{42}lo^{5}xoŋ^{21}tsɿ^{24} 凑热闹的参与者

卵二 lo^{5}er^{212} 喜形于色不能自已者

浪里搭儿 laŋ^{42}lie^{5}tæ^{42} 游手好闲者

能豆 lən^{5}təɯ^{212} 能干者（含讽刺义）

大好佬 təɯ^{21}xaɯ^{1}laɯ^{24} 有钱有势之人

　大亨 tɑ^{212}xaŋ^{42}

温吞水 vən^{21}tʰən^{1}sei^{24} 喻指性情不温不火者

死肉鳖 sɿ^{24}zəɯ^{5}pie^{42} 懦弱无用之人

　肉头鳖 zəɯ^{21}tʰəɯ^{5}pie^{42}

死卵 sɿ^{5}lo^{24} 闷声不响之人（含贬义）

　死屌 sɿ^{24}tɕʰiəɯ^{5}

老不慌 laɯ^{24}pu^{5}faŋ^{42} 慢性子的人

离满心 li^{5}man^{24}ɕin^{5} 粗心的人

奤屁 pʰaɯ^{42}pʰi^{0} 说大话的人

　牛屄筒子 ȵiəɯ^{5}pi^{42}tʰoŋ^{24}tsɿ^{5}

悻种 ɕin^{21}tsoŋ^{24} 做事冲动不计后果者

倒头光 taɯ^{24}tʰəɯ^{5}kuaŋ^{42} 有钱就花光的人

饿死鬼 ŋo^{21}sɿ^{1}kuei^{24} 喻指狼吞虎咽者

讨债鬼 tʰaɯ^{5}tsai^{21}kue^{24} 喻指给自己带来没完没了麻烦的人。父母常骂淘气孩子为～

废名 fei^{21}min^{5} 绰号

（2）职业称谓

长工 tsʰaŋ^{5}koŋ^{42} 帮地主做生活

小工 ɕia^{24}koŋ^{42} 临时工

种田咧 tsoŋ^{21}tʰian^{5}lie^{42} 农民

做生意咧 tsəɯ^{24}sən^{42}i^{2}lie^{0} 做买卖的

头头 tʰəɯ^{5}tʰəɯ^{42} 负责人

老板 laɯ^{5}pan^{24}

老板娘 laɯ^{5}pan^{24}ȵiaŋ^{5}

东家 toŋ^{42}tɕia^{0} 居所的主人

　住家 tɕʰy^{212}tɕia^{42}

伙计 xo^{24}tɕi^{5} 店员

徒弟 tʰəɯ^{5}ti^{42}

　徒弟娃子 tʰəɯ^{5}li^{42}va^{5}tsɿ^{42}

小贩子 ɕiaɯ^{5}fan^{21}tsɿ^{24} 商贩

二道贩子 ər^{21}taɯ^{5}fan^{21}tsɿ^{24} 从商贩手里买入再卖出的人

老师 laɯ^{24}sɿ^{5}

　教书咧 tɕiaɯ^{5}ɕy^{42}lie^{0}

　先生 ɕian^{42}sən^{0} 私塾的老师

学生伢儿 ɕio^{5}sən^{42}ŋæ^{5} 学生

拖拉机手 tʰo^{42}la^{5}tɕi^{42}səɯ^{24} 开拖拉机的驾驶员 tɕia^{24}sɿ^{5}yan^{5} 司机

送信咧 soŋ^{5}ɕin^{21}lie^{24} 邮递员

手艺人 səɯ^{24}ȵi^{5}zən^{5}

木匠 mu^{42}tɕiaŋ^{0}

箍桶匠 kʰu^{42}tʰoŋ^{24}tɕiaŋ^{5} 圆凿木匠

瓦匠 va^{21}tɕiaŋ^{24}

　泥水匠 ȵi^{5}ɕy^{42}tɕiaŋ^{0}

铜匠 tʰoŋ^{5}tɕiaŋ^{42}

铁匠 tʰie^{42}tɕiaŋ^{0}

锡匠 ɕi^{42}tɕiaŋ^{0}

补锅咧 pu^{24}ko^{42}lie^{0}

磨剪子咧 mo^{5}tɕian^{24}tsɿ^{5}lie^{42}

裁缝 tsʰai^{5}foŋ^{42}

　做洋机子咧 tsəɯ^{21}iaŋ^{5}tɕi^{42}tsɿ^{2}lie^{0}

剃头咧 tʰi^{21}tʰəɯ^{5}lie^{42} 理发员

　剃头佬 tʰi^{21}tʰəɯ^{5}laɯ^{24}

杀猪咧 sa^{5}tɕy^{42}lie^{0} 屠夫

　杀猪佬 sa^{5}tɕy^{42}laɯ^{24}

抬轿子咧 tʰai^{5}tɕiaɯ^{21}tsɿ^{24}lie^{5} 轿夫

船上咧 tɕʰyan^{5}saŋ^{42}lie^{0} ①住在船上的人；②属于船上的物

开船咧 kʰai^{42}tɕʰyan^{5}lie^{42} 船老大

算命咧 san^{5}min^{21}lie^{24}

　八字先生 pa^{42}tsɿ^{5}ɕian^{42}sən^{0}

厨子 tɕʰy^{5}tsɿ^{42} 炊事员

　烧饭咧 saɯ^{5}fan^{21}lie^{24}

奶娘 lai^{24}ȵiaŋ^{5} 奶妈

佣人 zoŋ^{21}zən^{24} 仆人

　帮工咧 paŋ^{5}koŋ^{42}lie^{0}

丫鬟 iɑ^{42}fan^{0}

接生婆 tɕie^{42}sən^{2}p^{h}o^{5}

郎中 laŋ^{5}tsoŋ^{42}

赤脚医生 ts^{h}ʅ^{42}tɕio^{5}i^{42}sən^{0}

和尚 xo^{5}saŋ^{42}

尼姑 ȵi^{5}ku^{42}

道士 taɯ^{21}sʅ^{24}

（3）长辈

长辈 tsaŋ^{24}pei^{212}

太太 t^{h}ai^{21}t^{h}ai^{5} ①曾祖父；②曾祖母

　老太 laɯ^{5}t^{h}ai^{212}

爷 ie^{55} 祖父

　老爷爷 laɯ^{24}ie^{5}ie^{42} 用于他人称说

大爷 tɑ^{21}ie^{55} 祖父的大哥

二爷 ər^{21}ie^{5} 祖父排行第二的哥哥或弟弟

小爷 ɕiaɯ^{24}ie^{5} 祖父最小的弟弟

奶 lai^{24} 祖母

　老奶奶 laɯ^{5}lai^{24}lai^{5} 用于他人称说

大奶 tɑ^{21}lai^{24} 大爷的妻子

二奶 ər^{21}lai^{24} 二爷的妻子

小奶 ɕiaɯ^{5}lai^{24} 小爷的妻子

姑爷 ku^{42}ie^{5} 父亲的姑父

姑奶 ku^{42}lai^{24} 父亲的姑姑

姥爷 laɯ^{24}ie^{5} 外祖父

姥娘 laɯ^{24}ȵiaŋ^{5} 外祖母

舅姥爷 tɕiəɯ^{21}laɯ^{24}ie^{5} 母亲的舅舅

舅姥娘 tɕiəɯ^{21}laɯ^{24}ȵiaŋ^{5} 母亲的舅母

□ tæ^{55} 父亲，面称、背称皆用

　老头儿 laɯ^{5}t^{h}əɯ^{5} 用于他人称说

妈 mɑ^{42} ①母亲；②口头禅

老妈儿妈儿 laɯ^{5}mæ^{42}mæ^{0} 老母亲

老丈人（头）laɯ^{5}tsaŋ^{21}zən^{24}（t^{h}əɯ^{5}）岳父

老丈母（娘子）laɯ^{5}tsaŋ^{21}mu^{24}（ȵiaŋ^{5}tsʅ^{42}）岳母

老公公 laɯ^{5}koŋ^{42}koŋ^{0} 公公

老婆婆 laɯ^{5}p^{h}o^{5}p^{h}o^{42} 婆婆

娘老子 ȵiaŋ^{5}laɯ^{24}tsʅ^{5} 父母亲

继父老子 tɕi^{2}fu^{1}laɯ^{24}tsʅ^{5} 继父

晚妈 van^{24}mɑ^{42} 继母

　后妈 xəɯ^{212}mɑ^{42}

老爹 laɯ^{5}tie^{42} 伯父

老妈 laɯ^{5}mɑ^{42} 伯母

二爹 ər^{212}tie^{42}

二妈 ər^{212}mɑ^{42}

小老 ɕiaɯ^{5}laɯ^{24} 叔父

　老老 laɯ^{24}laɯ^{5}

小娘 ɕiaɯ^{5}ȵiaŋ^{5} 叔母

二小老 ər^{21}ɕiaɯ^{5}laɯ^{24} 二叔

二小娘 ər^{21}ɕiaɯ^{24}ȵiaŋ^{5} 二婶

舅舅 tɕiəɯ^{21}tɕiəɯ^{24} 舅父

舅母 tɕiəɯ^{21}mu^{24}

大舅 tɑ^{5}tɕiəɯ^{212}

二舅 ər^{212}tɕiəɯ^{1}

小舅 ɕiaɯ^{24}tɕiəɯ^{212}

姑父 ku^{42}fu^{0}

姑妈 ku^{5}mɑ^{42} 父亲的姐姐

小姑 ɕiaɯ^{5}ku^{42} 父亲最小的妹妹

姑娃儿 ku^{42}væ^{5}

姨夫 i^{5}fu^{42}

姨妈 i^{5}mɑ^{42} 母亲的姐姐

大姨 tɑ^{21}i^{5} ①母亲最大的妹妹；②排行老大的姨

小姨 ɕiaɯ^{5}i^{5} 母亲的小妹

干爹 kan^{5}tie^{42}

干妈 kan^{5}mɑ^{42}

（4）平辈

平辈 pʰin^{5}pei^{212}

夫妻伙里 fu^{42}tɕʰi^{2}xo^{2}lie^{0} 夫妻之间，强调相互的关系

男人 lan^{5}zən^{42} 丈夫

女人 ȵy^{24}zən^{5} 妻子

我屋里 ŋo^{24}vu^{21}lie^{24} 夫妻之间相互背称

大老婆 tɑ^{21}laɯ^{24}pʰo^{5}

小老婆 ɕiaɯ^{24}laɯ^{24}pʰo^{5}

哥 ko^{24} 哥哥（面称、背称皆可）

姐 tɕie^{24} 姐姐（面称、背称皆可）

小□ ɕiaɯ^{5}ɕio^{42} 弟弟（多用于背称）

兄弟 ɕioŋ^{42}ti^{0} （只用于背称）

妹妹 mei^{21}mei^{5} （多用于背称）

小妹儿 ɕiaɯ^{5}mer^{212} 妹妹（用于叙称）

弟兄 ti^{21}ɕioŋ^{24} 兄与弟

弟兄伙里 ti^{2}ɕioŋ^{1}xo^{24}lie^{5} 兄弟之间，强调相互的关系

姊妹 tsɿ^{24}mei^{5} 姐和妹

姊妹伙里 tsɿ^{24}mei^{5}xo^{42}lie^{0} 姐妹之间，强调相互的关系

嫂 saɯ^{24} 嫂子（面称、背称皆可）

兄弟媳妇 ɕioŋ^{42}ti^{5}ɕi^{42}fu^{0} 弟媳

姐夫 tɕie^{24}fu^{5}

妹夫 mei^{21}fu^{24}

双胞子 saŋ^{42}paɯ^{2}tsɿ^{0} 双胞胎

妯娌伙里 tsəɯ^{5}li^{42}xo^{2}lie^{0} 妯娌之间，强调相互的关系

小叔娃子 ɕiaɯ^{5}səɯ^{42}vɑ^{5}tsɿ^{42} 丈夫最小的弟

小姑娃子 ɕiaɯ^{5}ku^{42}vɑ^{5}tsɿ^{42} 丈夫最小的妹

小婆妹儿 ɕiaɯ^{5}pʰo^{5}mer^{212}

姑娘 ku^{42}ȵiaŋ^{0} ①女儿；②夫之姐妹

阿舅 ŋɑ^{42}tɕiəɯ^{212} 妻之兄弟

小阿姨 ɕiaɯ^{5}ŋɑ^{42}i^{5} 妻之妹

叔伯弟兄 səɯ^{42}pie^{2}ti^{21}ɕioŋ^{24} 堂兄弟

叔伯哥 səɯ^{42}pie^{2}ko^{24} 堂兄

叔伯小□ səɯ^{42}pie^{2}ɕiaɯ^{5}ɕio^{42} 堂弟

叔伯姐 səɯ^{42}pie^{2}tɕie^{24} 堂姐

叔伯小妹儿 səɯ^{42}pie^{2}ɕiaɯ^{5}mer^{212} 堂妹

叔伯姊妹 səɯ^{42}pie^{2}tsɿ^{24}mei^{5} 堂姊妹

老表 laɯ^{5}piaɯ^{24} 表兄弟

舅老表 tɕiəɯ^{21}laɯ^{1}piaɯ^{24} 舅舅的儿子

姑老表 ku^{42}laɯ^{2}piaɯ^{24} 姑姑的儿子

表哥 piaɯ^{5}ko^{24}

表姊妹 piauɯ^{5}tsɿ^{24}mei^{5}

表姊妹伙里 piauɯ^{5}tsɿ^{24}mei^{5}xo^{42}lie^{0}

　表姐妹之间，强调相互的关系

表姐 piauɯ^{5}tɕie^{24}

表妹 piauɯ^{5}mei^{212}

一担挑 i^{42}tan^{5}t^{h}iauɯ^{42} 连襟

　娘姨亲 ȵiaŋ^{5}i^{5}tɕ^{h}in^{42}

亲家公 tɕ^{h}in^{21}kɑ^{5}koŋ^{42}

亲家母 tɕ^{h}in^{21}kɑ^{1}mu^{24}

（5）晚辈

晚辈 van^{24}pei^{212}

子女 tsɿ^{5}ȵy^{24}

　伢儿 ŋæ^{55}

儿子 ər^{5}tsɿ^{42}

　儿 ər^{55}

大儿子 tɑ^{21}ər^{5}tsɿ^{42}

　大儿 tɑ^{21}ər^{5}

小儿子 ɕiauɯ^{24}ər^{5}tsɿ^{42}

　小儿 ɕiauɯ^{24}ər^{5}

　小幺儿 ɕiauɯ^{5}iauɯ^{42}ər^{5}

抱咧 pauɯ^{21}lie^{24} 抱养的

继子儿 tɕi^{21}tsɿ^{24}ər^{5} 养子

媳妇 ɕi^{42}fu^{0} 儿媳妇

女子 ȵy^{24}tsɿ^{5} 女儿

　女 ȵy^{24}

女婿 ȵy^{24}ɕi^{5}

毛脚女婿 mauɯ^{5}tɕio^{42}ȵy^{24}ɕi^{5} 未婚女婿

侄子 tsɿ^{42}tsɿ^{0}

侄女 tsɿ^{42}ȵy^{24}

姨侄 i^{5}tsɿ^{42} 女方姐姐或妹妹的儿子

姨侄女 i^{5}tsɿ^{42}ȵy^{24} 女方姐姐或妹妹的女儿

干儿 kan^{42}ər^{5} 干儿子

干女 kan^{42}ȵy^{24} 干女儿

外甥 vai^{21}sən^{24} ①男人的姐妹之子；②女儿之子

外甥女 vai^{21}sən^{1}ȵy^{24} ①男人的姐妹之女；②女儿之女

孙子 sən^{42}tsɿ^{0}

　孙儿 ser^{42}

孙媳妇 sən^{5}ɕi^{42}fu^{0}

孙女 sən^{21}ȵy^{24}

孙女婿 sən^{42}ȵy^{24}ɕi^{5}

重孙 ts^{h}oŋ^{5}sən^{42}

重孙女 ts^{h}oŋ^{5}sən^{21}ȵy^{24}

重外甥 ts^{h}oŋ^{5}vai^{21}sən^{24}

重外甥女 ts^{h}oŋ^{5}vai^{2}sən^{1}ȵy^{24}

后人 xəɯ^{21}zən^{24} 后代

八　身体、疾病、医疗

（1）五官

身体 sən^{42}t^{h}i^{24}

打条胯 tɑ^{5}t^{h}iauɯ^{24}k^{h}uɑ^{5} 裸体

身材 sən^{42}ts^{h}ai^{5}

　条板儿老 t^{h}iauɯ^{5}pair^{24}

个子 ko^{21}tsɿ^{24} 个头

矮巴矬子 ŋai^{24}pɑ^{5}ts^{h}o^{5}tsɿ^{42} 矮子（含贬义）

头 t^{h}əɯ^{5}

光浪头 kuaŋ^{42}laŋ^{2}t^{h}əɯ^{5} 光头

和尚头 xo^{5}saŋ^{42}t^{h}əɯ^{5}

秃顶 t^{h}o^{42}tin^{24}

谢顶$_{老}$ ɕie^{21}tin^{24}

头顶心 t^{h}əɯ^{5}tin^{5} ɕin^{42} 头顶

头脑壳 t^{h}əɯ^{5}laɯ^{24}k^{h}o^{5} 头颅

后脑壳 xəɯ^{21}laɯ^{24}k^{h}o^{5} 后脑勺儿

额骨 ŋie^{42}ku^{0}

天门囟 t^{h}ian^{42}mən^{2}taŋ^{212} 初生儿额顶未长饱满的凹囟

太阳心 t^{h}ai^{21} iaŋ^{5}ɕin^{42} 太阳穴

鬓角 pin^{42}ko^{0}

颈婆子 tɕin^{24}p^{h}o^{5}tsɿ^{42} 脖子

后颈窝（子）xəɯ^{21}tɕin^{5}ŋo^{42}（tsɿ^{0}）颈后凹处

头毛 t^{h}əɯ^{5}maɯ^{5} 头发

少年白 saɯ^{21}ȵian^{5}pie^{5} 少白头

掉头毛 tiaɯ^{21}t^{h}əɯ^{5}maɯ^{5}

辫子 pian^{21}tsɿ^{24}

鬏巴儿 tɕiəɯ^{42}pæ^{0} 老年妇女盘在脑后的发髻

刘海 liəɯ^{5}xai^{24}

脸 lian^{24}

团脸 t^{h}an^{5}lian^{24} 圆脸

长脸 ts^{h}aŋ^{5}lian^{24}

脸泡子 lian^{5}p^{h}aɯ^{42}tsɿ^{0} 脸颊

颧骨 tɕ^{h}yan^{5}ku^{42}

酒囟子 tɕiəɯ^{24}taŋ^{21}tsɿ^{24} 酒窝

纹中 vən^{5}tsoŋ^{42} 人中

下巴壳子 ɕiɑ^{21}pɑ^{5}k^{h}o^{42}tsɿ^{0} 下巴

下巴蔸子 ɕiɑ^{21}pɑ^{5}təɯ^{42}tsɿ^{0}

双下巴 saŋ^{42}ɕiɑ^{2}pɑ^{24}

眼睛 ian^{24}tɕin^{5}

眼眶子 ian^{24}k^{h}uaŋ^{42}tsɿ^{0}

眼珠子 ian^{24}tɕy^{42}tsɿ^{0}

眼睛珠子 ian^{24}tɕin^{5}tɕy^{42}tsɿ^{0} 眼珠儿

眼睛子 ian^{24}tɕin^{5}tsɿ^{24}

眼白 ian^{24}pie^{5}

黑眼珠子 xie^{42}ian^{24}tɕy^{42}tsɿ^{0} 黑眼珠儿

瞳孔 t^{h}oŋ^{5}k^{h}oŋ^{24}

瞳仁 t^{h}oŋ^{5}zən^{5}

眼角儿 ian^{24}kor^{5} 上下眼睑的接合处

眼睛角儿 ian^{24}tɕin^{5}kor^{5}

眼圈子 ian^{24}tɕ^{h}yan^{42}tsɿ^{0}

眼泪 ian^{24}li^{5}

眼睛水 ian^{24}tɕin^{5}sei^{24}

眼皮子 ian^{24}p^{h}i^{5}tsɿ^{42} 眼睑

眼屎 ian^{5}sɿ^{24} 眼眵

单眼皮 tan^{42}ian^{24}p^{h}i^{5}

双眼皮 saŋ^{42}ian^{24}p^{h}i^{5}

眼睛毛 ian^{24}tɕin^{5}maɯ^{5} 眼睫毛

眉毛 mi^{5}maɯ^{42}

鼻子 pi^{5}tsɿ^{42} ①五官之一；②鼻涕

鼻毛 pi^{5}maɯ^{5}

鼻梁 pi^{5}liaŋ^{5}

干鼻子 kan^{42}pi^{5}tsɿ^{5} 干鼻涕

清鼻子 tɕ^{h}in^{42}pi^{5}tsɿ^{5} 清鼻涕

鼻子尖 pi^{5}tsɿ^{5}tɕian^{42} 指嗅觉灵敏

塌鼻子 tʰɑ^{42}pi^{5}tsɿ^{42} 扁平鼻子

鹰钩鼻子 in^{42}kəɯ^{2}pi^{5}tsɿ^{42} 鹰钩鼻

耳朵 ər^{24}təɯ^{5}

耳朵眼儿 ər^{24}təɯ^{5}iair^{24}

耳门子 ər^{24}mən^{5}tsɿ^{42} 耳门

耳屎 ər^{5}sɿ^{24}

聋 loŋ^{42}

嘴巴 tsei^{24}pɑ^{5} 嘴

嘴唇子 tsei^{24}tɕʰyn^{5}tsɿ^{42} 嘴唇

猪拱嘴 tɕy^{42}koŋ^{5}tsei^{24} 形容嘴唇肿

胡子 fu^{5}tsɿ^{42}

脸毛胡子 lian^{5}maɯ^{42}fu^{5}tsɿ^{42} 络腮胡子

皱纹儿 tsoŋ^{21}ver^{5}

舌条 se^{5}tʰiaɯ^{42} 舌头

□舌子 tɕiɑ^{42}sei^{5}tsɿ^{42} 口齿不清

舌苔 se^{5}tʰai^{42}

馋 tsʰan^{55} ①唾沫吐~；②口水流~

口水 kʰəɯ^{5}sei^{24} 涎水

牙 iɑ^{55}

门牙 mən^{5}iɑ^{5}

大牙 tɑ^{21}iɑ^{5} 臼齿

　盘牙 pʰan^{5}iɑ^{5}

虎牙 fu^{24}iɑ^{5}

牙发子 iɑ^{5}fɑ^{42}tsɿ^{0} 牙龈

牙根 iɑ^{5}kən^{42}

牙巴骨 iɑ^{5}pɑ^{5}ku^{42} 腮帮子

嗓子 saŋ^{24}tsɿ^{5} 喉咙

喉咙拐儿 xəɯ^{5}loŋ^{42}kuair^{24} 喉咙口

呵欠 xo^{42}ɕian^{0}

（2）手、脚、胸、背

手 səu^{24} 也可包括胳膊

反手 fan^{5}səɯ^{24} 左手

正手 tsən^{21}səɯ^{24} 右手

手板心 səɯ^{24}pan^{5}ɕin^{42} 手心儿

手背 səɯ^{5}pei^{212}

手巴掌 səɯ^{5}pɑ^{42}tsaŋ^{24} 手掌

耳巴子 ər^{24}pɑ^{5}tsɿ^{42} 耳光

捶头子 tsʰei^{5}tʰəɯ^{5}tsɿ^{42} 拳头

丁弓子 tin^{5}koŋ^{42}tsɿ^{0} 握拳、中指关节突出的手形

栗壳子 li^{42}kʰo^{2}tsɿ^{0}

手叵 səɯ^{5}pʰo^{24} 手指甲

手指丫儿 səɯ^{24}tsɿ^{5}ŋæ^{42} 手指间的缝

手颈子 səɯ^{5}tɕin^{24}tsɿ^{5} 手腕子

手头 səɯ^{24}tʰəɯ^{5} 手指

大手头 tɑ^{21}səɯ^{24}tʰəɯ^{5} 大拇指

第二个手头 ti^{5}ər^{2}ko^{2}səɯ^{24}tʰəɯ^{5} 食指

第三个手头 ti^{24}san^{42}ko^{2}səɯ^{24}tʰəɯ^{5} 中指

第四个手头 ti^{5}sɿ^{2}ko^{2}səɯ^{24}tʰəɯ^{5} 无名指

小手头 ɕiaɯ^{24}səɯ^{5}tʰəɯ^{5} 小拇指

手印 səɯ^{24}in^{212}

老趼子 laɯ^{5}tɕiaŋ^{24}tsɿ^{5} 手上或脚上的硬皮

疆膀子 tɕiaŋ^{42}paŋ^{24}tsɿ^{5} 肩膀

锁骨 so^{24}ku^{42} 肩胛骨

手搭拐儿 səɯ^{5}tɑ^{42}kuair^{24} 胳膊肘儿

手膀子 səɯ^{5}paŋ^{24}tsɿ^{5} 胳膊

手杆子 səɯ^{5}kan^{24}tsɿ^{5} 手臂

胳肢窝 kɑ^{42}tsɿ^{5}ŋo^{42}

腿 tʰei^{24} 整条腿

　　腿杆子 tʰi^{5}（tʰei^{5}）kan^{24}tsɿ^{5}

大腿 tɑ^{21}tʰei^{24} 整条腿的上半截

小腿 ɕiaɯ^{5}tʰei^{24} 整条腿的下半截

鲇鱼肚子 ȵian^{5}y^{5}təɯ^{24}tsɿ^{5} 小腿肚子

大胯沿儿 tɑ^{21}kʰuɑ^{24}iai^{5} 大腿根内侧

腿包子 tʰei^{5}paɯ^{42}tsɿ^{0} 膝盖

腿腕子 tʰei^{5}van^{21}tsɿ^{24} 膝盖内侧

胯骨 kʰuɑ^{212}ku^{42}

胯裆 kʰɑ^{212}taŋ^{42} 两条腿中间的部分

脚 tɕio^{42} 腿的下端接触地面的部分

脚腕子 tɕio^{42}van^{2}tsɿ^{24}

螺丝骨 lo^{5}sɿ^{5}ku^{42} 踝骨

赤脚 tsʰɿ^{5}tɕio^{42} 光脚

　　赤脚扳子 tsʰɿ^{5}tɕio^{42}pan^{24}tsɿ^{5}

　　打赤脚 tɑ^{24}tsʰɿ^{5}tɕio^{42}

脚背 tɕio^{42}pei^{212}

脚片子 tɕio^{42}pʰian^{24}tsɿ^{5} 脚掌

　　脚板底 tɕio^{42}pan^{5}ti^{24}

　　脚板子底 tɕio^{42}pan^{24}tsɿ^{5}ti^{24}

脚板心 tɕio^{42}pan^{5}ɕin^{42} 脚心

脚跟 tɕio^{5}kən^{42}

　　脚蔸子 tɕio^{5}təɯ^{42}tsɿ^{0}

脚头 tɕio^{42}tʰəɯ^{5} 脚趾

　　脚趾头 tɕio^{42}tsɿ^{2}tʰəɯ^{5}

脚叵 tɕio^{42}pʰo^{24} 脚趾甲

脚趾丫 tɕio^{42}tsɿ^{5}ŋɑ^{42} 脚趾缝

脚印子 tɕio^{5}in^{42}tsɿ^{24} 脚印

鸡眼 tɕi^{42}ian^{24}

胸口子 ɕin^{42}kʰəɯ^{24}tsɿ^{5} ①心口儿；②旧指胃部

胸脯子 ɕin^{42}pʰu^{5}tsɿ^{42} 胸脯

奶膀骨 lai^{24}pʰaŋ^{5}ku^{42} 肋骨

　　肚膀骨 təɯ^{24}pʰaŋ^{5}ku^{42}

妈儿妈儿 mæ^{21}mæ^{5} ①乳房；②乳汁

　　妈儿 mæ^{212}

妈水 mæ^{21}sei^{24} 乳汁

脊梁盖 tɕi^{42}liaŋ^{2}kai^{212} 脊背

脊梁骨 tɕi^{42}liaŋ^{5}ku^{42}

肚子 təɯ^{24}tsɿ^{5} 胃部

小肚子 ɕiaɯ^{5}təɯ^{24}tsɿ^{5} 小腹

肚脐子 təɯ^{24}tɕʰi^{5}tsɿ^{42} 肚脐

腰杆子 iaɯ^{42}kan^{24}tsɿ^{5} 腰

扼颈儿 ŋie^{42}tɕier^{24} 关节相连处

气门 tɕʰi^{21}mən^{5} 两侧肋下位置

（3）身体其他部位

线 ɕian^{212} 头发旋儿

　　螺旋 lo^{5}ɕyan^{212}

脶 lo^{55} 手指上圆形的指纹

簸箕 po^{21}tɕi^{24} 手指上簸箕形的指纹

寒毛 xan^{5}maɯ^{5}

寒毛孔 xan^{5}maɯ^{5}kʰoŋ^{24}

痣 tsɿ^{212}

记 tɕi^{212} 胎记

衣胞子 i^{42}paɯ^{2}tsɿ^{0} 胎盘

卵 lo^{24} 男阴

鸡巴 tɕi^{42}pɑ^{0}

屌 tiaɯ^{24}

卵子 lo^{24}tsɿ^{5}

尜子 kɑ^{5}tsɿ^{42} 阴茎

尜儿尜儿 kæ^{5}kæ^{42} 赤子阴

卵泡 lan^{5}p^{h}aɯ^{42} 阴囊

卵蛋 lan^{5}tan^{212} 睾丸

卵蛋子 lan^{5}tan^{21}tsɿ^{24}

屄 pi^{42} 女阴

下身 ɕiɑ^{212}sən^{42} （婉称）

尻 k^{h}aɯ^{42} 性交

尻屄 k^{h}aɯ^{5}pi^{42}

肏 zɿ^{42}（不雅的说法）

雄 ɕioŋ^{55} 精液

发育 fɑ^{5}io^{42}

身上来了 sən^{42}saŋ^{2}lai^{2}lo^{0} 月经来潮

屁股 p^{h}i^{21}ku^{24}

屁股排子 p^{h}i^{2}ku^{1}p^{h}ai^{5}tsɿ^{42}

尾巴根子 i^{24}pɑ^{5}kən^{42}tsɿ^{0} 尾椎

尾巴蔸子 i^{24}pɑ^{5}təɯ^{42}tsɿ^{0}

屁眼子 p^{h}i^{21}ian^{24}tsɿ^{5} 肛门

骨头 ku^{42}t^{h}əɯ^{0}

筋 tɕin^{42}

血 ɕie^{42}

血管 ɕie^{42}kuan^{24}

脉 mie^{42}

心 ɕin^{42}

肝 kan^{42}

肺 fei^{212}

胆 tan^{24}

胃 vei^{212}

腰子 iaɯ^{42}tsɿ^{0} 肾

肠子 ts^{h}aŋ^{5}tsɿ^{42}

大肠 tɑ^{21}ts^{h}aŋ^{5}

小肠 ɕiaɯ^{24}ts^{h}aŋ^{5}

盲肠 maŋ^{24}ts^{h}aŋ^{5}

连贴 lian^{5}t^{h}ie^{42} 动物的胰腺

（4）疾病医疗一般用语

害病 xai^{5}pin^{212} 生病

不快活 pu^{5}k^{h}uai^{21}xo^{24} （讳称）

胎带 t^{h}ai^{42}tai^{212} 生下来就有的

害小病 xai^{21}ɕiaɯ^{24}pin^{212}

害大病 xai^{5}tɑ^{212}pin^{1}

倒床 taɯ^{24}ts^{h}aŋ^{5} 病重

病嗨嗨 pin^{21}xai^{5}xai^{42} 生病的样子

病恙恙 pin^{21}iaŋ^{5}iaŋ^{42}

恙鸡子 iaŋ^{42}tɕi^{2}tsɿ^{0} 无精打采者

黄皮寡瘦 faŋ^{5}p^{h}i^{5}kuɑ^{24}səɯ^{212} 面黄肌瘦

吃力 ts^{h}ɿ^{5}li^{42} 累

痛 t^{h}oŋ^{212} ①疼痛；②疼爱

病好点儿了 pin^{21}xaɯ^{24}tiai^{5}lo^{42} 病轻了

好点儿了 xaɯ^{24}tiai^{5}lo^{42}

病好了 pin^{21}xaɯ^{24}lo^{5} 病痊愈了

喊医生 xan^{24}i^{42}sən^{0} 请医生

把脉 pa^{24}mie^{42} 号脉

搭脉 tɑ^{5}mie^{42}

瞧病 tɕ^{h}iaɯ^{5}pin^{212} ①患者找医生看

病；②医生帮患者诊断病情

开方子 kʰai^{5}faŋ^{42}tsɿ^{0} 开药方

抓药 tsɑ^{5}io^{42} 买中药

药店 io^{42}tian^{212}

中药店 tsoŋ^{42}io^{2}tian^{212}

药引子 io^{42}in^{24}tsɿ^{5}

药罐头 io^{42}kuan^{2}tʰəɯ^{24}

煎药 tɕian^{212}io^{42}

头一膏 tʰəɯ^{5}i^{5}kaɯ^{42} 第一遍熬制出的中药

第二膏 ti^{5}ər^{212}kaɯ^{42} 第二遍熬制出的中药

膏药 kaɯ^{42}io^{0} 用于粘贴的中药

药膏 io^{5}kaɯ^{42} 用于涂抹的西药

药粉 io^{42}fən^{24} 药面儿

塔药膏 tʰɑ^{42}io^{5}kaɯ^{42} 搽药膏

扎银针 tsɑ^{42}in^{5}tsən^{42} 针灸

挑银针 tʰiaɯ^{42}in^{5}tsən^{42}

上药 saŋ^{212}io^{42} 敷药

发汗 fɑ^{5}xan^{212} 使出汗

开刀 kʰai^{5}taɯ^{42} 手术

扳火罐 pan^{42}xo^{5}kuan^{212} 拔火罐儿

发物 fɑ^{42}vu^{0} 致使疾病加重的食物

寡人 kua^{24}zən^{5} 服中药使人消瘦

败毒 pai^{21}təɯ^{5} 去毒

后寄症 xəɯ^{21}tɕi^{5}tsən^{212} 后遗症

（5）内科

屙肚子 ŋo^{42}təɯ^{24}tsɿ^{5} 腹泻

□稀 pʰiɑ^{24}ɕi^{42}

发热 fɑ^{5}ye^{42}

发冷 fɑ^{42}lən^{24} 感冒的症状

作冷作寒 tso^{42}lən^{24}tso^{42}xan^{5}

过 ko^{212} 传染

过人 ko^{21}zən^{5}

伤风 saŋ^{5}foŋ^{42}

感冒 kan^{24}maɯ^{5}

冻凉了 toŋ^{21}liaŋ^{5}lo^{42}

头昏 tʰəm^{5}fən^{42}

头痛 tʰəɯ^{5}tʰoŋ^{212}

咳嗽 kʰie^{42}səɯ^{212}

发咳 fɑ^{5}kʰie^{42}

气管炎 tɕʰi^{21}kuan^{24}ian^{5}

齁巴子 xəɯ^{42}pɑ^{2}tsɿ^{0} 哮喘病

发齁 fɑ^{5}xəɯ^{42} 气喘

呛 tɕʰiaŋ^{212} ①气管炎引起的连续咳嗽；②水或食物进入气管引起咳嗽；③刺激性气味进入呼吸器官引起不适

饿肚子 ŋo^{21}təɯ^{24}tsɿ^{5} 空腹

艚 tsʰaɯ^{55} 胃饥饿不适

肚子痛 təɯ^{24}tsɿ^{5}tʰoŋ^{212} 肚子疼

打脾鼾 tɑ^{24}pʰi^{5}xan^{42} 打摆子

锉牙 tsʰo^{21}iɑ^{5} 磨牙

吐 tʰəɯ^{212} 呕吐

打嗝 tɑ^{5}kie^{24} 呃逆

发痧 fɑ^{5}sɑ^{42} 中暑

寒火 xan^{5}xo^{24} 中医指引起发炎、红肿等的原因

积住了 tɕie^{42}tɕy^{2}lo^{0} 积滞（寒火）

胸口子痛 ɕin^{42}kʰəɯ^{24}tsɿ^{5}tʰoŋ^{2} ①心口疼；②胃疼

胃气痛 vei^{21}tɕʰi^{24}tʰoŋ^{2} 胃疼

晕车 yn^{5}tsʰe^{42}

晕船 yn^{42}tɕʰyan^{5}

瘫 tʰan^{42}

屙痢疾 ŋo^{5}li^{21}tɕi^{24} 发疟疾

痨病 laɯ^{5}pin^{212} 肺结核

吸吸虫病 ɕie^{42}ɕie^{2}tsʰoŋ^{5}pin^{2} 血吸虫病

出水痘 tɕʰy^{42}sei^{5}təɯ^{212}

出麻子 tɕʰy^{42}mɑ^{5}tsɿ^{42} 出天花

出花儿花儿 tɕʰy^{5}fæ^{42}fæ^{0}

出痧子 tɕʰy^{5}sɑ^{42}tsɿ^{0}

种花儿花儿 tsoŋ^{212}fæ^{42}fæ^{0} 种牛痘

黄疸肝炎 faŋ^{5}tan^{24}kan^{42}ian^{5} 甲型肝炎

盲肠炎 maŋ^{24}tsʰaŋ^{5}ian^{5} 阑尾炎

气鼓卵子 tɕʰi^{2}ku^{1}lan^{24}tsɿ^{5} 疝气

小肠气 ɕiaɯ^{24}tsʰaŋ^{5}tɕʰi^{212}

羊懒憨 iaŋ^{5}lan^{5}xan^{42} 癫痫

粗颈婆子 tsʰəɯ^{42}tɕin^{24}pʰo^{5}tsɿ^{42} 甲状腺肿大

疺 fan^{42} 恶心

作冗 tso^{42}zoŋ^{24}

掉哕 tiaɯ^{21}yɑ^{24}

干掉哕 kan^{42}tiaɯ^{2}yɑ^{24}

隔了食 kie^{42}lo^{2}sɿ^{5} 不消化

脱肛 tʰo^{5}kaŋ^{42}

中风 tsoŋ^{212}foŋ^{42}

（6）外科

跶破了 tɑ^{5}pʰo^{21}lo^{24} ①东西摔破；②表皮因摔而破

脱了崴 tʰo^{42}lo^{2}vai^{24} 脱臼

䂽了气 tsəɯ^{42}lo^{2}tɕʰi^{212} 扭伤

踒了气 ŋo^{42}lo^{2}tɕʰi^{212}

勼了筋 tɕiəɯ^{5}lo^{5}tɕin^{42}

肩椎炎 tɕian^{42}tsai^{2}ian^{5} 颈椎炎

撞破了 tsaŋ^{5}pʰo^{21}lo^{24} 碰破了

划个口子 fɑ^{2}ko^{1}kʰəɯ^{24}tsɿ^{5}

青了 tɕʰin^{42}lo^{0} 皮下出血

乌了 vu^{42}lo^{0}

青不楞 tɕʰin^{42}pu^{2}lən^{212} 淤青的块

冒血 maɯ^{212}ɕie^{42} 出血

灌脓 kuan^{21}loŋ^{5} 溃脓

疤子 pɑ^{42}tsɿ^{0} 疤

疤儿 pæ^{42} 痂

结疤子 tɕie^{5}pɑ^{42}tsɿ^{0} 结痂

结疤儿 tɕie^{5}pæ^{42}

明镜子 min^{5}tɕin^{21}tsɿ^{24} 伤口愈合留下的疤

滍水 tsɿ^{42}sei^{24} 因发炎分泌出的淋巴液

近视眼 tɕin^{21}sɿ^{1}ian^{24}

鸡瞢眼 tɕi^{42}moŋ^{2}ian^{24} 夜盲症

□眼儿 tɕʰiəɯ^{21}iai^{24} 看东西眯缝着眼

掉光 tiaɯ^{212}kuaŋ^{42} 散光

独眼龙 təɯ^{5}ian^{24}loŋ^{5}

对对眼儿 tei^{21}tei^{1}iai^{24} 斗鸡眼

瞖子 i^{21}tsɿ^{24} 眼睑生东西的眼疾

眨巴眼儿 tɕiɑ^{24}pɑ^{5}iai^{24} 多瞬症

　眨巴眼子 tɕiɑ^{24}pɑ^{5}ian^{24}tsɿ^{5}

害眼睛 xai^{21}ian^{24}tɕin^{5} 患红眼病

眼睛淌水 ian^{24}tɕin^{5}tʰaŋ^{5}sei^{24} 沙眼，见风流泪

酒糟鼻子 tɕiəɯ^{24}tsaɯ^{42}pi^{5}tsɿ^{42}

虫牙 tsʰoŋ^{5}iɑ^{5} 龋齿

　蛀牙 tɕy^{21}iɑ^{5}

焮焮子 ɕin^{21}ɕin^{1}tsɿ^{24} 淋巴结肿大

瘌痢头 lɑ^{42}li^{2}tʰəɯ^{5} 癞子

发虚 fɑ^{5}ɕy^{42} ①身体无力；②虚肿

腮腺炎 sai^{42}ɕian^{2}ian^{5}

　痄腮 tsɑ^{212}sai^{42}

　蛤蟆风 xɑ^{5}mɑ^{5}foŋ^{42}

疮 tsʰaŋ^{42} 统称

长疮 tsaŋ^{24}tsʰaŋ^{42} 生疮

　长包 tsaŋ^{24}paɯ^{42}

疔疮 tin^{5}tsʰaŋ^{42} 根较深、疼痛剧烈的疮

坐板疮 tso^{42}pan^{24}tsʰaŋ^{42} 臀部生的疮

疖头 tɕie^{42}tʰəɯ^{5} 疖子（发于皮肤浅表）

痔疮 tsɿ^{212}tsʰaŋ^{42}

癞疥 lai^{212}kai^{1} 疥疮

　干疮 kan^{42}tsʰaŋ^{0}

冻疮 toŋ^{212}tsʰaŋ^{42}

背瘩 pei^{5}tɑ^{42} 生在背上的疮

掉兜脏 tiaɯ^{212}təɯ^{42}tsaŋ^{0} 脱肛

猪狗臭 tɕy^{42}kəɯ^{5}tsʰəɯ^{212} 狐臭

齉鼻子 laŋ^{42}pi^{5}tsɿ^{42} 鼻子不通气

　齈鼻子 loŋ^{42}pi^{5}tsɿ^{42}

公鸭嗓子 koŋ^{5}iɑ^{42}saŋ^{24}tsɿ^{5}

　憨嗓子 xan^{42}saŋ^{24}tsɿ^{5}

嗓子噎了 saŋ^{24}tsɿ^{5}ie^{42}lo^{0} 嗓子哑了

寄蛾 tɕi^{21}ŋo^{5} 扁桃体炎

皮癣 pʰi^{5}ɕian^{24}

痱子 fei^{21}tsɿ^{24}

雀斑 tɕʰio^{5}pan^{42}

　雀子斑 tɕʰio^{42}tsɿ^{5}pan^{42}

修子 ɕiəɯ^{42}tsɿ^{0} 瘊子

酒刺 tɕiəɯ^{5}tsʰɿ^{212} 粉刺

肉刺 zəɯ^{212}tsʰɿ^{1} 扎在肉里的刺

□子 kie^{5}tsɿ^{42} 皮垢

（7）残疾等

残坏 tsʰai^{5}fai^{42} 残疾

瘫巴子 tʰan^{42}pɑ^{2}tsɿ^{0} 瘫痪者

半肢风 pan^{21}tsɿ^{5}foŋ^{42} 半身不遂

瞎子 ɕiɑ^{42}tsɿ^{0}

聋子 loŋ^{42}tsɿ^{0}

耳朵背 ər^{24}təɯ^{5}pei^{212} 听觉不灵

哑巴 iɑ^{21}pɑ^{24}/ ŋɑ^{21}pɑ^{24} 白读

尥腿 liaɯ^{21}tʰei^{24} 罗锅儿

　□腿 sɑ^{21}tʰei^{24}

　盘腿 pʰan^{5}tʰei^{24}

瘸子 tɕʰye^{5}tsɿ^{42}

结巴子 tɕie^{42}pɑ^{2}tsɿ^{0} 结巴

　结巴牙子 tɕie^{42}pɑ^{2}iɑ^{5}tsɿ^{42} 结巴

驼子 tʰo^{5}tsɿ^{42} 驼背

齁背 xəɯ^{42}pei^{212}

□疆膀子 so^{212}tɕiaŋ^{42}paŋ^{24}tsɿ^{5} 歪肩膀

麻子 $\mathrm{ma^{5}ts\eta^{42}}$

□儿手 tɕyai^{42}səɯ^{24} 手伸不直（一种手疾）

□子手 tɕyai^{42}tsɿ^{2}səɯ^{24}

夹舌子 tɕiɑ^{42}se^{5}tsɿ^{42} 大舌头（一种口语病）

□儿舌子 tɕyai^{42}se^{5}tsɿ^{42}

憨子 xan^{42}tsɿ^{0} 疯子

勺 saɯ^{55} 傻子

中风 tsoŋ^{212}foŋ^{42}

龅牙 paɯ^{21}iɑ^{5} 犬齿

豁嘴 xo^{42}tsei^{24} 兔唇

豁鳖齿 xo^{42}iɑ^{2}tsɿ^{24} 牙齿残缺

豁牙子 xo^{42}iɑ^{5}tsɿ^{42}

豁巴牙子 xo^{42}pɑ^{2}iɑ^{5}tsɿ^{42}

妈妈嘴 mɑ^{24}mɑ^{5}tsei^{24} 成年男子不长须

六指丫儿 ləɯ^{42}tsɿ^{5}ŋæ^{42} 六指头

小耳朵 ɕiaɯ^{5}er^{24}tʰəɯ^{5} 耳朵下长的小肉瘤

反手撇子 fan^{24}səɯ^{5}pʰie^{21}tsɿ^{24} 左撇子

吊鸡襻 tiaɯ^{21}tɕi^{5}pʰan^{212} 眼皮向上翻起

九　穿戴、饮食、起居

（1）穿戴行为及服装部件

打扮 tɑ^{24}pan^{5}

脱单 tʰo^{5}tan^{42} 天热了穿单衣

炆冷 ŋəɯ^{21}lən^{24} 穿在里面防冷

穿衣裳 tɕʰyan^{5}i^{42}saŋ^{0} 穿衣服

脱衣裳 tʰo^{5}i^{42}saŋ^{0} 脱衣服

蔛衣裳 tʰiaɯ^{24}i^{42}saŋ^{0} 换衣服

做衣裳 tsəɯ^{212}i^{42}saŋ^{0} 做衣服

纳鞋底 lɑ^{42}xai^{5}ti^{24}

钉被服 tin^{5}pei^{21}vu^{24} 缝被子

縩被服 tsai^{212}pei^{21}vu^{24}

绗被服$_{老}$ xaŋ^{5}pei^{21}vu^{24}

套被服 tʰaɯ^{212}pei^{1}vu^{24} 给棉花被套上被套

做被服 tsəɯ^{212}pei^{1}vu^{24} 弹棉花做被子

扎辫子 tsɑ^{42}pian^{2}tsɿ^{24}

里子 li^{24}tsɿ^{5}

夹里 kɑ^{5}li^{24}

下摆 ɕiɑ^{21}pai^{24}

缏 pian^{24} ①用针缝；②衣服的下边

领子 lin^{24}tsɿ^{5} 衣领

领窝子 lin^{24}ŋo^{42}tsɿ^{0}

披肩 pʰi^{42}tɕian^{0}

缲边 tɕʰiaɯ^{5}pian^{42} 把布的毛边卷起来缝好

绲边 kuən^{24}pian^{42} 在布边缝上窄布条形成鼓出的边

拷边 kʰaɯ^{212}pian^{42} 防止线头掉出的机器缝纫方法

针脚 tsən^{42}tɕio^{0} 衣物上针线的痕迹

袖子 ɕiəɯ^{21}tsɿ^{24}

袖管子 ɕiəɯ^{21}kuan^{24}tsɿ^{5}

袖搭拐 ɕiəɯ^{21}tɑ^{1}kuai^{24} 衣服袖子（手肘处）

裤腰 kʰu^{212}iaɯ^{42}

裤腿 k^{h}u^{21}t^{h}ei^{24} 裤腿儿

裤脚 k^{h}u^{212}tɕio^{42} 裤腿的最下端

裤裆 k^{h}u^{212}taŋ^{42}

裤带 k^{h}u^{5}tai^{212} 裤腰带

裤腰带 k^{h}u^{21}iaɯ^{5}tai^{212}

荷泡儿 xo^{5}p^{h}aɯr^{212} 口袋的统称

裤子荷泡儿 k^{h}u^{21}tsɿ^{1}xo^{5}p^{h}aɯr^{212}

扣子 k^{h}əɯ^{21}tsɿ^{24} 纽扣儿

拉扣 lɑ^{42}k^{h}əɯ^{212} 制服领口上的扣子

蚂蟥带 mɑ^{24}faŋ^{5}tai^{212} 松紧带

按扣 ŋan^{212}k^{h}əɯ^{1} 凹凸成对的金属纽扣

扣眼子 k^{h}əɯ^{21}ian^{24}tsɿ^{5} 扣眼儿

扣襻子 k^{h}əɯ^{5}p^{h}an^{21}tsɿ^{24} 中式的鞋带

搽扣子 tsai^{5}k^{h}əɯ^{21}tsɿ^{24} 钉纽扣

补疤儿 pu^{24}pæ^{5} 补丁

补补疤儿 pu^{5}pu^{24}pæ^{5} 打补丁

片筋子 p^{h}ian^{212}tɕin^{42}tsɿ^{0} 碎布

（2）服装、鞋帽

衣裳 i^{42}saŋ^{0} 衣服的总称

长袍子 ts^{h}aŋ^{5}p^{h}aɯ^{5}tsɿ^{42} 唱戏穿的长袍儿

长褂子 ts^{h}aŋ^{5}k^{h}uɑ^{21}tsɿ^{24} 一般人穿的长衫

大襟子$_{\text{老}}$ tɑ^{212}tɕin^{42}tsɿ^{0} 大襟

小襟子$_{\text{老}}$ ɕiaɯ^{24}tɕin^{42}tsɿ^{0} 小襟

腰身 iaɯ^{42}sən^{0} 衣服腰部的尺寸

旗袍 tɕ^{h}i^{5}p^{h}aɯ^{5}

棉袄 mian^{5}ŋaɯ^{24}

袄子 ŋaɯ^{24}tsɿ^{5}

大衣 tɑ^{212}i^{42}

短大衣 tan^{24}tɑ^{212}i^{42}

褂子 k^{h}uɑ^{21}tsɿ^{24} 上衣

短褂子 tan^{5}k^{h}uɑ^{21}tsɿ^{24} 衬衫

长褂子 ts^{h}aŋ^{5}k^{h}uɑ^{21}tsɿ^{24} 长袖外衣

半截袖 pan^{21}tɕie^{5}ɕiəɯ^{212} 短袖衬衫

球衫 tɕ^{h}iə^{5}san^{42} 一种较厚的针织内衣

卫生衫 vei^{21}sən^{5}san^{42}

汗衫子 xan^{212}san^{42}tsɿ^{0} 背心儿

背心子 pei^{212}ɕin^{42}tsɿ^{0}

背褡子 pei^{5}tɑ^{42}tsɿ^{0} 织的或皮的背心

线衣 ɕian^{212}i^{42} 毛衣

圆领衫 yan^{5}lin^{5}san^{42}

和尚领 xo^{5}saŋ^{42}lin^{24}

裤子 k^{h}u^{21}tsɿ^{24}

棉裤 mian^{5}k^{h}u^{212}

球裤 tɕ^{h}iəɯ^{5}k^{h}u^{212} 一种较厚的针织内衣

线裤 ɕian^{212}k^{h}u^{1} 用绒线等织成的裤子

半截裤 pan^{21}tɕie^{5}k^{h}u^{212} 外穿的西式短裤

短裤子 tan^{5}k^{h}u^{21}tsɿ^{24} 内裤

短裤头子 tan^{5}k^{h}u^{42}t^{h}əɯ^{5}tsɿ^{42}

三角裤 san^{42}ko^{2}k^{h}u^{212} 最小的内裤

开裆裤 k^{h}ai^{42}taŋ^{2}k^{h}u^{212}

煞裆裤 sɑ^{42}taŋ^{2}k^{h}u^{212} 满裆裤

裙子 tɕ^{h}yn^{5}tsɿ^{42}

鞋子 xai^{5}tsɿ^{42}/ɕiai^{5}tsɿ^{42}$_{\text{老}}$ 鞋

棉鞋 mian^{5}xai^{5}/ɕiai^{5}$_{\text{老}}$

布鞋 pu^{21}xai^{5}/ɕiai^{5}$_{\text{老}}$

球鞋 tɕʰiəɯ^{5}xai^{5}/ɕiai^{5}$_{\text{老}}$ 运动鞋

解放鞋 tɕiai^{24}faŋ^{2}xai^{5}

　力字鞋 li^{42}tsɿ^{2}xai^{5}

胶鞋 tɕiauɯ^{42}xai^{5}/ɕiai^{5}$_{\text{老}}$ 雨鞋

　套鞋 tʰauɯ^{21}xai^{5}

拖鞋 tʰo^{21}xai^{5}

草鞋 tsʰauɯ^{24}xai^{5}

鞋带子 xai^{5}tai^{21}tsɿ^{24} 鞋带

鞋底子 xai^{5}ti^{24}tsɿ^{5} 鞋底

鞋帮子 xai^{5}paŋ^{42}tsɿ^{0} 鞋子护住脚面四周的部分

鞋样子 xai^{5}iaŋ^{21}tsɿ^{24} 做鞋的图样

鞋楦子 xai^{5}ɕyan^{21}tsɿ^{24} 做鞋的模型

鞋拔子 xai^{5}pɑ^{5}tsɿ^{42} 拔鞋的工具

洋袜子 iaŋ^{5}vɑ^{42}tsɿ^{0} 袜子

长统袜子 tsʰaŋ^{5}tʰoŋ^{5}vɑ^{42}tsɿ^{0}

短统袜子 tan^{24}tʰoŋ^{5}vɑ^{42}tsɿ^{0}

丝光袜 sɿ^{42}kuaŋ^{2}vɑ^{0} 丝袜

裹脚 ko^{24}tɕio^{5} 旧时妇女裹脚的布

松紧带 soŋ^{42}tɕin^{5}tai^{212}

系鞋带子 tɕi^{21}xai^{5}tai^{21}tsɿ^{24} 系鞋带

　拴鞋带子 san^{42}xai^{5}tai^{21}tsɿ^{24}

帽子 mauɯ^{21}tsɿ^{24}

礼帽 li^{24}mauɯ^{212}

瓜皮帽 kuɑ^{42}pʰi^{5}mauɯ^{212} 又称“西瓜帽”

凉帽 liaŋ^{5}mauɯ^{212} 竹或芦苇编的帽子

草帽 tsʰauɯ^{24}mauɯ^{212}

斗笠帽 təɯ^{24}li^{5}mauɯ^{212} 斗笠

撮撮帽儿 tsʰo^{42}tsʰo^{2}mauɯr^{212} 鸭舌帽

狗钻笼 kəɯ^{24}tsan^{42}loŋ^{5} 只露双眼的蒙面帽

（3）其他穿戴用品

围巾 vei^{5}tɕin^{24}

手套子 səɯ^{5}tʰauɯ^{21}tsɿ^{24} 手套儿

洗脸手巾 ɕi^{5}lian^{5}səɯ^{24}tɕin^{5} 毛巾

　手巾 səɯ^{24}tɕin^{5}

手捏子 səɯ^{5}ȵie^{42}tsɿ^{0} 手绢儿

麻兜子 mɑ^{5}təɯ^{42}tsɿ^{0} 兜肚儿

围馋子 vei^{5}tsʰan^{5}tsɿ^{42} 围嘴儿

围腰子 vei^{5}iauɯ^{42}tsɿ^{0} 围裙

袖筒子 ɕiəɯ^{21}tʰoŋ^{5}tsɿ^{42} 袖套

尿片子 ȵiauɯ^{5}pʰian^{21}tsɿ^{24} 尿布

　片子 pʰian^{21}tsɿ^{24} 也指 X 光拍的片子

镯子 tso^{5}tsɿ^{42}

戒指 kai^{21}tsɿ^{24}

项链 ɕiaŋ^{5}lian^{212}

耳环子 ər^{24}fan^{5}tsɿ^{42} 耳环

长命锁 tsʰaŋ^{5}min^{21}so^{24} 婴幼儿戴的吉祥锁

头毛夹子 tʰəɯ^{5}mauɯ^{5}kɑ^{42}tsɿ^{0} 发夹

眼镜子 ian^{5}tɕin^{21}tsɿ^{24} 眼镜

手表 səɯ^{5}piauɯ^{24}

（4）伙食

开火仓 kʰai^{42}xo^{5}tsʰaŋ^{42} 开伙

打平伙 tɑ^{24}pʰin^{5}xo^{42} 平均出钱聚餐

　吃聚餐 tsʰɿ^{42}ɕy^{5}tsʰan^{42}

茶饭 tsʰɑ^{5}fan^{42} 伙食条件

垫饥 tian^{212}tɕi^{42} 吃点儿东西暂时减

轻饥饿

打尖 tɑ^{24}tɕian^{42}

吃饭 tsʰʅ^{42}fan^{212}

吃干饭 tsʰʅ^{5}kan^{42}fan^{212}

吃稀饭 tsʰʅ^{5}ɕi^{42}fan^{212}

吃早饭 tsʰʅ^{42}tsaɯ^{24}fan^{2}

吃晌午饭 tsʰʅ^{42}saɯ^{24}vu^{5}fan^{2} 吃中饭

吃点心 tsʰʅ^{42}tian^{24}ɕin^{5}

吃黑饭 tsʰʅ^{5}xie^{42}fan^{212} 晚饭

吃夜饭 tsʰʅ^{5}ie^{212}fan^{1}

吃半夜餐 tsʰʅ^{42}pan^{21}ie^{5}tsʰan^{42} 吃夜宵

吃腰餐 tsʰʅ^{42}iaɯ^{5}tsʰan^{42} 中饭、晚饭之间的用餐

淘米 tʰaɯ^{5}mi^{24}

烧饭 saɯ^{42}fan^{212} 做饭

饭好了 fan^{21}xaɯ^{24}lo^{5} 饭做好了

开饭 kʰai^{42}fan^{212}

动筷子 toŋ^{5}kʰuai^{21}tsʅ^{24} 开始吃

盛饭 tsʰən^{5}fan^{212}

赶饭 kan^{24}fan^{212} 将饭从碗里拨出去

顑饭 kʰan^{24}fan^{212} 将盛好的一碗饭盖在客人即将吃完的碗里

添饭 tʰian^{42}fan^{212}

下饭 ɕiɑ^{212}fan^{1} 菜好吃，导致多吃饭

好咽 xaɯ^{24}ian^{212} ①指烧的菜好吃；②可以食用

挦毛 ɕian^{5}maɯ^{5} 拔已宰杀禽畜身上的毛

择菜 tse^{5}tsʰai^{212}

拣菜 kan^{24}tsʰai^{212}

烧菜 saɯ^{42}tsʰai^{212} 总称

炒菜 tsʰaɯ^{24}tsʰai^{212}

搛菜 ȵian^{42}tsʰai^{212} 用筷子夹菜

咽菜 ian^{212}tsʰai^{1} 吃菜

赶菜 kan^{24}tsʰai^{212} 将菜从碗里拨出去

烧汤 saɯ^{5}tʰaŋ^{42}

兜汤 təɯ^{5} tʰaŋ^{42} 舀汤

搲汤 vɑ^{24}tʰaŋ^{42}

淘汤 tʰaŋ^{5}tʰaŋ^{42} 浇汤

酵头 kaɯ^{21}tʰəɯ^{24} 发酵用的面团

甜酒 tʰian^{5}tɕiəɯ^{24} 酒酿

甜酒麯子 tʰian^{5}tɕiəɯ^{5}tɕʰy^{42}tsʅ^{0} 做江米酒的酵母

和面 xo^{5}mian^{212}

擀面 kan^{24}mian^{212}

下面条子 ɕiɑ^{21}mian^{1}tʰiaɯ^{5}tsʅ^{42}

（5）主食

饭 fan^{212} ①泛指饭食；②米饭，跟其他主食相对；③干饭，跟粥相对

冷饭 lən^{24}fan^{212} 剩饭

疙巴 kie^{5}pɑ^{42} 锅巴

煳炬了 fu^{5}ŋəɯ^{24}lo^{5} 煳透了

馊 səɯ^{42}

夹生 kɑ^{5}sən^{42} 半生不熟

稀饭 ɕi^{42}fan^{212} 粥

干饭 kan^{42}fan^{212} 与粥相对

饭糁子 fan^{212}sən^{42}tsʅ^{0} 尚未煮熟的米粒

米汤 mi^{5}tʰaŋ^{42}

糊涂 fu^{5}təɯ^{42} ①米糊；②指大脑不清晰

粽子 tsoŋ^{21}tsɿ^{24}

团子 t^{h}an^{5}tsɿ^{42} 有馅儿的

汤圆子 t^{h}aŋ^{42}yan^{5}tsɿ^{42} 元宵

　汤坨子 t^{h}aŋ^{42}t^{h}o^{5}tsɿ^{42}

饺子 tɕiaɯ^{24}tsɿ^{5} 水饺

小饺 ɕiaɯ^{5}tɕiaɯ^{24} 馄饨

年糕 ȵian^{5}kaɯ^{42}

面 mian^{212} 面粉

　灰面 fei^{42}mian^{212}

　小麦面 ɕiaɯ^{24}mie^{5}mian^{212}

面条子 mian^{21}t^{h}iaɯ^{5}tsɿ^{42} 面条儿

馒头 man^{5}t^{h}əɯ^{42} 不论是否有馅儿

实心馒头 sɿ^{5}ɕin^{42}man^{5}t^{h}əɯ^{42} 无馅儿的

油条 iəɯ^{5}t^{h}iaɯ^{5}

巧银 tɕ^{h}iaɯ^{24}in^{5} 一种油炸的薄片面食

馓子 san^{24}tsɿ^{5} 油煎面缕

油馃子 iəɯ^{5}ko^{24}tsɿ^{5} 油条

菜心 ts^{h}ai^{212}ɕin^{42} 馅儿

饺子心 tɕiaɯ^{24}tsɿ^{5}ɕin^{42} 饺子馅儿

饺皮子 tɕiaɯ^{24}p^{h}i^{5}tsɿ^{42} 饺子皮，用来包馅儿

饼子 pin^{24}tsɿ^{5} ①摊的饼；②干的饼

　馍馍 mo^{5}mo^{42}

面疙瘩儿 mian^{21}kie^{5}tæ^{42} 用面粉加水调成面糊，用筷子夹成块儿入沸水煮成

月饼 ye^{42}pin^{24}

泥饭饼 ȵi^{5}fan^{42}pin^{24} 用发酵的面粉做的薄饼

鸡蛋糕 tɕi^{42}tan^{5}kaɯ^{42}

鸡蛋包子 tɕi^{42}tan^{5}paɯ^{42}tsɿ^{0} 水煮荷包蛋

（6）菜肴

菜 ts^{h}ai^{212} 总称

荤菜 fən^{42}ts^{h}ai^{212}

冻肉 toŋ^{212}zəɯ^{1} 冷藏的肉

肉末子 zəɯ^{5}mo^{21}tsɿ^{24} 肉末

蹄髈 t^{h}i^{5}p^{h}aŋ^{24} 猪肘

猪脚爪 tɕy^{21}tɕio^{1}tsaɯ^{24} 猪蹄子

脚扒 tɕio^{42}p^{h}ɑ^{5} 脚爪

坐臀 tso^{21}tən^{24} 猪后腿肉

前夹心 tɕ^{h}ian^{5}kɑ^{5}ɕin^{42} 猪前腿肉

猪肠子 tɕy^{42}ts^{h}aŋ^{5}tsɿ^{42} 猪肠（当食物的）

猪舌条 tɕy^{42}se^{5}t^{h}iaɯ^{42} 猪口条

　猪獠青$_{老}$ tɕy^{42}liaɯ^{5}tɕ^{h}in^{42}

　猪赚头 tɕy^{42}tɕyan^{2}t^{h}əɯ^{24} 讳“舌（折）”音的讳称

肚肺 təɯ^{5}fei^{212} 猪肺

肋条 lie^{42}t^{h}iaɯ^{5} 带肋骨的肉

排骨 p^{h}ai^{5}ku^{42} 带骨头的肉

大排 tɑ^{21}p^{h}ai^{5}

小排 ɕiaɯ^{24}p^{h}ai^{5}

内壳 lei^{212}k^{h}o^{42} 动物（畜）内脏

杂碎 tsɑ^{5}ɕi^{42} 动物（禽）内脏

冻子 toŋ^{21}tsɿ^{24} 鱼汤等在低温下形成

的糊状物

猪肚子 tɕy^{42}təɯ^{24}tsɿ^{5}

猪肝 tɕy^{5}kan^{42}

猪腰子 tɕy^{5}iaɯ^{42}tsɿ^{0}

咸肉 ɕian^{5}zəɯ^{212}

拆烧 tsʰe^{5}saɯ^{42} 一种卤制的肉

肫子 tɕyn^{42}tsɿ^{0} 禽类的胃

鸡肫子 tɕi^{5}tɕyn^{42}tsɿ^{0} 鸡肫

猪衁子 tɕy^{42}faŋ^{2}tsɿ^{24} 猪血

肉圆子 zəɯ^{21}yan^{5}tsɿ^{42} 肉丸子

蛋黄子 tan^{21}faŋ^{5}tsɿ^{42} 蛋黄

鸡蛋黄 tɕi^{42}tan^{2}faŋ^{5}

蛋白子 tan^{21}pie^{5}tsɿ^{42} 蛋青

白子 pie^{5}tsɿ^{42}

茶叶蛋 tsʰɑ^{5}ie^{42}tan^{212}

红鸡蛋 xoŋ^{5}tɕi^{42}tan^{212}

蒸鸡蛋 tsən^{42}tɕi^{2}tan^{212} 鸡蛋羹

炒鸡蛋 tsʰaɯ^{24}tɕi^{5}tan^{212}

潽鸡蛋 pʰu^{5}tɕi^{42}tan^{212} 水煮不带壳的鸡蛋

鸡蛋包子 tɕi^{42}tan^{5}paɯ^{42}tsɿ^{0}

煮鸡蛋 tɕy^{24}tɕi^{5}tan^{212} 连壳煮的鸡蛋

煎鸡蛋 tɕian^{42}tɕi^{2}tan^{212}

皮蛋 pʰi^{5}tan^{212}

咸鸭蛋 ɕian^{5}iɑ^{42}tan^{212}

寡鸡蛋 kuɑ^{24}tɕi^{5}tan^{212} 孵不出小鸡的蛋

素菜 səɯ^{212}tsʰai^{1}

青头菜 tɕʰin^{42}təɯ^{2}tsʰai^{0} 蔬菜

冷盘 lən^{24}pʰan^{5}

炒头 tsʰaɯ^{24}tʰəɯ^{5} 热炒的菜

豆腐 təɯ^{21}fu^{24}

点浆 tian^{24}tɕiaŋ^{42} 点卤

豆腐花子 təɯ^{21}fu^{5}fɑ^{42}tsɿ^{0} 豆腐脑儿

豆腐浆子 təɯ^{21}fu^{5}tɕiaŋ^{42}tsɿ^{0} 豆浆

薄叶 po^{5}ie^{42}

豆腐皮 təɯ^{21}fu^{1}pʰi^{5}

千张豆腐 tɕʰian^{42}tsaŋ^{2}təɯ^{21}fu^{24}

豆腐干子 təɯ^{21}fu^{5}kan^{42}tsɿ^{0} 豆腐干

咸豆腐 ɕian^{5}təɯ^{21}fu^{24} 豆腐乳

盐菜 ian^{5}tsʰai^{212} 腌制的素菜

线粉 ɕian^{21}fən^{24} 粉丝

面筋 mian^{212}tɕin^{1}

白木耳 pie^{5}mu^{42}ər^{24} 银耳

木耳 mu^{42}ər^{24} 黑木耳

杨斗 iaŋ^{5}təɯ^{24} 长在杨树上的菇

煸 pian^{42} 烹调方法，～鱼

炖 tən^{212} 烹调方法，～汤

熯 xan^{212} 烹调方法，用文火烘烤

氽汤 tɕʰyan^{5}tʰaŋ^{42} 烹调方法，把食物放到开水里稍煮做汤

（7）其他食品

味道 vei^{21}taɯ^{24} ①吃的滋味；②闻的气味

盐 ian^{55}

盐子 ian^{5}tsɿ^{24} 盐粒

猪油 tɕy^{42}iəɯ^{5}

荤油 fən^{42}iəɯ^{5}

菜油 tsʰai^{21}iəɯ^{5} 菜籽油

清油 tɕʰin^{42}iəɯ^{5}

麻油 mɑ^{5}iəɯ^{5} 脂麻油

酱油子 tɕiaŋ^{21}iəɯ^{5}tsɿ^{42} 酱油

酸醋 san^{42}tsʰəɯ^{212}

白糖 pie^{5}tʰaŋ^{5}

洋糖 iaŋ^{5}tʰaŋ^{5}

红糖 xoŋ^{5}tʰaŋ^{5}

砂糖 sɑ^{42}tʰaŋ^{5}

冰糖 pin^{42}tʰaŋ^{5}

味精 vei^{212}tɕin^{42}

冰棒 pin^{5}paŋ^{212} 冰棍儿

棒冰 paŋ^{212}pin^{42}

胡椒粉 fu^{5}tɕiaɯ^{42}fən^{24}

胡椒面 fu^{5}tɕiaɯ^{42}mian^{212}

酱板 tɕiaŋ^{21}pan^{24} 豆瓣酱

辣椒酱 lɑ^{5}tɕiaɯ^{42}tɕiaŋ^{212}

作料 tso^{42}liaɯ^{0}

八角茴香 pɑ^{42}ko^{2}vei^{5}ɕiaŋ^{42}

香烟 ɕiaŋ^{5}ian^{42}

烟 ian^{42} 也指烟雾的烟

香烟壳子 ɕiaŋ^{5}ian^{5}kʰo^{42}tsɿ^{0} 香烟盒（纸的）

烟盒子 ian^{42}xo^{5}tsɿ^{42}

香烟头子 ɕiaŋ^{5}ian^{42}tʰəɯ^{5}tsɿ^{42} 烟蒂

香烟屁股 ɕiaŋ^{5}ian^{42}pʰi^{2}ku^{24}

黄烟 faŋ^{5}ian^{42} 烟叶晒干制成的烟丝

吃烟 tsʰɿ^{5}ian^{42} 抽烟

水烟 sei^{24}ian^{42} 鸦片

鸦皮烟 iɑ^{24}pʰi^{5}ian^{42}

烟叶子 ian^{5}ie^{42}tsɿ^{0} 烟叶

烟丝 ian^{5}sɿ^{42}

烟灰 ian^{5}fei^{42}

茶 tsʰɑ^{55} ①茶水；②开水

喝茶 xo^{42}tsʰɑ^{5}

茶叶 tsʰɑ^{5}ie^{42}

茶叶脚子 tsʰɑ^{5}ie^{5}tɕio^{42}tsɿ^{0} 碎茶叶

泡茶 pʰaɯ^{21}tsʰɑ^{5}

喝酒 xo^{42}tɕiəɯ^{24} ①饮酒；②喝喜酒

烧酒 saɯ^{42}tɕiəɯ^{24} 白酒

黄酒 faŋ^{5}tɕiəɯ^{24}

甜酒 tʰian^{5}tɕiəɯ^{24} 江米酒

（8）家居生活

事 sɿ^{212} 事情

做活 tsəɯ^{21}xo^{5} 干活儿

做生活 tsəɯ^{212}sən^{42}xo^{0}

重生活 tsoŋ^{212}sən^{42}xo^{0} 重体力活

开工 kʰai^{5}koŋ^{42}

下田 ɕiɑ^{21}tʰian^{5} 去田里干活

见工 tɕian^{212}koŋ^{42} 做起来很费工时

见活 tɕian^{21}xo^{5}

轮班 lin^{5}pan^{42} 轮流上班

轮锅 lin^{5}ko^{42} 老人轮流在子女家生活

放工 faŋ^{212}koŋ^{42} 收工

歇夜 ɕie^{5}iɑ^{212} 天黑收工

歇盼 ɕie^{5}pʰan^{212} 休息

霸家 pɑ^{212}tɕiɑ^{42} 持家

扯布 tsʰe^{5}pu^{212} 买布

打油 tɑ^{24}iəɯ^{5} 榨油

好商议 xaɯ^{5}saŋ^{42}i^{0} 指来去不大

起来 tɕʰi^{24}lai^{5} ①起床；②爬起来

打早 tɑ^{5}tsaɯ^{24} 赶早

睡懒瞌睡 sei^{21}lan^{24}kʰo^{5}sei^{42} 睡懒觉

洗脸 ɕi^{5}lian^{24}

洗脸水 ɕi^{5}lian^{5}sei^{24}

妈妈汤 mɑ^{24}mɑ^{5}tʰaŋ^{42} 妇女的洗澡水

漱嘴 səɯ^{21}tsei^{24} 漱口

过嘴$_{老}$ ko^{21}tsei^{24}

刷牙 sɑ^{42}iɑ^{5}

梳头 səɯ^{42}tʰəɯ^{5}

剪手叵 tɕian^{24}səɯ^{5}pʰo^{24}

剪脚叵 tɕian^{24}tɕio^{42}pʰo^{24}

剃头 tʰi^{21}tʰəɯ^{5} 男性理发

剪头毛 tɕian^{24}tʰəɯ^{5}maɯ^{5} 女性理发

光脸 kuaŋ^{42}lian^{24} 刮脸

光胡子 kuaŋ^{42}fu^{5}tsɿ^{42}

掏耳朵 tʰaɯ^{42}ər^{24}təɯ^{5}

洗澡 ɕi^{5}tsaɯ^{24}

洗油$_{老}$ ɕi^{24}iəɯ^{5}

洗衣裳 ɕi^{24}i^{42}saŋ^{0} 洗衣服

过衣裳 ko^{212}i^{42}saŋ^{0} 用清水漂洗衣服

晾衣裳 laŋ^{212}i^{42}saŋ^{0} 晾衣服

屙屎 ŋo^{21}sɿ^{24} 大便

出恭$_{老}$ tɕʰy^{5}koŋ^{42} （较雅的说法）

办公事$_{老}$ pan^{212}koŋ^{42}sɿ^{0}（较雅的说法）

大便 tɑ^{5}pian^{212}

屙尿 ŋo^{5}ȵiaɯ^{212}

小便 ɕiaɯ^{5}pian^{212}

解手$_{老}$ kai^{5}səɯ^{24} （较雅的说法）

岔泡尿 tsʰɑ^{21}pʰo^{5}ȵiaɯ^{212} 撒泡尿

懒尿 lan^{5} ȵiaɯ^{212} 尿床

手纸 səɯ^{5}tsɿ^{24} 大小便用纸

乘凉 tsʰən^{5}liaŋ^{5}

晒太阳 sai^{5}tʰai^{21}iaŋ^{24}

烤火 kʰaɯ^{5}xo^{24}

睡瞌睡 sei^{21}kʰo^{5}sei^{42} 睡觉

睡中觉 sei^{21}tsoŋ^{5}tɕiaɯ^{212} 午睡

钟瞌睡 tsoŋ^{42}kʰo^{5}sei^{42} 打盹儿

钟 tsoŋ^{42}

打呵先 ta^{5}xo^{42}ɕian^{0} 打哈欠

瞌睡来了 kʰo^{5}sei^{42}lai^{5}lo^{42} 困了

点灯 tian^{24}tən^{42}

点电火 tian^{24}tian^{21}xo^{24} 用电灯

吹灯 tsʰei^{5}tən^{42}

开灯 kʰai^{5}tən^{42}

关灯 kuan^{5}tən^{42}

铺床 pʰu^{42}tsʰaŋ^{5}

炕铺 kʰaŋ^{5}pʰu^{212} 架床

哈铺 xɑ^{42}pʰu^{212} 打地铺

哈地铺 xɑ^{42}ti^{2}pʰu^{212}

歇一夜 ɕie^{42}i^{2}ie^{212} 住一晚

歇一晚儿黑 ɕie^{42}i^{2}væ^{5}xie^{42}

睡了 sei^{42}lo^{24} ①已躺下未睡着；②已睡着

起夜 tɕʰi^{5}ie^{212} 晚上起来上厕所

打鼾 tɑ^{5}xan^{42}

扯呼 tsʰe^{5}fu^{42}

打呼 tɑ^{24}fu^{42}

仰倒睡 ȵiaŋ^{24}taɯ^{5}sei^{212}　仰着睡

侧倒睡 tse^{42}taɯ^{2}sei^{212}　侧着睡

趴倒睡 pʰɑ^{42}taɯ^{2}sei^{212}　趴着睡

抽筋 tsʰəɯ^{5}tɕin^{42}

做梦 tsəɯ^{5}moŋ^{212}

说梦话 ɕye^{42}moŋ^{212}fɑ^{1}　梦呓

熬夜 ŋaɯ^{5}ie^{212}

熬通宵 ŋaɯ^{5}tʰoŋ^{5}ɕiaɯ^{42}　整夜未睡

（9）交际

出去 tɕʰy^{42}tɕʰi^{0}　①离开某一特指空间；②离开住所

转来 tɕyan^{24}lai^{5}　回过来

转去 tɕyan^{24}tɕʰi^{5}　回过去

起去 tɕʰi^{24}tɕʰi^{5}　叙指（非第一人称）从床上或浴池离开，说话者在床上或浴池等

归屋$_{\text{老}}$ kuei^{42}vu^{212}　回家

　回去 fei^{5}tɕʰi^{42}

压马路 iɑ^{42}mɑ^{24}ləɯ^{212}　散步

上街 saŋ^{212}kai^{42}/ saŋ^{212}tɕiai^{42}$_{\text{老}}$

来去 lai^{5}kʰai^{42} 来往，联系

望 vaŋ^{212}　①看望；②朝远处看；③向

礼性 li^{24}ɕin^{5}　礼节

过客 ko^{212}kʰie^{42} 请客

来客 lai^{5}kʰie^{42} 来了客人

　来人 lai^{5}zən^{5}

走人家 tsəɯ^{24}zən^{5}tɕiɑ^{42}　到亲戚家去做客

　走亲戚 tsəɯ^{24}tɕʰin^{42}ɕi^{0}

回娘屋 fei^{5}ȵiaŋ^{5}vu^{42}　回娘家

走老丈人 tsəɯ^{24}laɯ^{5}tsaŋ^{21}zən^{24}　去老丈人家

待客 tai^{212}kʰie^{42}

陪客 pʰei^{5}kʰie^{42}

吵闹 tsʰaɯ^{24}laɯ^{212}　客人告辞时说的客气话

慢走 man^{21}tsəɯ^{24} 送客时主人说的客气话

不送了 pu^{5}soŋ^{42}lo^{24} 送客时主人说的客气话

留步 liəɯ^{5}pu^{212} 送客时客人说的客气话

　莫送了 mo^{42}soŋ^{2}lo^{24}

回拜 fei^{5}pai^{212}

办酒 pan^{21}tɕiəɯ^{24}　摆酒席

倒酒 taɯ^{21}tɕiəɯ^{24} 斟酒（第一遍）

　筛酒 sai^{42}tɕiəɯ^{24} 斟酒（第二遍起）

　升酒 sən^{42}tɕiəɯ^{24}

　泻酒 ɕie^{5}tɕiəɯ^{24}

倒满 taɯ^{21}man^{24}

劝酒 tɕʰyan^{21}tɕiəɯ^{24}

拼酒 pʰin^{42}tɕiəɯ^{24}

罚酒 fɑ^{5}tɕiəɯ^{24}

碰杯 pʰoŋ^{212}pei^{42}　干杯

上脸 saŋ^{21}lian^{24}　喝酒脸红

监生酒 kai^{21}sən^{1}tɕiəɯ^{24}　孩子出生的庆祝宴，用来感谢监生娘娘（送

子娘娘）

上路 saŋ^{5}ləɯ^{212} 做事讲信用，仗义

不上路 pu^{42}saŋ^{5}ləɯ^{212} 做事不靠谱

打抱弗平 tɑ^{5}paɯ^{2}fu^{1}pʰin^{5} 抱不平

死对头 sɿ^{24}tei^{21}tʰəɯ^{24} 冤家

插嘴 tsʰɑ^{42}tsei^{24}

吵嘴 tsʰaɯ^{5}tsei^{24} 吵架

打架 tɑ^{5}tɕiɑ^{212}

噘人 tɕye^{5}zən^{5} 骂人

骂山门 mɑ^{212}san^{42}mən^{5} 骂得很凶

如说哩 y^{5}ɕye^{42}lie^{0} 就是说呢

穿帮 tɕʰyan^{5}paŋ^{42} 露出真相

出洋相 tɕʰy^{42}iaŋ^{5}ɕiaŋ^{212}

　摊铳 tʰan^{42}tsʰoŋ^{212}

　出挺 tɕʰy^{42}tʰin^{24}

丢人 tiəɯ^{42}zən^{5}

　丢堆 tiəɯ^{5}tei^{42}

　丢丑 tiəɯ^{42}tsʰəɯ^{24}

阿弥 ŋo^{42}mi^{0} 活该

瞧咧起 tɕʰiaɯ^{5}lie^{42}tɕʰi^{24}

瞧不起 tɕʰiaɯ^{5}pu^{42}tɕʰi^{24}

佮 ko^{42} 相处

佮伙 ko^{42}xo^{24} 合伙

　绞伙 tɕiaɯ^{5}xo^{24}

佮咧来 ko^{42}lie^{2}lai^{5} 合得来

佮不来 ko^{42}pu^{2}lai^{5} 合不来

佮不得 ko^{42}pu^{5}tie^{42} 心里排斥，容不下

认生 zən^{212}sən^{42} 小孩儿对陌生人排斥

欺生 tɕʰi^{5}sən^{42} 欺负生人

插蜡烛 tsʰɑ^{5}lɑ^{42}tsəɯ^{0} 中途生变使措手不及

喝 xo^{42} 液体入口

求济 tɕʰiəɯ^{5}tɕi^{42} 求助

把信 pɑ^{24}ɕin^{212} 报信

寄信 tɕi^{212}ɕin^{1}

　打信$_{老}$ tɑ^{24}ɕin^{212}

拍电报 pʰie^{42}tian^{2}paɯ^{212}

浪门子 laŋ^{21}mən^{5}tsɿ^{42} 串门儿

落脚 lo^{5}tɕio^{42} 停留或居住

跑反$_{老}$ pʰaɯ^{5}fan^{24} 躲避战乱匪患逃往别处

跑旱$_{老}$ pʰaɯ^{24}xan^{212} 从陆地迁移

饿饭 ŋo^{5}fan^{212} 闹饥荒

熟人 səɯ^{5}zən^{5}

塞 se^{42} ①行贿；②塞住

小攮子 ɕiaɯ^{5}laŋ^{24}tsɿ^{5} 匕首

洋铐子 iaŋ^{5}kʰaɯ^{21}tsɿ^{24} 手铐

打官司 tɑ^{24}kuan^{42}sɿ^{0}

状子 tsaŋ^{21}tsɿ^{24}

对质 tei^{212}tsɿ^{42}

咬 ŋaɯ^{24} ①供出；②用牙齿夹住

画押 fɑ^{212}iɑ^{42}

牢房 laɯ^{5}faŋ^{5} 监狱

　监牢 kan^{42}laɯ^{5}

饿牢 ŋo^{21}laɯ^{5} 关在监狱里不给吃

当劳改 taŋ^{42}laɯ^{5}kai^{24} 劳教

坐牢 tso^{21}laɯ^{5}

派缉所 pʰai^{21}tɕi^{1}so^{24} 派出所

交代 tɕiaɯ^{42}tai^{0} ①叮嘱；②招供

十 红白大事、民间信仰

（1）婚姻、生育

亲 tɕʰin^{42} 亲事

媒人 mei^{5}zən^{42}

做媒 tsəɯ^{21}mei^{5}

做亲 tsəɯ^{212}tɕʰin^{42} 结亲

男方 lan^{5}faŋ^{42} 婚姻关系中男的一边

女方 ȵy^{24}faŋ^{5} 婚姻关系中女的一边

瞧人家 tɕʰiaɯ^{5}zən^{5}tɕiɑ^{42} 女方到男方家相亲

瞧家儿 tɕʰiaɯ^{5}tɕiæ^{42}

脸相 lian^{24}ɕiaŋ^{212} 相貌

面相 mian^{212}ɕiaŋ^{1}

年纪 ȵian^{5}tɕi^{42} 年龄

送日子 soŋ^{212}ər^{42}tsɿ^{0} 订婚

财礼 tsʰai^{5}li^{24} 女方向男方提出的聘礼

裁礼 tsʰai^{5}li^{24} 男方通过媒人跟女方商量减少聘礼

日子 ər^{42}tsɿ^{0} ①生活；②具体的某一天

办酒 pan^{21}tɕiəɯ^{24} 办喜酒

喝喜酒 xo^{42}ɕi^{5}tɕiəɯ^{24} 吃喜酒

包房头 paɯ^{42}faŋ^{5}tʰəɯ^{5} 男方购买所有的结婚用品

陪嫁妆 pʰei^{5}tɕiɑ^{21}tsaŋ^{24} 女方为新人准备嫁妆

接女人 tɕie^{42}ȵy^{24}zən^{5} （男人）娶亲

接媳妇 tɕie^{5}ɕi^{42}fu^{0} 儿子娶亲

出嫁 tɕʰy^{42}tɕiɑ^{212}

把人家 pɑ^{24}zən^{5}tɕiɑ^{42}

嫁姑娘 tɕiɑ^{212}ku^{42}ȵiaŋ^{0} 女儿出嫁

结婚 tɕie^{5}fən^{42}

过喜事$_{老}$ ko^{21}ɕi^{24}sɿ^{5}

接亲 tɕie^{5}tɕʰin^{42} 男方派人迎娶新娘

送亲 soŋ^{212}tɕʰin^{42} 女方派人护送新娘

□箍 mɑ^{212}kʰu^{42} 违背婚约(多指女方)

花轿 fɑ^{42}tɕiaɯ^{212}

拜堂 pai^{21}tʰaŋ^{5}

新郎倌儿 ɕin^{42}laŋ^{5}kuair^{42} 新郎

新娘子 ɕin^{42}ȵiaŋ^{2}tsɿ^{0} 新娘

斢亲 tʰiaɯ^{24}tɕʰin^{42} 换亲

娘屋咧 ȵiaŋ^{5}vu^{42}lie^{0} 娘家

过门 ko^{21}mən^{5} 嫁入

回门 fei^{5}mən^{5} 女子出嫁后三天回娘家

立 li^{42} 过继

抱 paɯ^{212} 抱养

抚 fu^{24} 抚养

压子女$_{老}$ iɑ^{42}tsɿ^{2}ȵy^{24} 因期子而抱养的女儿

招进去 tsaɯ^{42}tɕin^{2}tɕʰi^{0} 入赘

填房 tʰian^{5}faŋ^{5} 从女方说，嫁给死了妻子的男人

出了门 tɕʰy^{42}lo^{2}mən^{5} 女的改嫁

有了 iəɯ^{24}lo^{5} 怀孕

怀小伢儿 fai^{5}ɕiaɯ^{24}ŋæ^{5}

怀伢儿 fai^{5}ŋæ^{5}

出怀 tɕʰy^{42}fai^{5} 孕后肚子隆起

怀身大肚 fai^{5}sən^{42}tɑ^{21}təɯ^{24} 怀孕挺着肚子

大肚子 tɑ^{21}təɯ^{24}tsɿ^{5} 孕妇

刮了 kuɑ^{42}lo^{0} 堕胎

小产 ɕiaɯ^{5}tsʰan^{24} 人流

引产 in^{5}tsʰan^{24} 妊娠后期人流

落月 lo^{5}ye^{42} （妊娠期满）分娩

养小伢儿 iaŋ^{24}ɕiaɯ^{5}ŋæ^{5} 生孩子

添伢儿 tʰian^{42}ŋæ^{5}

添了 tʰian^{42}lo^{0} 生了（孩子）

捡了 tɕian^{24}lo^{5}

接生 tɕie^{5}sən^{42}

衣胞子 i^{42}paɯ^{2}tsɿ^{0} 胎盘

待月子 tai^{212}ye^{42}tsɿ^{0} 坐月子

头胎 tʰəɯ^{5}tʰai^{42}

二胎 ər^{212}tʰai^{42}

双胞子 saŋ^{42}paɯ^{2}tsɿ^{0} 双胞胎

打胎 tɑ^{24}tʰai^{42}

吃妈儿 tsʰɿ^{5}mæ^{212} 吃奶

隔妈儿 kie^{42}mæ^{212} 断奶

妈儿嘴 mæ^{212}tsei^{24} ①乳头；②奶瓶上的乳头替代物

（2）寿辰、丧葬

过生 ko^{212}sən^{42} 生日

抓周 tsɑ^{5}tsəɯ^{42} 小孩儿满周岁的庆祝仪式，通常准备一些物品让孩子抓，以预测孩子的未来

贵辰宝宝 kuei^{21}tsʰən^{1}paɯ^{24}paɯ^{5} 贵时出生的孩子

惯侍宝宝 kuan^{21}sɿ^{1}paɯ^{24}paɯ^{5}

做生 tsəɯ^{212}sən^{42} ①老年人在六十、七十、九十等年龄庆生，不做八十岁；②孩子十岁、男子三十岁举行庆生仪式

做寿 tsəɯ^{5}səɯ^{212} 六十六岁寿诞庆祝仪式。旧习俗是：女儿或侄女为老人准备一刀猪肉（大刀 5-6 斤，小刀 2-3 斤），切成 66 块

冲喜 tsʰoŋ^{42}ɕi^{24} 生病时用办喜事来驱逐邪祟

在咧 tsai^{21}lie^{24} 在世

死 sɿ^{24} 去世的统称

过世 ko^{5}sɿ^{212} 对长辈去世的婉称

过辈 ko^{5}pei^{212} 对长辈去世的婉称

归位 kuei^{42}vei^{212} 对长辈去世的敬称

翘了 tɕʰiaɯ^{21}lo^{24} 对去世的贬称

老了人 laɯ^{24}lo^{5}zən^{5} 对老人去世的婉称

丢了 tiəɯ^{42}lo^{0} 夭折

断气 tan^{5}tɕʰi^{212} 咽气

送终 soŋ^{212}tsoŋ^{42}

棺材 kuan^{42}tsʰai^{0}

寿材 səɯ^{21}tsʰai^{5} 生前预制的

喜材 ɕi^{24}tsʰai^{5}

进材 tɕin^{21}tsʰai^{5} 入殓

起水 tɕʰi^{5}sei^{24} 道士到水边请水神的仪式

出棺 tɕʰy^{5}kuan^{42} 出殡

上山 saŋ^{212}san^{42} ①埋葬；②（蚕）上簇

送葬 soŋ^{5}tsaŋ^{212}

落葬 lo^{42}tsaŋ^{212} 下葬

　下事 ɕiɑ^{5}sɿ^{212}

撒钱 sɑ^{24}tɕʰian^{5} 往坟坑撒钱，替亡人买坑

孝子棒 ɕiaɯ^{21}tsɿ^{5}paŋ^{212} 哭丧棒

孝手巾 ɕiaɯ^{21}səɯ^{24}tɕin^{5}

扎库 tsɑ^{42}kʰu^{212} 用纸扎的人、马、房子等

灵堂 lin^{5}tʰaŋ^{5}

灵牌 lin^{5}pʰai^{5}

孝子 ɕiaɯ^{21}tsɿ^{24}

做七 tsəɯ^{212}tɕʰi^{42} 人死后，逢七天的倍数设祭，直至第七个七天

头七 tʰəɯ^{5}tɕʰi^{42} 做七中的第一个七天

五七 vu^{24}tɕʰi^{5} 做七中的第五个七天

满五七 man^{5}vu^{24}tɕʰi^{5} 传说五七关是阎王关，过了“五七”，亡者可以到阴间去或投胎，家人可以脱掉孝衣

撞七 tsaŋ^{212}tɕʰi^{42} 迷信说去世后撞得上七，就有饭吃

八音 pɑ^{42}in^{0} 办丧事的吹鼓手

钱盏 tɕʰian^{5}tsan^{24} 木刻的铜钱模子

折裱纸 tse^{42}piaɯ^{2}tsɿ^{24} 用作钱纸的草浆纸

纸钱 tsɿ^{24}tɕʰian^{5} 烧给死人或鬼神的纸

　钱纸 tɕʰian^{5}tsɿ^{24}

阴国钞票 in^{42}kue^{2}tsʰaɯ^{5}pʰiaɯ^{212} 冥币

元宝 yan^{5}paɯ^{24}

香火 ɕiaŋ^{42}xo^{0} 指祭祀神佛或祖先的香和灯火

羹饭 kən^{42}fan^{212} 祭祀鬼神的饭菜

戴孝 tai^{212}ɕiaɯ^{1}

满孝 man^{24}ɕiaɯ^{212} 服孝期满

老坟 laɯ^{5}fən^{5} 坟墓

　老坟包子 laɯ^{5}fən^{5}paɯ^{42}tsɿ^{0}

老坟帽子 laɯ^{5}fən^{5}maɯ^{21}tsɿ^{24} 坟头

坟山 fən^{5}san^{42} 地势较高的坟地

　老坟山 laɯ^{5}fən^{5}san^{42}

坟滩 fən^{5}tʰan^{42} 地势较平的坟地

上坟 saŋ^{21}fən^{5}

寻死 tɕʰin^{5}sɿ^{24} 自杀

　寻短路 tɕʰin^{5}tan^{24}ləɯ^{212}

吊颈 tiaɯ^{21}tɕin^{24} 上吊

骨灰盒子 ku^{5}fei^{42}xo^{5}tsɿ^{42} 骨灰盒

（3）迷信

迷信 mi^{5}ɕin^{212}

　媒信 mei^{5}ɕin^{212}

该应咧 kai^{42}in^{2}lie^{0} 命中注定的

老天爷 laɯ^{5}tʰian^{42}ie^{5}

　天老爷 tʰian^{42}laɯ^{24}ie^{5}

灶神 tsaɯ^{21}sən^{5}

　灶老爷 tsaɯ^{21}laɯ^{24}ie^{5}

　灶锅老爷 tsaɯ^{2}ko^{1}laɯ^{24}ie^{5}

菩萨 pʰu^{5}sɑ^{42} 佛

老菩萨 laɯ^{24}pʰu^{5}sɑ^{42}

观音 kuan^{42}in^{0} 观世音

仙人 ɕian^{42}zən^{0} 神仙

道涵 taɯ^{21}xan^{24} 神仙修炼的功夫

土里庙 tʰəɯ^{24}li^{5}miaɯ^{212} 土地庙

土里爷 tʰəɯ^{24}li^{5}ie^{5} 土地爷

城王庙 tsʰən^{5}vaŋ^{42}miaɯ^{212} 城隍庙

阳王爷 iaŋ^{5}vaŋ^{42}ie^{5} 阎王

先人 ɕian^{42}zən^{0} 祖先

祠堂 tsʰɿ^{5}tʰaŋ^{5}

香台 ɕiaŋ^{42}tʰai^{5} 神龛

供 koŋ^{212} ①把祭品摆在神佛像或祖先牌位前；②招供

蜡台 lɑ^{42}tʰai^{5} 烛台

蜡烛 lɑ^{42}tsəɯ^{0} ①祭祀用的蜡烛（红色）；②一般的蜡烛（白色）

阳蜡 iaŋ^{5}lɑ^{42} 白蜡烛

香 ɕiaŋ^{42} 敬神的线香

香炉 ɕiaŋ^{42}ləɯ^{5}

烧香 saɯ^{5}ɕiaŋ^{42}

庙会 miaɯ^{5}fei^{212}

唱道 tsʰaŋ^{5}taɯ^{212} 人死后请道士做法事

做斋 tsəɯ^{212}tsai^{42} 为死者超度亡灵的仪式

念经 ȵian^{212}tɕin^{42}

算命 san^{5}min^{212}

　瞧相 tɕʰiaɯ^{5}ɕiaŋ^{212}

瞧风水 tɕʰiaɯ^{5}foŋ^{42}sei^{24}

阴阳眼 in^{42}iaŋ^{2}ian^{24} 能看到阴阳两个世界的人

马爵 mɑ^{24}tɕʰio^{5} 能帮人看病的巫师

上马 saŋ^{21}mɑ^{24} 巫师作法，神灵附身

马堂 mɑ^{24}tʰaŋ^{5} 巫师作法的地方

观亡 kuan^{42}vaŋ^{5} 一种迷信活动，通过“观亡婆”可以跟亡灵通话

家运 tɕiɑ^{42}yn^{212} 家里的运气

运气好 yn^{21}tɕʰi^{1}xaɯ^{24}

　运道好$_{\text{老}}$ yn^{21}taɯ^{1}xaɯ^{24}

许愿 ɕy^{24}yan^{212}

还愿 fan^{5} yan^{212}

保应 paɯ^{24}in^{5} 保佑

十一　商业、手艺、交通

（1）行业、经营

店 tian^{212} 店铺

旅馆 y^{5}kuan^{24}

　旅社 y^{24}se^{212}

小吃店 ɕiaɯ^{5}tsʰɿ^{42}tian^{212} 小的餐馆

饭店 fan^{5}tian^{212} 普通的饭馆

　馆店 kuan^{24}tian^{212}

下馆子 ɕiɑ^{21}kuan^{24}tsɿ^{5} 到餐馆去吃

布店 pu^{212}tian^{1}

百货公司 pie^{21}xo^{1}koŋ^{5}sɿ^{42} 百货店

南货店 lan^{5}xo^{42}tian^{212} 杂货店

米行 mi^{24}xaŋ^{5} 粮店

　稻行$_{\text{老}}$ taɯ^{21}xaŋ^{5}

小猪行 ɕiaɯ^{5}tɕy^{42}xaŋ^{5} 出售苗猪的地方

粮站 liaŋ^{5}tsan^{212} 以前农民上缴和出

售粮食的地方

白市 pie^{5}sɿ^{212}　政府规定市场价格的交易

黑市 xie^{42}sɿ^{212}　私下自由买卖的交易

茶馆 tsʰɑ^{5}kuan^{24}

剃头店 tʰi^{21}tʰəɯ^{5}tian^{212} 理发店

澡堂子 tsaɯ^{24}tʰaŋ^{5}tsɿ^{42} 浴室

铁匠店 tʰie^{42}tɕiaŋ^{2}tian^{212} 铁器店

肉墩 zəɯ^{5}tən^{212} 卖肉的摊位

店面 tian^{212}mian^{1}

摆小摊子 pai^{24}ɕiaɯ^{5}tʰan^{42}tsɿ^{0}

孵坊 pu^{21}faŋ^{24} 幼禽孵化场

赶交流 kan^{24}tɕiaɯ^{42}liəɯ^{5} 赶集

租房子 tsəɯ^{42}faŋ^{5}tsɿ^{42}

开张 kʰai^{5}tsaŋ^{42} ①开业；②开始

关门 kuan^{42}mən^{5} 停业

牌子 pʰai^{5}tsɿ^{42} 品牌

打广告 tɑ^{24}kuaŋ^{5}kaɯ^{212}　做广告

做生意 tsəɯ^{24}sən^{42}i^{0}　经商

盘货 pʰan^{5}xo^{212} 盘点货物，暂停营业

盘账 pʰan^{5}tsaŋ^{212} 查核账目

柜台 kuei^{21}tʰai^{5}

开价 kʰai^{42}tɕia^{212} 要价

还价 fan^{5}tɕia^{212}

杀价 sɑ^{42}tɕiɑ^{212}　压价

拗价 ŋaɯ^{42}tɕia^{212} 反复议价

卡 kʰɑ^{24} 克扣

卡油 kʰɑ^{24}iəɯ^{5}

便宜 pʰian^{5}i^{42}

贵 kuei^{212}

划算 fɑ^{5}san^{212}

欠账 tɕʰian^{5}tsaŋ^{212} 赊账

赅账 kai^{42}tsaŋ^{212}

收账 səɯ^{42}tsaŋ^{212}

要账 iaɯ^{5}tsaŋ^{212} 要债

还账 fan^{5}tsaŋ^{212}

赶财 kan^{24}tsʰai^{5} 招财

亏本 kʰuei^{42}pən^{24}

亏了 kʰuei^{42}lo^{0}

折本 se^{5}pən^{24}

贴皮 tʰie^{42}pʰi^{5} 倒贴

欠 tɕʰian^{212}

差 tsʰɑ^{42}

空 kʰoŋ^{212}

赅 kai^{42} ①欠；②拥有

收蔸 səɯ^{5}təɯ^{42}　包圆儿，全部买下

抽阄 tsʰəɯ^{5}kəɯ^{42} 抓阄

拈阄 ȵian^{5}kəɯ^{42}

拈巴儿 ȵian^{5}pæ^{42}

车马费 tsʰe^{42}mɑ^{5}fei^{212}　路费

（2）账目、度量衡

本钱 pən^{24}tɕʰian^{5}

开销 kʰai^{5}ɕiaɯ^{42}

赚钱 tsan^{21}tɕʰian^{5} 挣钱

赚 tsan^{212}

账 tsaŋ^{212}

发票 fɑ^{42}pʰiaɯ^{212}

小票 ɕiaɯ^{5}pʰiaɯ^{212}　凭证

打收条 tɑ^{24}səɯ^{42}t^{h}iaɯ^{5} 收货或收款证明

存条 ts^{h}ən^{5}t^{h}iaɯ^{5} 存折

余钱 y^{5}tɕ^{h}ian^{5} 攒钱

利息 li^{212}ɕie^{42}

整钱 kən^{24}tɕ^{h}ian^{5}

零钱 lin^{5}tɕ^{h}ian^{5}

　零碎 lin^{5}sei^{24}

找 tsaɯ^{24} ①找钱；②寻找

铜板 t^{h}oŋ^{5}pan^{24} 当中无孔的铜钱

皮钱 p^{h}i^{5}tɕ^{h}ian^{5} 当中有孔的铜钱

一分 i^{5}fən^{42} 一分钱

一角 i^{5}ko^{42} 一角钱

　一毛 i^{42}maɯ^{5}

一块 i^{42}k^{h}uai^{24} 一块钱

十块 sɿ^{5}k^{h}uai^{24} 十块钱

一百块 i^{5}pie^{42}k^{h}uai^{24} 一百元

一百块头 i^{5}pie^{42}k^{h}uai^{24}t^{h}əɯ^{5} 一百元面值币

块块头 k^{h}uai^{24}k^{h}uai^{5}t^{h}əɯ^{5} 一元面值币

　一块头 i^{42}k^{h}uai^{24}t^{h}əɯ^{5}

铅角子 k^{h}an^{5}ko^{42}tsɿ^{0} 硬币

银洋钱 in^{5}iaŋ^{42}tɕ^{h}ian^{5} 银元

　洋钱 iaŋ^{5}tɕ^{h}ian^{5}

工钱 koŋ^{42}tɕ^{h}ian^{0}

算盘 san^{21}p^{h}an^{5}

秤 ts^{h}ən^{212}

秤盘 ts^{h}ən^{21}p^{h}an^{5}

秤星 ts^{h}ən^{212}ɕin^{42}

　星子 ɕin^{42}tsɿ^{0}

秤杆子 ts^{h}ən^{21}kan^{24}tsɿ^{5} 秤杆儿

秤钩子 ts^{h}ən^{212}kəɯ^{42}tsɿ^{0}

秤砣 ts^{h}ən^{21}t^{h}o^{5}

秤纽 ts^{h}ən^{21}ȵiəɯ^{24}

溜 liəɯ^{42} 称物时秤杆儿下降，显示的重量比实际略多

望 vaŋ^{212} 称东西时秤杆儿上翘，显示的重量比实际略少

逮秤 tai^{24}ts^{h}ən^{212} 一种短斤缺两的做法：称重时抓住秤砣绳往下拽，同时往里移动，待秤杆上翘的一瞬停止称量并确定斤两

赶秤 kan^{24}ts^{h}ən^{212} 用手移动系秤砣的绳子以确定斤两

磅秤 paŋ^{24}ts^{h}ən^{212}

过磅 ko^{21}paŋ^{24} 用磅秤称

天平秤 t^{h}ian^{21}p^{h}in^{5}ts^{h}ən^{212}

（3）交通

铁路 t^{h}ie^{42}ləɯ^{212}

火车 xo^{24}ts^{h}e^{42}

公路 koŋ^{42}ləɯ^{212}

汽车 tɕ^{h}i^{5}ts^{h}e^{42}

车站 ts^{h}e^{42}tsan^{212}

站台 tsan^{21}t^{h}ai^{5}

卡车 k^{h}ɑ^{24}ts^{h}e^{42}

公交车 koŋ^{42}tɕiaɯ^{5}ts^{h}e^{42}

摩托车 mo^{5}t^{h}o^{5}ts^{h}e^{42}

　马达卡$_{老}$ mɑ^{24}tɑ^{42}k^{h}ɑ^{24} 也喻指到处跑的孩子

三轮车 san^{42}lən^{5}tsʰe^{42}

自行车 tsɿ^{21}ɕin^{5}tsʰe^{42}

　脚搭车 tɕio^{42}tɑ^{5}tse^{42}

小包车$_{老}$ ɕiauɯ^{24}pauɯ^{5}tsʰe^{42} ①小面包车；②小轿车

板车 pan^{5}tsʰe^{42} 人力两轮平板运货车

独轮车 təɯ^{5}lən^{5}tsʰe^{42}

老牙车 lauɯ^{24}iɑ^{5}tsʰe^{42} 老出毛病的旧车

船 tɕʰyan^{55}

帆 fan^{42}

蓬 pʰoŋ^{55} 船上遮蔽风雨的蓬

船桨 tɕʰyan^{5}tɕiaŋ^{24}

船篙子 tɕʰyan^{5}kauɯ^{42}tsɿ^{0} 撑船的竹篙

撑船 tsʰən^{42}tɕʰyan^{5} 撑竹篙使船行驶

摇船 iauɯ^{5}tɕʰyan^{5} 摇橹使船行驶

摆渡 pai^{24}təɯ^{212}

轮船 lən^{5}tɕʰyan^{5}

机班船$_{老}$ tɕi^{42}pan^{2}tɕʰyan^{5} 装柴油发动机的船

　机帆船 tɕi^{42}fan^{2}tɕʰyan^{5}

十二　教育、文体、娱乐

（1）学校、文具

学校 ɕio^{5}ɕiauɯ^{212}

　学堂 ɕio^{5}tʰaŋ^{5}

读书 təɯ^{5}ɕy^{42} ①开始上小学；②去学校上课

发模$_{老}$ fɑ^{42}mu^{5} 入学

识撇 sɿ^{5}pʰie^{42} （学习上）开窍

到学堂去 tauɯ^{21}ɕio^{5}tʰaŋ^{5}tɕʰi^{42} 去学校上课

放学 faŋ^{21}ɕio^{5}

关学 kuan^{42}ɕio^{5} 放学后学生被留在学校

塌课 tʰɑ^{42}kʰo^{212} 缺课

幼儿院 iəɯ^{42}ər^{2}yan^{212} 幼儿园

托儿所 tʰo^{42}ər^{2}so^{24}

私塾 sɿ^{21}səɯ^{5}

学费 ɕio^{5}fei^{212}

　书钱$_{老}$ ɕy^{42}tɕʰian^{0}

放假 faŋ^{21}tɕiɑ^{24}

暑假 ɕy^{5}tɕiɑ^{24}

寒假 xan^{5}tɕiɑ^{24}

请假 tɕʰin^{5}tɕiɑ^{24}

打手板心 tɑ^{24}səɯ^{5}pan^{5}ɕin^{42} 打手心，旧时老师惩罚学生的方式

教室 tɕiauɯ^{212}sɿ^{42}

上课 saŋ^{5}kʰo^{212}

下课 ɕiɑ^{5}kʰo^{212}

讲台 tɕiaŋ^{24}tʰai^{5}

黑板 xie^{42}pan^{24}

粉笔 fən^{5}pie^{42}

黑板擦 xie^{42}pan^{5}tsʰɑ^{42} 板擦儿

　黑板揩 xie^{42}pan^{5}kʰai^{42}

麦达尺 mie^{42}tɑ^{5}tsʰɿ^{42} 直尺

本子 pən^{24}tsɿ^{5}

铅笔 kʰan^{5}pie^{42}

字杆$_{老}$ tsɿ^{21}kan^{24} 笔

橡皮 ɕiaŋ^{21}pʰi^{5}

圆规 yan^{5}kuei^{42}

卷刀 tɕyan^{24}taɯ^{42} 卷笔刀（旋着削的那种）

三角板 san^{42}ko^{2}pan^{24}

大字本 tɑ^{21}tsɿ^{1}pən^{24}

钢笔 kaŋ^{5}pie^{42}

毛笔 maɯ^{5}pie^{42}

毛（钢）笔套子 maɯ^{5}（kaŋ^{5}）pie^{42} tʰaɯ^{21}tsɿ^{24} 笔套

毛（钢）笔筒子 maɯ^{5}（kaŋ^{5}）pie^{42} tʰoŋ^{24}tsɿ^{5}

砚□$_{老}$ ȵian^{21}ŋo^{24} 砚台

砚□台$_{老}$ ȵian^{21}ŋo^{1}tʰai^{5}

乌墨 vu^{5}mie^{42} 墨

研墨 iai^{5}mie^{42}

钢笔水 kaŋ^{5}pie^{42}sei^{24} 墨水（钢笔用的）

毛笔水 maɯ^{5}pie^{42}sei^{24} 墨汁（毛笔用的）

黑墨水 xie^{42}mie^{2}sei^{24}

探$_{老}$ tʰan^{212} 掭（毛笔）

书包 ɕy^{5}paɯ^{42}

叫叫 tɕiaɯ^{21}tɕiaɯ^{5} 哨子

印蓝纸 in^{21}lan^{5}tsɿ^{24} 复写纸

白关纸 pie^{5}kuan^{42}tsɿ^{24} 白纸

信纸 ɕin^{21}tsɿ^{24} 信笺

信壳子 ɕin^{212}kʰo^{42}tsɿ^{0} 信封

（2）读书、写字

认字 zən^{5}tsɿ^{212} 识字

不认字 pu^{42}zən^{2}tsɿ^{212} 不识字

瞧书 tɕʰiaɯ^{5}ɕy^{42} 看书

背书 pei^{212}ɕy^{42}

写作业 ɕie^{24}tso^{5}ȵie^{42} 做作业

考试 kʰaɯ^{5}sɿ^{212}

试卷 sɿ^{21}tɕyan^{24} 考卷

批试卷 pʰi^{42}sɿ^{2}tɕyan^{24} 批改卷子

批分 pʰi^{5}fən^{42} 给作业或试卷打分

一百分 i^{5}pie^{42}fən^{0} 满分

零蛋 lin^{5}tan^{212} 零分

头一名 tʰəɯ^{5}i^{42}min^{5} 第一名

顶末了一名 tin^{24}mo^{42}liaɯ^{24}i^{42}min^{5}

最后一名 tsei^{5}xəɯ^{21}i^{1}min^{5}

倒数第一 taɯ^{212}səɯ^{1}ti^{24}i^{42}

写大字 ɕie^{5}tɑ^{5}tsɿ^{212} 写毛笔字

照倒写 tsaɯ^{21}taɯ^{1}ɕie^{24} 临摹（字）

照倒画 tsaɯ^{21}taɯ^{5}fɑ^{212} 临摹（画）

糊它 fu^{5}tʰɑ^{42} 涂掉

划它 fɑ^{21}tʰɑ^{24} 在字上划一横，表示去掉

杠它 kaŋ^{21}tʰɑ^{24}

冷字 lən^{24}tsɿ^{212} 生僻字

一点 i^{42}tian^{24}

一横 i^{42}xən^{5}

一竖 i^{5}ɕy^{212}

一撇 i^{5}pʰie^{42}

一捺 i^{5}lɑ^{42}

一钩 i^{5}kəɯ^{42}

一提 i^{42}tʰi^{5}

边旁 pian^{42}pʰaŋ^{5} 偏旁

单徛人 tan^{42}tɕi^{2}zən^{5} 单立人儿

双徛人 saŋ^{42}tɕi^{2}zən^{5} 双立人儿

宝盖头 paɯ^{24}kai^{5}tʰəɯ^{5} 宝盖儿

竖心旁 ɕy^{21}ɕin^{1}pʰaŋ^{5} 竖心儿

反犬旁 fan^{24}tɕʰyan^{5}pʰaŋ^{5}

耳朵旁 ər^{24}təɯ^{5}pʰaŋ^{5}

反文旁 fan^{24}vən^{5}pʰaŋ^{5}

斜王旁 ɕie^{5}vaŋ^{5}pʰaŋ^{5} 斜玉旁

踢土旁 tʰi^{42}tʰəɯ^{24}pʰaŋ^{5} 提土旁

病字头 pin^{21}tsɿ^{1}tʰəɯ^{5}

竹字头 tsəɯ^{42}tsɿ^{2}tʰəɯ^{5}

草字头 tsʰaɯ^{24}tsɿ^{5}tʰəɯ^{5}

三点水 san^{42}tian^{5}sei^{24}

走之底 tsəɯ^{24}tsɿ^{5}ti^{24} 走之儿

王字帮 vaŋ^{5}tsɿ^{5}paŋ^{42} 王字旁

绞丝旁 tɕiaɯ^{24}sɿ^{42}pʰaŋ^{5}

耳东陈 ər^{24}toŋ^{42}tsʰən^{5} “河南话”中“陈”“程”同音，都读［tsʰən^{55}］，说姓“陈”时通常说明此字的结构

（3）体育、娱乐

小书 ɕiaɯ^{5}ɕy^{42} 连环画

躲猫 to^{24}maɯ^{42} 捉迷藏

逮羊子 tai^{24}iaŋ^{5}tsɿ^{42} 排成一队的游戏，抓到最后一只“羊”为赢

猜谜子 tsʰai^{5}mi^{21}tsɿ^{24} 猜谜语

七董七 tɕʰi^{42}toŋ^{5}tɕʰi^{42} 二人或三人决定先后的游戏，通称“剪子、石头、布”。玩的时候嘴里不断地说～叉七 tsʰɑ^{5}tɕʰi^{42}

打哇哇 tɑ^{24}vɑ^{42}vɑ^{0} 轻拍嘴巴发出“哇哇”声

放炮 faŋ^{5}pʰaɯ^{212} 放鞭炮

炮纸 pʰaɯ^{21}tsɿ^{24} 装入纸炮枪可打响的封有火药的纸

放鹞子 faŋ^{5}iaɯ^{21}tsɿ^{24} 放风筝

打弹子 tɑ^{24}tʰan^{5}tsɿ^{24} 弹球儿

抓七子 tsɑ^{5}tɕʰi^{21}tsɿ^{24} 抓子儿

踢毽子 tʰi^{5}tɕian^{21}tsɿ^{24}

扛腿 kaŋ^{21}tʰei^{24}

打翻叉 tɑ^{24}fan^{5}tsʰɑ^{42} 双手撑地侧翻跟头

扳手劲 pan^{42}səɯ^{24}tɕin^{212}

跳牛皮筋 tʰiaɯ^{21}ȵiəɯ^{5}pʰi^{5}tɕin^{42}

□飘飘 tsʰo^{212}pʰiaɯ^{42}pʰiaɯ^{0} 打水飘儿

抹小牌 mɑ^{42}ɕiaɯ^{24}pʰai^{5} 玩纸牌

扯纸轱辘 tsʰe^{24}tsɿ^{5}ku^{5}ləɯ^{42}

借风 tɕie^{5}foŋ^{42} 上家出完牌后，下家随意出牌接续

掷豆子 tsɿ^{42}təɯ^{2}tsɿ^{24} 掷色子

陀螺 tʰo^{5}lo^{5}

炮筒子 pʰaɯ^{21}tʰoŋ^{5}tsɿ^{42} 弹壳

羊卵泡 iaŋ^{5}lo^{5}pʰaɯ^{42} 小孩儿玩的气球

玩狮子 van^{5}sɿ^{42}tsɿ^{0} 舞狮子

玩船 van^{5}tɕʰyan^{5} 跑旱船

玩龙灯 van^{5}loŋ^{5}tən^{42} 舞龙灯

玩把戏 van^{5}pɑ^{24}ɕi^{5} 玩杂技

衔碗 xan^{5}van^{24} 杂技之一

将①tɕiaŋ^{212} 象棋子之一，"帅"也说～；②tɕiaŋ^{42} 攻击对方"帅"的行动

老帅 laɯ^{5}sai^{212} 象棋"将"的别名

士 sɿ^{212}

象 ɕiaŋ^{212} "相"也说～，两者同音

车 tɕy^{42}

马 mɑ^{24}

炮 pʰaɯ^{212}

兵 pin^{42} "卒"也说～

小卒子 ɕiaɯ^{24}tsəɯ^{5}tsɿ^{42} 卒

上士 saŋ^{5}sɿ^{212} 支士

　插士 tsʰɑ^{42}sɿ^{212}

下士 ɕiɑ^{212}sɿ^{1} 落士

飞象 fei^{42}ɕiaŋ^{212}

落象 lo^{42}ɕiaŋ^{212}

对车 tei^{212}tɕy^{42} 换车

崴老将 vai^{24}laɯ^{5}tɕiaŋ^{212} 移动"将"或"帅"

划拳 fɑ^{5}tɕʰyan^{5}

牌九 pʰai^{5}tɕiəɯ^{24}

搓麻将 tsʰo^{42}mɑ^{5}tɕiaŋ^{24} 打麻将

碰 pʰoŋ^{212} 麻将的打法

吃 tsʰɿ^{42} 麻将的打法

杠 kaŋ^{212} 麻将的打法

和 fu^{55} 麻将的打法

划水 fɑ^{5}sei^{24} 游泳

颂沕子 vu^{5}mi^{21}tsɿ^{24} 潜水

溜冰 liəɯ^{5}pin^{42}

　滑冰 fɑ^{5}pin^{42}

高低歪儿 kaɯ^{42}ti^{2}vair^{24} 木屐

翻跟头 fan^{5}kən^{42}tʰəɯ^{0}

竖羊毛桩儿 ɕy^{21}iaŋ^{5}maɯ^{5}tsæ^{42} 倒立

京戏 tɕin^{42}ɕi^{212}

皮影子戏 pʰi^{5}in^{24}tsɿ^{5}ɕi^{212} 皮影戏

变戏法 pian^{21}ɕi^{5}fɑ^{42} 变魔术

说小书 ɕye^{42}ɕiaɯ^{5}ɕy^{42} 旧时在茶馆里说书

滩簧 tʰan^{42}vaŋ^{0} 锡剧

做滑稽$_{\text{老}}$ tsəɯ^{21}fɑ^{5}tɕi^{42} 演戏（主要演丑角）

瞧戏 tɕʰiaɯ^{5}ɕi^{212} 看戏

瞧电影 tɕʰiaɯ^{5}tian^{21}in^{24} 看电影

镗锣 tʰaŋ^{5}lo^{5} 一种乐器

出子 tɕʰy^{42}tsɿ^{0} 出，戏曲的段落

戏子 ɕi^{21}tsɿ^{24} 旧称演员

说书 ɕye^{5}ɕy^{42} 说评书

十三　动作、心理

（1）人体动作

□倒 tɕʰin^{21}taɯ^{24} （头）低着

　低倒 ti^{42}taɯ^{0}

仰倒 ȵiaŋ^{24}taɯ^{5} 仰着

猴倒 xəɯ^{5}taɯ^{42} 头微低，身子稍弯

弯倒 van^{42}taɯ^{0} 整个身子弯下来

躬腰 xɑ^{5}iaɯ^{42} 弓着腰

夹 kɑ^{42} ①路窄让不开，身子靠紧了通过；②拥挤

挤 tɕi^{24}

⿰足甫 pu^{212}　蹲守

跍 kʰu^{55} 蹲

抹 mo^{212} 转身

转轱辘 tɕyan^{212}ku^{42}ləɯ^{0} 转来转去

走 tsəɯ^{24}

打愣愣 tɑ^{24}lən^{42}lən^{0} 幼儿或老人走路不稳

□ pʰɑ^{24} 走路时两腿分开（身子不动）

尥 liaɯ^{212}　走路时两腿分开（身子动）

□ tiaŋ^{55} 慢悠悠地走

跑 pʰaɯ^{24} ①奔跑；②逃跑

跨 kʰɑ^{55}

跶 tɑ^{42}　跌（跟头）

绊 pʰan^{212}

踒 vai^{24} 扭伤

打跐 tɑ^{5}tsʰʅ^{24} 打滑

　打逛 tɑ^{5}kuaŋ^{212}

号 xaɯ^{212} 用手或脚在水里来回搅动

踩 tɕʰai^{24}

蹸 li^{42} 用脚掌踩住碾碎

□ tʰiɑ^{24} 在泥水里乱踩

庄 tsaŋ^{42} 用脚蹬

踿 sɑ^{42} 把鞋后帮踩在脚跟下面

顿 tən^{212}　跺（脚）

蹦 poŋ^{212}　跳

蹦脚 poŋ^{212}tɕio^{42}　跺脚

撕 tsʅ^{42}

叠 tie^{55}　折叠

抠 ŋəɯ^{42}　用手指取（部位较深）

抠 kʰəɯ^{42}　用手指取（部位较浅）

扦 tɕʰian^{212} 剔（牙）

⿱敫手 tɕiəɯ^{55} ①拧；②扭住

掐 kʰɑ^{42}

□ pʰie^{24} 折

　搣 mie^{24}

捏 ȵie^{42}

拿 lɑ^{55}

削 ɕio^{42}

割 ko^{42}

　□ kie^{24}

按 ŋan^{212} 用手指摁

揞 ŋan^{212}　用手覆住

□ tsʰən^{24} 用力摁住

捡 tɕian^{24} 拾

　拈 ȵian^{42}

拣 kan^{24} 挑选

　择 tse^{55}

□ tei^{24} 扔

　甩 sai^{24}

拌 pan^{24}（将物）丢弃

　撂 liaɯ^{212}

砸 tsɑ^{55}

□ kʰuei^{24} 用肘撑着

搡 soŋ^{24} 推

掼 kʰuan^{212} 捏住一端摔

揎 ɕyan^{24} 掀开

拄 tɕʰy^{24} 拄着（拐棍儿）

扯 tsʰe^{24}　①拔（草、萝卜）；②往

外拉

掸 tan^{24}

端 tan^{42}

掇 to^{42} 托着

掫 tsʰəɯ^{42} 抬起物体的一头

搊 tsʰəɯ^{42} 扶起来

搭 kʰɑ^{24} 用手扼住

敲 kʰo^{42} 敲击

搭 tɑ^{42}

□ tsʰan^{24} 用巴掌扇

甩 sai^{24}

捅 tʰoŋ^{24} ①挪动；②用刀刺

□ tʰoŋ^{42} 出拳直击

搅 tɕiaɯ^{24}

攮 laŋ^{24} 用匕首刺

治 tsʰɿ^{55} 剖（鱼）

兜 təɯ^{42} 舀

掟 vɑ^{24} 用瓢等器物取物

塔 tʰɑ^{42} 涂抹

搽 tsʰɑ^{55} 抹（香粉、药膏等）

揞 ian^{212} 将药粉撒在伤口

搌 tsan^{24} ①用布轻抹吸水；②将被子边沿儿往里折塞

凭 pʰən^{212} 靠，扶

□ tɕiɑ^{24} 淘米时手指的动作

倒 taɯ^{212} 倒掉

桶 tʰoŋ^{24}

锯 kie^{212} 锯树、拉胡琴的动作

抹 mo^{24}

揩 kʰai^{42}

撁 ɕian^{55} 用手摘毛

挠 laɯ^{55} 搔

捩 li^{42} 用手指揪：～耳朵

□ lən^{42} 用拇指和食指来回捻

搉 kʰuai^{24} 用胳膊挎着

捋 ləɯ^{42} 将衣袖或裤脚往上提

拎 lin^{42} 提

掂 tian^{42}

拖 tʰo^{42}

□ laɯ^{212}

挑 tʰiaɯ^{42}

抬 tʰai^{55}

扛 kʰaŋ^{55}

掖 ie^{42} 往里塞（被角等）

揌 sai^{42} 将东西塞入桌腿与地面的缝隙

揳 ɕie^{42} 将木楔等捶进空隙

捶 tsʰei^{55}（背、衣服）

裹 ko^{24}

攮 laŋ^{24} 用铁耙碎土

□ lai^{24} 大把大把地拔（草）

摖 tsai^{212} 用针缝（针脚较密）

缭 liaɯ^{55}（针脚较疏）

绾 van^{24} 将线绳或草绕成一团

拕 tʰo^{212} ①把东西从别人手里夺下来；②使松动并拔出

鐾 pi^{212} 将刀刃在布、皮、石头等物上反复摩擦，使其锋利

㧻 kaŋ^{212} 对锄头、铁耙等的刃进行磨砺

排 p^{h}ai^{24} 整齐地摆放

掺 ts^{h}an^{42}

把 pɑ^{24} 给

面 mian^{212} ①铺（路）；②排（蒜）

扬 iaŋ^{55} 抛谷以去杂秽

拌 paŋ^{212} 揍：～一顿

打 tɑ^{24} ①制作（门、柜子）；②买（酒、酱油）；③表示身体的动作：～哈欠

夯 xaŋ^{42} 用力捶打

攎 ləɯ^{42} 捞

擄 ləɯ^{24} 收拢在一起

盘 p^{h}an^{55} 用手玩：～泥巴

哈 xɑ^{42} 用手或耙子使谷物或柴草归拢：～到一堆聚成一堆

戳 ts^{h}o^{55}

　杵 tɕ^{h}y^{24}

抻 ts^{h}ən^{42} 伸

□ k^{h}ie^{212} （用绳索等）勒

扽 tən^{212} 拉紧

悠 iəɯ^{42} 用绳子划弧线甩

挽 pian^{24} 双手放在身后挽着

拢 loŋ^{55} 双手交叉伸到袖筒里

□ loŋ^{55} 套，穿：～件衣裳｜～个袖筒子

筒 t^{h}oŋ^{24} 装入衣袋

搀 tɕ^{h}ian^{42} 搀扶

撩 liaɯ^{55} 手臂伸直探取

　够 kəɯ^{212}

够不倒 kəɯ^{21}pu^{1}taɯ^{24} 长度够不着

　够不够 kəɯ^{21}pu^{5}kəɯ^{212}

滗 pie^{42} 挡住固体，让液体流出

□ k^{h}ɑ^{212} 嵌

律 li^{42} 把水滤干

撇 p^{h}ie^{42} 把漂浮在液体上的杂质去掉

□ t^{h}aŋ^{212} 用网沿河底往前探取：～螺蛳

剕 p^{h}i^{42} 水平方向削（肉）

斩 tsan^{24} 剁

编 pian^{212} 编织（竹器等）

发 fɑ^{42} 分发

　散 san^{212} ～烟

逮 tai^{24} 抓

豆 təɯ^{212} ①拼在一起；②凑（钱）

码 mɑ^{24} 摞，一层层地堆放

织 tsɿ^{42} 砌（墙）

拨 po^{42} 用石头砌（堤坝）

埅 tsəɯ^{42} 往已满的空间里硬塞东西

实 sɿ^{55} 塞住

窖 kaɯ^{212} 埋在地下

闸 tsɑ^{55} 砌墙堵住：把门～起来

　查 ts^{h}ɑ^{55}

斢 t^{h}iaɯ^{24} 调换

装 tsaŋ^{42} ①安装；②假装

淘（汤）t^{h}aɯ^{5} 在米饭里加入汤

拌（饭）pən^{212} 拌和

和 xo^{24} 混合在一起

□ ts^{h}an^{212} 跟其他东西混在一起

下 ɕiɑ²¹² 用钩子、网等捕捉

吸 ɕi⁴² ①用网拦接：～鱼；②一点一点地获取：～钱

囥 kʰaŋ²¹² 藏（用于物）

　　捡倒 tɕian²⁴tɤ⁵ 音同"捡到"

躲 to²⁴ 藏（指人）

蒙倒 moŋ²⁴tɤ⁵ 捂住

掌倒 tsaŋ²⁴tɤ⁵ 扶着

□ mɑ²¹² 从绳套里解脱：～箍

洗 ɕi²⁴

磨 mo⁵⁵

撵 nian²⁴ ①驱赶；②追赶

荡 taŋ²¹² 用水冲洗：～马桶

过 ko²¹² 用清水漂洗

　　散 san²¹²

抠 kʰɤ⁴² 签（合同）

哈 xɑ⁵⁵ 嘴对着手心哈口气，然后轻挠别人的脖子、腋窝等敏感部位

清 tɕʰin⁴² 收拾，整理

　　清清 tɕʰin⁴²tɕʰin⁰

　　捡捡 tɕian²⁴tɕian⁵

奓 tsɑ⁴² 张开（手）

哆 tsɑ⁴² 张开（口）

擤 ɕian²⁴

　　哄 xoŋ²⁴

吃 tsʰɿ⁴²

　　□老 kʰie⁵⁵

　　噇 tsaŋ²¹²（含贬义）

捣衣绿老 tau²⁴i⁴²ləɯ⁰ 人死前吃最后一顿（詈词）

咬 ŋaɯ²⁴

舔 tʰian²⁴

嗍 so⁴²

啃 kʰən²⁴

嗑 kʰo²¹²

湎 mi⁴² 小口喝

嚼 tɕio⁵⁵

饠 laŋ²⁴ 不择饭菜地吃一饱

吐 ① tʰəɯ²⁴ 从嘴里吐出；② tʰəɯ²¹² 呕吐

哕 yɑ²⁴ 呕

压 iɑ⁴² 勉强地吃

哈 xɑ⁴² 快速往嘴里扒拉：～几口饭

喂 vei²¹² 养（猪、羊）

答 tɑ⁴² 咂嘴

唤 fan²¹² 呼唤家禽家畜

嚧 lo⁴² 唤猪声

通嘴 tʰoŋ⁴²tsei²⁴ 接吻

香 ɕiaŋ⁴² 吻（多用于亲吻孩子）

瞧 tɕʰiaɯ⁵⁵ 看

睃 so²¹² 斜视

眨 tɕiɑ²⁴

细 ɕi²¹² 眯：眼睛～倒

睁 tsən⁴²

收 səɯ⁴² 吸（鼻涕）

皱 tsoŋ²¹²

哽倒了 kən²⁴tɤ⁵lo⁴² 吃东西噎住了

闻 vən⁵⁵

听 tin^{212}

打喷雀 tɑ^{5}fən^{21}tɕ^{h}io^{24} 打喷嚏

打格愣 tɑ^{24}kie^{42}lən^{0} 说话出现中断、不连贯

夯气 xaŋ^{42}tɕ^{h}i^{212} 喘气

颁 vu^{42} 头没进水里

笨 pən^{212} 死前的挣扎

岔 ts^{h}ɑ^{212} 淋（雨）

（2）心理、语言活动

认倒 zən^{21}taɯ^{24} 认识

认咧倒 zən^{21}lie^{1}taɯ^{24} 能认识

认不倒 zən^{21}pu^{1}taɯ^{24} 不认识

晓咧 ɕiaɯ^{24}lie^{5} 知道

不晓咧 pu^{21}ɕiaɯ^{24}lie^{5} 不知道

试倒 sɿ^{21}taɯ^{24} 感觉到

记倒 tɕi^{21}taɯ^{24} 记住

记起来了 tɕi^{2}tɕ^{h}i^{1}lai^{5}lo^{42} 想起来了

搞忘尽了 kaɯ^{5}vaŋ^{21}tɕin^{24}lo^{5} 忘记了

做记 tsəɯ^{5}tɕi^{212} 长记性

不做记 pu^{42}tsəɯ^{2}tɕi^{212} 不长记性

作记儿 tso^{42}tɕier^{24} 注意

记符 tɕi^{21}fu^{5}

闻信 vən^{5}ɕin^{212} 注意，关心

喜欢 ɕi^{24}fan^{5}

恨 xən^{212}

嫌 ɕian^{55} 嫌弃

烦 fan^{55}

烦神 fan^{5}sən^{5} 费神

厌 ian^{212} ①讨厌；②淘气

讨嫌 t^{h}aɯ^{24}ɕian^{5} ①讨厌；②情况糟糕

赚 xəɯ^{55} 贪心

眼前 ian^{24}tɕ^{h}ian^{5} 羡慕

妒忌 təɯ^{24}tɕi^{5}

诋抹$_{老}$ ti^{21}mo^{24} 在领导面前说人坏话

得罪 tie^{42}tɕi^{0}

疑心 ȵi^{5}ɕin^{42} 怀疑：～重

窄心 tse^{5}ɕin^{42} 耍小心眼

气 tɕ^{h}i^{212} 生气

见气 tɕian^{5}tɕ^{h}i^{212}（较雅的说法）

愀 tɕ^{h}iaɯ^{212} 生气状

怄气 ŋəɯ^{5}tɕ^{h}i^{212}

气不过 tɕ^{h}i^{21}pu^{1}ko^{5} 比较生气

光火 kuaŋ^{42}xo^{24}

搞毛了 kaɯ^{24}maɯ^{5}lo^{42} 恼火

搞火了 kaɯ^{5}xo^{24}lo^{5}

怕 p^{h}ɑ^{212} ①害怕；②恐怕

含糊 xan^{5}fu^{42} 畏惧（程度浅）

左了 tso^{24}lo^{5} 因畏惧而态度变软

吓不过 ɕiɑ^{42}pu^{2}ko^{0} 比较害怕

懊悔 ŋaɯ^{21}fei^{24}/ xaɯ^{21}fei^{24} $_{老}$

懊焦 ŋaɯ^{42}tɕiaɯ^{0} 心急矛盾

发恨 fɑ^{42}xən^{212} 恨口气

着急 tso^{5}tɕi^{42}

慌了张 faŋ^{42}lo^{5}tsaŋ^{42} 着慌

打惊张 tɑ^{24}tɕin^{42}tsaŋ^{0} 吃惊

定 tin^{212} ①心安；②确定

定心 tin^{212}ɕin^{42}

考虑 k^{h}aɯ^{24}y^{5} 思考

装扮 tsaŋ^{42}pan^{0} 打算

相信 ɕiaŋ^{42}ɕin^{212}

忺 tɕʰian^{212} 挂念

巴不得 pɑ^{42}pu^{2}tie^{0} 盼望

当心 taŋ^{5}ɕin^{42}

□ ŋoŋ^{212} 言语少，难交往

估 ku^{24} 估量

　估估 ku^{24}ku^{5}

　估谱 ku^{5}pʰu^{24}

　合谱 xo^{42}pʰu^{24}

估猜 ku^{24}tsʰai^{42} 估计，猜测

估堆 ku^{24}tei^{42} 估测一堆东西的重量

过干瘾 ko^{212}kan^{42}in^{24} 用口头或空想方式满足欲望

渴 kʰo^{42}

　嘴巴发干 tsei^{24}pɑ^{5}fɑ^{5}kan^{42}

惯侍 kuan^{21}sɿ^{24} 溺爱

谢 ɕie^{212} 感谢

说 ɕye^{42}

投 tʰəɯ^{55} 告诉

□ kuɑ^{42} 提到（一句）：～了一下子

　带 tai^{212}

瞎洽 ɕiɑ^{42}tɕʰiɑ^{212} 瞎说

　瞎议 ɕiɑ^{42}tsʰɑ^{212}

咕 ku^{42} 嘀咕，自言自语

　咕喽 ku^{42}ləɯ^{0}

吩嘱 fən^{42}so^{0} / fən^{42}səɯ^{0}（对鬼神的）吩咐，交代

偷倒说 tʰəɯ^{42}taɯ^{2}ɕye^{0} 偷偷地说

咬耳朵 ŋaɯ^{5}ər^{24}təɯ^{5} 耳语

拍 pʰie^{42} 聊天

　拍白$_{老}$ pʰie^{42}pie^{5}

谈老空 tʰan^{5}laɯ^{5}kʰoŋ^{42} 闲聊

　呱老空 kuɑ^{5}laɯ^{5}kʰoŋ^{42}

　谈闲白$_{老}$ tʰan^{5}ɕian^{5}pie^{5}

说闲话 ɕye^{42}ɕian^{5}fɑ^{212} 闲言碎语

搭话 tɑ^{42}fɑ^{212} 搭茬儿

答嘴 tɑ^{42}tsei^{24} 答应，表态

不做声儿 pu^{42}tsəɯ^{5}ser^{42}

打哽 tɑ^{5}kən^{24} 说话不流畅

嗓 saŋ^{24} 言语冲，责备

　口 kʰəɯ^{24}

　狠 xən^{24}

喊 xan^{24}

　□ ye^{212}

　□ yɑ^{212}

挨噘 ŋai^{5}tɕye^{5} 挨骂

屌经 tiaɯ^{24}tɕin^{5} 批评；挑剔

　熊 ɕioŋ^{55}

怪 kuai^{212} 责怪

啰嗦 lo^{42}so^{0} 唠叨

争 tsən^{42} 争辩

埋怨 mai^{5}yan^{42}

糟讥 tsaɯ^{42}tɕi^{0} 讽刺

抬杠 tʰai^{5}kaŋ^{212}

还嘴 fan^{5}tsei^{24} 反驳

　顶嘴 tin^{5}tsei^{24}

　犟嘴 tɕiaŋ^{21}tsei^{24}

搅嘴 tɕiaɯ⁵tsei²⁴（含贬义）

把话 pɑ²⁴fɑ²¹² 捎口信或回复

过话 ko²¹²fɑ¹ 传话

说好话 ɕye⁴²xaɯ²⁴fɑ² 说吉利话

说死话 ɕye⁴²sɿ²⁴fɑ² 说蠢笨的话

说毒话 ɕye⁴²təɯ⁵fɑ²¹² 说恶毒的话

吹牛屄 tsʰei⁴²ȵiəɯ⁵pi⁴² 吹牛

赌咒 təɯ²⁴tsəɯ²¹² 发誓

□ toŋ⁵⁵ 怂恿

货 xo²¹² 哄（骗）

哄人 xoŋ²⁴zən⁵ 骗人

哭 kʰu⁴²

杠祸 kaŋ⁵xo²¹² 小孩子之间吵架

戳祸 tsʰo⁵xo²¹² 用言语挑拨离间

　　挑祸 tʰiaɯ²⁴xo²¹²

　　触蹩脚 tsʰo⁴²pie⁵tɕio⁴²

　　里戳外挑 li²⁴tsʰo⁵vai²¹tʰiaɯ²⁴

起纤儿 tɕʰi⁵tɕʰiai²¹² 找茬儿

　　（3）关于物的动词

泅 in²¹² 液体渗进纸、布

沥 li⁴² 很慢地滴

浠 ɕi⁴² 比较急地往下滴

滴 ti⁴²

淼 piaɯ⁴² 液体冲射而出

䨻 pʰu⁴² 溢出

□ tai²⁴ 沸煮

濽 tsan²¹² 溅

沤 ŋəɯ²¹² 泡在水里

定 tin²¹² 沉淀

怄 ŋəɯ²⁴ 没有火焰的燃烧

煿 tɕʰiəɯ⁴² 烟熏

烽 pʰoŋ⁴² 火苗旺而窜起

翀 tsʰoŋ²¹² 猛地往上飞窜

引 in²⁴ 用燃着的东西去点燃其他

起火 tɕʰi⁵xo²⁴ 失火

过 ko²¹² 熄灭

蜕 tʰi²¹² ～壳

浮头 pʰu⁵tʰəɯ⁵ 鱼浮出水面呼吸

渨 vei⁴² 动物隐藏到草或泥里

媷子 pan⁵tsɿ²⁴ 鱼产子

□槽 tʰən²¹tsʰaɯ⁵ 猪不吃食

□ tian²¹² 给猪减少精饲料但不使其掉膘

蠚 xo⁴² 毛虫或带毛物蛰人

绵 mian⁵⁵ 蜷缩

哈 xɑ⁴² 嗓子因受刺激而难受：～嗓子

兜 təɯ⁴² 啄

朗 laŋ²¹² 放晴：天～开了

出 tɕʰy⁴² 种子发芽

暴芽 paɯ²¹iɑ⁵ 冒芽

回芽 fei⁵iɑ⁵ 久放长芽

打苞 tɑ²⁴paɯ⁴² 长出花苞

打泡 tɑ²⁴pʰaɯ⁴² 抽穗

活棵 xo⁵kʰo⁴² 植物成活

发棵 fɑ⁵kʰo⁴² 分蘖

兴住了 ɕin²¹tɕy¹lo⁵ 植物过于茂密，影响其他植物生长

哄死了 xoŋ²¹sɿ¹lo⁵

走种 tsəɯ^{5}tsoŋ^{24} 变种

罢园儿 pɑ^{21} yai^{5} 蔬果的收获期即将结束

稆生 liəɯ^{24}sən^{42} 非播种而生

败$_{老}$ pai^{212} 凋零

塌 t^{h}ɑ^{42} 下陷

倒 taɯ^{24} 竖立的东西横躺下来

勚 i^{212} 器物磨损

未 vei^{212} 刀口磨损变钝

垮 k^{h}uɑ^{24} 坏了

岥 p^{h}i^{42} 竹木等裂开（口子大，比裂的程度深）

开裂 k^{h}ai^{5}lie^{42}

　开坼 k^{h}ai^{5}ts^{h}e^{42}

皴 ts^{h}ən^{42} 皮肤皲裂

摞 lo^{212} 东西重叠着放

埲 p^{h}oŋ^{212} 起尘

逗 təɯ^{42} 吸引：～蚊虫

巴 pɑ^{42} ①粘住；②用药敷

□ t^{h}ən^{212} （车辆）颠簸

漤 lan^{24} 把柿子放在谷物里使熟

挂 k^{h}uɑ^{212} 挂住

走味儿 tsəɯ^{24}ver^{212} 变味儿

长白醭 tsaŋ^{24}pie^{5}p^{h}u^{5} 东西因腐烂表面生白毛

发威 fɑ^{5}vei^{42} 发作

灌了 kuan^{21}lo^{24} 化脓

拿人 lɑ^{5}zən^{5} （酒因度数高）醉人

抛倒 p^{h}aɯ^{42}taɯ^{0} 散着（放养）

窝倒 ŋo^{42}taɯ^{0} 放在不通风处闷着

敞倒 ts^{h}aŋ^{24}taɯ^{5} 敞开着

敞气 ts^{h}aŋ^{24}tɕ^{h}i^{212} 因未密封导致食物变软或变质

回潮 fei^{5}ts^{h}aɯ^{5} 返潮

斢头 t^{h}iaɯ^{24}t^{h}əɯ^{5} 调头

并排 p^{h}in^{21}p^{h}ai^{5}

上锈 saŋ^{5}ɕiəɯ^{212} 生锈

硬人 ŋən^{24}zən^{5} 硬物硌得人不舒服

炕人 k^{h}aŋ^{21}zən^{5} 靠近火源感到灼热

（4）其他动词

弄 loŋ^{212}

　搞 kaɯ^{24}

□ kɑ^{212} 一下子得到许多：～住了

□作 kɑ^{212}tso^{42} 下手

□ piɑ^{212} 盯梢

觑 piaɯ^{212}

关 kuan^{42} 共享

得 tie^{42} 获得：～好处｜～孙儿

编 pian^{42} 慢慢地使其（行为习惯）转变

掬走 xoŋ^{42}tsəɯ^{24} 一股脑赶走

蹲 tən^{42} ①住；②待（在某处）

照 tsaɯ^{212} 照看

引 in^{24} 照看（小孩儿）

　带 tai^{212}

复 fu^{42} 核对

谋 mu^{55} 淘，设法寻找

欺负 tɕ^{h}i^{42}fu^{0}

痨 laɯ^{212} 用药毒（人、鱼等）

兴 ɕin^{42} 种植（瓜、菜）

杭 xaŋ^{55} 经受：～不住

戒 kai^{212} ～烟｜～酒

碍 ŋai^{212} 人为拖延：～时间

□ tʰən^{212} 人为将其推后：～到后头

□ tʰin^{212} 搁在一边

逞头 tsʰən^{5}tʰəɯ^{5} 挑头，带头

赌狠 təɯ^{5}xən^{24} 凭自己狠

堂孬 tʰaŋ^{5}laɯ^{42} 认怂

力命 li^{42}min^{212} 苟延残喘

拚命 pan^{5}min^{212} 挣扎或不顾性命地去做

□死 pʰo^{5}sɿ^{24} 拼死

弄松 loŋ^{21}soŋ^{24} 捉弄

　阴促 in^{42}tsʰo^{0}

　尻倒人 kʰaɯ^{42}taɯ^{2}zən^{5}

魇倒 ian^{21}taɯ^{24} 用法术、巫术等诅咒人

钝 tən^{212} 羞辱：～祖宗

讹皮 ŋo^{5}pʰi^{24} 耍赖

　搅皮 tɕiaɯ^{5}pʰi^{24}

　角皮 ko^{5}pʰi^{24}

作 tso^{42} 自找麻烦或给人找麻烦

假马 tɕiɑ^{5}mɑ^{24} 做作

　假马二十五 tɕiɑ^{5}mɑ^{5}ər^{21}sɿ^{1}vu^{24}

装佯儿 tsaŋ^{42}iæ^{5} 假装

　装洋憨 tsaŋ^{42}iaŋ^{5}xan^{42}

拿乔 lɑ^{5}tɕʰiaɯ^{5} 摆架子

喝 xo^{42} 巴结

过 ko^{212} 传染

担待$_{老}$ tan^{42}tai^{0} 不计较，原谅

管闲儿 kuan^{24}ɕiai^{5} 管事

过堂 ko^{21}tʰaŋ^{5} 接受检验和评判

明众 min^{5}tsoŋ^{212} 公开，使人知道

碍事 ŋai^{5}sɿ^{212}

交运 kaɯ^{5}yn^{212} 走运

坍台 tʰan^{42}tʰai^{5}

　坍铳 tʰan^{42}tsʰoŋ^{212}

强勉 tɕʰiaŋ^{5}mian^{42} 强调：～理由

校试 kaɯ^{21}sɿ^{24} 试试

卡油 kʰɑ^{24}iəɯ^{5} 揩油

占赢儿 tsan^{21}ier^{5} 占便宜

靠相 kʰaŋ^{5}ɕiaŋ^{212} 靠别人帮助获益

减少 tɕian^{5}saɯ^{24}/kan^{5}saɯ^{24}

搞没见了 kaɯ^{24}mo^{5}tɕian^{21}lo^{24} 丢了

　搞掉了 kaɯ^{5}tiaɯ^{21}lo^{24}

岔了 tsʰɑ^{24}lo^{5} 事情搞砸了

并 pin^{212} 僵持

裂手 lie^{21}səɯ^{24} 茅草或绳子等勒手

闲身 ɕian^{5}sən^{42} 空闲

糊 fu^{24} 混（日子）

收兜 səɯ^{5}təɯ^{42} 收尾

到底 taɯ^{21}ti^{24} 到顶头

搭界 tɑ^{5}kai^{212} 关联

要挨 iaɯ^{21}ŋai^{5} 欠揍

□倒 kʰuan^{21}taɯ^{24} 碍着：～他

劳慰 laɯ^{5}vei^{42} 表示感谢（客套话）

难为 lan^{5}vei^{42}

去屎 tɕʰy^{21}tɕʰiəɯ^{5} 作罢

爬屁 pʰɑ^{5}pʰi^{212} 一种否定后置，较粗俗的说法：把他～根本不要给他

爬鸡巴 pʰɑ^{5}tɕi^{42}pɑ^{0}

叫他莫 tɕiaɯ^{21}tʰɑ^{5}mo^{42} ①让他别；②与“蛮”连用，表示任由他去：你～说蛮你让他说就是了

拖助架 tʰo^{5}tso^{212}tɕiɑ^{1} 拉偏架

尻死 kʰaɯ^{42}sɿ^{24} 口头禅，相当于“糟了”

坑死 kʰən^{42}sɿ^{24}

划到 fɑ^{5}taɯ^{42} 合到

是 sɿ^{212}

不是 pu^{5}sɿ^{212} ①表示否定；②否则

有 iəɯ^{24}

没得 mei^{21}tie^{5}

要 iaɯ^{212}

不要 pu^{5}iaɯ^{212}

在 tai^{212} ①动词；②介词

不在 pu^{5}tai^{212}

十四 性质、状态

（1）指物形容词

大 tɑ^{212}

小 ɕiaɯ^{24}

多 to^{42}

少 saɯ^{24}

长 tsʰaŋ^{55}

短 tan^{24} ①跟“长”相对；②不和悦：脸～

矮 ŋai^{24} 也指人

矮爬爬 ŋai^{24}pʰɑ^{5}pʰɑ^{5} 比较矮

高 kaɯ^{42} 也指人

低 ti^{42}

粗 tsʰəɯ^{42}

细 ɕi^{212}

深 tsʰən^{42}

浅 tɕʰian^{24}

快 kʰuai^{212}

慢 man^{212}

早 tsaɯ^{24}

晏 ŋan^{212} 晚

宽 kʰuan^{42}

窄 tse^{42}

窄了了 tse^{2}liaɯ^{5}liaɯ^{42} 很窄

敞延 tsʰaŋ^{24}ian^{5} 宽敞

平展 pʰin^{5}tsan^{42} 平坦

□ poŋ^{24} 中间隆起

圆 yan^{55}

团 tʰan^{55}

暴 paɯ^{212} 凸显

窝 ŋo^{42} 凹陷

眍 kʰəɯ^{42} 目深陷

饱 paɯ^{24} ①（果实）饱满；②（吃）饱

瘪 pie^{24}

厚 xəɯ^{212} ①跟“薄”相反；②稠密

薄 po^{55}

枵 ɕiaɯ^{42}
整 kən^{24} 整个的
整碌碌 kən^{24}ləɯ^{5}ləɯ^{42} 形状又圆又完整
碎 ɕi^{212}
直 tsɿ^{55}
弯 van^{42}
笔挺 pie^{21}tʰin^{24} 很直
齐偡 tɕʰi^{5}tsan^{42} 整齐
一偡齐 i^{42}tsan^{24}tɕʰi^{5}
绵偡 mian^{5}tsan^{42} 整齐服帖
抻敨 tsʰən^{42}təɯ^{0} 服帖平整
紧称 tɕin^{24}tsʰən^{5} 房屋四周有围挡，显得安全
⿰片毛 pʰaɯ^{42} 蓬松
⿰片毛轻 pʰaɯ^{42}tɕʰin^{0} 很轻
绒 zoŋ^{55} 软
绒和 zoŋ^{5}xo^{42} 软和
绒耷耷 zoŋ^{5}tiɑ^{5}tiɑ^{5} 很软
硬 ŋən^{212} ①质地坚硬；②态度坚决
邦硬 paŋ^{42}ŋən^{212} 很硬
硬邦邦 ŋən^{21}paŋ^{5}paŋ^{42}
硬肘 ŋən^{21}tsəɯ^{24} 硬朗
硬肘肘 ŋən^{21}tsəɯ^{5}tsəɯ^{5} 硬而韧（强调硬）
硬揫揫 ŋən^{21}tɕiəɯ^{5}tɕiəɯ^{5} 硬而韧（强调韧）
干 kan^{42} ①与“湿”相对；②口渴；③天旱
焦干 tɕiaɯ^{42}kan^{0} 很干
湿 sɿ^{42}
潮 tsʰaɯ^{55}
切潮咧 tɕʰie^{21}tsʰaɯ^{5}lie^{42} 很湿的
切湿咧 tɕʰie^{5}sɿ^{42}lie^{0}
切湿浪浆咧 tɕʰie^{5}sɿ^{42}laŋ^{5}tɕiaŋ^{42}lie^{0}
潮叽叽 tsʰaɯ^{5}tɕi^{5}tɕi^{42} 潮湿
水浃浃 sei^{24}tɕiɑ^{5}tɕiɑ^{5} 夹杂着水
咸 ɕian^{55}
淡 tan^{212} 特别淡
□淡 piɑ^{24}tan^{212}
齁 xəɯ^{42} 因过咸导致喉咙难受
胮腥 pʰaŋ^{42}ɕin^{0} 特别腥
瘟腥 vən^{42}ɕin^{0}
馞香 pʰoŋ^{212}ɕiaŋ^{42} 很香
涩嘴 se^{42}tsei^{24} 舌头感到麻、不滑爽
麻嘴 mɑ^{5}tsei^{24}
焦 tɕiaɯ^{42}（锅巴）脆
绷脆 poŋ^{24}tsʰei^{212}
煳 fu^{55} 食物或衣物经火变焦发黑
痞 pi^{24} 食物变得不脆
黐 tsʰɿ^{55} 米面等黏
蒿 xaɯ^{42} 有哈喇味
牢 laɯ^{55} 坚固
搭 tɑ^{42} 黏性大
酽 ɲian^{212} 稠
酽多多 ɲian^{21}to^{5} to^{42} 很稠
稀 ɕi^{42} ①不密，不稠；②前缀，很：～好咧

溏 tʰaŋ^{55} 半流动的：～鸡屎
细滑 ɕi^{21}fɑ^{24} 细腻
光叽 kuaŋ^{42}tɕi^{0} 光滑
顺光 ɕyn^{212}kuaŋ^{42} 光滑
匀净 yn^{5}tɕin^{42} 均匀
□ mən^{24} 植株密
脗缝 min^{24}foŋ^{212} 严丝合缝
朽 ɕiəɯ^{24} 布料变薄和易破
问 vən^{212} 木材初腐的征象，易断
钝 tən^{212} 眼睛的认人能力差
挢 tɕʰiaɯ^{55} 木质变形翘起
搪 tʰaŋ^{55} 负荷过重而弯曲变形
正 tsən^{212}
歪 vai^{42}
斜 ɕie^{55}
  □ so^{212}
丁倒 tin^{42}taɯ^{0} 颠倒
热 ye^{42}
冷 lən^{24}
凉 liaŋ^{55}
荫 in^{212} 介于“冷”和“凉”之间
瀙人 tɕin^{21}zən^{5} 水冷得刺骨
冰人 pin^{42}zən^{5} 碰着感觉冰冷
壮 tsaŋ^{212} ①指动物；②肥沃
瘦 səɯ^{212} 也指人
弱 ȵio^{42}
精 tɕin^{42} （做食物的肉）瘦
□人 ȵiaŋ^{21}zən^{5} 肥腻得让人难受
  够人 kəɯ^{21}zən^{5}

红 xoŋ^{55}
白 pie^{55}
黑 xie^{42}
黄 faŋ^{55}
蓝 lan^{55}
青 tɕʰin^{42}
绿 ləɯ^{42}
灰 fei^{42}
紫 tsʅ^{24}
乌 vu^{42} 青
大红 tɑ^{21}xoŋ^{5}
粉红 fən^{24}xoŋ^{5}
天蓝 tʰian^{42}lan^{5}
土黄 tʰəɯ^{24}faŋ^{5}
藏青 tsaŋ^{212}tɕʰin^{42}
草绿 tsʰaɯ^{24}ləɯ^{42}
耐饿 lai^{5}ŋo^{212} 布料不易褪色
对 tei^{212}
错 tsʰo^{212}
好 xaɯ^{24}
坏 fai^{212}
  拐 kuai^{24} ①质量差；②脾气坏
怵 tɕʰiəɯ^{24} 质量差
蹩脚 pie^{5}tɕio^{42} （质量、能力）差
  推板 tʰei^{42}pan^{0}
土 tʰəɯ^{24} 土气
经用 tɕin^{42}zoŋ^{212} 耐用
把稳 pɑ^{5}vən^{24} 可靠
稳笃笃 vən^{24}to^{5}to^{42} 很有把握

稳笃定 vən²⁴to⁵tin²¹²

稳 vən²⁴ 稳当

安顿 ŋan⁴²tən⁰ 安稳

窝逸 ŋo⁴²i⁰ （环境）温暖、舒适

方便 faŋ⁴²pian⁰

容紧 zoŋ⁵tɕin²⁴ 容易

　　易在 i²¹tsai²⁴

稀奇 ɕi⁴²tɕʰi⁵ 奇怪

豁形儿 xo⁴²ɕier⁵ 好险

搭僵 tɑ⁵tɕiaŋ⁴² 棘手

穰劲 zaŋ⁵tɕin²¹² 希望落空无精打采
　　的样子

清爽 tɕʰin⁴²saŋ²⁴

　　干净 kan⁴²tɕin⁰

脏 tsaɯ⁴²

　　赖咧老 lai⁴²lie⁰

新鲜 ɕin⁴²ɕian⁰

蔫 ian⁴² 颜色不鲜艳

淡远 tan²¹yan²⁴ 疏远

避闲 pi²¹ɕian⁵ 背静

见相 tɕian⁵ɕiaŋ²¹² 煮熟的东西跟原物
　　相比缩减不多

到榫 taɯ²¹sən²⁴ ①榫卯连接到位；
　　②活儿做得符合要求

批批满 pʰi⁴²pʰi²man²⁴ 形容非常满

　　批批摇摇 pʰi⁴²pʰi²iaɯ⁵iaɯ⁵

热和和 ye⁴²xo⁵xo⁴²

　　热烔烔 ye⁴²toŋ⁵toŋ⁴²

（2）指人形容词

胖 pʰaŋ²¹² 指人

老长 laɯ²⁴tsʰaŋ⁵ 长得老气

□ ɕye²¹² 衰老或器官老化

□ so²¹² 肩膀或脖子歪着

犟 tɕian²¹² 固执

戆 kaŋ²¹² 脾气直，说话冲人

瓮懂 ŋoŋ²¹toŋ²⁴ 肚子里做文章

□ tɕioŋ⁵⁵ 神气活现，炫耀

充人 tsʰoŋ⁴²zən⁵ 出风头

　　充能 tsʰoŋ⁴²lən⁵

充老子 tsʰoŋ⁴²laɯ²⁴tsʅ⁵ 自称老子

扯能 tsʰe²⁴lən⁵ 自告奋勇（含贬义）

拽儿文 tɕyai²⁴vən⁵ 卖弄学问

大慢儿慢儿咧 tɑ²¹mair⁵mair⁴²lie⁰ 傲
　　慢状

慢淘淘 man²¹tʰaɯ⁵tʰaɯ⁴² 慢条斯理

翻俏 fan⁵tɕʰiaɯ⁴² 翻花样（含贬义）

考交 kʰaɯ²⁴tɕiaɯ⁵ 讲究

□ kʰie²¹² 省吃俭用

　　俭省 tɕian⁵sən²⁴

把细 pɑ²⁴ɕi⁵ 生活精打细算

□ sɑ²¹² 出手大方：手～

过细 ko⁵ɕi²¹² （做事）仔细

舒坦 ɕy⁴²tʰan⁰/ tɕʰy⁴²tʰan⁰

勤快 tɕʰioŋ⁵kʰuai⁴²

要好 iaɯ²¹xaɯ²⁴ 关系好

含相 xan⁵ɕiaŋ⁴² 狼吞虎咽的样子

乖 kuai⁴² （孩子）听话

皮 p^{h}i^{55} 顽皮

厌 ian^{212}（含贬义）

憨 xan^{42}

怪武 kuai^{21}vu^{24}

皮脸 p^{h}i^{5}lian^{24}

不懂头脑 pu^{42}toŋ^{24}t^{h}əɯ^{5}laɯ^{24} 不懂事

不来事 pu^{42}lai^{5}sɿ^{212} 不怎么样（指人也指物）

不着兮 pu^{42}tsaɯ^{5}ɕi^{42}

出趟 tɕ^{h}y^{42}t^{h}aŋ^{0} 大方，不怕见人或与人打交道

大方 tɑ^{21}faŋ^{24} 不吝啬

小气 ɕiaɯ^{24}tɕ^{h}i^{5} 吝啬

尖 tɕian^{42}

尖头巴兮 tɕian^{42}t^{h}əɯ^{2}pɑ^{5}ɕi^{42}

吃香 ts^{h}ʅ^{5}ɕiaŋ^{42} 吃得开

吃硬 ts^{h}ʅ^{5}ŋən^{212} 经受得住伤痛

亲狂 tɕ^{h}in^{42}k^{h}uaŋ^{0} 发嗲，撒娇

□亲 ȵiɑ^{42}tɕ^{h}in^{0}

□瓢 ȵiɑ^{42}p^{h}iaɯ^{5}

老气横秋 laɯ^{24}tɕ^{h}i^{5}vən^{5}tɕ^{h}iəɯ^{42}

老三老四 laɯ^{24}san^{42}laɯ^{24}sɿ^{212}

老卵 laɯ^{5}lo^{24}（粗俗的说法）

老卵虿气 laɯ^{5}lo^{5}se^{42}tɕ^{h}i^{212}

老嘎嘎咧 laɯ^{24}kɑ^{5}kɑ^{42}lie^{0}

格朗 kie^{42}laŋ^{0} 开朗

精钢 tɕin^{42}kaŋ^{0} 精神矍铄

精 tɕin^{42} 精明

古怪 ku^{5}kuai^{42}

灵光 lin^{5}kuaŋ^{42} 头脑灵活

灵清 lin^{5}tɕ^{h}in 清楚

活泛 xo^{5}fan^{42} ①灵活；②活动的，不固定

熟泛 səɯ^{5}fan^{42} 熟悉

肉 zəɯ^{212} 迟钝，做事磨叽

冒 maɯ^{42} 夸大

松爽 soŋ^{42}saŋ^{0} 轻松自在

爽当 saŋ^{24}taŋ^{5} 爽快

麻利 mɑ^{5}li^{42} 敏捷干练

来煞 lai^{5}sɑ^{42} 干练泼辣

硬气 ŋən^{21}tɕ^{h}i^{24} 虽然穷，但有骨气

热闹 ye^{42}laɯ^{0} 热情好客

刹燥 sɑ^{42}ts^{h}aɯ^{212} 过瘾

难看 lan^{5}k^{h}an^{212} 丑（可指人，也可指物）

怕丑 p^{h}ɑ^{21}ts^{h}əɯ^{24} 腼腆

怕嫌人 p^{h}ɑ^{21}ɕian^{5}zən^{42}

怕难为情 p^{h}ɑ^{21}lan^{5}vei^{42}tɕ^{h}in^{5}

牌裳 p^{h}ai^{5}saŋ^{42} 衣服和外表好看

体面$_{老}$ t^{h}i^{24}mian^{5} 外表好看

牌牌 p^{h}ai^{5}p^{h}ai^{5} 漂亮（儿语）

呱叽 kuɑ^{5}tɕi^{42} 穿着整洁讲究

标致 piaɯ^{42}tsɿ^{0} 只适合男性青年

秀迷 ɕiəɯ^{21}mi^{24} 秀气

霞意 ɕiɑ^{5}i^{42}（生活环境）舒服

笃定 to^{42}tin^{212} 稳的

要紧 iaɯ^{21}tɕin^{24}

过劲 ko^{42}tɕin^{212} 厉害

结棍 tɕie^{42}kuən^{212} 多指开销

促掐 tsʰo^{42}kʰɑ^{0} 故意刁难

坐儿 tso^{21}tɕi^{24}

鸡作 tɕi^{42}tso^{0}

毒疡 təɯ^{5}iaŋ^{42} 恶毒

狠 xən^{24} ①本领高强；②手段多

凶 ɕioŋ^{42}

辣蛮 lɑ^{42}man^{5} 不讲理

下作 ɕiɑ^{21}tso^{24} 低贱

低品 ti^{42}pʰin^{0}

恶 ŋo^{42} ①关系不好；②（人品）坏

呆呆 ŋai^{5}tai^{42} 死心眼儿

没得脱落 mei^{21}tie^{5}tʰo^{42}lo^{0} 做事乱七八糟，无计划

活寿 xo^{5}səɯ^{212} 言行举止不入调

鬼寿 kuei^{24}səɯ^{212}

欠 tɕʰian^{212} 说了不该说的话或碰了不该碰的东西：嘴～，手～

闲贱 ɕian^{5}tɕian^{212}

能郭郭 lən^{5}ko^{5}ko^{42} 形容能干

大迈迈 tɑ^{21}mai^{5}mai^{42} 爱理不理，架子大

恙恙咧 iaŋ^{5}iaŋ^{42}lie^{0} 无精打采状

白乎乎 pie^{5}fu^{5}fu^{212} 偏白色

白醪醪 pie^{5}laɯ^{5}laɯ^{42} 多指脸色

红瞎瞎 xoŋ^{5}ɕiɑ^{5}ɕiɑ^{42} 多指皮肉上的血红色

绿荫荫 ləɯ^{42}in^{5}in^{212} 偏绿色

青乎乎 tɕʰin^{42}fu^{5}fu^{212} 青色充满生机

青茶茶 tɕʰin^{42}toŋ^{5}toŋ^{42}

黄黆黆 faŋ^{5}xaŋ^{5}xaŋ^{42} 偏黄色

黄配配 faŋ^{5}piɑ^{5}piɑ^{42} 脸色黄

黑黢黢 xie^{42}tɕʰy^{5}tɕʰy^{42} 形容黑

杏白咧 ɕin^{21}pie^{5}lie^{42} 纯白

一嘎白 i^{42}kɑ^{24}pie^{5} （脸色）惨白

（3）抽象名词

东西 toŋ^{42}ɕi^{0} 物体

噪声 saɯ^{212}sən^{42}

话音儿 fɑ^{212}ier^{42} 言外之意

多头 to^{42}tʰəɯ^{0} 多余的一两个

小儿儿 ɕiaɯ^{24}ər^{5}ər^{212} 小的

脚子 tɕio^{42}tsɿ^{0} ①挑剩的；②渣子

末脚子货 mo^{42}tɕio^{2}tsɿ^{2}xo^{212} 挑剩的东西

小零小碎 ɕiaɯ^{24}lin^{5}ɕiaɯ^{5}sei^{24} 零碎东西

空屁 kʰoŋ^{42}pʰi^{212} 空的，什么都没有

屌形儿 tiaɯ^{24}ɕier^{5} 鸟样（含贬义）

活颈儿 xo^{5}tɕier^{24} 闹出笑话

魂 fən^{55} 魂灵

外快 vai^{5}kʰuai^{212} 额外的好处

外财 vai^{212}sai^{1}

栗壳子 li^{42}kʰo^{2}tsɿ^{0} 屈起中指，用来敲击脑门儿

角栗子 ko^{5}li^{42}tsɿ^{0}

噱头 ɕye^{42}tʰəɯ^{5} 小花招

劲 tɕin^{212} 力气

力生 li^{42}sən^{0}

料摸 liaɯ^{42}mo^{0} 即“胸中无数”的“数”

捞摸 laɯ^{42}mo^{0}

脉门 mie^{42}mən^{5} 关键的穴道

草口 ts^{h}aɯ^{5}k^{h}əɯ^{24} 胃口

气水 tɕ^{h}i^{21}sei^{24} 气味儿

土腥气 t^{h}əɯ^{24}ɕin^{42}tɕ^{h}i^{0} 食物有如泥土的异味

门份 mən^{5}fən^{212} 应有的份额

名先 min^{5}ɕian^{42} 名下

品儿 p^{h}ier^{24} 品行

心向 ɕin^{42}ɕiaŋ^{0} 耐心

量为 liaŋ^{21}vei^{24} 气量

定规 tin^{212}kuei^{42} 确定的规则

心火 ɕin^{42}xo^{24} 心性，脾气

□头 tsei^{24}t^{h}əɯ^{5} 借口

话把儿 fɑ^{5}pæ^{212} 口头禅

胚癖 p^{h}ei^{42}p^{h}i^{0} 坏的行为习惯

十五 指代

我 ŋo^{24}

你 n̩^{24}

他 t^{h}ɑ^{42}

我们 ŋo^{24}mən^{5}

你们 n̩^{24}mən^{5}

他们 t^{h}ɑ^{42}mən^{0}

大伙 tɑ^{5}xo^{24} 大家

各人 ko^{5}zən^{5} 自己

　各自 ko^{5}tsɿ^{5}

　自个 tsɿ^{21}ko^{5}

人家 zən^{5}tɕiɑ^{42} 别人

　旁人 p^{h}aŋ^{5}zən^{42}

世人$_{老}$ sɿ^{21}zən^{24} 人们

个个 ko^{21}ko^{24} 每个人

列个 lie^{21}ko^{24} 这个

那个 la^{21}ko^{24}

哪个① la^{5}ko^{212} 谁；② la^{24}ko^{5} 哪一个

谁个 sei^{5}ko^{212} 谁

列些 lie^{21}ɕie^{24} 这些

好些 xaɯ^{5}ɕie^{24} ①好多；②多少，表疑问

列哈儿 lie^{21}xæ^{24} 这里

那哈儿 lɑ^{21}xæ^{24} 那里

哪哈儿 lɑ^{5}xæ^{212} 哪里

　哪□头 lɑ^{24}ŋan^{5}t^{h}əɯ^{42}

　哪个坡 la^{24}ko^{5}p^{h}o^{42}

列们 lie^{21}mən^{24} 这么

咋儿列 tsæ^{5}lie^{212} 怎么这么

列咋儿 lie^{21}tsæ^{24} 干嘛这样

么样儿 mo^{5}iæ^{212} 怎么

么人 mo^{24}zən^{5} 什么人

么事 mo^{5}sɿ^{212} 什么

几多 tɕi^{24}to^{42} 多少

搞么事 kaɯ^{24}mo^{5}sɿ^{212} 干什么

　搞么猴 kaɯ^{24}mo^{5}xəɯ^{5}（含贬义）

为么事 vei^{2}mo^{5}sɿ^{212} 为什么

旁咧 p^{h}aŋ^{5}lie^{42} 别的

娘儿两个 ȵiai^{5}liaŋ^{24}ko^{5} 娘$_{儿}$俩

爷儿两个 ier^{5}liaŋ^{24}ko^{5} 爷$_{儿}$俩

兄弟两个 ɕioŋ^{42}ti^{2}liaŋ^{24}ko^{5} 哥俩

姊妹两个 tsɿ^{24}mei^{5}liaŋ^{24}ko^{5} 姐妹俩

妯儿伙里 tsəɯ^{5}ər^{42}xo^{2}lie^{0}

娘儿伙里 ȵiai^{5}xo^{42}lie^{0}

爷儿伙里 ier^{5}xo^{42}lie^{0}

兄弟伙里 ɕioŋ^{42}ti^{2}xo^{2}lie^{0}

姊妹伙里 tsɿ^{24}mei^{5}xo^{2}lie^{0}

女佬家 ȵy^{24}laɯ^{5}kɑ^{42}

十六　副词

不 pu^{42}

没 mei^{42}

　没有 mei^{21}iəɯ^{5}

莫 mo^{42} 别

不要 pu^{5}iaɯ^{212}

蛮 man^{24} 挺，很

　稀 ɕi^{42} ～好咧个伢儿

　怪 kuai^{212}

哈 xɑ^{212} 都，全

　一早 i^{42}tsaɯ^{24}

亦 i^{24} 也

最 tsei^{212}

　顶 tin^{24}

扎自 tsɑ^{42}tsɿ^{0} 确实，特别：那伢儿～用功

就 tsəɯ^{212} ①只；②立即，马上

又 iəɯ^{212}

还 xai^{55}

太 tʰai^{212}

再 tsai^{212}

本生 pən^{24}sən^{42} 原本

　本来 pən^{24}lai^{5}

现现 ɕian^{21}ɕian^{24} 本来就

　现现自 ɕian^{21}ɕian^{1}tsɿ^{5}

倒反 taɯ^{21}fan^{24} 反倒

经常 tɕin^{42}tsʰaŋ^{5}

　动不动 toŋ^{21}pu^{5}toŋ^{212}

回回 fei^{5}fei^{42} 每次

弄弄 loŋ^{21}loŋ^{24} 有时，时不时

　搞搞 kaɯ^{24}kaɯ^{5}

肯定 kʰən^{24}tin^{5} 一定

肯马儿 kʰən^{24}mæ^{5} 说不定，有可能

偏要 pʰian^{42}iaɯ^{0}

　硬要 ŋən^{21}iaɯ^{24}

□咧 pʰiaɯ^{24}lie^{5} 不晓得

哪晓得 lɑ^{5}ɕiaɯ^{24}lie^{5} 怎料到

怪不倒 kuai^{21}pu^{1}taɯ^{24} 怪不得

不得 pu^{5}tie^{42} 不能：我～去｜说～

作兴 tso^{42}ɕin^{0} 习惯怎么做

不作兴 pu^{5}tso^{42}ɕin^{0} 习惯不怎么做

将 tɕiaŋ^{42} 刚，指时间

将才 tɕiaŋ^{42}tsʰai^{5} 刚才

　才将 tsʰai^{5}tɕiaŋ^{42}

早晏 tsaɯ^{24}ŋan^{212} 早晚

将好 tɕiaŋ^{42}xaɯ^{24} 正好

　细将好 ɕi^{21}tɕiaŋ^{1}xaɯ^{24}

　沿儿沿儿好 iai^{5}iai^{42}xaɯ^{24}

细巧 ɕi^{21}tɕʰiaɯ^{24} 恰好

恰倒恰 kʰɑ^{42}taɯ^{5}kʰɑ^{42} 不多不少

共总 koŋ^{21}tsoŋ^{24} 一共，总计

一共总 i^{5}koŋ^{21}tsoŋ^{24}

总共 tsoŋ^{24}koŋ^{212}

夯不郎当 xaŋ^{24}pu^{5}laŋ^{5}taŋ^{42} 一股脑儿，一点不留，全部

搂搂刮刮 ləɯ^{24}ləɯ^{5}kuɑ^{42}kuɑ^{0}

一下子 i^{5}xɑ^{21}tsɿ^{24}

一记头 i^{42}tɕi^{2}tʰəɯ^{5} 一下子（就）

一家伙头 i^{5}tɕiɑ^{42}xo^{2}tʰəɯ^{5}

大约摸 tɑ^{21}io^{5}mo^{212} 大约

再少 tsai^{21}saɯ^{24} 至少

赶紧 kan^{5}tɕin^{24}

连往 lian^{5}vaŋ^{42} 连忙，赶忙

反正 fan^{24}tsən^{5}

总归 tsoŋ^{24}kuei^{5}

里外里 li^{24}vai^{5}li^{24} 孤注一掷地，带有赌气的意味

三天两头 san^{42}tʰian^{2}liaŋ^{24}tʰəɯ^{5} 经常

马儿 mæ^{24} 马上

马儿要 mæ^{24}iaɯ^{5} 即将要

就伙 tɕiəɯ^{21}xo^{24} 顺势

跟首 kən^{42}səɯ^{0} 紧接着

冒儿咕咚 maɯ^{21}ər^{1}ku^{5}toŋ^{42} 突然

冒倒咕咚 maɯ^{21}taɯ^{1}ku^{5}toŋ^{42}

冒儿伙咧 maɯ^{21}ər^{1}xo^{5}lie^{42}

猛亏 moŋ^{24}kʰuei^{5} 猛地：～一松

扯起 tsʰe^{24}tɕʰi^{5} 突然：～一蹦

还没招呼到 xai^{5}mei^{5}tsaɯ^{42}fu^{2}taɯ^{24} 还没注意（就）

亏倒 kʰuei^{42}taɯ^{0} 多亏

得亏老 tie^{42}kʰuei^{0}

光 kuaŋ^{42} 只，净：～吃菜

索性 so^{42}ɕin^{0}

左以老 tso^{24}i^{5}

特拜 tie^{5}pai^{212} 故意

特拜特 tie^{5}pai^{21}tie^{5}

特予 tie^{5}y^{42}

招呼 tsaɯ^{42}fu^{0} 提防，留神：～跶跟头

招呼点儿 tsaɯ^{42}fu^{2}tiai^{0} 小心点儿

来不来 lai^{5}pu^{42}lai^{5} 果不其然

攒劲 tsan^{5}tɕin^{212} 尽力，用力

剪劲 tɕian^{5}tɕin^{212}

叵咧 pʰo^{24}lie^{5}

顺便 ɕyn^{5}pian^{212}

顺带 ɕyn^{5}tai^{212}

一路 i^{5}ləɯ^{212} 一起

一个人 i^{5}ko^{21}zən^{24} 独自

一直 i^{42}tsɿ^{5}

一了 i^{42}liaɯ^{24} 向来

不管 pu^{42}kuan^{24} 无论

管倒 kuan^{24}taɯ^{5}

老是 laɯ^{24}sɿ^{5} 总是

不是的话 pu^{5}sɿ^{21}lie^{24}fɑ^{2} 不然，否则

总 tsoŋ^{24} 大概（表猜测）：他～会来咧吧

总算 tsoŋ^{24}san^{5} 终于

再总 tsai^{21}tsoŋ^{24}

另外 lin^{5}vai^{212}

捱咧 ŋai^{5}lie^{42} 肯定

还要 xæ^{5}iaɯ^{42} 更：列个比那个～好

满寸咧 man^{24}tsʰən^{21}lie^{24} 到处

　满兴咧 man^{24}ɕin^{21}lie^{24}

　撇道咧 pʰie^{42}taɯ^{2}lie^{24}

没得 mei^{21}tie^{5} 没有

没得么样 mei^{21}tie^{5}mo^{5}iæ^{212} 不怎么样

十七　数词、量词

（1）数词

一 i^{42}　数数

二 ər^{212}　数数

　两 liaŋ^{24}

三 san^{42}　数数，下面到“零”同

四 sɿ^{212}

五 vu^{24}

六 ləɯ^{42}

七 tɕʰi^{42}

八 pɑ^{42}

九 tɕiəɯ^{24}

十 sɿ^{55}

十一 sɿ^{5}i^{42}

十二 sɿ^{5}ər^{212}

十五 sɿ^{5}vu^{24}

二十 ər^{21}sɿ^{5}

二一 ər^{212}i^{42}　二十一

二二 ər^{212}ər^{1}

三十 san^{42}sɿ^{5}

三一 san^{5}i^{42}

三五 san^{42}vu^{24}

一百 i^{5}pie^{42}

一千 i^{5}tɕʰian^{42}

一百零二 i^{5}pie^{42}lin^{5}ər^{212}

一百十 i^{5}pie^{42}sɿ^{5}　一百一十

一百十一 i^{5}pie^{42}sɿ^{5}i^{42}

一百二 i^{5}pie^{5}ər^{212}　一百二十

一百三 i^{42}pie^{5}san^{42}

两百 liaŋ^{24}pie^{42}

两百五（十）liaŋ^{24}pie^{42}vu^{24}（sɿ^{5}）

一千一 i^{42}tɕʰian^{5}i^{42}

两千 liaŋ^{24}tɕʰian^{42}

一万 i^{5}van^{212}

一万二 i^{42}van^{2}ər^{212}

两万 liaŋ^{24}van^{212}

两万五 liaŋ^{24}van^{21}vu^{24}

零 lin^{55}

一个 i^{5}ko^{212}

两个 liaŋ^{24}ko^{5}

十个 sɿ^{5}ko^{42}

第一 ti^{212}i^{42}

第二 ti^{5}ər^{212}

第十 ti^{21}sɿ^{5}

第一个 ti^{24}i^{42}ko^{0}

第二个 ti^{5}ər^{21}ko^{24}

第十个 ti^{21}sɿ^{5}ko^{42}

一号 i^{42}xaɯ^{212}

两号 liaŋ^{24}xaɯ^{212}　二号。不说“二号”，
　但书写时写成“二号”

十号 sɿ^{5}xaɯ^{212}

初一 tsʰəɯ^{5}i^{42} 专指农历日期

初二 tsʰəɯ^{5}ər^{212} 同上

初十 tsʰəɯ^{42}sɿ^{5} 同上

农历二十 loŋ^{5}li^{42}ər^{21}sɿ^{5}

老大 laɯ^{5}tɑ^{212} 指子女的排行，下同

老二 laɯ^{5}ər^{212}

老小 laɯ^{5}ɕiaɯ^{24} 最小的（孩子）

大哥 tɑ^{21}ko^{24}

二哥 ər^{21}ko^{24}

两斤 liaŋ^{24}tɕin^{42}

二两 ər^{21}liaŋ^{24}

二钱 ər^{21}tɕʰian^{5} 两钱

两尺 liaŋ^{24}tsʰɿ^{42}

两寸 liaɯ^{24}tsʰən^{212}

两里 liaŋ^{5}li^{24}

两担 liaŋ^{24}tan^{212}

两斗 liaŋ^{5}təɯ^{24}

两亩 liaŋ^{5}mu^{24}

几个 tɕi^{5}ko^{212}

半个 pan^{21}ko^{5} 有形可分的，下面三条同

大半个 tɑ^{21}pan^{1}ko^{5}

小半个 ɕiaɯ^{24}pan^{21}ko^{5}

一个半 i^{42}ko^{2}pan^{212}

一半儿 i^{5}pair^{212} 一半

一大半儿 i^{42}tɑ^{2}pair^{212}

一小半儿 i^{42}ɕiaɯ^{24}pair^{212}

个把儿 ko^{21}pæ^{24}

一两个 i^{42}liaŋ^{24}ko^{212}

两三个 liaŋ^{24}san^{5}ko^{212}

三四个 san^{42}sɿ^{5}ko^{212}

七八个 tɕʰi^{42}pɑ^{2}ko^{212}

头十个 tʰəɯ^{5}sɿ^{5}ko^{212} 近十个

十拉个 sɿ^{5}lɑ^{5}ko^{212} 十来个

十三四个 sɿ^{5}san^{42}sɿ^{2}ko^{212}

十七八个 sɿ^{5}tɕʰi^{42}pɑ^{2}ko^{212}

百拉个 pie^{42}lɑ^{2}ko^{212} 百把个

一百多个 i^{5}pie^{42}to^{2}ko^{212}

个把个 ko^{21}pɑ^{5}ko^{212} 个把

个把两个 ko^{21}pɑ^{1}liaŋ^{24}ko^{212} 一个两个

万把块 van^{21}pɑ^{1}kʰuai^{24} 一万块左右

里把 li^{24}pɑ^{5} 一里左右（路）

一两里路 i^{42}liaŋ^{24}li^{5}ləɯ^{212} 一里或二里路

亩把二亩 mu^{24}pɑ^{5}ər^{21}mu^{24} 一亩到两亩

一块半 i^{42}kʰuai^{24}pan^{212} 1.50 元（人民币）

两角五 liaŋ^{24}ko^{42}vu^{24} 0.25 元（人民币）

两毛五 liaŋ^{24}maɯ^{5}vu^{24}

一点儿点儿 i^{42}tiai^{24}tiai^{5} 一点儿

一丁角 i^{42}tin^{5}ko^{5}

小二子 ɕiaɯ^{5}ər^{21}tsɿ^{24} 扑克牌中的两点

小十子 ɕiaɯ^{24}sɿ^{5}tsɿ^{42} 扑克牌中的十点

（2）量词

条 tʰiaɯ^{55} 一～猪、牛、狗子、羊子、

猫子、老鼠、鱼、蛇、腿、板凳、船、短信、河、路、裤子、手巾

匹 p^hi^{42} 一～马

个 ko^{212} 一～人、客、鼻子、耳朵、头、手、鸡子、鸭子、鹅、雀子、蚊虫、碗、灯、锁、桥、店、茶壶、西瓜、馒头、黄豆、米、房间、枕头、麻袋、篮子、椅子、桶、塆、塘、学堂、书包、钟、手表、故事

根 $kən^{42}$ 一～头毛、黄瓜、香烟、蜡烛、扁担、绳子、竹子、针、骨头、管子

部 pu^{212} 一～车子、汽车、脚踏车、拖拉机、机器、电话、电影

块 k^huai^{24} 一～布、糕、饼子、板子、砖、石头、洋碱、手巾、手捏子、地、田、钱

粒 li^{42} 一～黄豆、花生米、米、药片

滴 ti^{42} 一～水、油

沰 to^{42} 一～雨

坨 t^ho^{55} 一～泥巴、屎、面

种 $tsoŋ^{24}$ 一～颜色、东西

把 $pɑ^{24}$ 一～伞、锄头、枪、笤帚、小刀、锁、钥匙、筷子、米、草、稻子、韭菜

副 fu^{42} 一～手套子、耳环子、手镯、眼镜子、牌、麻将、对联、绳子

等 $tən^{24}$ 顶：一～帐子、凉帽、草帽

笔 pie^{42} 一～生意、账、钱、开销

截 $tɕie^{55}$ 一～甘蔗、树、绳子

截儿 $tɕio^{55}$ 一小～

杆 kan^{24} 一～秤

件 $tɕian^{212}$ 一～衣裳、行李、事

棵 k^ho^{42} 一～树、菜

口 $k^həɯ^{24}$ 一～饭、妈儿、好牙，吃一～

面 $mian^{212}$ 一～墙、镜子，见一～

门 $mən^{55}$ 一～人、亲

掗儿 $iæ^{55}$ 瓣儿：一～西瓜、橘子

爿 p^han^{55} 一～店

扇 san^{212} 一～门

双 $saŋ^{42}$ 一～鞋子、袜子

张 $tsaŋ^{42}$ 一～纸、报纸、票、台子

支 $tsɿ^{24}$ 一～铅笔、眼药水、香

趟 $t^haŋ^{212}$ 一～路、生意，跑一～

批 p^hi^{42} 一～货、人

轮 lin^{55} 头一～

杯 pei^{42} 一～茶、酒、开水

家 $tɕiɑ^{42}$ 一～人、人家

间 $tɕian^{42}$ 一～屋

顿 $tən^{212}$ 一～饭、打，吃一～

服 fu^{42} 一～药、草头中药

帖 t^hie^{42}

股 ku^{24} 一～味道

挂 $kuɑ^{212}/k^huɑ^{212}$ 一～小炮小鞭炮

场 $ts^haŋ^{55}$ 一～雨、戏

牌 p^hai^{55} 一～麻将

样 $iaŋ^{212}$ 一～东西

炷 tɕy^{212} 一～香

炉 ləɯ^{55} 一～香、火炭

盆 p^{h}ən^{55} 一～水、灰

窑 iaɯ^{55} 一～瓦、砖

脸 lian^{24} 一～雀斑、酒刺

桩 tsaŋ^{42} 一～事

排 p^{h}ai^{55} 一～房子、树、字

本 pən^{24} 一～书、本子

封 foŋ^{42} 一～信

朵 to^{24} 一～花

包 paɯ^{42} 一～糖、盐、茶叶、水素菜过嫩煮后水多

包子 paɯ^{42}tsɿ^{0}

桌 tso^{42} 一～人、饭

刀 taɯ^{42} 一～纸、阴国钞票阴钞

碗 van^{24} 一～饭、汤根据量的多少可用“一大～”“一小～”，其他“块、坨、包、把、捆、堆、盒、瓶、桶、瓢、罐子、坛子、袋子、篮子、勺子”亦然

床 ts^{h}aŋ^{55} 一～被服

卷 tɕyan^{24} 一～铅丝、纸

担 tan^{212} 一～稻子、粮食

台 t^{h}ai^{55} 一～房子、戏

班 pan^{42} 一～车

对 tei^{212} 一～糕、鸳鸯

套 t^{h}aɯ^{212} 一～东西、书

窝 ŋo^{42} 一～小鸡、蜂子、小猪

堵 təɯ^{24} 一～墙

堆 tei^{42} 一～沙、粪、雪

凼 taŋ^{212} 育苗的小土坑：一～蚕豆

批 p^{h}i^{42} 层：一～砖

帮 paŋ^{42} 一～人

扎子 tsɑ^{5}tsɿ^{42} 整齐的一把：一～钱

身 sən^{42} 一～泥巴、新衣裳

手 səɯ^{24} 一～好字

盒 xo^{55} 一～洋火、饼干

角 ko^{42} 一～钱、头一角面值的纸币

瓶 p^{h}iŋ^{55} 一～酒、酱油子

箱 ɕiaŋ^{42} 一～酒、东西

箱子 ɕiaŋ^{42}tsɿ^{0} 一～衣裳

罐子 kuan^{21}tsɿ^{24} 一～盐、铅角子

坛子 t^{h}an^{5}tsɿ^{42} 一～酒、水

桶 t^{h}oŋ^{24} 一～油、水

抽屉 ts^{h}əɯ^{5}t^{h}i^{212} 一～书、东西

台子 t^{h}ai^{5}tsɿ^{42} 一～客、菜

柜子 kuei^{21}tsɿ^{24} 一～衣裳

篮子 lan^{5}tsɿ^{42} 一～菜、草

篓子 ləɯ^{24}tsɿ^{5}

炉子 ləɯ^{5}tsɿ^{42} 一～灰

袋子 tai^{21}tsɿ^{24} 一～米、麦子

肚子 təɯ^{24}tsɿ^{5} 一～气

缸 kaŋ^{42} 一～水、盐菜

壶 fu^{55} 一～水、开水

锅 ko^{42} 一～菜、饭

笼 loŋ^{55} 一～馒头

盘 p^{h}an^{55} 一～水果、棋

盆 p^{h}ən^{55} 一～水、汤

盆子 p^{h}ən^{5}tsɿ^{42} 一～菜

大盆 tɑ^{21}p^{h}ən^{5} 一～水

勺子 saɯ^{5}tsɿ^{42}　一～汤、稀饭

瓢 pʰiaɯ^{55}　一～水

盅 tsoŋ^{42}　一～酒

埂 kən^{24} 地势较高的长条旱地：一～油菜

厢 ɕiaŋ^{42} 农作物的行

　埨 lən^{55}

丘 tɕʰiəɯ^{42} 片：一～田

溜子 liəɯ^{21}tsɿ^{24} 窄长的一行或几行

沟 kəɯ^{42}　一～水

记 tɕi^{212} 打一～

庹 tʰo^{24} 一～长

拃 tsɑ^{24} 一～长、宽

捆 kʰuən^{24}　一～柴火

撮 tso^{24}　一～毛

担 tan^{212}　一～东西

　挑子 tʰiaɯ^{42}tsɿ^{0}

泼 pʰo^{42}　一～尿

膏 kaɯ^{42}　遍：洗一～

些 ɕie^{24} ～伢儿

些子 ɕie^{24}tsɿ^{5} 形容许多：一～人

下子 xɑ^{21}tsɿ^{24} 去一～

点儿点儿 tiai^{24}tiai^{5}　一～肉

　丁角 tin^{5}ko^{5}

伐子 fɑ^{5}tsɿ^{42} 茬：头～韭菜

来往 lai^{5}vaŋ^{212} 左右：三斤～

垮拉子 kʰuɑ^{5}lɑ^{42}tsɿ^{0}　一大串：一～葡萄

蓬（扑）茏子 pʰoŋ^{5}（pʰu^{5}）loŋ^{42}tsɿ^{0} 丛：一～老鼠刺

十八　连词、介词、助词

跟 kən^{42} ①和：我～他两个人；②对：他～你说了么事蛮？他对你说了啥？

列下子 lie^{21}xɑ^{1}tsɿ^{5}　这下子

余六 y^{5}ləɯ^{42}　一边……

把 pɑ^{24} ①将：～筷子拿来；②被：鱼～猫子吃了；③给：东西～他

依 i^{24} 按照：不好～他说不能按他的说法

顺倒 ɕyn^{21}taɯ^{24} 顺着

靠倒 kʰaɯ^{21}taɯ^{24}　靠着

对倒 tei^{21}taɯ^{24}　对着

帮 paŋ^{42} 替

弄 loŋ^{212} 用：弄么事做咧蛮？用啥做的呢？

　搞 kaɯ^{24}

　□ kɑ^{212}

往 vaŋ^{212}　向：～东边去

问 vən^{212}　向：～他要向他要

从 tsʰoŋ^{55}　～今朝开始

咧 lie^{0} ①的；②地；③得

得 tie^{0} 表示能够做：你列搞～啊你能这样做啊？

咧得 lie^{42}tie^{0}　表示可以做：吃～可以吃

倒 taɯ^{0} ①着：门开～；②在：放～台上

了 lo^{0}

着 tso^{0} 用在句尾，表示“先……再说”

了着 lo^{42}tso^{0} 等他去～等他去了再说

跟我 $kən^{42}ŋo^{24}$ 用在代词“你”后，后跟动词结构：你～当点儿心你给我小心点儿

过 ko^{212} 去～咧去过的

它 $t^hɑ$ 相当于“掉”：吃～

噻 sæ

喃 lan

喽 ləɯ

欧 əɯ

吧 pæ/pɑ

啊 ɑ

哩 lie 呢

欸 ei

嗒 tɑ

啦 lɑ

蛮 man

嘞 lei

咧吧 $lie^{42}pɑ^{0}$ 的吧

咧蛮 $lie^{42}man^{0}$ 的嘛

咧喃 $lie^{42}lan^{0}$

没喃 $m^{42}nan^{0}$ 去～去了没？

嗯喃 $n^{42}nan^{0}$

啰喂 $lo^{42}ve^{0}$ 了罢

不啦 $plæ^{0}$ 好～好不好？

十九　附加成分

（1）前加成分

第 $-ti^{212}$ 用于排序：～一

初 $-ts^həɯ^{42}$ 用于农历日期：～一

老 $-laɯ^{24}$ ①用于子女的排行：～大；②用于姓前，称呼年龄大的人：～张；③用在称谓中：～爹；④很：～高

小 $-ɕiaɯ^{24}$ ～伢儿｜～老叔叔｜～店儿

阿 $-ŋɑ^{42}$ 用于人名：～虎｜～林

滚 $-kuən^{24}$ 特别：～壮｜～圆｜～烫

瘟 $-vən^{42}$ 表示程度深：～臭｜～臊

肮 $-ŋaŋ^{42}$ 表示程度深：～臊｜～苦

胖 $-p^haŋ^{42}$ 表示程度深：～臊｜～腥

焦 $-tɕiaɯ^{42}$ 表示程度深：～干

幸 $-ɕin^{212}$ 特别：～甜

瞎 $-ɕiɑ^{42}$ 胡乱：～跑｜～搞

死 $-sɿ^{24}$ ～□ $tɕ^hiəɯ^{24}$ 蛮干｜～整

干 $-kan^{42}$ ～望｜～着急

为 $-vei^{55}$ 遭受，感到：～困｜～难

老蒙 $-laɯ^{24}mən^{5}$ 很：～远

叵咧 $-p^ho^{24}lie^{5}$ 使劲地：～跑｜～吃

攒劲 $-tsan^{5}tɕin^{212}$

出力 $-tɕ^hy^{42}li^{0}$

蛮 $-man^{24}$ 挺：～大咧｜～好咧

怪 $-kuai^{212}$ ～好玩咧｜～难为情咧

光 $-kuaŋ^{42}$ 只是：～吃｜～玩

尽 $-tɕin^{24}$ 尽兴地：～做｜～玩

哈 $-xɑ^{212}$ 都：～去｜～来玩

一早 $-i^{42}tsaɯ^{24}$

莫 $-mo^{42}$ 不要：～拿｜～哭

几 $-tɕi^{24}$ 多么：～好

你妈 $-n^{24}mɑ^{42}$ 口头禅，用在句首

（2）中加成分

–不 –pu ①在两个重叠动词或形容词中，强调结果和推测：来～来最终……了吧｜好～好表示很有可能；②在两个重叠的量词中，强调数量少：点儿～点儿

–儿 –tɕi 表示动作次数多：扯～扯｜□ $lauɯ^{212}$拖～□ $lauɯ^{212}$

–打 –tɑ 在两个重叠的表性状的词中，对性状程度作出强调：空～空｜明～明

（3）后置成分

–子 $tsɿ^{0}$ 名词后缀：鸡～｜鞋～｜蔸～根部

–头 $t^{h}əɯ^{0}$ ①名词后缀：石～｜老三～｜房～；②动词后缀，表示做某事的价值：吃～｜瞧～

–货 xo^{212} 家伙，指人：拐坏～｜老～

–佬 $lauɯ^{24}$ 对职业人群的俗称：剃头～｜杀猪～｜做贼～

–伢儿 $ŋæ^{55}$ 孩子：放牛～｜小男～

–牙子 $iɑ^{5}tsɿ^{2}$ 指人，多贬义：豁巴～｜蛆～

–巴子 $pɑ^{42}tsɿ^{0}$ 多跟身体部位有关：瘫～｜结～｜耳～

–婆子 $p^{h}o^{5}tsɿ^{42}$ 指具某类行为特征的女子：憨～｜疯～

–头子 $t^{h}əɯ^{5}tsɿ^{42}$ 与秆分离的穗：麦～｜稻～

–高头 $kauɯ^{42}t^{h}əɯ^{0}$ 方位名词"上面"：房子～｜板凳～

–里 lie^{24} 方位词：屋～｜窭～

–哈儿 $xæ^{24}$ ①在指示代词后，表处所：列～｜那～；②在动词后，表短时，相当于"下儿"

–咧 lie^{0} 相当于助词"的"：我～｜白～

–伙里 $xo^{42}lie^{0}$ 姊妹～｜弟兄～

–拉煞 $lɑ^{5}sɑ^{42}$ 形容凌乱不齐：胡子～｜破衣～

–巴煞 $pɑ^{5}sɑ^{42}$ ……的样子：眼泪～

–流兮 $liəɯ^{5}ɕi^{42}$ ……较多的样子：蚊虫～｜泥巴～

–巴兮 $pɑ^{5}ɕi^{42}$ ……的样子：尖头～

–不棱登 $pu^{42}lən^{5}tən^{42}$ ……的样子：矮～｜花～

–倒些 $tauɯ^{42}ɕie^{0}$ 表示动作持续：拖～一直拖着｜忍～

–倒 tauɯ 相当于"着"：靠～｜跍～｜留～

–死了 $sɿ^{24}lo^{5}$ 表示程度深：难过～｜嫌人～

–不过 $pu^{5}ko^{42}$ 稍微，有点儿：丑～

–不得了 $pu^{5}tie^{42}$ $liauɯ^{24}$ 表示程度深：粗到～｜好到～

–不中 $pu^{5}tsoŋ^{42}$ 不行：累到～｜饿到～

–要命 $iauɯ^{5}min^{212}$ 表示不一般，非常：

坏咧～｜好咧～

–咧悬 lie^{42}çyan^{5} 用在形容词后，相当于“十分、特别”：甜～｜好～｜大～

–咧得 lie^{42}tie^{0} 在动词后，表示动作可以进行：吃～｜打～

–起来 tɕʰi^{42}lai^{0} 在动词后，表示动作开始并继续：火～｜说～｜发发作～

二十　其他

（1）常用交际用语

多谢 to^{42}çie^{212} 谢谢

莫客气 mo^{5}kʰie^{42}tɕʰi^{0} 别客气

莫见外 mo^{42}tɕian^{5}vai^{212} 不要见外

各人来 ko^{5}zən^{5}lai^{5} 自己来

难为你了 nan^{5}vei^{42}n̩^{2}lo^{0} 客套话，表示感谢

说哪儿去了 çye^{42}læ^{5}tɕʰi^{21}lo^{24} 说得见外了

你多担待 n̩^{24}to^{5}tan^{42}tai^{0} 你多包涵

你慢慢吃 n̩^{24}man^{21}man^{24}tsʰɿ^{42}

　你慢用 n̩^{24}man^{212}zoŋ^{1}

依倒说 i^{24}taɯ^{5}çye^{42} 按理说

好欧 xaɯ^{24}əɯ^{5} 好的（应答语）

妈咧个屄 mɑ^{42}lie^{24}ko^{5}pi^{42} 妈的屄（詈词）

（2）俗语等

五爪龙 vu^{24}tsaɯ^{5}loŋ^{5} 多指脏的手

屌经手 tiaɯ^{24}tɕin^{5}səɯ^{24} 挑剔的人

做贼佬 tsəɯ^{21}tsei^{5}laɯ^{24} 贼

咬卵将 ŋaɯ^{24}lo^{5}tɕiaŋ^{212} 固执己见的人

　硬子眼儿 ŋən^{21}tsɿ^{1}iai^{24}

麻咚鼓 mɑ^{5}toŋ^{42}ku^{24} 偏圆的大石头

死对头 sɿ^{24}tei^{2}tʰəɯ^{24} 冤家

落汤鸡 lo^{42}tʰaŋ^{5}tɕi^{42} 形容浑身湿透

老天牌 laɯ^{24}tʰian^{42}pʰai^{5} 家族里辈份尊、年纪大者

上山瘟 saŋ^{21}san^{5}vən^{42} 上场就紧张

上坎子 saŋ^{21}kʰan^{24}tsɿ^{5} ①陡坡；②上席

娘娘庙 ȵiaŋ^{5}ȵiaŋ^{42}miaɯ^{212} 形容体形纤弱

白纳财 pie^{5}lɑ^{42}tsʰai^{5} 不劳而获之财

截户头 tɕie^{5}fu^{42}tʰəɯ^{5} 断子绝孙

乖乖头 kuai^{42}kuai^{2}tʰəɯ^{5} ①对乖孩子的爱称；②骂人的话，通过贬低对方的辈份抬高自己

小砍头 çiaɯ^{5}kʰan^{24}tʰəɯ^{5} 要遭砍头的小子（詈词）

短阳寿 tan^{24}iaŋ^{5}səɯ^{212} 短命（詈词）

鬼王头 kuei^{24}vaŋ^{5}tʰəɯ^{5} 孩子中带坏头的人

一桶货 i^{42}tʰoŋ^{24}xo^{212} 一路货色

一捞抄 i^{42}laɯ^{5}tsʰaɯ^{42} 不分大小全部囊括

一大侗 i^{42}tɑ^{2}tʰoŋ^{5} 个子大，但未成年

一窝蜂 i^{42}ŋo^{5}xoŋ^{42}

一塌糟 i^{42}tʰɑ^{5}tsaɯ^{42} 一团糟

一屁股 i^{5}p^{h}i^{21}ku^{24} ①动作快地坐：～坐下去；②引申为“一身”：欠了～账

一屁股搭两裂 i^{5}p^{h}i^{21}ku^{24}tɑ^{42}liaŋ^{24}lie^{42} 形容欠账多

二百五 ər^{21}pie^{1}vu^{24} 喻指傻瓜

三分三 san^{42}fən^{5}san^{42} 有一定的把握

轻飘飘 tɕ^{h}in^{42}p^{h}iaɯ^{5}p^{h}iaɯ^{42} 若无其事地说

枵枵屁 ɕiaɯ^{42}ɕiaɯ^{2}p^{h}i^{212} 东西的质量不过关，一用就坏

活款子 xo^{5}k^{h}uan^{24}tsɿ^{5} 活扣儿

死疙瘩儿 sɿ^{24}kie^{5}tæ^{42} 死扣儿

游了引 iəɯ^{5}lo^{42}in^{24} 鞭炮的引子受潮或脱落

弄倯人 loŋ^{21}soŋ^{1}zən^{5} 捉弄、算计人

冲头子 ts^{h}oŋ^{42}t^{h}əɯ^{5}tsɿ^{42} 好出风头者

码不住 mɑ^{24}pu^{5}tɕy^{212} 吃不准

汤咧起 t^{h}aŋ^{42}lie^{2}tɕ^{h}i^{24} 经受得住

搭架子 tɑ^{5}tɕiɑ^{21}tsɿ^{24} 摆架子

望心高 vaŋ^{21}ɕin^{5}kaɯ^{42} 有高的理想和追求

急了拐 tɕi^{42}lo^{2}kuai^{24} 十分着急

　急了作 tɕi^{42}lo^{5}tso^{42}

大头鬼 tɑ^{21}t^{h}əɯ^{5}kuei^{24} 喻指不吉之人或事

做秋梦 tsəɯ^{212}tɕ^{h}iəɯ^{42}moŋ^{0} 不切实际的想法

夹霜阴 kɑ^{42}saŋ^{5}in^{42} 干冷的阴气

冷兮兮 lən^{24}ɕi^{5}ɕi^{42} 冷飕飕

打包票 tɑ^{24}paɯ^{42}p^{h}iaɯ^{212} 做出能办成事的承诺

打回票 tɑ^{24}fei^{5}p^{h}iaɯ^{212} ①拒绝；②产品因质量问题被退货

叵不得 p^{h}o^{24}pu^{5}tie^{42} 舍不得

巴不得 pɑ^{42}pu^{2}tie^{0}

没得整 mei^{21}tie^{5}tsən^{24} 没办法

前世的 tɕ^{h}ian^{5}sɿ^{42}lie^{0} 真是的（带有责怪）

吃夹当 ts^{h}ɿ^{42}kɑ^{5}taŋ^{42} 夹在中间两头受指责

喝卵泡 xo^{42}lo^{5}p^{h}aɯ^{42} 溜须拍马

　喝卵傻泡 xo^{42}lo^{5}sɑ^{5}p^{h}aɯ^{42}

玩滑稽 van^{5}fɑ^{5}tɕi^{42} 要花招

瞧人头 tɕ^{h}iaɯ^{5}zən^{5}t^{h}əɯ^{5} 做事看人

带喽霍 tai^{21}ləɯ^{5}xo^{42} 面带微笑

兴冲冲 ɕin^{21}ts^{h}oŋ^{5}ts^{h}oŋ^{42} 形容兴致很高

图便宜 t^{h}əɯ^{5}p^{h}ian^{5}i^{42} 贪图便宜

斗干子 təɯ^{5}kan^{21}tsɿ^{24} 不给对方颜面，让其下不了台

吃独食 ts^{h}ɿ^{42}təɯ^{5}sɿ^{5} 独占，不与人分享

放鱼秧 faŋ^{21}y^{5}iaŋ^{42} 醉酒呕吐的文雅说法

卖关子 mai^{212}kuan^{42}tsɿ^{0} 说到紧要处故意打住

大面子 tɑ^{212}mian^{21}tsɿ^{24} 大的面情

打圆场 tɑ^{24}yan^{5}ts^{h}aŋ^{24} 在双方争执时调解

打低道 tɑ^{24}ti^{42}taɯ^{0} 小孩子经常生病

还娘家 fan^{5}ȵiaŋ^{5}tɕiɑ^{42} 道出来龙去脉

带冒点儿 tai^{212}maɯ^{42}tiai^{0} 带夸张点儿

牛哄哄 ȵiəɯ^{5}xoŋ^{5}xoŋ^{42} 好吹牛

牛屄揎天 ȵiəɯ^{5}pi^{42}ɕyan^{5}tʰian^{42}

糊糊账 fu^{24}fu^{5}tsaŋ^{212} 糊弄过关

裹裹糊 ko^{24}ko^{5}fu^{5}

抄近路 tsʰaɯ^{42}tɕin^{212}ləɯ^{1} 走距离近的路

有屌用 iəɯ^{5}tiaɯ^{24}zoŋ^{212} 无用（粗俗的说法）

扯卵蛋 tsʰe^{5}lo^{24}tan^{212} 管闲事

扯屌蛋 tsʰe^{5}tiaɯ^{24}tan^{212}

扯神色 tsʰe^{24}sən^{5}se^{42} 说长道短，无中生有

变死相 pian^{21}sɿ^{24}ɕiaŋ^{212} 指脾气行为与往常不同，有责骂人或畜的意味

循了手 ɕyn^{5}lo^{42}səɯ^{24} 动作熟练并形成习惯

不连牵 pu^{42}lian^{5}tɕʰian^{42} 不熟练，不流畅

不得过 pu^{42}tie^{2}ko^{212} 没事找事，责备语

犯不着 fan^{21}pu^{1}tso^{5}

落一头 lo^{42}i^{2}tʰəɯ^{5} 有一方面好

搞么屌 kaɯ^{24}mo^{5}tiaɯ^{24} 干什么

照不是 tsaɯ^{21}pu^{5}sɿ^{212} ①或者；②要不就

该晓得 kai^{42}ɕiaɯ^{24}lie^{5} 早知道（就）

狠咧狠 xən^{24}lie^{5}xən^{24} 厉害得很

随便随 tsʰei^{5}pian^{21}tsʰei^{5} 随便

挨倒挨 ŋai^{42}taɯ^{5}ŋai^{42} 紧挨着

唱昂昂 tsʰaŋ^{21}ŋaŋ^{5}ŋaŋ^{42} 兴奋得边走边唱

黏搭搭 ȵian^{5}tɑ^{5}tɑ^{42} 黏的

肉奶奶 zəɯ^{21}lai^{5}lai^{24} 肉头厚

好说话 xaɯ^{24}ɕye^{42}fɑ^{212} 随和、不挑剔

好哭佬 xaɯ^{24}kʰu^{42}laɯ^{24} 爱哭的人

做鬼叫 tsəɯ^{21}kuei^{24}tɕiaɯ^{2} 形容哭叫声难听

鬼叫禽唏 kuei^{24}tɕiaɯ^{5}tɕʰin^{5}ɕi^{42}

半瓢水 pan^{21}pʰiaɯ^{5}sei^{24} 喻指本领不过关

人来疯 zən^{5}lai^{5}foŋ^{42} 孩子在家里来了客人后表现出兴奋状

疯八叉 foŋ^{42}pɑ^{5}tsɑ^{42} 喻疯玩的孩子

百无成儿 pie^{42}vu^{2}tsʰer^{5} 不成料的人

邪怪武 ɕie^{5}kuai^{21}vu^{24} 不入调的调皮

鸭屎臭 iɑ^{42}sɿ^{24}tsʰəɯ^{212} 喻指说话不中听

尖屁股 tɕian^{42}pʰi^{21}ku^{24} 别人刚离开座位，立马坐过去

白话儿嘴 pie^{5}fæ^{42}tsei^{24} 说得好但不见行动

妈妈腔 mɑ^{24}mɑ^{5}tɕʰiaŋ^{42} 女里女气

花头经 fɑ^{42}tʰəɯ^{5}tɕin^{42} 花招

老古话 laɯ^{5}ku^{24}fɑ^{212} 古语

老话儿 laɯ^{24}fæ^{212}

磨洋工 mo^{5}iaŋ^{5}koŋ^{42} 工作不出力，拖延时间

赤刮新 tsʰɿ^{42}kuɑ^{5}ɕin^{42} 新

崭崭新 tsan^{24}tsan^{5}ɕin^{42}

扛大头 kʰaŋ^{5}tɑ^{21}tʰəɯ^{5} 承担大部分

扛烟癖 kʰaŋ^{5}ian^{42}pʰi^{5} 犯烟瘾但无烟可抽

老长远 laɯ^{24}tsʰaŋ^{5}yan^{24} 好久

一辈子 i^{5}pi^{21}tsɿ^{24}

一世人生 i^{5}sɿ^{21}zən^{5}sən^{42}

一五一十 i^{42}vu^{24}i^{42}sɿ^{5} 如实

一门心思 i^{42}mən^{5}ɕin^{42}sɿ^{0} 一心想

一塌糊涂 i^{5}tʰɑ^{42}fu^{5}təɯ^{42}

二话不说 ər^{212}fɑ^{1}pu^{5}ɕye^{42}

闸好盘子 tsɑ^{5}xaɯ^{24}pʰan^{5}tsɿ^{42} 敲定

嚼牙巴骨 tɕio^{5}iɑ^{24}pɑ^{5}ku^{42} 胡说八道

七老八十 tɕʰi^{42}laɯ^{24}pɑ^{42}sɿ^{5} 年迈

老筋巴巴 laɯ^{24}tɕin^{42}pɑ^{5}pɑ^{212} ①指人瘦，发育不全；②带茎的蔬菜不嫩

老革革咧 laɯ^{24}kie^{5}kie^{21}lie^{24}

小屄辣子 ɕiaɯ^{24}pi^{5}lɑ^{42}tsɿ^{0} 小角色

凶屄大王 ɕioŋ^{42}pi^{2}tai^{21}vaŋ^{24} 多指凶女人（含贬义）

杂巴屌子 tsɑ^{5}pɑ^{42}tiaɯ^{24}tsɿ^{5} 话痨

杂巴厌子 tsɑ^{5}pɑ^{42}ian^{21}tsɿ^{24}

三对六面 san^{42}tei^{2}ləɯ^{5}mian^{212} 当事人面对面把事情说清楚

为来为去 vei^{21}lai^{5}vei^{212}tɕʰi^{1} 不管怎样，都是为了……

戆头戆脑 kaŋ^{21}tʰəɯ^{5}kaŋ^{21}laɯ^{24} 倔强的样子

前脚后脚 tɕʰian^{5}tɕio^{42}xəɯ^{212}tɕio^{42} 一前一后

狗屄倒灶 kəɯ^{24}pi^{42}taɯ^{5}tsaɯ^{42} 做事凌乱、不妥当

龌儿八糟 ŋo^{42}ər^{2}pɑ^{5}tsaɯ^{42} 邋遢

各式各样 ko^{42}se^{2}ko^{5}iaŋ^{212}

管倒么事 kuan^{24}taɯ^{5}mo^{5}sɿ^{212} 无论啥事

硬吃硬做 ŋən^{212}tsʰɿ^{42}ŋən^{24}tsəɯ^{212} 硬来

牛筋马襻 ȵiəɯ^{5}tɕin^{42}mɑ^{24}pʰan^{212} 形容关系复杂

古咧八怪 ku^{5}lie^{42}pɑ^{5}kuai^{212} 稀奇古怪

歪歪趔趔 vai^{42}vai^{2}lie^{5}lie^{24} 歪斜不正

歪瓜裂枣 vai^{42}kuɑ^{2}lie^{5}tsaɯ^{24} 品相不正

翻眼绿筋 fan^{42}ian^{24}ləɯ^{5}tɕin^{42} 面目狰狞

狗脸生毛 kəɯ^{24}lian^{5}sən^{42}maɯ^{5} 一不高兴就拉下脸

一展平洋 i^{42}tsan^{24}pʰin^{5}iaŋ^{5} 像水面一样空旷平坦

隔田塍荒 kie^{42}tʰian^{5}tsʰən^{5}faŋ^{42} 围田垦荒

同山共脊 tʰoŋ^{5}san^{42}koŋ^{212}tɕi^{1} 两家共用一个山墙和屋脊

长天老日 tsʰaŋ^{5}tʰian^{42}laɯ^{24}ər^{42} 形容白天长

阴阴哑哑 in^{42}in^{2}iɑ^{5}iɑ^{24} 半晴半阴

哦呵连天 ŋo^{42}xo^{2}lian^{5}tʰian^{42} 人声鼎沸

叮铃宫隆 tin^{42}lin^{2}koŋ^{5}lo^{42} 搬物等弄出的声响

引头巴兮 in^{24}tʰəɯ^{5}pɑ^{5}ɕi^{42} 带了不好的头，引得他人效仿

八抬大轿 pɑ^{42}tʰai^{5}tɑ^{5}tɕiaɯ^{212} 架子大，

要用八人抬的轿子请
老车失匹 lauɯ^{24}tɕy^{42}sɿ^{5}pʰie^{42} 内行上当（带有嘲讽义）
阴阳怪气 in^{42}iaŋ^{2}kuai^{212}tɕʰi^{1}
日娘捣屄 ər^{42}ȵiaŋ^{2}tauɯ^{5}pi^{42} 用低俗话骂人
鬼话连天 kuei^{24}fa^{21}lian^{5}tʰian^{42} 胡说八道
寻死放吊 tɕʰin^{5}sɿ^{24}faŋ^{5}tiauɯ^{212} 寻死觅活
呼呼喽喽 fu^{42}fu^{2}ləɯ^{5}ləɯ^{42} 发出的声响
慢死腾腾 man^{21}sɿ^{24}tʰən^{5}tʰən^{42} 动作慢，不着急
仰耳八胯 ȵiaŋ^{24}ər^{5}pa^{5}kʰa^{212} 四脚朝天
扭头刮筋 ȵiəɯ^{24}tʰəɯ^{5}kua^{5}tɕin^{42} 做作
诼里诼气 tso^{5}lie^{42}tso^{5}tɕʰi^{212} 说话刻薄
倯里倯气 soŋ^{5}lie^{42}soŋ^{5}tɕʰi^{212} 做事蠢笨
可可如怜 kʰo^{24}kʰo^{5}y^{5}lian^{5} 非常可怜
清汤光水 tɕʰin^{42}tʰaŋ^{2}kuaŋ^{42}sei^{24} 汤或粥里材料少
稀不罠汤 ɕi^{42}pu^{2}laŋ^{5}tʰaŋ^{42} 植物稀疏
稀罠罠 ɕi^{42}laŋ^{5}laŋ^{42}
勺咧巴叽 sauɯ^{5}lie^{42}pa^{5}tɕi^{42} 傻得很
傻不拉叽 sa^{24}pu^{5}la^{5}tɕi^{42}
冒山侃地 mauɯ^{42}san^{2}kʰan^{24}ti^{212} 夸夸其谈
半半吊吊 pan^{21}pan^{24}tiauɯ^{5}tiauɯ^{212} 半吊子
半儿拉废 pan^{21}ər^{24}la^{5}fei^{212} 事情刚做到一半
慌忙急火 faŋ^{42}maŋ^{5}tɕi^{42}xo^{24} 慌慌张张
绊脚绊手 pʰan^{212}tɕio^{42}pʰan^{21}səɯ^{24}
麻了爪子 ma^{5}lo^{42}tsa^{24}tsɿ^{5} 不知所措
要紧要慢 iauɯ^{21}tɕin^{24}iauɯ^{5}man^{212} 说不定啥时：屋里放点儿钱，～好用
毛叽火辣 mauɯ^{5}tɕi^{42}xo^{5}la^{42} 皮肤碰触了麦芒、草屑等不舒服
黏咕拉叽 ȵian^{5}ku^{42}la^{5}tɕi^{42} 形容很黏
黑七抹达 xie^{42}tɕʰi^{2}ma^{5}ta^{42} 黢黑
吓五吓六 xie^{42}vu^{24}xie^{5}ləɯ^{42} 言行充满恶气
乌不绿透 vu^{42}pu^{2}ləɯ^{5}tʰəɯ^{42}深的杂色
蔫皮皻皻 ian^{42}pʰi^{2}ta^{5}ta^{42} 无精打采
严合严牵儿 ian^{5}xo^{42}ian^{5}tɕʰiai^{42} 严实无缝
倒打一耙 tauɯ^{21}ta^{24}i^{42}pʰa^{5}
倒走不走 tauɯ^{21}tsəɯ^{24}pu^{42}tsəɯ^{24} 徘徊不前
打拦头板 ta^{24}lan^{5}tʰəɯ^{5}pan^{24} 阻拦
踢脚绊手 tʰi^{42}tɕio^{2}pʰan^{21}səɯ^{24} 束缚阻碍较多
扯谎撩白 tsʰe^{24}faŋ^{5}liauɯ^{21}pie^{5} 说谎
鸡猫狗见 tɕi^{42}mauɯ^{2}kəɯ^{24}tɕian^{212} 斤斤计较
子丑寅卯 tsɿ^{24}tsʰəɯ^{5}in^{5}mauɯ^{24} 来龙去脉
吊颈葫芦 tiauɯ^{21}tɕin^{24}kʰu^{5}ləɯ^{42} 细瘦如悬葫
不得过今 pu^{42}tie^{2}ko^{212}tɕin^{42} 过不了关
不汤来去 pu^{42}tʰaŋ^{2}lai^{5}kʰai^{42} 经不起，受不住

咸到发齁 ɕian^{5}taɯ^{42}fɑ^{5}xəɯ^{42} 咸得喉咙难受

不得掉爪子 pu^{42}tie^{2}tiaɯ^{21}tsaɯ^{24}tsɿ^{5} 摆脱不了

苦到痨舌根 kʰu^{24}taɯ^{5}laɯ^{21}se^{5}kən^{42} 味很苦

懒到抽蛇筋 lan^{24}taɯ^{5}tsʰəɯ^{42}sɑ^{5}tɕin^{42} 懒得很

前世作了孽 tɕʰian^{5}sɿ^{21}tso^{42}lo^{5}ȵie^{42} 前世作的孽，源自佛教的因果报应

倒弯十八里 taɯ^{212}van^{42}sɿ^{5}pɑ^{42}li^{24} 走了很多弯路

啰咧巴啰嗦 lo^{42}lie^{2}pɑ^{2}lo^{42}so^{0} 啰嗦

脚踩两只船 tɕio^{42}tsʰai^{24}liaŋ^{24}tsɿ^{42}tɕʰyan^{5} 两头都不放弃

心不在肝上 ɕin^{42}pu^{5}tai^{212}kan^{42}saŋ^{0} 心不在焉

上代传下世 saŋ^{212}tai^{1}tɕʰyan^{5}ɕiɑ^{212}sɿ^{1} 代代相传

夹倒尾巴做人 kɑ^{5}taɯ^{42}i^{24}pɑ^{5}tsəɯ^{21}zən^{5} 夹着尾巴做人

哄死人不填命 xoŋ^{24}sɿ^{5}zən^{5}pu^{42}tʰian^{5}min^{212} 用花言巧语骗人

不做声不做气 pu^{42}tsəɯ^{5}sən^{42}pu^{42}tsəɯ^{5}tɕʰi^{212} 不声不响

拿个鸡毛当令箭 lɑ^{5}ko^{42}tɕi^{42}maɯ^{5}taŋ^{42}lin^{2}tɕian^{212} 小题大做

蛮到脚板底朝天 man^{5}taɯ^{42}tɕio^{42}pan^{24}tsɿ^{5}tsʰaɯ^{5}tʰian^{42} 蛮不讲理

第六章　语法

第一节　词类概要

"河南话"是官话，与普通话相比，在语法结构上有许多相同之处，但也存在差异。本章重点对一些有特色的语法现象进行分析、讨论。

一　代词

（一）人称代词

"河南话"的人称代词见表 6–1 所示。

表 6–1　　　　　　　　　　"河南话"的人称代词

第一人称	单数	我 [ŋo^{24}]	复数	我们 [ŋo^{24}mən^5]
第二人称	单数	你 [n̩^{24}]	复数	你们 [n̩^{24}mən^5]
第三人称	单数	他，她，它 [tʰa^{42}]	复数	他们 [tʰa^{42}mən^0]
自指		各人 [ko^{5}zən^5]，各自 [ko^{5}tsɿ^5]，自个 [tsɿ^{21}ko^5]		
他指		人家 [zən^{5}tɕia^{42}]，旁人 [pʰaŋ^{5}zən^{42}]		
统指		大伙 [ta^{5}xo^{24}]		

（二）指示代词

1. 基本指示代词

"河南话"基本指代词有两个：列［lie^{212}］、那［lɑ^{212}］。"列"表示近指，相当于普通话的"这"；"那"表示远指，与普通话相同。如：

列是他咧，那是我咧这是他的，那是我的。

2. 体词性指示代词

（1）指示事物

"河南话"基本指代词通过加量词来指示事物。如：

列个（房子）	那个（房子）
列条（河）	那条（河）
列间（屋）	那间（屋）
列点儿（钱）	那点儿（钱）

（2）指示处所

"列（个）、那（个）" 通过加具有空间和地理特征的词"□［ŋan^{55}］头""场子（场儿）""坡"等指示处所，也可直接采用"列哈儿、那哈儿"指示处所。如：

列□［ŋan^{55}］头	那□［ŋan^{55}］头
列场子	那场子
列个场儿	那个场儿
列个坡	那个坡
列哈儿	那哈儿

（3）指示时间

基本指代词"列""那"通过加"嗒（子）"指示时间。还可以在"列""那"后加一个"蒙［mən］"。如：

列嗒	那嗒
列蒙嗒	那蒙嗒
列嗒子	那嗒子

此外，“河南话”还用跟“列嗜”同义的“正嗜”指示时间，相当于“现在”。

（4）指示数量

基本指示代词“列”“那”通过加“点”“些”“蒙多”“蒙些”等指示数量。如：

列点儿	那点儿
列些	那些
列蒙多	那蒙多
列蒙些	那蒙些

（三）疑问代词

“河南话”疑问代词的类别和形式见表 6–2 所示。

表 6–2　“河南话”的疑问代词

类别	形式				
表区别	哪个［lɑ^{24}ko^{5}］				
指人	谁个	哪个［lɑ^{5}ko^{212}］	么人		
指物	么事	么东西	么家伙		
数量	几	几个	多少	几多个$_{\text{老}}$	
地点	哪哈儿	哪□［ŋan^{55}］头	哪个坡	哪个场儿（场子）	么场儿
时间	几嗜	么嗜	么时夫$_{\text{老}}$	多嗜	
方式	么样儿	么样儿搞			
形状	么样儿咧				
距离	多远	好远			
原因	为么事	么回事	□［tsai^{24}］①		

① 相当于普通话里的“怎么”，例句：“你□［tsai^{24}］列烦人蛮$_{\text{你怎么这么烦人呢？}}$”

二 量词

"河南话"的量词有如下特点和用法：

（一）跟名词搭配时，有的与普通话不同。例如：

表 6–3 "河南话"有特色的量名搭配

"河南话"量词	与名词搭配组成的短语				
条	一～猪	一～猫子			
个	一～耳朵	一～桥	一～鹅	一～碗	一～锁
部	一～车子	一～脚踏车	一～拖拉机		
台	一～房子				

"河南话"量词跟动词搭配使用的情况跟普通话基本相同。

（二）在量词后可以加"子"并修饰名词。如：

一帮子人　一条子烟　一卷子纸　一捆子菜　一锅子饭
一包子水　一截子黄豆　两包子花生　一酒盅子酒　一洗脸盆子水

（三）可以不带数词。

"河南话"可以直接由量词和名词组合，构成量名结构。如：

买本书买一本书。
倒杯水他喝倒杯水给他喝。
坐哈儿喝碗茶坐一会儿喝碗茶。

量词"个"也可用在动宾之间。如：

吃～饭、上～街、拜～年、买～菜、走～路、跑～步

（四）动量词前加"一"，可带后缀"头"，强调单一性。如：

一趟头、一记头、一回头、一顿头、一口头、一膏头

（五）量词的重叠。

这部分内容将在"第四节"中讨论，这里不重复。

三 方位词

方位词可以分为单纯方位词和合成方位词。单纯方位词都是黏着的，合成方位词大部分是自由的。“河南话”的方位词比较丰富，主要有：

单纯方位词：上、下、前、后、里、外、内、中、左、右、东、西、南、北。

合成方位词：上头、下头、前头、后头、里头、外头、东头、南头、西头、北头；左边儿、右边儿、东边儿、南边儿、西边儿、北边儿；之前、之后、之里、之外、之内；以上、以下、以前、以后、以里、以外、以内、以东、以南、以西、以北；高头、底下、窭里、□［$ŋan^{55}$］头、边沿儿、面前、跟前、中间、当中。

根据方位词与其他词的组合情况，可以分为以下几类：

（一）方位词跟在表处所的名词后，成为处所词。这是方位词的基本用法。

1.“高头”和“底下”

（1）高头

“高头”在“河南话”里使用频率较高。它跟普通话的“上面”比较接近，但可以表示多种方位，主要有：

> 物体的上方：门～$_1$、床～$_1$、房子～、车子～$_1$
>
> 物体的表面：肚子～、脚～、脸～、衣裳～、门～$_2$、床～$_2$
>
> 物体的里面：飞机～、船～、车子～$_2$、轿子～
>
> 地势处在高处的某一较大空间范围：那个塆儿～那个村的上面、他在～地里种菜他在上面地里种菜、我到～去下子我到上面去一下

上面的“门高头”“床高头”中的“高头”既可以表示物体的上方，也可以表示物体的表面；“车子高头”的“高头”既可以表示物体的上方，也可以表示物体的里面。说话者通过“高头”的“高”采用重音与否区别主观要表达的空间量。“高”读重音进行强调，其所在的“高头”表示物体的上方；“高”不读重音，其所在的“高头”表示物体的表面或里面。

（2）底下

“河南话”的“底下”用法跟普通话的“下面”接近，与“高头”的用法基本对应。如：

物体的正下方：床～、柜子～、车子～$_1$、树～$_1$

跟物体相邻的下方：车子～$_2$（车子停在较高处）、树～$_2$（树长在较高处）

地势处在低处的某一较大空间范围：水库～水库下面、那个垮儿～那个村的下面、他在～地里种菜他在下面地里种菜、我到～去下子我到下面去一下

说话者通过“底下”的“底”采用重音与否区别主观要表达的空间量。“底”读重音进行强调，其所在的“底下”表示跟物体相邻的下方；“底”不读重音，其所在的“底下”表示物体的正下方（包括物体正下方的表面）。跟物体相邻的下方跟地势处在低处的某一较大空间范围的区别在于前者空间量较小，后者空间量较大。

2.“窦里”“里头”和“外头”

（1）“窦里”“里头”

“窦里”“里头”相当于普通话的“里面”。“窦里”和“里头”区别在于：

第一，“窦里”既表示封闭物体的内部，也表示不封闭物体的内部；“里头”只表示不封闭物体的内部。

第二，“里头”表示深入物体内部的程度量要比“窦里”少一些。

第三，“窦里”跟在名词后使用较多，“里头”跟在动词后使用较多。

第四，“窦里”说得较多，“里头”说得较少。例如：

窦里：肚子～、眼睛～、房子～、碗～、米～、故事～、在～、到～去

里头：山～、在～、到～去

（2）外头

相当于普通话的“外面”，既包括物体的外表面，也包括物体以外的空间范围。如：

表示物体的外表面：衣裳～、帽子～、箱子～

表示物体以外的空间范围：门～、～冷

3.“边沿儿”和“□［ŋan^{55}］头”

“边沿儿”可以指物体的边缘，也可以指跟物体边缘紧挨的空间。“□［ŋan^{55}］头”指距离物体不远的空间。两者的区别在于：第一，“边沿儿”

强调了跟物体边缘相关的空间，“□［ŋan55］头”则针对整个物体而言。第二，“边沿儿”比“□［ŋan55］头”离物体核心位置的距离近得多，“□［ŋan55］头”的空间范围伸缩性强。如：

边沿儿：河～、路～、山～

□［ŋan55］头：房子～、那个人～、街～

（二）方位词跟在各类代词后，成为处所词。

“河南话”的指示代词“列”“那”跟“高头”“底下”“窦里”“里头”“外头”“边沿儿”“□［ŋan55］头”连用，均能构成处所词。如：

那高头：你到哪儿去吗？到～去你到哪儿去呢？到那上面去。

列底下：～哈湿了这下面全湿了。

列窦里：～肯定有东西这里面肯定有东西。

那里头：～有一条路那里面有一条路。

列外头：～是哪个洗咧蛮这外面是谁洗的？

列边沿儿：好在～种一埨菜可以在这边上种一畦菜。

那□［ŋan55］头：～我去过咧那里我去过的。

四　副词

“河南话”的副词情况详见“第五章第二节”。在此只介绍一些有特色的副词。

（一）程度副词

1. 蛮［man24］、怪［kuai212］、稀［ɕi42］

“河南话”里的“蛮”“怪”“稀”是一组近义副词。罗山、光山方言只讲“怪”，不讲“蛮”“稀”。“蛮”“稀”应该是从吴语借入。如《海上花列传》第四十回：

华铁眉抽取其中稀破的一本展视，虽丹青黯淡，而神采飞扬，赞道：“蛮好啘！”①

“蛮”“怪”的用法跟“很”相当，可以表示正面的意义，也可以表示

① （清）韩邦庆：《海上花列传》，上海古籍出版社2001年版，第280页。

负面的意义。"稀"只用来表示正面的意义，但往往对应一种跟正面相反的事实。如：

蛮：这个人～好咧。那个人～坏咧这个人挺好的。那个人挺坏的。

怪：这个人～好咧。那个人～坏咧这个人挺好的。那个人挺坏的。

稀：～好咧个伢儿，说没得就没得了很好的一个娃儿，说没就没了。

他昨日还～好咧，今儿么样就害病了哩他昨天还好得很，今天怎么就生病了呢？

2. 扎自［tsɑ⁴²tsɿ⁰］

"扎自"表示肯定的程度较高，相当于"特别"，有强调的意味。如：

他～能干的他特别能干。

盖列台房子他～出了力盖这幢房子他出了很多的力。

（二）否定副词

"河南话"的否定副词"莫［mo⁴²］"和"不［pu⁴²］"的使用和比较详见第六章"第六节"。"没得［mei²¹tie⁵］""没［mei⁴²］"跟普通话的"没有"相当，不赘述。

（三）时间频率副词

1. 本生［pən²⁴sən⁴²］、一了［i⁴²liaɯ²⁴］

"本生"和"一了"是一组近义副词。"本生"的意义是"原本"，"一了"的意思是"向来"。这两个副词的用法跟对应的普通话副词用法相同。在此不赘述。

2. 就［tsəɯ²¹²］

"就"作时间副词，相当于普通话的"马上"。"就"可以跟"马上"的同义副词"马儿"连用，具有强调的作用。如：

我～去我马上去。

我马儿～去我立刻就去。

3. 搞搞［kaɯ²⁴kaɯ⁵］

频率副词"搞搞"表达两种意义：第一，后面跟"就"表示动作经常发生。第二，后面跟"会"表示动作不经常发生。如：

他～就去了他动不动就去了。（经常去）

他～会去他有时会去。（不经常去）

“搞搞”可以和“搞搞不”连用，相当于“有时V……有时不V”。如：

他～去，～不去他有时去，有时不去。

他～会去，～不会去他有时可能去，有时可能不去。

4. 将才［$tɕiaŋ^{42}ts^{h}ai^{5}$］、才将［$ts^{h}ai^{5}tɕiaŋ^{42}$］

“将才”和“才将”是一组同义副词，可以换用。它们跟普通话“刚才”的用法相同。

5. 就伙［$tɕiəɯ^{21}xo^{24}$］、跟首［$kən^{42}səɯ^{0}$］

“就伙”和“跟首”是一组近义副词。“就伙”的语义偏向“顺势、顺便”，“跟首”强调后一个动作跟前一个动作的顺接。如：

就伙：你今朝到城里去，～到小姑那哈儿去拜个年你今天到城里去，顺便到小姑那里去拜个年。

跟首：那个人一走，他～把门关了那个人一走，他立马把门关上了。

6. 连往 $lian^{5}vaŋ^{42}$

“连往”具有“连忙、赶忙”的意思。使用时，后面必然跟表示不愿看到的结果的分句。“连往”的位置通常在动词前，为了强调也可以置于主语之前。如：

他～赶过去，东西已经把人家拿走了他连忙赶过去，东西已经被别人拿走了。

～他赶过去，东西已经把人家拿走了等到他急忙赶过去，东西已经被别人拿走了。

上述两种说法，语义基本相同。后者更侧重反映一种情势。

（四）范围副词

1. 哈［$xɑ^{212}$］、一早［$i^{42}tsaɯ^{24}$］

“河南话”里“哈”和“一早”是一组同义副词。用在动词前，大致跟普通话的副词“都”相当，可以理解为“都、全部”。如：

哈：～去、～来、～吃了、～过去、～回去了

一早：～去、～来、～吃了、～走了

"哈"和"一早"可以连用，变成"一早哈"，但语义不变，强调的意味增加。如：

他们～走了他们全走了。

饭～吃了饭全吃光了。

2. 共总［$koŋ^{21}ʦoŋ^{24}$］、总共［$ʦoŋ^{24}koŋ^{212}$］

"共总"和"总共"在"河南话"里也是一组同义副词。一般来讲，"共总"在南方方言说得较多，"总共"在北方方言说得较多。这也可以作为"河南话"里南北方言成分相互影响、和谐共处的一个例证。

（五）情态副词

1. 猛亏［$moŋ^{24}k^{h}uəi^{5}$］、扯起［$ʦ^{h}e^{24}ʨ^{h}i^{5}$］

"猛亏"的意思是"猛地（一下子）"，"扯起"的意思是"突然（用力）"。两者都是情态副词，用法基本相同，意义比较接近。不同的是，"猛亏"侧重于心理感受，"扯起"主要指动作。如：

人哈走了，猛亏一舒服人全走了，一下子感到很舒服。

他扯起一蹦，把我吓了下子他突然用力一跳，我被他吓了一下。

2. 特拜［$tie^{5}pai^{212}$］、特予［$tie^{5}y^{42}$］

"特拜"和"特予"是一组同义副词，相当于普通话的"故意"。不赘述。

3. 攒劲［$ʦan^{5}ʨin^{212}$］、叵咧［$p^{h}o^{24}lie^{5}$］

"攒劲"和"叵咧"也是一组近义副词，都有"用足力气地"的含义。相比较而言，"叵咧"倾向于"拼尽全力"，比"攒劲"更使劲儿。如：

今朝晌午多烧了两个菜，你们攒劲吃今天中午多烧了两个菜，你们放开吃。

他瞧到鬼子追过来了，叵咧往回跑他看到鬼子追过来了，拼命往回跑。

（六）语气副词

1. 现现［$ɕian^{21}ɕian^{24}$］

"河南话"里的语气副词"现现"表示强调，表达确凿无疑的语气，有"明明""本来（就）"的意思，通常跟"还"连用，构成"……现现……还……"的固定句式。例如：

他～没得钱，你还问他借他本来就没有钱，你还向他借。

他～不高兴，你还去惹他他本来就不开心，你还去惹他。

你～没得劲，还不攒劲多吃点儿你本来就没力气，还不使劲儿多吃点儿。

“河南话”的“现现”用在人称代词后，后面通常跟表示否定意义的谓词结构，用来强调某方面的缺乏。“现现”与“还”连用，构成一种特有的句式。这种句式有两种意义：一种是在原来已经缺乏的基础上，可能导致缺乏增加，如前两例。另一种是原来已经缺乏了，得想办法去补足，如最后一例。除了“还”，“现现”后面也可跟“更”，用来表示缺乏状态或不良反应的加剧。如：

我～头痛，你一吵我更吃不消了我本来就头疼，你一吵我更加吃不消了。

溧阳“河南话”里有一个跟“现现”同义的语气副词“现现自”。笔者认为“现现自”是“河南话”受到境内或周边湖北话副词“现自”的影响而出现的一种羡余现象。

2. 作兴［$tso^{42}ɕin^{0}$］

“作兴”跟普通话的“可能”相当。如：

明朝～有雨明天可能有雨。

他～不会来他可能不会来。

3. 肯马儿［$k^{h}ən^{24}mæ^{5}$］

“肯马儿”用于说话者对事物或事件进行猜测，具有“说不定，有可能”的意思。如：

他～会去哩他也可能会去呢。

列门亲～能说好哩这门亲事说不定能说成功呢。

4. 总归［$tsoŋ^{24}kuei^{5}$］、反正［$fan^{24}tsən^{5}$］

“总归”和“反正”是一对近义副词。“反正”的语气更加肯定一些。“总归”的语气略微缓和一些，有“早晚都得”的意思。如：

你总归要去一趟你早晚得去一趟。

我反正要去一趟（不管怎样）我肯定要去一趟。

5. 里外里［li^{24}vai^{5}li^{24}］

在“河南话”里，“里外里”这种结构的副词比较特殊。“里外里”偏于主观，隐含了不顾一切、孤注一掷的含义。如：

我～跟他搞一下子我豁出去了也要跟他搞一下。

他～不做了他已作了不做的准备（不计后果）。

6. 左以［tso^{24}i^{5}］

“左以”表示“干脆、索性”的含义。这个副词在罗山、光山方言和武汉方言里都能见到。如：

你已经到他垮儿里了，～到他那哈去玩哈儿你已经到他们村了，索性到他家去玩一下。

7. 倒反［taɯ^{21}fan^{24}］

“倒反”相当于普通话里的“反倒，反而”。如：

你喊他去～坏事你叫他去反而会坏事。

列种药吃了～不好这种药吃了反而不好。

（七）处所副词

满寸咧［man^{24}ʦ^{h}ən^{21}lie^{24}］、撇道咧［p^{h}ie^{42}taɯ^{2}lie^{24}］

“满寸咧”和“撇道咧”是一组同义副词，有“到处”的意思。“撇道咧”的说法现在已经很少，属于“河南话”里较老的说法。如：

饭米掉到满寸咧饭米掉得到处都是。

芝麻弄到撇道咧芝麻弄得到处都是。

（八）后置的副词

“河南话”里的后置副词主要有“不过”“不中”“悬”等。“不过”用在动词或形容词后，表示“很、比较”的含义。如：

热～、酸～、痛～、累～、冷～、气～

“不中”用在“到”后，表示动词的结果为某方面的“不行”。如“累到～”，意思是因为劳累已经没有力气做事。

“悬”用在“咧”后面，相当于“很”。如：

好咧～、馋咧～、快咧～、丑咧～、恶关系不好咧～

五　介词

“河南话”的介词主要有：在［tai^{212}］、把［$pɑ^{24}$］、弄［$loŋ^{212}$］、□［$kɑ^{212}$］、问［$vən^{212}$］。“在［tai^{212}］”与普通话的“在”相当。“把”的用法详见本章“第五节把字句”。在此主要介绍其他三个介词。

1. 弄［$loŋ^{212}$］、□［$kɑ^{212}$］

在“河南话”里，“弄”和“□［$kɑ^{212}$］”比较接近，用法基本一致，都有“用”的意思。如：

弄：～手抓、～剪子剪、～盆装、～绳子绑

□［$kɑ^{212}$］：～手抓、～剪子剪、～洋盆装、～车子拖

相比较而言，“弄”比“□［$kɑ^{212}$］”更文雅一些。

2. 问［$vən^{212}$］

“问”作介词，与“向”相当。如：

～他要向他要。

～他借钱向他借钱。

六　连词

“河南话”的连词主要有两个：跟［$kən^{42}$］、余六［$y^{5}ləɯ^{42}$］。

1. 跟［$kən^{42}$］

“跟”作连词有两种用法：第一种与“和”相当，第二种与“对”相当。如：

跟“和”相当：我～他两个人我和他两个人。

跟“对”相当：他～你说了么事蛮他对你说了啥？

2. 余六［$y^{5}ləɯ^{42}$］

“余六”连用相当于普通话的“一边……一边……”。如：

他～走，～玩手机他一边走，一边玩手机。

我们两个～走，～说我们两个一边走，一边说。

七 语气词

1. 表示陈述语气的语气词主要有：啊［ɑ］、了［lo］、吧［pɑ］、哩［lie］、欧［əɯ］、喽［ləɯ^{42}］、欸［ei^{24}］、噻［sæ］、咧吧［lie^{42}pɑ^{0}］、咧欸［liei^{24}］。例如：

你去玩啊你去玩啊。

那老早了那（是）很早（以前的事）了。

算了，我来买吧算了，我来买吧。

他还没来哩他还没来呢。

他会说欧他会说的。

他明朝来的喽他明天来的。

那他要去欸那他要去的。

又是说噻（我）也这么说呢。

好，就跟列样咧吧好，就这样吧。

打针怪痛咧欸打针挺疼的呢。

2. 表示疑问语气的语气词主要有：啊［ɑ］、嗒［ta］、辣［læ］、啦［lɑ］、哩［lie］、吧［pæ］、啵［po］、蛮［man］、咋［ʦæ^{24}］、着［ʦo］、不啦［plæ^{24}］、咧蛮［lie^{42}man^{0}］、咧啊［liɑ^{42}］、没喃［m^{42}lan^{0}］。例如：

你想去啊你想去吗？

他去嗒他去啊？

谁个辣谁啊？

哈把他啦全给他了？

列么回事哩这是咋回事呢？

你回去吧你回去吗？

你□［tei^{24}］了啵你丢了吧？

你起来蛮你起来了吗？

你列咋你这样干吗？

你要多少着你要多少呢？

你明朝去不啦你明天去吗？

我不跟你说了咧蛮我不是跟你说过了吗？

他跟你说咧啊他跟你说过的啊？

你吃没喃你吃没？

3.表示祈使语气的语气词主要有：噻[sæ]、吧[pɑ]、喏[no]、着[ʦo]、啰喂[lo²¹ve⁵]。例如：

你赶紧起来噻你赶紧起来啊！

你滚回去吧你滚回去吧！

把你喏给你！

先回去着先回去再说！

你先去啰喂你先去吧！

4.表示感叹语气的语气词主要有：欸[ei]、喽[ləɯ]、蛮[man]、欧[əɯ]、嘞[lei]、咧喃[lie⁴²lan⁰]。例如：

我咧妈欸我的妈欸！

多少人喽好多人喽！

么样儿列好看蛮怎么这么好看啊！

他人真好欧他人真的好！

我才不去嘞我才不去呢！

我跟他说过咧喃我跟他说过的啊！

八　叹词

“河南话”的叹词主要有：哎哟喂[ai⁴²io²ve²⁴]、嘢[ie²⁴]、诶[ei²⁴]、哦[o²⁴]、欧吼[əɯ⁴²xəɯ²⁴]等。例如：

哎哟喂，你么样买列些东西蛮哎哟哟，你怎么买这么多东西啊？

嘢，他说来咧哩嘢，他说来的呢。

诶，你明朝去不啦诶，你明天去吗？

哦，搞半天他们认咧到哦，弄了半天他们认识。

欧吼，车子开走了哎呀，车子开走了。

第二节 语缀

本书主要介绍“河南话”里有一定特色的语缀。分前缀、中缀和后缀三个部分。

一 前缀

“河南话”的前缀主要有：阿、老、瘟、肮、蛮、尽、几、老蒙、叵咧、扎自等。

（一）阿［ŋɑ^42］

“阿”在“河南话”里主要用作人的乳名和称谓。如：

～金、～明、～林、～富、～强、～娣、～梅、～虎子

～姨、～舅、～儿

人名和亲属人称前加“阿”头自汉魏以来，有了很大的发展。吴语里有大量的“阿”头词语。纯粹的“河南话”，“阿”头的词语并不是很多。

（二）老［laɯ^24］

“河南话”里“老”的用法跟北京话基本相同。主要有：

1. 用在姓氏前，对年长者较随便的称呼，如：～王、～李、～段

2. 用在亲属称谓中，如：～爹、～妈、～表

3. 用于子女的排行，如：～大、～二、～三、～小

4. 表示资格老或年龄大，如：～师傅、～医生、～家伙

5. 形容过于成熟，如：～气、～长、～筋巴巴

6. 表示时间较久的，如：～照片、～古经老故事、～场子

7. 表示原来的，如：～家、～垮儿、～场子、～本行

8. 对故意装着有经验、表现出有派头的人，也可用“老”来形容，是一种贬义用法，如：～三～四、～卵虱气、～嘎嘎咧、～气横秋

9. 相当于副词“很”，如：～远、～高、～粗、～早

（三）瘟［vən^42］

“瘟”在“河南话”里用作副词，表示程度深，且排斥的感情色彩明

显。如：

～腥、～臭、～臊

“瘟”还可以跟“鸡巴”连用，表示粗俗的说法，语义相当于“瞎～”。如：

～鸡巴搞瞎搞、～鸡巴说胡乱说

（四）肮［$\eta a\eta^{42}$］

“肮”的用法跟“瘟”相近，用作副词，表示程度深。如：

～臭、～酸、～苦、～臊

（五）蛮［man^{24}］

“蛮”在“河南话”里的用法跟普通话的“挺”相同，后面经常跟“形容词＋咧”，表示肯定。如：

～大咧、～快咧、～好咧、～热咧

（六）尽［$t\c{c}in^{24}$］

“尽”用在动词前，表示尽兴地、无拘无束地。如：

～做、～吃、～用、～玩、～哭、～睡

（七）几［$t\c{c}i^{24}$］

“几”作前缀相当于普通话“多么”，多用于感叹句，是一种较老的用法。如：

～好、～多、～牌裳漂亮、～能干、～会说、～麻利

（八）老蒙［$la\text{ɯ}^{24}m\text{ə}n^{5}$］

“老蒙”在“河南话”里的发音如“老们”，属于副词性前缀，意思为“很，特别”，对数量和程度等作出强调。如：

～好、～远、～爱、～贵、～高、～瘦、～粗、～多

（九）叵咧［$p^{h}o^{24}lie^{5}$］

“叵咧”也是副词性前缀，意思为“使劲地”。如：

～吃、～跑、～笑、～哭、～叫

跟“叵咧”相同的用法还有“攒劲”“出力”。其中，“攒劲”更接近“叵咧”，“出力”更侧重于用体力。如：

攒劲：～吃、～跑、～想

出力：～爬、～背、～做

（十）扎自［tsɑ42tsɿ0］

“扎自”也是副词性前缀，相当于普通话的“特别”。如：

～好、～坏、～难做、～过劲、～好玩

二 中缀

“河南话”的中缀主要有“不、打”等。

（一）不［pu42］

“河南话”里的“不”作中缀主要有以下三种用法：

1. 用在两个重叠动词之间，多用于选择问句。如：

去～去、走～走、做～做

2. 用在两个重叠形容词当中，强调数量处于居中。如：

高～高、矮～矮、长～长、短～短

3. 用在两个重叠的量词中，强调数量少。如：

点儿～点儿

4. 用在两个重叠动词或形容词当中，强调结果和推测。如：

来～来所以……了吧、好～好表示很有可能

5. 用在四字格词语中，构成固定的说法。如：

乌～绿透、黑～溜秋、黄～拉叽、花～隆冬

（二）打［tɑ24］

“打”用在两个亘叠的表性状的形容词之间，对性状的深浅或程度进行强调。如：

空～空、明～明

三　后缀

"河南话"的后缀主要有：子、头、佬、伢儿、巴子、牙子、头子、伙里、拉煞、巴煞、倒些、死了、不过、不中、不得了、咧悬、起来。

（一）子［tsɿ］

"河南话"里的子尾词特别丰富。有些子尾词是普通话里没有的。主要有以下几种情况：

1. 在名语素后加"子"。如：

鸡～、猫～、狗～、羊～、狮～、兔～

叶～、杆～、须～、壳～、蔸～、鞋～、绳～、篓～、台～、椽～

在这类词中，"子"前的词根语素不能单说，"子"尾有成词作用。

也可在独立使用的名词后加"子"，如：

茶缸～、锤头～、眼镜～

2. 非名词加"子"尾变成名词。如：

冷～、刨～、份～、个～、盖～、侉～、瘦～、胖～、矮～、瘸～、骗～

3. 在重叠名语素后加"子"能够产生小称的意义。如：

巷巷～、条条～、格格～、头头～、筒筒～

（二）头［tʰəɯ］

"河南话"里的"头"尾主要用来表示名物、方位、时间、人物、品性等。

1. 用在表事物的名词后，构成同义名词。如：

石～、山～、房～、墙～、灶～、榫～、肉～、手～、骨～、酵～、秤～、畚箕～

2. 用在方位词或名词后，构成方位词。如：

上～、下～、北～、南～、高～、外～、里～、前～、后～、脚～、床～

3. 用在表示时间的量词后表示时间长短。如：

年～、一天～、两天～、三个年～

4. 在数量词后加上“头”，可以变成名词。如：

十块～、五角～、一分～、两间～两间一座的房屋

5. 用在带“老”的序数词后，构成人物名词。如：

老二～老二，指人、老三～、老四～

6. 用在形容词后，表示抽象意义。如：

甜～、苦～

7. 用在动词或述宾结构的词组后构成名词。如：

炒～、刺～、冲～、小砍～、截户～

8. 用在动词后，表示做某事的价值，有“可以值得一做”的语义。如：

吃～、瞧～、转～、做～、搞～、去～、玩～、说～、写～、听～、想～

（三）佬［laɯ^{24}］

“河南话”里“佬”用作对某类人群的俗称。带“佬”尾的词往往带有一种轻微的歧视义。如：

剃头～、杀猪～、烧饭～、叉鸡～偷鸡贼、要饭～、湖北～、乡巴～、外地～、江北～、大好～

（四）伢儿［ŋæ^{55}］

“伢儿”的意思是“孩子”，可用作“河南话”的词缀，表示爱称或小称。如：

小～、男～、女～、小男～、小女～、崽咧～、放牛～、学生～、～～头

（五）巴子［pɑ^{42}ʦɿ^{0}］

“巴子”作为后缀，主要构成与生理或疾病等相关的名词。如：

耳～、嘴～、结～、瘫～、齁～、豁～

（六）牙子［iɑ^{5}ʦɿ^{42}］

“牙子”通常作为带有贬义的指人名词后缀。如：

蛆～、豁～、豁巴～、结巴～

（七）头子［t^{h}əɯ^{5}ʦɿ^{42}］

“头子”一般用在名语素或名词后，构成具有新义的名词。如：

麦～、稻～、树～、面～、麦面～、米粉～、司令～

（八）婆子［p^{h}o^{5}ʦɿ^{42}］

“婆子”用作后缀指具某类行为特征的女性，带有贬义。如：

憨～、疯～、瘟～、虱～

（九）伙里［xo^{42}lie^{0}］

“伙里”基本用在称谓名词后，表示人物之间的一种紧密或亲密关系。如：

姊妹～、弟兄～、兄弟～、夫妻～、妯娌～、娘儿～、爷儿～

（十）拉煞［lɑ^{5}sɑ^{42}］

“拉煞”用在名词后，表示凌乱、不整齐。如：

胡子～、鼻子～、破衣～

（十一）巴煞［pɑ^{5}sɑ^{42}］、巴兮［pɑ^{5}ɕi^{42}］

“巴煞”“巴兮”用在名词、形容词、述宾结构的词组后，用来表示人物情状或品性，有“……的样子”之意。如：

巴煞：眼泪～、小气～
巴兮：尖头～、引头～

（十二）倒些［taɯ^{42}ɕie^{0}］

“倒些”用在动词后，表示动作的持续不停。如：

吃～、忍～、望～、拖～、啜～、说～

（十三）死了［sɿ^{24}lo^{5}］

“死了”用作后缀，表示某种感觉或感受的程度深。如：

累～、饿～、丑～、可怜～、难过～、嫌人～

（十四）不过［pu^5ko^{42}］

“不过”用在形容词或动词后，表示心理感受或动作的程度较深。如：

丑～、气～、吓～、□［$tɕioŋ^{55}$］～、馋～

（十五）不中［$pu^5tsoŋ^{42}$］

“不中”用在“动词 + 到”后，表示某种感受受不了。如：

累到～、饿到～、气到～

（十六）不得了［$pu^5tie^{21}liauɯ^{24}$］

“不得了”用在形容词、动词加上“到”后，表示程度深。如：

好到～、懒到～、气到～、馋到～

（十七）咧悬［$lie^{42}ɕyan^5$］

“咧悬”用在形容词或动词后，相当于普通话的“得很”。如：

大～、好～、甜～、馋～、爱～、想～、勤快～

（十八）起来［$tɕ^hi^{21}lai^0$］

“起来”用在动词后，表示动作开始并持续。普通话也有这种用法。如：

说～、发发作～、火～、打～、吃～、嘛～

（十九）光［$kuaŋ^{42}$］

“光”既可以用在动词后，表示动作的结果；也可以用在形容词后，表示形容词表达的程度。前者如：用光、吃光、赌光；后者如：头毛白光了。

“河南话”词语除了上述前缀、中缀和后缀外，还有一些常用的嵌入成分。主要有：连·几、里·气、头·脑、（哩）巴。

（1）连·几［$lian^5$·$tɕi^{24}$］

嵌“连·几”式，“连”和“几”后跟相同的动词（动词间字重叠），用来强调动作的连续和快捷。如：

～打～打、～收～收、～抠～抠、～咬～咬、～扯～扯、～踩～踩

（2）里·气［li^0·$tɕ^hi^0$］

嵌“里·气”式，“里”和“气”前的名词或形容词间字重叠，通常表示贬义。如：

猪～猪～、油～油～、傻～傻～、娇～娇～、冒～冒～、呆～呆～、蠢～蠢～

（3）头·脑［$t^hɘɯ^5$·$laɯ^{24}$］

嵌“头·脑”式，“头”和“脑”前的名词或形容词间字重叠，也表示贬义。如：

戆～戆～、犟～犟～、鬼～鬼～、贼～贼～

（4）（哩）巴［$lie^{42}pɑ^0$］

嵌“（哩）巴”式，也通常表示贬义。如：

巴：尖头～兮

哩巴：憨～叽、痴～呆、糊～涂、勺～叽

上述（2）（3）（4）中嵌式和形容词重叠式，同时具有摹状式构词的格式和特征。

“河南话”的后缀可以重叠，有加强语义和表达效果的作用。如“兮兮、巴巴、伢儿伢儿”。如：

兮兮：可怜～、神经～

巴巴：可怜～、眼泪～

伢儿伢儿：小～、大头～

第三节 重叠

“河南话”的名词、动词、形容词、数量词均可重叠。

一 名词的重叠

（一）AA 式

1. 名语素重叠：蛛蛛、蚌蚌、歪歪河蚌、虹虹、馍馍、角角、嘴嘴

2. 形语素重叠：尖尖、乖乖

3. 动语素重叠：叫叫叫具、冻冻汤汁凝固物

4. 量语素重叠：个个、天天、门门

（二）AABB 式

由两个名语素分别重叠构成，如：

瓶瓶罐罐、汤汤水水、疙疙瘩瘩、矛矛盾盾

（三）ABB 式

1. 名语素 +BB 式：鱼泡泡、墙角角、风婆婆、布角角、树果果、门拐拐

2. 形语素 +BB 式：圆筒筒、黄杠杠、蓝条条、麻点点、黑子子

（四）“AA 子”式

由名语素重叠后加“子”构成，如：

点点～、罐罐～、盖盖～、皮皮～、珠珠～、墩墩～、壳壳～、嘴嘴～、头头～、点点～、脚脚～残余物或沉渣、套套～、巷巷～、格格～

也可由形语素重叠后加“子”构成，如：尖尖～。

（五）“A 子子”式

由名词或名词语素加“子”的重叠形式“子子”构成，如：

盐～、雪～、沙～、石头～、娑罗～

（六）AAB 式

1. 由名语素或形语素重叠后加名语素构成，如：

妈妈嘴、妈妈汤、蚌蚌油、蚌蚌壳、栀栀花、泡泡糖、棒棒糖

2. 由形语素重叠后加名语素构成，如：

歪歪油、歪歪灶、歪歪锅、毛毛雨、毛毛虫、光光头、花花脸、乖乖头、对对眼

3. 由动语素重叠后加名语素构成，如：

溜溜风、碰碰船

二 动词的重叠

动词的重叠是“河南话”构词的一个重要特点。因为动词多重叠是吴语的一个特点，而中原官话则比较少，西南官话动词几乎不能重叠。“湖北省的西南官话区，除与河南省相邻的几个县外，绝大部分地区的动词都不能重叠”①。

“河南话”里单音节动词的重叠，可以看作是动词加自身量词这种动量结构的省略，如：

问问、想想、算算、扯扯、转转、说说、尝尝、咬咬、闻闻、扫扫

这类词相当于普通话中的“V一V”格式，有试行的意义。双音动词重叠前字，也有这样的功能，有表达“尝试一下再说”意思的作用。如：

说说看、用用看、查查看、挖挖看、瞧瞧看、关关看、问问试试、读读再讲

“河南话”的单音节动词重叠还有一种用法，“VV”相当于“V是V”。如：

他有有，就是不多他有是有，就是不多。

他会会，就是会咧不多他会是会，就是会得不多。

“河南话”的单音节动词重叠后，前加形语素“瞎、乱”等可表示贬义，如：

瞎混混、瞎写写、瞎打打、乱翻翻、乱猜猜、乱开开

除此，“河南话”还有下列几种动词重叠构词方式：

ABAB式，表示行为和动作的反复，如：

商量商量、合计合计、检查检查、比较比较、讨论讨论

AABB式，也可以表示动作的反复，如：

挑挑拣拣、瞒瞒园园、说说笑笑、噘噘骂骂、出出进进

① 汪平：《方言平议》，华中科技大学出版社2003年版，第246页。

三　形容词的重叠

“河南话”的单音节形容词重叠，后面跟一个缀语成分可表示强调，如跟“咧”：

红红～、湿湿～、鼓鼓～、尖尖～、慢慢～

单音节形容词后面成分的重叠也有这种作用，如：

白乎乎、矮爬爬、潮济济、松垮垮、水泱泱、窄了了

单音节形容词前面加重叠的成分可以表示程度，如：

梆梆硬、绷绷脆、□［$tɕ^{h}ie^{212}$］□［$tɕ^{h}ie^{212}$］湿、冰冰凉、堆堆尖

双音节形容词重叠可表示强调，如：

肮苦肮苦、细长细长、矮胖矮胖、老厚老厚、喷香喷香

双音节形容词也可以前后字分别重叠，表示程度和情状，如：

白白净净、疙疙瘩瘩、老老实实、毛毛糙糙、清清爽爽

此外，名语素后加上重叠成分（形语素或动语素），能够构成形容词，即可能改变原来的词性，如：

火辣辣、气鼓鼓、风溜溜、火冒冒

单音形容词作词干，其前加成分在河南等地的方言里不重叠，但“河南话”有的可以重叠，如：“冰冰凉、崭崭新”；单音形容词干的后加成分，吴语和“河南话”均在使用，如：“冷兮兮、辣豁豁、瘦刮刮、黏搭搭”等。

四　数量词的重叠

“河南话”的数量词重叠，表示数量多或次数多。如：

一本一本、一坨一坨、一碗一碗、一批一批、一堆一堆、一把一把、一拃一拃、一条一条、一趟一趟、两个两个、两根两根、十个十个

量词重叠：回回、趟趟、个个、天天、根根、条条

第四节　动态表示法

北京话使用"在"和"着"等不同的方式表示动态。"河南话"用"在[tai212]"和"倒[taɯ]"与普通话的"在"和"着"大致对应。

一　在[tai212]

"河南话"的"在"主要表示行为动作的进行。如：

～吃饭、～打麻将、～做活、～睡瞌睡

"在"也可以表示行为动作的持续。如：

他还～那哈不啦他还在那里吗？

他还～做不啦他还在做吗？

"在"还可以表示人在世活着。如：

老王还～不啦老王还活着吗？

他妈已经不～了他妈妈已经不在世了。

口语里，"河南话"的"在"有时还用如动词"到"。这种情况有可能是动词"到"的弱化所致。如：

你在哪哈儿去蛮你到哪儿去呢？

他在街上去了他到街上去了。

二　倒[taɯ]

"河南话"的动态助词"倒"，附着在单音节动词的后面，表示动作和状态的持续。表示动作持续时，"倒"用在自主动词后，我们称作"倒$_1$"；表示状态持续时，"倒"用在非自主动词后，我们称作"倒$_2$"。其中，根据语法位置的不同，还存在着一些不同的情况。

（一）"倒$_1$"用在自主动词后，表示动作的持续。这里又可以分为两种情况：第一，表示动作的静态持续；第二，表示动作的动态持续或延展性持续。

1. “倒$_1$”用在句末，表示动作的静态持续。这是“河南话”的持续体标记。如：

他头抻～他把头伸着。

他在那哈儿等～他在那里等着。

把手举～把手举着。

把书包拎～把书包拎着。

有时可以在动词前加上状语成分，如：

他头老是抻～他的头一直伸着。

他在那哈儿一直等～他一直在那儿等着。

“把手举倒”和“把书包拎倒”中，用“把”将动词的受事从动词后面带到动词前面，主要是突出对受事的处置和对动词的强调。“把”后的名词指称的事物是有定的，其前可加上修饰性或限制性成分。如：

把那个书包拎～将那只书包拎着。

把他咧书包拎～将他的书包拎着。

也可在动词前根据需要加上状语成分，如：

把书包放到手上拎～把书包放在手里拎着。

类似的句子还有：

把钱放到鞋子里园～把钱放在鞋子里藏着。

把脚放到她怀里焐～把脚放到她怀里焐着。

2. “倒$_1$”用在连动句中，表示动作的动态持续或延展性持续。这里又有以下两种情况：

其一，两个动作的施事对象具有同一性，前一动作通常作为后一动作的方式或手段。如：

他仰～头走他仰着头走。

他拿～棍子打他拿着棍子打。

他坐～床上瞧他坐在床上看。

这里的主语均为施事，两个动作的施事均为“他”。“V 倒”用来表示后一动作的方式，“V 倒 N”作为动词的状语。“N”宾语可以是受事，可以是工具，可以是处所。

其二，两个动作的施事对象不一定具有同一性，后一动作通常成为前一动作的目的成分。如：

树砍～做台子树砍了做桌子。

水放～洗澡水放着洗澡。

烟买～送人烟买了送人。

这里的主语均为与事，两个动词的施事可以不同。如：“砍”的施事可以是树的主人，“做台子”的施事可以是木匠；“放（水）”的施事是施事者自己，“洗澡”的施事可能是别人；“买（烟）”的可能是一个人，“（将烟）送人”的可能是另一个人。

（二）“倒$_2$”用在非自主动词或形容词后，表示状态的持续。例如：

鹅毛一直在水里漂～鹅毛一直在水上浮着。

花随它开～花让它开着。

房子一早空～房子全都空着。

他一直饿～他一直饿着。

前两例属于非自主动词加上“倒”的情况，后两例属于形容词加上“倒”的情况。它们都表示状态的持续。“河南话”中“倒”用在形容词后的数量很有限。

形容词加上“倒”的例子还有：

他把脸黑～他黑着脸。

她把腰弯～她弯着腰。

这里的形容词事实上已经动态化，具有了动词的基本特征和功能，可以作为动词来看待或处理。

（三）跟“倒”相关的语法结构。除了最常见的“V+ 倒”，还有“V+ 咧倒”和“老 +V+ 倒 + 些”的用法。

1. “V+ 咧倒”

这种结构相当于普通话里的“V得着”。“倒”用作补语成分，说明动作的能力或结果。如：

列个字我认咧倒这个字我认得。

那高头咧字我瞧咧倒那上面的字我看得见。

那个棍子我够咧倒那根棍子我够得着。

2. “老 +V+ 倒 + 些”

这种结构是在“V+ 倒”的基础上，前面增加“老”字，后面增加“些”字，强调动作的持续不断，相当于普通话的“一直V个不停”。如：

他老说倒些他一直说个不停。

她老吃倒些她一直吃个不停。

三　咧 [lie]

“河南话”里的“咧”，可以作结构助词，可以作动态助词，也可以作语气助词。作结构助词相当于普通话的“的、地、得”。我们称作“咧$_1$”。如：

我～书我的书。

轻儿轻儿～拿轻轻地拿。

他跑～快他跑得快。

作动态助词时，“咧”附着在单音节动词后面，后面跟“有”字，形成了一种固定的结构“V咧有O”，表示动作完成之后存在的某种状态或结果。我们称作“咧$_2$”。例如：

他身上带～有钱他身上带着钱。

锅里煮～有饭锅里煮有饭。

地下□［tei^{24}］～有纸地下有丢的纸。

塘里养～有鱼塘里养有鱼。

床上睡～有人床上有人睡着。

这种结构的语义重点不在动词“V”，因为动作已经完成，语义的重点侧重在状态的存在或结果的出现。这种状态或结果会在一定的时间和空间中继续保持或存在。因此，它既是一种完成态，也是一种持续态。

我们将上述例句中的宾语提前，变成“O + V 咧有”格式，即：

钱他身上带～有他身上带了钱。

饭锅里煮～有锅里煮有饭。

纸地下□［tei²⁴］～有地上有丢的纸。

鱼塘里养～有鱼塘里养有鱼。

人床上睡～有床上睡有人。

可以看出，上述例句的前四个中，虽然宾语的位置发生前置，但句子的语义基本不变，只是对宾语作了突出和强调。上述最后一个例句中的宾语“人”前置后，语义就出现了变化，句子也不能成立。这说明，在“河南话”里，格式“V 咧有 O”变成“O + V 咧有”是有条件的。能否进行格式转变，取决于“V 咧有 O”中“V”和“O”的关系。若“O”是“V”的受事，则格式转变成立；若“O”是“V”的施事，则转变不成立。

“V 咧有 O”这种结构的问句形式，通常要在句尾加上“不啦”。如：

你身上带～有钱不啦你身上带有钱吗？

锅里煮～有饭不啦锅里煮有饭吗？

地下□［tei²⁴］～有纸不啦地上丢有纸吗？

塘里养～有鱼不啦塘里养有鱼吗？

床上睡～有人不啦床上睡有人吗？

对这类问句的肯定回答，可以直接采用“V 咧有”作答。对这类问句的否定回答，可以有两种方式：一种是用“没有”，一种是用“没得”。用“没有”作答，侧重强调动词，即“没有 V”；用“没得”作答，侧重强调状态和结果，即“没得 O”。

作语气助词时，“咧”放在句末，表达一种肯定或强调的语气。我们称作“咧$_3$”。例如：

声音莫放大了，吵死人～声音别放太大，吵死人。

公交车人多，挤死人～公交车上人多，挤死人。

那钱我懒把他～那钱我懒得给他。

脸我懒洗～脸我懒得洗。

助词“咧”还有一种用法，用在动词后，后跟作补语的动词“得”，即“V 咧得”。我们称作“咧$_4$”。这种用法跟朱德熙先生所讲的“说得得”[①]用法相同。如：

列个生意做咧得这个生意可以做。

列个忙帮咧得这个忙值得帮。

四　着［tso］

“着”在汉语中的使用情况复杂。除了作动词词尾，“着”还可以用在句尾，表达某种语气。句尾“着”的形态通常是在动词和“着”之间加上了其他成分，有别于处在句尾位置的词尾“着”。如“他津津有味地吃着”中的“着”，虽处在句尾，但属于词尾“着”。

“河南话”的句尾“着”，可以表达祈使、假定、疑问等语气。下面分类表述：

（一）表达祈使的语气

这类句尾“着”相当于普通话里的“先……再说”，具有先行体的语义特征。我们称作“着$_1$”。“着$_1$”在“河南话”中又分两种情况：一是用在动补结构之后，二是用在动宾结构之后。

第一种情况举例：

歇哈儿～等一会儿再说/休息一会儿再说。

瞧瞧清爽～看看清楚再说。

再住两天～再住两天再说。

先跟他说下子～先跟他说一下再说。

第二种情况举例：

吃口饭～吃口饭再说。

睡哈儿瞌睡～睡会儿觉再说。

我去端碗饭～我先去端一碗饭再说。

① 朱德熙：《语法讲义》，商务印书馆 1982 年版，第 133 页。

你去挑桶水～你先去挑一桶水再说。

这些“着”具有先行体的标记特征。如“我去端碗饭着”看似表达陈述，但隐含着“（你先等我一会儿）我去端一碗饭”的语义，实质上要表达的还是一种侧重于让对方“先等我一会儿”的祈使语气。

上述两种情况中，还存在“着$_1$”与词尾“了”“倒”共现的说法，如：

等他吃妥了～等他吃完了再说。

吃了饭～吃完饭再说。

弄个东西撑倒～弄个东西撑着再说。

你先按倒～你先按住再说。

在“河南话”里，表先行意义的“先”和“着$_1$”可以不共现。如：“吃口饭着”与“先吃口饭着”、“跟他说下子着”与“先跟他说下子着”语义相同。

需要指出的是，“河南话”同时存在跟“再说”同义的句尾助词“再讲”。如：

歇哈儿～等一会儿再说。

先住两天～先住两天再说。

吃了饭～吃完饭再说。

睡哈儿瞌睡～睡会儿觉再说。

同样是表达“再说”的语义，句尾“再讲”比“着$_1$”在表示留待以后处理或考虑的语气方面，要更强一些。如：“吃了饭着”和“吃了饭再讲”，在语义上相同，但在倾向于“饭后处理（做）某事”或“饭后考虑某事”的态度和语气上，后者比前者更加明确和强烈。

（二）表达假定（隐含威胁）的语气

“河南语”通常采用“要（是）……着”的格式，表达“要是……的话，……就……”的含义。我们称作“着$_2$”。这种用法隐含了一些语义条件，一般有特定的语境。见表 6–4 所示。

表 6–4 "着$_2$"表达假定（隐含威胁）语气的分析

"河南话"例句	隐含的语境	隐含的语义
他要是不去$_{他要是不去的话}$	他说好了要去的/你说他肯定会去的	我就找他算账/我就找你算账
你要睡过了头$_{你要是睡过了头的话}$	你说过会按时起床去开会的	你就吃不了兜着走
她要是瞎说$_{她要是瞎说的话}$	她说自己说的是实话	我就对她不客气
要是落雨$_{要是下雨的话}$	你说不会下雨的/让你带雨伞你不肯	我以后就不轻信你的话了/我就不管你

这类情况是假定在先，隐含的威胁语气在后。事实上它是一种比衬使更加强烈的语气。

（三）表达疑问的语气

"着"用在疑问句尾，作疑问语气词。我们称作"着$_3$"。如：

你到哪哈去～$_{你上哪儿去呢}$？

你借谁个咧～$_{你借谁的呢}$？

你吃么～$_{你吃了没}$？

列样写好不～$_{这样写好不好呢}$？

与"着$_1$""着$_2$"相比，"着$_3$"的用法要少一些，而且有被"蛮、喃、啦"等语气词替代的趋势。

五 它［t^ha］

"河南话"有一个动态助词"它"，与普通话的"掉"相近，表示动作结果是一种消减或消失状态。例如：

旧衣裳一早甩～$_{旧衣服全部扔掉}$。

列些菜你哈儿吃～$_{这些菜你全吃掉}$。

池子咧水一早放～$_{池子里的水全放掉}$。

"甩它""吃它""放它"的意思是"甩掉、吃掉、放掉"。"甩、吃、放"和"它"之间可以添加助词成分"了"，说明动态助词的"它"还处在残存实义、趋向虚化的过程中。如上述例句也可以这样说：

旧衣裳一早甩了～。

列些菜你哈儿吃了～。

池子咧水一早放了～。

作为动态助词“它”，在其他方言中也有其他的语音形式。如在上海话①里以“脱［$t^hə?^{55}$］”的形式存在，有下面的说法：

掼脱［$guE^{21}t^hə?^5$］：扔掉

甩脱伊［$huE^{42}t^hə?^5ɦi^{42}$］：甩掉它

除了“V+它”“V+了+它”结构，还有一种表示处置义的语法结构“把+O+V+它”，如：

把旧衣裳甩它。

把列菜哈吃它。

把池子咧水哈放它。

第五节　把字句

“河南话”的“把”可作量词、介词，也可作动词。“把”作量词与普通话一致，在此不赘述。作动词时语义实在，表示“给予”义，我们称作“把$_1$”。作介词时可表示“被、让”义，我们称作“把$_2$”；还可表示处置的“将”义，我们称作“把$_3$”。

一　把$_1$

“河南话”里“把$_1$”可以作动词，表示实在的“给予”义。这和普通话不同。“把$_1$”作动词，可以带单宾语，也可以带双宾语。在单宾语句中，“把$_1$”的主语可以是施事，也可以是与事。例如：

那本书～他那本书给他。

① 发音人：安翠英，女，1940年出生，住上海市宝山区通河二村。

我～钱你去买我给钱你去买。

那个～我那个给我。

“把$_1$”和宾语的关系较紧密。只能在“把$_1$”和宾语之间加入少量成分，语义不变。如：

那本书～了他。

我～点儿钱你去买。

那个～起我。

在双宾语句中，双宾语的语序可以与北京话相同，即指人宾语在前、指物宾语在后，如：

～他一本书给他一本书。

也可以与北京话相反，指物宾语在前、指人宾语在后，如：

～一本书他给他一本书。

也可以是双“把”结构，前面的“把$_2$”是介词，后面的“把$_1$”是动词。如：

把$_2$铅笔把$_1$他把铅笔给他。

把$_2$那本书把$_1$我把那本书给我。

“把$_1$”表示“给予”义时，是实实在在的跟“持拿”有关的实义动词，尚未虚化。如：

“河南话”例句	“把”的义素
铅笔～他铅笔给他。	[+持拿（铅笔）+交予（他）]
～他一块钱给他一块钱。	[+持拿（钱）+交予（他）]

通过上述义素分析，可见“把$_1$”有“持拿、交予”的语义特征。进一步支持了学界关于“给予”义动词“把”是由“持拿”义的“把”转化而来的看法①。“把$_1$”的动词性和“给予”义，是一种语义存古。《说文解字》：

① 黄晓雪、李崇兴：《方言中“把”的给予义的来源》，《语言研究》2004年第4期。

“把，握也。”[①] 王力先生曾举过两个说明“把$_1$”在唐代以后仍作动词使用的例子[②]：

①两鬓愁应白，何劳把镜看。（李频《黔中罢职诗》）

②每冬月，四更静，即敕把烛看事。（《南史·梁武帝纪》）

“把$_1$”的动词词性和“给予”语义，是一种较老的用法。目前在“河南话”口语里使用频率很高。在曹志耘主编的《汉语方言地图集》（词汇卷）里，具有实词“给”义的“把”分布在八省106县[③]——以湖南、湖北、江西、安徽、江苏五省为多，以官话区（江淮官话、西南官话）、湘语区、赣语区为主。

随着语言的发展和变化，“把$_1$”字出现了虚化。学术界一般认为，被动标记的“把$_2$”来源于给予义动词的“把$_1$”。

二　把$_2$

“把$_2$”是表示“被”义的介词。“把$_2$”是“河南话”的被动标记。“河南话”的被动句有带“把$_2$”和省略“把$_2$”两种方式，带“把$_2$”的较为常见。在带“把$_2$”的被动句中，“把$_2$”前是受事，用“把$_2$”引进施事；VP必须是及物动词，且通常为具有处置意义的动词，如“打、吃、拿、用、扯、砸、喝、跶”等——但通常不能是光杆动词，其前后要有附加成分。例如：

碗～他打破了碗被他打破了。

手机～他拿走了手机被他拿走了。

书～他园起来了书被他藏起来了。

鱼～猫子吃了鱼被猫吃了。

另一种方式是不出现介词和施事，只出现受事和结果，省略“被”字。在省略“把$_2$”的被动句中，受事主语是有定的，且可以挪到谓语动词后转为受事宾语。例如：

碗打破了碗被打破了。→ 打破了碗。

手机拿走了手机被拿走了。→ 拿走了手机。

---

① 许慎：《说文解字》（附检字），中华书局1963年版，第252页。

② 王力：《汉语语法史》，商务印书馆1989年版，第266页。

③ 曹志耘主编：《汉语方言地图集（词汇卷）》，商务印书馆2008年版，第151页。

鱼猫子吃了鱼被猫吃了。→ 猫子吃了鱼。

前两例中的施事可以不出现，只出现受事和结果；最后一例中的施事和受事则可以同时出现。省略了“把$_2$”的被动句，其句义的理解需采用意合方式。

“把$_2$”还可表示“让”义。例如：

～它跑了让它跑掉了。

莫～它到处跑别让它到处跑。

相比较而言，“河南话”里用“把$_2$”表示被动的用法最多。

三 把$_3$

用“把$_3$”表示处置义，“河南话”和普通话的用法相近。表示处置义，是汉语“把”字最主要的用法和特征。大多数“把”字句“把$_3$”的宾语是有定的。但在口语中也会碰到“把$_3$”的宾语是无定的情况。马真曾举了三个例子说明这种情况[①]。

a 我要向他借支钢笔，他却把一支铅笔递给了我。

b 忽然，哐当一声，不知是谁把个凳子给撞翻了。

c 他只顾低着头想事，一不留神，把个孩子给撞倒了。

这三个例句，都含有出乎意料的意思。“把$_3$”的宾语可以是无定的。但在“河南话”里，“把$_3$”的宾语基本是有定的。例如：

～门关倒将门关着。

～饭吃它将饭吃掉。

～电视机一关将电视机一关。

再看下面的例句：

他～脸黑倒他黑着脸。

～她气咧直哭使她气得直哭。

这是一类带有致使义的处置式，其谓语由不及物动词或形容词充当，谓

① 马真：《现代汉语虚词研究方法论》，商务印书馆2004年版，第309页。

语后带有表示结果、状态、趋向的补语，构成"把＋N＋VC"或"把＋N＋V咧C（C为补语）"的格式，N是谓语动词的施事或当事。这也是"河南话"处置式"把$_3$"字句的一个特点。

"河南话"中带"把$_2$"的被动句和带"把$_3$"的处置句，有时在句意上会出现重叠而造成歧义。原因主要在于"河南话"的"把"兼有了普通话"把"字句和被动句的功能。例如：

鱼～猫子吃了。（被动句）→ 鱼被猫吃，鱼没有了。

猫子～鱼吃了。（处置句）→ 猫吃了鱼，鱼没有了。

"把"在"河南话"里既有存古的动词义，又有虚化的语法义，这说明"河南话"里"把"的语义发展是不均衡的。语义和语法有这种情况，语音和词汇也会有这种情况；"河南话"里有这种情况，其他方言里也会有这种情况。多种方言在相互接触、相互影响以及自身演变的过程中，存在这样或那样的不平衡或变异情况。

第六节　否定句和疑问句

一　否定句

"河南话"的否定词主要有两个："莫"和"不"。

"莫"表示"别，不要"的意思，用在动词前，在句子中作状语，对即将发生或已经发生还在持续的动作进行制止。如：

你明朝～去你明天别去。

你～着急，反正会有办法你别着急，反正会有办法。

你们～听他乱说你们别听他乱说。

"莫"类否定句的主语一般是第二人称，主要用于甲方对乙方的交流。但在兼语句中"莫"及其制止性动作可以受第一人称或第三人称支配。如：

他喊我明朝～去他叫我明天别去。（我不去）
我喊他明朝～去我叫他明天别去。（他不去）

“不”表示否定一般用在动词和形容词前，对人称没有限制。如：

他明朝～去他明天不去。
你明朝～来你明天不来。
我明朝～走我明天不走。

“不”可以单独成句，用于否定回答。如：

明朝你去不啦？～。我不去明天你去吗？不，我不去。
他明朝去不啦？～。他不去他明天去吗？不，他不去。

“不”还可以与“倒、着”等组合形成比较紧的结构“不倒、不着”，充当表结果的补语，如：

我年纪大了，学不倒我年纪大了，学不会。
他年纪大了，犯不着跟他吵他年纪大了，（你、我、我们）犯不着跟他吵。

“不”的前后均可带程度副词。程度副词在前的否定意义比程度副词在后的否定意义强。如：

他太～懂事了他根本不懂事。
他～太懂事他有点儿不懂事。

相比较而言，“莫”的否定语气和程度要比“不”来得强。

“莫”和“不”可以同时出现在句子里，表示对未来的动作行为进行猜测性的否定。在这种句子里，“莫”和“不”的位置有两种情况：相隔或相连。例如：

他莫搞倒不来了他别（到时）不来了。
他莫不来了他别不来了。

跟“不”相关的否定词，还有合音的“□［piaɯ⁴²］”与“□［pʰiaɯ²⁴］”。“□［piaɯ⁴²］”是“不”和“要”的合音，“□［pʰiaɯ²⁴］”是“不”和“晓（得）”的合音。这两个合音的否定词也可以构成否定句。如：

你□［piaɯ^{42}］去凑热闹你别去凑热闹。

他□［p^{h}iaɯ^{24}］么样搞法儿他不晓得咋弄。

二　疑问句

“河南话”的是非问句有一些特点：句式表现为陈述句形式，末尾加上疑问语气词“啊［ɑ］”“嗒［ta］”“不啦［plæ］”“没喃［mlan］”“吧［pɑ］”。语气词在是非问句中起重要作用，直接影响提问的角度和语气。例如：“你今天去吗？”这句话可以有下列三种表达方式：

你今朝不去啊？

你今朝不去吧？

你今朝去不啦？

“河南话”是非问句大致有以下几种格式：

A 式：S ＋啊？

他硬要走啊？（回答：嗯喃。/ 不走。）

你不在那哈儿啊你不在那里啊？（回答：嗯。/ 在列哈儿在这儿。）

你今朝要回去啊你今天要回去啊？（回答：嗯。/ 不回去。）

A 式是非问句中，问话者对行为者行为的判断，与问句中陈述的内容正好相反。“啊”是疑问信息的主要承担者和表达者。对这种格式问句作肯定回答时，直接用“嗯”或“嗯喃［n^{42}lan^{0}］”。作否定回答时，要根据问句陈述部分是肯定还是否定来作答：问句陈述部分为肯定，回答时用“不”或加上行为动词；问句陈述内容为否定，回答时用动词连同后面的内容作答。

B 式：S ＋吧？

他还没来吧？（回答：嗯，没有。/ 来了。）

他已经拿走了吧？（回答：嗯。/ 没有。）

你昨儿去咧吧你昨天去的吧？（回答：嗯喃。/ 没有去。）

B 式是非问句中，问话者已经意识到行为者选择或做出的行为，但还不确信，希望通过询问得到证实。对这种格式问句的肯定回答，可以同 A 式——问句中有否定词的，肯定回答时可直接用否定词；作否定回答时，可直接用问句中陈述内容的动词及其后面的内容作答，或在动词前带上否定词。

C 式：S ＋不啦（没喃）？

他来不啦他来不来？（回答：来的。/ 不来。）

你吃没喃你吃了没？（回答：吃了。/ 没有。）

你明朝去不啦你明天去不去？（回答：去的。/ 不去。）

他书送去没喃他书送去没有？（回答：送去了。/ 没有。）

C 式是非问句中，问话者确实不知道行为者的行为选择或趋向，是一种完全不知情的询问。对这种格式问句的肯定回答，直接用动词加助词表达；否定回答则用“没有”“不＋动词”表示。

D 式：S ＋嗒（啊）？

你还去啊？（回答：嗯。/ 不去了。）

他还在打嗒？（回答：嗯。/ 没有。）

你拎咧动嗒？（回答：嗯，拎咧动嗯，拎得动。/ 拎不动。）

D 式是非问句，形式上是一种是非问句，但带有些许反问的语气，有人称其为是非反问句①。这类问句的肯定回答同 B 式，由于问句中不出现否定词，回答中动词也不带否定词。否定回答复杂一些，可以有“否定词＋动词”（还可再加上助词）、“没有”、“动词＋否定成分”几种形式。

可以看出，“河南话”是非问句必须要有句尾语气词，否则即使语调再怎么变化，都不能达到是非问的要求，这和普通话有很大的不同。普通话如果没有句尾语气词，通过语调的变化，也能够表达出相应的是非问效果。“河南话”是非问句的语调，整体走势是平中有降，即较多地使用抑调。普通话是非问句的语调则显得灵活：没有语气词时更多倾向于疑问，用升调；有语气词时，其表达的语义和语气就基本固定下来，语调的指向不是单一倾向的升调，因而显得自由灵活。

① 陈淑梅：《鄂东方言语法研究》，江苏教育出版社 2001 年版，第 166 页。

第七节　语法例句

说明：本书语法例句条目参考“江苏方言研究丛书”所列条目。前 56 句选自《方言调查词汇手册》（丁声树：《方言》1989 年第 2 期），例句中加点部分为调查要点；后 44 句由南京大学方言与文化研究所设计增加。带序号的例句为参考条目，仿宋体的例句为“河南话”的说法。

1. 谁啊？我是老三。

哪个啦？——我是老三。

lɑ^{5} ko^{21} læ^{24}?——ŋo^{24} sɿ^{42} laɯ^{5} san^{42}。

2. 老四呢？他正在跟一个朋友说着话呢。

老四哩？他将好跟一个朋友在说话。

laɯ^{5} sɿ^{21} lie^{24}？ t^{h}ɑ^{42} tɕiaŋ^{42} xaɯ^{24} kən^{42} i^{2} ko^{2} p^{h}oŋ^{5} iəɯ^{42} tai^{2} ɕye^{5} fɑ^{212}。

3. 他还没有说完吗？

他还没说妥啊？

t^{h}ɑ^{42} xæ^{5} mei^{2} ɕye^{42} t^{h}o^{24} ɑ^{5}？

4. 还没有。大约再有一会儿就说完了。

还没有。总再歇哈儿就说妥了。

xæ^{5} mei^{42} iəɯ^{5}。tsoŋ^{24} tsai^{212} ɕie^{42} xæ^{2} tsəɯ^{2} ɕye^{42} t^{h}o^{24} lo^{5}。

5. 他说马上就走，怎么这半天了还在家里呢。

他说马儿就走咧，么儿搞列半天还在屋里辣。

t^{h}ɑ^{42} ɕye^{2} mæ^{24} tsəɯ^{2} tsəɯ^{24} lie^{5}，mæ^{24} kaɯ^{5} lie^{21} pan^{24} t^{h}ian^{42} xæ^{5} tai^{2} vu^{2} lie^{1} læ^{5}。

6. 你到哪儿去？我到城里去。

你到哪哈儿去蛮？我到城里去。

n̩^{24} taɯ^{2} lɑ^{24} xæ^{5} tɕ^{h}i^{5} man^{42}？ ŋo^{24} taɯ^{2} ts^{h}ən^{5} lie^{42} tɕ^{h}i^{0}。

7. 在那儿，不在这儿。

在那哈儿，不在列哈儿。

tai^{5} lɑ^{21} xæ^{24}，pu^{5} tai^{2} lie^{21} xæ^{24}。

8. 不是那么做，是要这么做的。

不是跟那样儿做，要跟列样儿做。

pu^{5} sɿ^{2} kən^{5} lɑ^{21} iæ^{24} tsəɯ^{2}，iaɯ^{21} kən^{5} lie^{21} iæ^{24} tsəɯ^{2}。

9. 太多了，用不着那么多，只要这么多就够了。

太多了，用不了那些，只要列点儿就够了。

t^{h}ai^{212} to^{42} lo^{0}，zoŋ^{2} pu^{1} liaɯ^{24} lɑ^{21} ɕie^{24}，tsɿ^{42} iaɯ^{2} lie^{21} tiai^{24} tsəɯ^{5} kəɯ^{21} lo^{24}。

10. 这个大，那个小，这两个哪一个好一点儿呢？

列个大，那个小，列两个哪个好点儿啦？

lie^{21} ko^{24} tɑ^{212}，lɑ^{21} ko^{1} ɕiaɯ^{24}，lie^{21} liaŋ^{24} ko^{5} lɑ^{24} ko^{5} xaɯ^{24} tiai^{5} læ^{42}？

11. 这个比那个好。

列个比那个好。

lie^{21} ko^{24} pi^{5} lɑ^{2} ko^{1} xaɯ^{24}。

12. 这些房子不如那些房子好。

列些房子没得那些房子好。

lie^{21} ɕie^{24} faŋ^{5} tsɿ^{42} mei^{21} tie^{5} lɑ^{21} ɕie^{24} faŋ^{5} tsɿ^{42} xaɯ^{24}。

13. 这句话用河南话怎么说？

列句话用河南话么样儿说？

lie^{21} tɕy^{5} fɑ^{212} zoŋ^{21} xo^{5} lan^{42} fɑ^{2} miæ^{542} ɕye^{42}？

14. 他今年多大岁数？

他今年多大了啦？

t^{h}ɑ^{42} tɕin^{42} ȵian^{0} to^{5} tɑ^{2} lo^{24} læ^{5}？

15. 大概有三十来岁罢。

总有三十来岁罢。

tsoŋ^{24} iəɯ^{5} san^{42} sɿ^{2} lai^{5} sei^{21} pɑ^{24}。

16. 这个东西有多重呢？

列个东西有多重蛮？

lie^{21} ko^{24} toŋ^{42} ɕi^{0} iəɯ^{24} to^{5} tsoŋ^{21} man^{24}？

17. 有五十斤重呢。

有五十斤的喽。

iəɯ^{5} vu^{24} sɿ^{5} tɕin^{42} tləɯ^{0}。

18. 拿得动吗？

拿咧动不啦？

lɑ^{5} lie^{42} toŋ^{21} plæ^{24}？

19. 我拿得动，他拿不动。

我拿咧动，他拿不动。

ŋo^{24} lɑ^{5} lie^{42} toŋ^{0}，tʰɑ^{42} lɑ^{5} pu^{42} toŋ^{0}。

20. 真不轻，重得连我都拿不动了。

真不轻，重到连我都拿不动了。

tsən^{42} pu^{5} tɕʰin^{42}，tsoŋ^{21} taɯ^{24} lian^{5} ŋo^{24} təɯ^{5} lɑ^{5} pu^{42} toŋ^{21} lo^{24}。

21. 你说得很好，你还会说点儿什么呢？

你说咧好咧悬，你还会说点儿么事不啦？

ṇ^{24} ɕye^{42} lie^{0} xaɯ^{24} lie^{5} ɕyan^{5}，ṇ^{24} xæ^{5} fei^{2} ɕye^{42} tiai^{2} mo^{5} sɿ^{2} plæ^{0}？

22. 我嘴笨，我说不过他。

我嘴巴不会说，我说不过他。

ŋo^{24} tse^{24} pɑ^{5} pu^{5} fei^{212} ɕye^{42}，ŋo^{24} ɕye^{42} pu^{5} ko^{212} tʰɑ^{1}。

23. 说了一遍，又说一遍。

说了一遍，又说一遍。

ɕye^{42} lo^{0} i^{5} pian^{212}，iəɯ^{212} ɕye^{42} i^{5} pian^{212}。

24. 请你再说一遍！

请你再说一遍！

tɕʰin^{24} ṇ^{5} tsai^{212} ɕye^{42} i^{5} pian^{212}！

25. 不早了，快去罢。

不早了，快点儿去吧。

pu^{42} tsaɯ^{24} lo^{5}，kʰuai^{21} tiai^{24} tɕʰi^{21} pɑ^{24}。

26. 现在还很早呢，等一会儿再去罢。

正嗒还早咧悬哩，歇哈儿再去吧。

tsən^{21} tsan^{24} xæ^{5} tsaɯ^{24} lie^{5} ɕyan^{5} lie^{42}，ɕie^{42} xæ^{2} tsai^{5} tɕʰi^{21} pɑ^{24}。

27. 吃了饭再去好罢？

吃了饭再去好不啦？

tsʰɿ^{42} lo^{2} fan^{212} tsai^{5} tɕʰi^{21} xaɯ^{24} plæ^{5}？

28. 慢慢儿地吃啊！不要急煞！

慢儿慢儿咧吃！莫急噻！

mair^{24} mair^{42} lie^{2} tsʰɿ^{42}！ mo^{5} tɕi^{42} sæ^{0}！

29. 坐着吃比站着吃好些。

坐倒吃比站到吃好点儿。

tso^{21} taɯ^{24} tsʰɿ^{42} pi^{24} tsan^{21} taɯ^{24} tsʰɿ^{42} xaɯ^{24} tiai^{5}。

30. 他吃了饭了，你吃了饭没有呢？

他饭吃了，你吃没喃？

tʰɑ^{42} fan^{212} tsʰɿ^{42} lo^{0}，ṇ^{24} tsʰɿ^{42} m^{2} lan^{0}？

31. 他去过上海，我没有去过。

他去过上海，我没去过。

tʰɑ^{42} tɕʰi^{21} ko^{24} saŋ^{21} xai^{24}，ŋo^{24} mei^{42} tɕʰi^{21} ko^{24}。

32. 来闻闻这朵花香不香。香得很，是不是？

来闻闻列朵花香不啦。香咧悬，是不啦？

lai^{5} vən^{5} vən^{42} lie^{21} to^{24} fɑ^{42} ɕiaŋ^{42} plæ^{0}。ɕiaŋ^{42} lie^{2} ɕyan^{5}，sɿ^{21} plæ^{24}？

33. 给我一本书！

把本书我！

pɑ^{24} pən^{5} ɕy^{42} ŋo^{24}！

34. 我实在没有书嘿！

我实在没得书欸！

ŋo^{24} sɿ^{5} tsai^{212} mei^{21} tie^{5} ɕy^{42} ei^{0}！

35. 你告诉他。

你跟他说。

ṇ^{24} kən^{21} tʰɑ^{5} ɕye^{42}。

36. 好好儿地走！不要跑！

好好咧走！莫跑！

xaɯ^{5} xaɯ^{24} lie^{5} tsəɯ^{24}！ mo^{42} pʰaɯ^{24}！

37. 小心跌下去爬也爬不上来!

当心跶下去爬都爬不上来!

taŋ^{5} ɕin^{5} tɑ^{42} ɕiɑ^{2} tɕʰi^{0} pʰɑ^{5} təɯ^{42} pʰɑ^{5} pu^{42} saŋ^{21} lai^{5} !

38. 医生叫你多睡一睡。

医生喊你多睡睡。

i^{42} sən^{0} xan^{24} n̩^{5} to^{42} sei^{21} sei^{24}。

39. 吸烟或者喝茶都不可以。

吃烟照不是喝茶哈不来事。

tsʰɿ^{5} ian^{42} tsaɯ^{2} pu^{5} sɿ^{42} xo^{42} tsʰɑ^{5} təɯ^{42} pu^{2} lai^{5} sɿ^{212}。

40. 烟也好，茶也好，我都不喜欢。

烟亦好，茶亦好，我哈不喜欢。

ian^{42} i^{2} xaɯ^{24}，tsʰɑ^{5} i^{42} xaɯ^{24}，ŋo^{24} xɑ^{2} pu^{1} ɕi^{24} fan^{5}。

41. 不管你去不去，反正我是要去的。

不管你去不去，我终归要去。

pu^{42} kuan^{24} n̩^{5} tɕʰi^{21} pu^{5} tɕʰi^{212}，ŋo^{24} tsoŋ^{24} kuei^{5} iaɯ^{212} tɕʰi^{1}。

42. 我非去不可。

我非去不可。

ŋo^{24} fei^{42} tɕʰi^{2} pu^{2} kʰo^{24}。

43. 你是哪一年来的?

你是哪年来咧蛮?

n̩^{24} sɿ^{2} lɑ^{24} ȵian^{5} lai^{5} lie^{42} man^{0} ?

44. 我是前年到的北京。

我是前年到咧北京。

ŋo^{24} sɿ^{2} tɕʰian^{5} ȵian^{42} taɯ^{2} lie^{1} pie^{5} tɕin^{42}。

45. 今天开会谁的主席?

今朝开会哪个做主席蛮?

tɕin^{42} tsaɯ^{0} kai^{5} fei^{212} lɑ^{5} ko^{2} tsəɯ^{21} tɕy^{24} ɕi^{5} man^{42} ?

46. 你得请我的客。

你要请我嗒。

n̩^{24} iauɯ^{2} tɕ^{h}in^{5} ŋo^{24} tɑ^{5}。

47. 一边走，一边说。

余六走，余六说。

y^{5} ləɯ^{42} tsəɯ^{24}，y^{5} ləɯ^{5} ɕye^{42}。

48. 越走越远，越说越多。

越走越远，越说越多。

ye^{42} tsəɯ^{24} ye^{42} yan^{24}，ye^{42} ɕye^{2} ye^{5} to^{42}。

49. 把那个东西拿给我。

把那个东西拿把我。

pɑ^{24} lɑ^{21} ko^{24} toŋ^{42} ɕi^{0} lɑ^{5} pɑ^{42} ŋo^{0}。

50. 有些地方把太阳叫日头。

有些场子把太阳叫日头。

iəɯ^{24} ɕie^{5} ts^{h}aŋ^{24} tsɿ^{5} pɑ^{5} t^{h}ai^{21} iaŋ^{24} tɕiauɯ^{212} ər^{42} t^{h}əɯ^{0}。

51. 您贵姓？我姓王。

你贵姓？我姓王。

n̩^{24} kuei^{5} ɕin^{212}？ ŋo^{24} ɕin^{21} vaŋ^{5}。

52. 你姓王，我也姓王，咱们两个人都姓王。

你姓王，我亦姓王，我们两个哈姓王。

n̩^{24} ɕin^{21} vaŋ^{5}，ŋo^{24} i^{5} ɕin^{21} vaŋ^{5}，ŋo^{24} mən^{5} liaŋ^{24} ko^{5} xɑ^{212} ɕin^{21} vaŋ^{5}。

53. 你先去吧，我们等一会儿再去。

你先去吧，我们歇哈儿再去。

n̩^{24} ɕian^{42} tɕ^{h}i^{2} pɑ^{24}，ŋo^{24} mən^{5} ɕie^{42} xæ^{2} tsai^{212} tɕ^{h}i^{1}。

54. 这个吃得，那个吃不得。

列个吃咧得，那个吃不得。

lie^{21} ko^{24} ts^{h}ɿ^{42} lie^{2} tie^{0}，lɑ^{21} ko^{24} ts^{h}ɿ^{42} pu^{2} tie^{0}。

55. 这是他的书，那一本是他哥哥的。

列是他咧书，那一本是他哥咧。

lie^{21} sɿ^{24} t^{h}ɑ^{42} lie^{2} ɕy^{0}，lɑ^{2} i^{1} pən^{24} sɿ^{2} t^{h}ɑ^{1} ko^{24} lie^{5}。

56. 看书的看书，看报的看报，写字的写字。

瞧书咧瞧书，读报纸咧读报纸，写字咧写字。

tɕʰiaɯ^{5} ɕy^{42} lie^{0} tɕʰiaɯ^{5} ɕy^{42}，təɯ^{5} paɯ^{21} tsɿ^{24} lie^{5} təɯ^{5} paɯ^{21} tsɿ^{24}，ɕie^{24} tsɿ^{21} lie^{24} ɕie^{24} tsɿ^{212}。

57. 我买了一个碗。（完成体）

我买了个碗。

ŋo^{24} mai^{24} lo^{5} ko^{42} van^{24}。

58. 天冷起来了。（起始体）

天冷起来了。

tʰian^{42} lən^{24} tɕʰi^{5} lai^{5} lo^{42}。

59. 快要下雨了，你们别出去了。（否定祈使句的否定词是否有合音形式）

马儿要落雨了，你们嫑出去了。

mæ^{24} iaɯ^{5} lo^{42} y^{24} lo^{5}，n̩^{24} mən^{5} piaɯ^{42} tɕʰy^{42} tɕʰi^{2} lo^{0}。

60. 明天王主任会来单位吗？我看他不会来。（表示可能的助动词及其否定形式。话语标记“我看”）

明朝王主任会到单位来不啦？我估计他总不会来。

mən^{5} tsaɯ^{42} vaŋ^{5} tɕy^{42} zən^{2} fei^{21} taɯ^{24} tan^{42} vei^{2} lai^{5} plæ^{42}？ ŋo^{24} ku^{24} tɕi^{5} tʰɑ^{42} tsoŋ^{24} pu^{5} fei^{21} lai^{5}。

61. 他今天穿着一身新衣服。（持续体。后有宾语）

他今朝穿了一身新衣裳。

tʰɑ^{5} tɕin^{42} tsaɯ^{0} tɕʰyan^{42} lo^{0} i^{5} sən^{42} ɕin^{42} i^{2} saŋ^{0}。

62. 他家门锁着，窗户也关着，一个人都没有。（持续体。后无宾语）

他屋里门锁倒，窗笼子亦关倒，一个人没得。

tʰɑ^{42} vu^{21} lie^{24} mən^{5} so^{24} taɯ^{5}，tsʰaŋ^{42} loŋ^{5} tsɿ^{42} i^{24} kuan^{42} taɯ^{0}，i^{5} ko^{21} zən^{5} mei^{21} tie^{5}。

63. 房间里灯亮着。（持续体）

房屋咧灯亮倒。

faŋ^{5} vu^{42} lie^{0} tən^{42} liaŋ^{21} taɯ^{24}。

64. 他看电视看着看着睡着了。（持续体）

他瞧电视瞧瞧瞧瞧瞧睡着了。

tʰɑ^{42} tɕʰiaɯ^{5} tian^{21} sʅ^{5} tɕʰiaɯ^{5} tɕʰiaɯ^{42} tɕʰiaɯ^{5} tɕʰiaɯ^{42} tɕʰiaɯ^{5} sei^{21} tso^{5} lo^{42}。

65. 他坐在椅子上。（陈述句，非祈使句）

他坐倒椅子高头。

tʰɑ^{42} tso^{2} taɯ^{24} i^{24} tsʅ^{5} kaɯ^{42} tʰəɯ^{0}。

66. 墙上贴着一张地图。（存在句）

墙高头贴了张地图。

tɕʰiaŋ^{5} kaɯ^{42} tʰəɯ^{0} tʰie^{42} lo^{2} tsaŋ^{0} ti^{21} tʰəɯ^{5}。

67. 我走了，你们俩再坐一会儿。（句末“了”用于即将发生的事件。与副词“再”相当的表增量义的方言成分）

我走了，你们两个再坐哈儿。

ŋo^{24} tsəɯ^{24} lo^{5}，n̩^{24} mən^{5} liaŋ^{24} ko^{5} tsai^{212} tso^{21} xæ^{24}。

68. 谁刚才议论我老师来着？（动词的近过去时表达）

哪个将才说我老师咧蛮？

lɑ^{5} ko^{212} tɕiaŋ^{42} tsʰai^{5} ɕye^{42} ŋo^{5} laɯ^{24} sʅ^{5} lie^{42} man^{0}？

69. 他在吃饭吗？不，他不在吃饭，他在看电视。（进行体的一般疑问及否定形式）

他在吃饭不啦？没有，他不在吃，他在瞧电视。

tʰɑ^{42} tai^{2} tsʰʅ^{5} fan^{21} plæ^{24}？ mei^{21} iəɯ^{5}，tʰɑ^{42} pu^{5} tai^{212} tsʰʅ^{1}，tʰɑ^{42} tai^{2} tɕʰiaɯ^{5} tian^{21} sʅ^{5}。

70. 你把钱放好，别丢了。（处置句。有无“放放好”的说法）

你把钱放放好，莫搞掉了。

n̩^{24} pɑ^{5} tɕʰian^{5} faŋ^{2} faŋ^{2} xaɯ^{24}，mo^{42} kaɯ^{5} tiaɯ^{21} lo^{24}。

71. 那个碗被他打破了。（被动句）

那个碗把他打破了。

lɑ^{42} ko^{2} van^{24} pɑ^{24} tʰɑ^{5} tɑ^{5} pʰo^{21} lo^{24}。

72. 他给我一个桃子。（陈述双宾语。“桃子”是否小称）

他把个桃子我。

tʰɑ^{42} pɑ^{24} ko^{5} tʰaɯ^{5} tsʅ^{42} ŋo^{24}。

73. 你去不去？（反复问句，将来时）

你去不啦?

n̩^{24} tɕ^{h}i^{21} plæ^{24} ?

74. 他去没去?（反复问句，过去时）

他去没喃?

t^{h}ɑ^{42} tɕ^{h}i^{21} mlæ^{24} ?

75. 你有没有钱?（反复问句）

你有钱不啦?

n̩^{24} iəɯ^{24} tɕ^{h}ian^{5} plæ^{42} ?

76. 你吃米饭还是吃馒头?（选择问句）

你吃饭还是吃馒头蛮?

n̩^{24} ts^{h}ʅ^{5} fan^{212} xæ^{5} sʅ^{42} ts^{h}ʅ^{42} man^{5} t^{h}əɯ^{42} man^{0} ?

77. 你到底答应不答应他?（是否有正反疑问句）

你到底答应不答应他啦?

n̩^{24} taɯ^{21} ti^{24} tɑ^{42} in^{2} pu^{5} tɑ^{42} in^{2} t^{h}ɑ^{2} læ^{0} ?

78. 这是可以开玩笑的吗?（反诘句，语助词，强调词“是”）

列好开玩笑嗒?

lie^{21} xaɯ^{24} kai^{42} van^{5} ɕiaɯ^{21} tɑ^{24} ?

79. 书么书读不好，手艺么手艺学不会，你怎么办啊?（拷贝式）

书蛮书读不好，手艺蛮手艺学不会，你么样儿搞啦?

ɕy^{42} man^{0} ɕy^{42} təɯ^{5} pu^{42} xaɯ^{24}，səɯ^{24} i^{5} man^{42} səɯ^{24} i^{5} ɕio^{5} pu^{42} fei^{212}，n̩^{24} miæ^{542} kaɯ^{24} læ^{5} ?

80. 你试试看。（注意有无下列结构：试试看，试一下看，试下看，试一试，试一下，试试，试下子）

你试试。/ 你试下子。

n̩^{24} sʅ^{21} sʅ^{24}。/n̩^{24} sʅ^{2} xɑ^{1} tsʅ^{24}。

81. 他在溧阳工作。（处所介词“在”）

他在溧阳上班。

t^{h}ɑ^{42} tai^{2} li^{42} iaŋ^{5} saŋ^{212} pan^{1}。

82. 他像个病人似的靠在沙发上。（表示比喻的介词类成分）

他像个病人样咧靠倒沙发高头。

tʰɑ^{42} tɕiaŋ^{21} ko^{24} pin^{21} zən^{5} iaŋ^{42} lie^{0} kʰaɯ^{21} taɯ^{24} sɑ^{42} fɑ^{2} kaɯ^{2} tʰəɯ^{0}。

83. 今天很热。（程度副词的位置）

今朝热咧悬。

tɕin^{42} tsaɯ^{0} ye^{42} lie^{2} ɕyan^{5}。

84. 这碗菜太咸了。（有无“咸很了”的说法）

列碗菜太咸了。/ 列碗菜太咸很了。

lie^{21} van^{24} tsʰai^{2} tʰai^{21} ɕian^{5} lo^{42}。/ lie^{21} van^{24} tsʰai^{2} tʰai^{21} ɕian^{5} xən^{24} lo^{5}。

85. 我打得过他。（注意多种表达方式，按自然度排序）

我打咧过他。

ŋo^{24} tɑ^{24} lie^{5} ko^{212} tʰɑ^{42}。

86. 我打不过他。（注意多种表达方式，按自然度排序）

我打不过他。

ŋo^{24} tɑ^{24} pu^{5} ko^{212} tʰɑ^{42}。

87. 你去叫他一声。（叫一声他）

你去喊他一声。/ 你喊一声他。

n̩^{24} tɕʰi^{21} xan^{24} tʰɑ^{5} i^{5} sən^{42}。/ n̩^{24} xan^{24} i^{5} sən^{5} tʰɑ^{42}。

88. 这座山我爬得上去，他爬不上去。（可能补语）

列座山我爬咧上去，他爬不上去。

lie^{21} tso^{24} san^{42} ŋo^{24} pʰɑ^{5} lie^{42} saŋ^{21} tɕʰi^{24}，tʰɑ^{42} pʰɑ^{5} pu^{42} saŋ^{21} tɕʰi^{24}。

89. 你是江苏人，我也是江苏人，他不是江苏人。（用不用“是、不是”）

你是江苏人，我亦是江苏人，他不是江苏人。

n̩^{24} sɿ^{5} tɕiaŋ^{42} səɯ^{2} zən^{0}，ŋo^{24} i^{5} sɿ^{5} tɕiaŋ^{42} səɯ^{2} zən^{0}，tʰɑ^{42} pu^{5} sɿ^{212} tɕiaŋ^{42} səɯ^{2} zən^{0}。

90. 老王跟老张一样高。（等比句）

老王跟老张一般高。

laɯ^{24} vaŋ^{5} kən^{42} laɯ^{24} tsaŋ^{42} i^{5} pan^{42} kaɯ^{0}。

91. 这毛巾很脏了，扔了吧。（表示消失性结果，注意“扔”后的助词）

列手巾脏咧悬了，□它吧。

lie^{21} səɯ^{24} tɕin^{5} tsaɯ^{42} lie^{0} ɕyan^{5} lo^{42}，tei^{24} t^{h}ɑ^{5} pɑ^{42}。

92. 我算错了一笔账。（消失或脱离性完成标记，注意“错”后的助词，如常熟为“脱仔”）

我算错了一笔账。

ŋo^{24} san^{5} ts^{h}o^{42} lo^{24} i^{5} pie^{42} tsaŋ^{212}。

93. 衣裳小了。（注意这几种情形有无不同的说法：1）试衣服的时候，如无锡：衣裳小着点；2）衣服洗过之后缩水，变小了，如无锡：衣裳小脱哉；3）由于穿衣人自己变胖了，如无锡：衣裳小出来嘞）

1）衣裳小了点儿。

i^{42} saŋ^{0} ɕiaɯ^{24} lo^{5} tiai^{42}。

2）衣裳缩短了。

i^{42} saŋ^{0} so^{42} tan^{24} lo^{5}。

3）衣裳小了。

i^{42} saŋ^{0} ɕiaɯ^{24} lo^{5}。

94. 我昨天借了他两本书。（调查借出、借入两种语义是否可以用同样的句式表示，造成歧义。如果不造成歧义，则分两句写出）

我昨日借把他两本书。

ŋo^{24} tso^{5} r^{42} tɕie^{21} pɑ^{24} t^{h}ɑ^{5} liaŋ^{24} pən^{5} ɕy^{42}。

我昨日问他借了两本书。

ŋo^{24} tso^{5} r^{42} vən^{21} t^{h}ɑ^{24} tɕie^{21} lo^{24} liaŋ^{24} pən^{5} ɕy^{42}。

95. 小王的头发理得很好。（小王可以指理发师，也可能是顾客，两种语义是否可以用同样的句式表示，造成歧义。如果不造成歧义，则分两句写出）

小王头剃咧蛮好咧。（理发师）

ɕiaɯ^{24} vaŋ^{5} t^{h}əɯ^{5} t^{h}i^{21} lie^{24} man^{5} xaɯ^{24} lie^{5}。

小王咧头剃咧蛮好咧。（顾客）

ɕiaɯ^{24} vaŋ^{5} lie^{42} t^{h}əɯ^{5} t^{h}i^{21} lie^{24} man^{5} xaɯ^{24} lie^{5}。

96. 你抽烟吗？（你要抽烟吗？/你会抽烟吗？两种意思表达是否一样）

你吃烟不啦？（两种意思表达一样）

n̩^{24} ts^{h}ɿ^{5} ian^{42} plæ^{0}？

97. 衣服洗得干净吗？（衣服洗干净了吗？衣服能洗干净吗？注意状态补语和可能补语的区别）

衣裳洗得干净不啦？（两种表达相同）

i^{42} saŋ^{0} ɕi^{24} lie^{5} kan^{42} tɕin^{2} plæ^{0}？

98. 我不能怪人家，只能怪自己。（反身代词做宾语。与“自己”意义相对的人称代词。与“不能”相当的否定能愿助动词组合）

我不好怪人家，只好怪各人。

ŋo^{24} pu^{21} xaɯ^{24} kuai^{21} zən^{5} tɕiɑ^{42}，tsʅ^{42} xaɯ^{24} kuai^{21} ko^{5} zən^{5}。

99. 谁都说不过这个家伙。（用疑问代词表达全称量化）

管哪个哈说不过列个家伙。

kuan^{24} lɑ^{5} ko^{2} xɑ^{212} ɕye^{42} pu^{2} ko^{0} lie^{21} ko^{24} tɕiɑ^{42} xo^{0}。

100. 他在前面拼命跑，我拼命追，总算追上了。（表示动作很快很急持续或反复，注意是否有“连V是V”句式。如南京：他在前面连跑是跑，我连追是追，总算追上了）

他在前头叵咧跑，我叵咧追，总算追到了。

t^{h}ɑ^{42} tai^{2} tɕ^{h}ian^{5} t^{h}əɯ^{42} p^{h}o^{24} lie^{5} p^{h}aɯ^{24}，ŋo^{24} p^{h}o^{24} lie^{5} tsei^{42}，tsoŋ^{24} san^{212} tsei^{42} taɯ^{2} lo^{0}。

第七章　语料

第一节　规定话题

一　北风跟太阳（发音人：吴斌）

从前啦，有个北风，跟太阳两个哩是好朋友。

tsʰoŋ^{5} tɕʰian^{5} lɑ^{42}，iəɯ^{24} ko^{5} pie^{42} fən^{0}，kən^{42} tʰai^{21} iaŋ^{24} liaŋ^{24} ko^{5} nie^{42} sɿ^{21} xaɯ^{24} pʰəŋ^{5} iəɯ^{24}。

有一天，两个人在一堆啊，说起来了。

iəɯ^{24} i^{5} tʰian^{42}，liaŋ^{24} ko^{5} zən^{5} tai^{21} i^{5} tei^{42} iɑ^{0}，ɕye^{42} tɕʰi^{2} lai^{2} lo^{0}。

就是说，大伙有多大咧本事。

tsəɯ^{21} sɿ^{24} ɕye^{42}，tɑ^{5} xo^{24} iəɯ^{24} to^{42} tɑ^{2} lie^{24} pən^{24} sɿ^{5}。

两个争起来了。

liaŋ^{24} ko^{5} tsən^{42} tɕʰi^{2} lai^{5} lo^{42}。

北风说哩："我咧本事顶大。我哩只要轻轻咧吹一口气哩，人就能冻到全身发抖。"

pie^{42} fən^{2} ɕye^{42} nie^{0}："ŋo^{24} lie^{5} pən^{24} sɿ^{5} tin^{24} tɑ^{212}。ŋo^{24} nie^{5} tsɿ^{42} iaɯ^{2} tɕʰin^{5} tɕʰin^{42} lie^{0} tsʰei^{42} i^{2} kʰəɯ^{24} tɕʰi^{21} nie^{24}，zən^{5} tsəɯ^{21} lən^{5} toŋ^{21} taɯ^{24} tɕʰyan^{5} sən^{42} fɑ^{42} təɯ^{24}。"

太阳又说了："我咧本事顶大。我只要稍微用点儿劲，那个人就会热到浑身出汗。”

t^{h}ai^{21} iaŋ^{24} iəɯ^{212} ɕye^{42} lo^{0}：“ŋo^{24} lie^{5} pən^{24} sɿ^{5} tin^{24} tɑ^{212}。ŋo^{24} tsɿ^{42} iaɯ^{2} saɯ^{24} vei^{5} zoŋ^{21} tiai^{24} tɕin^{212}，lɑ^{42} ko^{2} zən^{5} tsəɯ^{21} fei^{24} ye^{42} taɯ^{0} fən^{5} sən^{42} tɕ^{h}y^{42} xan^{212}。”

两个人你不相信我，我不相信你。

liaŋ^{24} ko^{5} zən^{5} n̩^{24} pu^{5} ɕiaŋ^{42} ɕin^{2} ŋo^{24}，ŋo^{24} pu^{5} ɕiaŋ^{42} ɕin^{2} n̩^{24}。

两个就争起来了。

liaŋ^{24} ko^{5} tsəɯ^{212} tsən^{42} tɕ^{h}i^{2} lai^{5} lo^{42}。

争到末了哩，正好哩路上来了一个人。

tsən^{42} taɯ^{0} mo^{21} liaɯ^{24} nie^{5}，tsən^{21} xaɯ^{24} nie^{5} ləɯ^{21} saŋ^{24} lai^{5} lo^{42} i^{21} ko^{1} zən^{5}。

“诶”，他两个人就开始说了：“不对劲我们两个来比一比。”

“ei^{24}”，t^{h}ɑ^{42} liaŋ^{24} ko^{5} zən^{5} tsəɯ^{212} k^{h}ai^{5} sɿ^{212} ɕye^{42} lo^{0}：“pu^{42} tei^{212} tɕin^{42} ŋo^{24} mən^{5} liaŋ^{24} ko^{5} lai^{5} pi^{24} i^{5} pi^{24}。”

“我们比么事哩？”

“ŋo^{24} mən^{5} pi^{24} mo^{5} sɿ^{21} nie^{24}？”

“我们瞧哪个能把列个人咧衣裳脱下来，他咧本事就大。”

“ŋo^{24} mən^{5} tɕ^{h}iaɯ^{5} lɑ^{5} ko^{212} lən^{5} pɑ^{24} lie^{21} ko^{24} zən^{5} lie^{42} i^{42} saŋ^{0} t^{h}o^{42} ɕiɑ^{2} lai^{0}，t^{h}ɑ^{42} lie^{0} pən^{24} sɿ^{5} tsəɯ^{5} tɑ^{212}。”

北风就点点头，“好嗄，我们就跟列样咧来比。”

pie^{42} fən^{0} tsəɯ^{21} tian^{24} tian^{5} t^{h}əɯ^{5}，“xaɯ^{24} sæ^{5}，ŋo^{24} mən^{5} tsəɯ^{212} kən^{42} liaŋ^{21} lie^{24} lai^{5} pi^{24}。”

“那还不好办蛮？你瞧我咧。”

“lɑ^{21} xai^{5} pu^{42} xaɯ^{24} pan^{21} man^{24}？n̩^{24} tɕ^{h}iaɯ^{5} ŋo^{24} lie^{5}。”

北风就轻轻咧收了一口气。

pie^{42} foŋ^{0} tsəɯ^{212} tɕ^{h}in^{5} tɕ^{h}in^{42} lie^{0} səɯ^{42} lo^{0} i^{42} k^{h}əɯ^{24} tɕ^{h}i^{212}。

乖嗄，列时候哇，那个走路咧人冒到咕咚试倒——么①列冷蛮？

---

① 这个“么”的发音为［mæ］，是“么样儿”合音和省略的结果。具体过程：“么样儿［mo^{5}iæ^{212}］”→“么样儿［miæ^{542}］”→“么［mæ^{5}］”。下同。

kuai^{42} sæ^{0}，lie^{21} sɿ^{5} xəɯ^{42} vɑ^{0}，lɑ^{21} ko^{24} tsəɯ^{5} ləɯ^{21} lie^{24} zən^{5} maɯ^{2} taɯ^{1} ku^{5} toŋ^{42} sɿ^{21} taɯ^{24}——mæ^{5} lie^{21} lən^{24} man^{5}？

北风末了还是不服气。

pie^{42} foŋ^{0} mo^{21} liaɯ^{24} xæ^{5} sɿ^{2} pu^{42} fu^{5} tɕ^{h}i^{212}。

他又哩吹了一口气——把嘴巴鼓起来攒劲吹，用力剪劲吹一下子。

t^{h}ɑ^{42} iəɯ^{21} nie^{24} ts^{h}ei^{42} lo^{0} i^{42} k^{h}əɯ^{24} tɕ^{h}i^{212}——pɑ^{5} tsei^{24} pɑ^{5} ku^{24} tɕ^{h}i^{5} lai^{42} tsan^{5} tɕin^{212} ts^{h}ei^{42}，zoŋ^{212} li^{42} tɕian^{24} tɕin^{212} ts^{h}ei^{42} i^{2} xɑ^{2} tsɿ^{0}。

哪晓得一吹呀，列个人哩，还没有脱衣裳，倒反把衣裳裹咧紧紧咧。

lɑ^{24} ɕiaɯ^{24} lie^{5} i^{5} ts^{h}ei^{42} iɑ^{0}，lie^{21} ko^{1} zən^{5} nie^{42}，xæ^{5} mei^{42} iəɯ^{5} t^{h}o^{5} i^{42} saŋ^{0}，taɯ^{21} fan^{24} pɑ^{5} i^{42} saŋ^{0} ko^{24} lie^{5} tɕin^{5} tɕin^{24} lie^{5}。

“喔，冷”，他说，“冷的”。

“əɯ^{42}，lən^{24}”，t^{h}ɑ^{42} ɕye^{0}，“lən^{24} tə^{5}”。

他就把那个衣裳领一竖起来，挡倒。

t^{h}ɑ^{42} tsəɯ^{2} pɑ^{24} lɑ^{21} ko^{24} i^{42} saŋ^{0} lin^{24} i^{5} ɕy^{21} tɕ^{h}i^{24} lai^{5}，taŋ^{24} taɯ^{5}。

他说，“列个风啊，好点儿大的”。

t^{h}ɑ^{42} ɕye^{0}，“lie^{21} ko^{24} foŋ^{42} ŋɑ^{0}，xaɯ^{24} tiai^{5} tɑ^{21} tə^{24}”。

北风瞧瞧哩，他衣裳又没有脱，气咧欧。

pie^{42} foŋ^{0} tɕ^{h}iaɯ^{5} tɕ^{h}iaɯ^{42} nie^{0}，t^{h}ɑ^{42} i^{42} saŋ^{0} iəɯ^{21} mei^{1} iəɯ^{5} t^{h}o^{42}，tɕ^{h}i^{21} lie^{1} əɯ^{24}。

他又剪劲吹一口气。

t^{h}ɑ^{42} iəɯ^{21} tɕian^{5} tɕin^{212} ts^{h}ei^{42} i^{2} k^{h}əɯ^{24} tɕ^{h}i^{212}。

那个人哩？

lɑ^{21} ko^{1} zən^{5} nie^{42}？

乖乖，走路列个人啦，他硬冻咧欧，把个颈婆子缩到衣裳领窭里去了；两个手哩筒到一堆，放到袖子窭里，放到胸面前抱倒，列个衣裳裹咧更紧了。

kuai^{42} kuai^{0}，tsəɯ^{5} ləɯ^{212} lie^{21} ko^{1} zən^{5} læ^{42}，t^{h}ɑ^{42} ŋən^{2} toŋ^{2} lie^{1} əɯ^{24}，pɑ^{24} ko^{5} tɕin^{5} p^{h}o^{5} tsɿ^{42} so^{42} taɯ^{0} i^{42} saŋ^{0} lin^{24} təɯ^{21} lie^{1} tɕ^{h}i^{5} lo^{42}。liaŋ^{24} ko^{5} səɯ^{24} nie^{5} t^{h}oŋ^{5} taɯ^{42} i^{5} tei^{42}，faŋ^{21} taɯ^{24} ɕiəɯ^{21} tsɿ^{24} təɯ^{21} lie^{24}，faŋ^{21} taɯ^{24} ɕin^{42} mian^{21} tɕ^{h}ian^{24} paɯ^{21} taɯ^{24}，lie^{21} ko^{24} i^{42} saŋ^{0} ko^{24} lie^{5} kən^{21} tɕin^{24} lo^{5}。

太阳就哩好笑。

tʰai^{21} iaŋ^{24} tsəɯ^{21} nie^{24} xaɯ^{5} ɕiaɯ^{212}。

他说："北风啊北风，他还是没有脱衣裳。你瞧我咧。"

tɑ^{42} ɕye^{0}："pie^{42} foŋ^{2} ŋɑ^{0} pie^{42} foŋ^{0}，tʰɑ^{42} xæ^{5} sɿ^{42} mei^{21} iəɯ^{5} tʰo^{5} i^{42} saŋ^{0}。ṇ^{24} tɕʰiaɯ^{5} ŋo^{24} lie^{5}。"

说了，太阳就把光线一照。

ɕye^{42} liaɯ^{24}，tʰai^{21} iaŋ^{24} tsəɯ^{21} pɑ^{24} kuaŋ^{42} ɕian^{2} i^{5} tsaɯ^{212}。

乖乖，那个光线一照哇，一哈儿咧功夫，就把那个冷气赶跑了。

kuai^{42} kuai^{0}，lɑ^{21} ko^{24} kuaŋ^{42} ɕian^{2} i^{5} tsaɯ^{21} vɑ^{24}，i^{5} xæ^{21} lie^{24} koŋ^{42} fu^{0}，tsəɯ^{21} pɑ^{24} lɑ^{21} ko^{24} lən^{24} tɕʰi^{2} kan^{5} pʰaɯ^{24} lo^{5}。

那个走路咧人哩，感觉到不对劲——"耶？列马儿又热了啦？"

lɑ^{21} ko^{1} tsəɯ^{24} ləɯ^{21} lie^{1} zən^{5} nie^{42},kan^{24} tɕye^{5} taɯ^{42} pu^{42} tei^{5} tɕin^{42}——"ie^{24}？lie^{21} mæ^{24} iəɯ^{212} ye^{42} lo^{2} læ^{0}？"

他把筒到袖筒子咧手放下来，把那个衣裳领哩亦放好了。

tʰɑ^{42} pɑ^{24} tʰoŋ^{5} taɯ^{42} ɕiəɯ^{21} tʰoŋ^{5} tsɿ^{42} lie^{2} səɯ^{24} faŋ^{21} ɕiɑ^{1} lai^{24}，pɑ^{24} lɑ^{21} ko^{24} i^{42} saŋ^{0} lin^{24} nie^{5} i^{24} faŋ^{21} xaɯ^{24} lo^{5}。

那个太阳想想，"嗯，开始在放咧。我再剪劲吹一口气"。

lɑ^{21} ko^{24} tʰai^{21} iaŋ^{24} ɕiaŋ^{24} ɕiaŋ^{5}，"ən^{42}，kʰai^{42} sɿ^{2} tai^{5} faŋ^{21} lie^{24}。ŋo^{24} tsai^{21} tɕian^{5} tɕin^{212} tsʰei^{42} i^{2} kʰəɯ^{24} tɕʰi^{212}"。

乖乖，一吹出来，把那个人热咧欧，浑身冒汗，马儿就热到吃不消了。

kuai^{42} kuai^{0}，i^{5} tsʰei^{42} tɕʰy^{2} lai^{0}，pɑ^{24} lɑ^{21} ko^{24} zən^{5} ye^{42} liəɯ^{0}，fən^{5} sən^{42} maɯ^{5} xan^{212}，mæ^{24} tsəɯ^{2} ye^{42} taɯ^{0} tsʰi^{42} pu^{5} ɕiaɯ^{42} lo^{0}。

他把外头咧衣裳脱了。

tʰɑ^{42} pɑ^{24} vai^{21} tʰəɯ^{24} lie^{5} i^{42} saŋ^{0} tʰo^{42} lo^{0}。

"诶，你开始脱了啊"，太阳心里想，"你还没有脱好。我再来一次，再用点儿劲，再放一束光出来"。

"ei^{24}，ṇ^{24} kʰai^{42} sɿ^{24} tʰo^{42} lo^{2} ɑ^{0}"，tʰai^{21} iaŋ^{24} ɕin^{42} lie^{2} ɕiaŋ^{24}，"ṇ^{24} xæ^{5} mei^{21} iəɯ^{5} tʰo^{42} xaɯ^{24}。ŋo^{24} tsai^{21} lai^{5} i^{42} tsʰɿ^{212}，tsai^{212} zoŋ^{21} tiai^{24} tɕin^{212}，tsai^{212} faŋ^{21} i^{1} səɯ^{5} kuaŋ^{42} tɕʰy^{2} lai^{0}"。

哪晓得啊，那个光越放越热。

lɑ^{24} ɕiaɯ^{24} lie^{5} ia^{42}，lɑ^{21} ko^{24} kuaŋ^{42} ye^{42} faŋ^{212} ye^{5} ye^{42}。

那个走路咧人欧，衣裳穿都穿不住了，把衣裳全部脱光了。

lɑ^{21} ko^{24} tsəɯ^{5} ləɯ^{21} lie^{24} zən^{5} əɯ^{42}，i^{42} saŋ^{0} tɕʰyan^{42} təɯ^{0} tɕʰyan^{42} pu^{2} tɕy^{24} lo^{5}，pɑ^{24} i^{42} saŋ^{0} tɕʰyan^{5} pu^{42} tʰo^{5} kuaŋ^{42} lo^{0}。

正好路边上有一个小河。

tsən^{21} xaɯ^{24} ləɯ^{212} pian^{42} saŋ^{0} iəɯ^{24} i^{42} ko^{2} ɕiaɯ^{24} xo^{5}。

乖乖，他热到吃不消了。

kuai^{42} kuai^{0}，tʰɑ^{42} ye^{42} taɯ^{0} tsʰɿ^{42} pu^{5} ɕiaɯ^{42} lo^{0}。

“赶紧到河里去洗把澡吧”，他说。

“kan^{5} tɕin^{24} taɯ^{21} xo^{5} lie^{42} tɕʰi^{2} ɕi^{24} pɑ^{5} tsaɯ^{24} pɑ^{5}”，tʰɑ^{42} ɕye^{0}。

他就一记头蹦到河里，洗洗澡。

tʰɑ^{42} tsəɯ^{2} i^{42} tɕi^{2} tʰəɯ^{5} poŋ^{21} taɯ^{24} xo^{5} lie^{42}，ɕi^{24} ɕi^{5} tsaɯ^{24}。

哦，人舒服咧多，猛咧一快活。

əɯ^{42}，zən^{5} ɕy^{42} fu^{2} lie^{5} to^{42}，moŋ^{24} lie^{5} i^{5} kʰuai^{21} xo^{24}。

所以末了，那个北风说，“嗯，还是太阳咧本事大”。

so^{24} i^{5} mo^{42} liaɯ^{24}，lɑ^{21} ko^{24} pie^{42} foŋ^{0} ɕye^{42}，“ən^{42}，xæ^{5} sɿ^{42} tʰai^{21} iaŋ^{24} lie^{5} pən^{24} sɿ^{5} tɑ^{212}”。

太阳哩，亦谦虚咧很。

tʰai^{21} iaŋ^{24} nie^{5}，i^{24} tɕʰian^{42} ɕy^{2} lie^{1} xən^{24}。

他跟北风说：“要比让列个走路咧人脱衣裳哩，是我能让他脱了；但是哩，要让列个走路咧人穿衣裳、穿多衣裳哩，那还是你北风的本事顶大。”

tʰɑ^{42} kən^{2} pie^{42} foŋ^{0} ɕye^{42}：“iaɯ^{21} pi^{24} zaŋ^{5} lie^{21} ko^{24} tsəɯ^{24} ləɯ^{21} lie^{24} zən^{5} tʰo^{5} i^{42} saŋ^{2} nie^{0}，sɿ^{21} ŋo^{24} lən^{5} zaŋ^{21} tʰɑ^{24} tʰo^{42} lo^{0}；tan^{21} sɿ^{24} nie^{5}，iaɯ^{21} zaŋ^{5} lie^{21} ko^{24} tsəɯ^{24} ləɯ^{21} lie^{24} zən^{5} tɕʰyan^{5} i^{42} saŋ^{0}、tɕʰyan^{42} to^{42} i^{2} saŋ^{2} nie^{0}，lɑ^{21} xæ^{5} sɿ^{42} n̩^{24} pie^{42} foŋ^{2} lie^{0} pən^{24} sɿ^{5} tin^{24} tɑ^{212}。”

太阳末了又说了：“诶，其实我们两个人哩各有所长。今后啊，管倒么事事，管倒么事人，都有各人咧长处，都有各人咧短处。诶，你要是做到长处咧时候哩，发挥各人咧优点，才能做咧更好一点儿。”

tʰai^{21} iaŋ^{24} mo^{42} liaɯ^{24} iəɯ^{212} ɕye^{42} lo^{0}："ei^{42}，tɕʰi^{5} sɿ^{5} ŋo^{24} mən^{5} liaŋ^{24} ko^{5} zən^{5} nie^{42} ko^{42} iəɯ^{24} so^{24} tsʰaŋ^{5}。tɕin^{42} xəɯ^{21} vɑ^{24}，kuan^{24} taɯ^{5} mo^{5} sɿ^{42} sɿ^{212}，kuan^{24} taɯ^{5} mo^{5} sɿ^{42} zən^{5}，təɯ^{42} iəɯ^{24} ko^{5} zən^{5} lie^{42} tsʰaŋ^{5} tɕʰy^{42}，təɯ^{42} iəɯ^{24} ko^{5} zən^{5} lie^{42} tan^{24} tɕʰy^{5}。ei^{42}，n̩^{24} iaɯ^{21} sɿ^{24} tsəɯ^{21} taɯ^{24} tsʰaŋ^{5} tɕʰy^{42} lie^{2} sɿ^{5} xəɯ^{42} nie^{0}，fɑ^{42} fei^{0} ko^{5} zən^{5} lie^{42} iəɯ^{42} tian^{24}，tsʰai^{5} lən^{5} tsəɯ^{21} lie^{24} kən^{21} xaɯ^{24} i^{42} tiai^{24}。"

咧样一来，北风跟太阳两个人，哈变谦虚了。

lie^{21} iaŋ^{24} i^{42} lai^{5}，pie^{42} foŋ^{0} kən^{42} tʰai^{21} iaŋ^{24} liaŋ^{24} ko^{5} zən^{5}，xɑ^{212} pian^{1} tɕʰian^{42} ɕy^{2} lo^{0}。

慢慢咧，两个人成了好朋友。

man^{5} man^{21} lie^{24}，liaŋ^{24} ko^{5} zən^{5} tsʰən^{5} lo^{42} xaɯ^{24} pʰoŋ^{5} iəɯ^{24}。

二　牛郎织女（发音人：周世娣）

（多少年没说了，哈搞忘尽了。）

（to^{42} saɯ^{24} ȵian^{5} mei^{24} ɕye^{42} lo^{0}，xɑ^{42} kaɯ^{24} vaŋ^{21} tɕin^{1} lo^{5}。）

古时候哩，有一个小伙子。

ku^{24} sɿ^{5} xəɯ^{42} nie^{0}，iəɯ^{24} i^{5} ko^{42} ɕiaɯ^{24} xo^{5} tsɿ^{42}。

他达儿跟他妈哩，已经过辈了。

tʰɑ^{42} tæ^{5} kən^{42} tʰɑ^{5} mɑ^{42} nie^{0}，i^{24} tɕin^{5} ko^{5} pei^{21} lo^{24}。

他一个人孤伶伶咧，生活就过不下去，可怜咧悬。

tʰɑ^{42} i^{5} ko^{21} zən^{24} ku^{21} lin^{5} lin^{42} lie^{0}，sən^{42} xo^{5} tsəɯ^{42} ko^{21} pu^{5} ɕiɑ^{5} tɕʰi^{212}，kʰo^{24} lian^{5} lie^{42} ɕyan^{5}。

他屋里就赅一个老牛。

tʰɑ^{42} vu^{21} lie^{24} tsəɯ^{212} kai^{42} i^{5} ko^{21} laɯ^{24} ȵiəɯ^{5}。

后来大家跟他起了个名字，就叫牛郎。

xəɯ^{21} lai^{24} tɑ^{21} tɕiɑ^{24} kən^{21} tʰɑ^{1} tɕʰi^{24} lo^{5} ko^{42} min^{5} tsɿ^{42}，tsəɯ^{21} tɕiaɯ^{1} ȵiəɯ^{5} laŋ^{5}。

牛郎就靠列个老牛耕地过生活。

ȵiəɯ^{5} laŋ^{5} tsəɯ^{21} kʰaɯ^{5} lie^{21} ko^{24} laɯ^{24} ȵiəɯ^{5} kən^{42} ti^{212} ko^{24} sən^{42} xo^{0}。

天天就把牛牵出去，耕地啦，放它啦，把水它喝。

tʰian^{42} tʰian^{0} tsəɯ^{21} pɑ^{24} ȵiəɯ^{5} tɕʰian^{42} tɕʰy^{2} tɕʰi^{0}，kən^{42} ti^{21} lɑ^{24}，faŋ^{21} tʰɑ^{24} lɑ^{5}，pɑ^{5} sei^{24} tʰɑ^{5} xo^{42}。

列个老牛，其实是金牛星变咧。

lie^{2} ko^{1} laɯ^{24} ȵiəɯ^{5}，tɕʰi^{5} sɿ^{5} sɿ^{2} tɕin^{42} ȵiəɯ^{5} ɕin^{42} pian^{21} lie^{24}。

金牛星瞧牛郎怪可怜咧，就想跟他说个老婆。

tɕin^{42} ȵiəɯ^{5} ɕin^{42} tɕʰiaɯ^{5} ȵiəɯ^{5} laŋ^{5} kuai^{21} kʰo^{24} lian^{5} lie^{2}，tsəɯ^{21} ɕiaŋ^{24} kən^{42} tʰɑ^{2} ɕye^{42} ko^{2} laɯ^{24} pʰo^{5}。

想么办法哩？他就托梦把牛郎。

ɕiaŋ^{24} mo^{5} pan^{21} fɑ^{24} nie^{5}？ tɑ^{42} tsəɯ^{2} tʰo^{42} moŋ^{21} pɑ^{24} ȵiəɯ^{5} laŋ^{5}。

他说哩，第二天哩，在一个河边儿沿儿，有一个小湖，仙女哩会来洗澡。

tʰɑ^{42} ɕye^{42} nie^{0}，ti^{5} ər^{212} tʰian^{42} nie^{0}，tai^{2} i^{1} ko^{1} xo^{5} piai^{5}，iəɯ^{24} i^{2} ko^{1} ɕiaɯ^{24} fu^{5}，ɕian^{42} ȵy^{24} nie^{5} fei^{21} lai^{5} ɕi^{5} tsaɯ^{24}。

他说：“第二天你打早就要到那个湖边儿沿儿去等倒，你趁她们洗澡咧时候哩，你就把她咧衣裳跟它偷一件。”

tʰɑ^{42} ɕye^{0}：“ti^{5} ər^{212} tʰian^{42} n̩^{24} tɑ^{5} tsaɯ^{24} tsəɯ^{2} iaɯ^{2} taɯ^{212} lɑ^{21} ko^{24} fu^{5} piai^{24} tɕʰi^{21} tən^{24} taɯ^{5}，n̩^{24} tsʰən^{212} tʰɑ^{42} mən^{0} ɕi^{5} tsaɯ^{24} lie^{5} sɿ^{5} xəɯ^{42} nie^{0}，n̩^{24} tsəɯ^{2} pɑ^{24} tʰɑ^{42} lie^{0} i^{42} saŋ^{0} kən^{42} tʰɑ^{2} tʰəɯ^{42} i^{2} tɕian^{212}。”

后来，牛郎瞧到有一件红衣裳。

xəɯ^{21} lai^{24}，ȵiəɯ^{5} laŋ^{5} tɕʰiaɯ^{5} taɯ^{42} iəɯ^{24} i^{42} tɕian^{212} xoŋ^{5} i^{42} saŋ^{0}。

他就把那一件红衣裳捧倒就往回跑。

tʰɑ^{42} tsəɯ^{2} pɑ^{24} lɑ^{21} i^{5} tɕian^{212} xoŋ^{5} i^{42} saŋ^{0} pʰoŋ^{24} taɯ^{5} tsəɯ^{2} vaŋ^{21} fei^{5} pʰaɯ^{24}。

仙女洗了之后，哈穿衣裳喽。

ɕian^{42} ȵy^{24} ɕi^{24} lo^{5} tsɿ^{5} xəɯ^{212}，xɑ^{212} tɕʰyan^{5} i^{42} saŋ^{2} ləɯ^{0}。

有一个叫织女咧仙女，瞧她咧衣裳搞么见了。

iəɯ^{24} i^{5} ko^{42} tɕiaɯ^{2} tsɿ^{42} ȵy^{24} lie^{5} ɕian^{42} ȵy^{24}，tɕʰiaɯ^{5} tʰɑ^{42} lie^{0} i^{42} saŋ^{0} kaɯ^{24} mo^{5} tɕian^{21} lo^{24}。

搞么见了么样搞嘞？

kaɯ^{24} mo^{5} tɕian^{21} lo^{24} mo^{5} iaŋ^{21} kaɯ^{24} lei^{5}？

后来那个金牛星就指导她了——就说她了。

xəɯ^{21} lai^{24} lɑ^{21} ko^{24} tɕin^{42} ȵiəɯ^{5} ɕin^{42} tsəɯ^{21} tsɿ^{24} taɯ^{5} tʰɑ^{42} lo^{0}——tsəɯ^{212} ɕye^{42} tʰɑ^{2} lo^{0}。

他说："你赶紧去撵，将才一个小伙子来咧，跟你把衣裳拿去了。"

tʰɑ^{42} ɕye^{0}："n̩^{24} kan^{5} tɕin^{24} tɕʰi^{21} ȵian^{24}，tɕiaŋ^{42} tsʰai^{5} i^{42} ko^{2} ɕiaɯ^{24} xo^{5} tsɿ^{42} lai^{5} lie^{42}，kən^{42} n̩^{24} pɑ^{5} i^{42} saŋ^{0} lɑ^{5} tɕʰi^{42} lo^{0}。"

她就跟倒后头去追。

tʰɑ^{42} tsəɯ^{2} kən^{42} taɯ^{0} xəɯ^{21} tʰəɯ^{24} tɕʰi^{5} tsei^{42}。

追啊追咧，牛郎马儿就要到屋了，还瞧倒一点儿点儿影子。

tsei^{42} ɑ^{5} tsei^{42} lie^{0}，ȵiəɯ^{5} laŋ^{5} mæ^{24} tsəɯ^{42} iaɯ^{2} taɯ^{5} vu^{21} lo^{24}，xæ^{5} tɕʰiaɯ^{5} taɯ^{42} i^{42} tiai^{5} tiai^{5} in^{24} tsɿ^{5}。

那个仙女哩，冒到咕咚咧呀，瞧到天上又没得太阳了，又是刮风，又是下大雨。

lɑ^{21} ko^{24} ɕian^{42} ȵy^{24} nie^{5}，maɯ^{21} taɯ^{1} ku^{5} toŋ^{42} lie^{2} iɑ^{0}，tɕʰiaɯ^{5} taɯ^{5} tʰian^{42} saŋ^{0} iəɯ^{21} mei^{1} tie^{5} tʰai^{21} iaŋ^{1} lo^{5}，iəɯ^{21} sɿ^{1} kuɑ^{5} foŋ^{42}，iəɯ^{21} sɿ^{1} ɕiɑ^{5} tɑ^{21} y^{24}。

她急到要命。

tʰɑ^{42} tɕi^{42} taɯ^{0} iaɯ^{5} min^{212}。

妈到哪哈儿去找蛮？

mɑ^{42} taɯ^{42} lɑ^{5} xæ^{21} tɕʰi^{1} tsaɯ^{24} mæ^{5}？

她拼命咧往前跑，像一阵风样咧一吹哩，一暇儿哈儿就瞧到牛郎咧影子了。

tʰɑ^{42} pʰin^{5} min^{21} lie^{24} vaŋ^{21} tɕʰian^{5} pʰaɯ^{24}，tɕiaŋ^{212} i^{21} tsən^{24} foŋ^{42} iaŋ^{2} lie^{0} i^{5} tsʰei^{42} nie^{0}，i^{42} ɕiæ^{5} xæ^{2} tsəɯ^{1} tɕʰiaɯ^{5} taɯ^{42} ȵiəɯ^{5} laŋ^{5} lie^{42} in^{24} tsɿ^{5} lo^{2}。

她叵咧往前追，一下子往前追咧时候哩，风一吹哩她就把牛郎追到了。

tʰɑ^{42} po^{24} lie^{5} vaŋ^{21} tɕʰian^{5} tsei^{42}，i^{5} xɑ^{21} tsɿ^{24} vaŋ^{21} tɕʰian^{5} tsei^{42} lie^{2} sɿ^{5} xəɯ^{42} nie^{0}，foŋ^{42} i^{5} tsʰei^{42} nie^{0} tʰɑ^{42} tsəɯ^{2} pɑ^{24} ȵiəɯ^{5} laŋ^{5} tsei^{42} taɯ^{2} lo^{0}。

追到了牛郎，牛郎就不许她走。

tsei^{42} taɯ^{2} lo^{0} ȵiəɯ^{5} laŋ^{5}，ȵiəɯ^{5} laŋ^{5} tsəɯ^{2} pu^{42} ɕy^{24} tʰɑ^{42} tsəɯ^{24}。

后来就跟他两个成了家。

xəɯ^{21} lai^{24} tsəɯ^{212} kən^{42} tʰɑ^{2} liaŋ^{24} ko^{5} tsʰən^{5} lo^{5} tɕiɑ^{42}。

成了家之后哩，养了一男一女。

tsʰən^{5} lo^{5} tɕiɑ^{42} tsɿ^{5} xəɯ^{21} nie^{24}，iaŋ^{24} lo^{5} i^{42} lan^{5} i^{42} ȵy^{24}。

末了，那个天上咧叫个玉皇大帝啊，听到列个消息了。

mo^{42} liaɯ^{24}，lɑ^{21} ko^{24} tʰian^{42} saŋ^{21} lie^{0} tɕiaɯ^{2} ko^{1} y^{21} faŋ^{5} tɑ^{42} ti^{21} iɑ^{24}，tʰin^{21} taɯ^{24} lie^{21} ko^{24} ɕiaɯ^{42} ɕi^{2} lo^{0}。

他就要把仙女哩收回去。

tʰɑ^{42} tsəɯ^{2} iaɯ^{1} pɑ^{24} ɕian^{42} ȵy^{24} nie^{5} səɯ^{42} fei^{5} tɕʰi^{42}。

牛郎急到像么东西样咧——咧坑了，还有两个小伢儿欧，一点儿点儿大。

ȵiəɯ^{5} laŋ^{5} tɕi^{42} taɯ^{0} tɕiaŋ^{21} mo^{5} toŋ^{5} ɕi^{21} iaŋ^{1} lie^{5}——lie^{212} kʰən^{42} lo^{0}，xæ^{5} iəɯ^{24} liaŋ^{24} ko^{5} ɕiaɯ^{24} ŋæ^{5} əɯ^{42}，i^{42} tiai^{5} tiai^{5} tɑ^{212}。

那么样搞哩？白日晚儿黑急到瞌睡睡不着。

lɑ^{21} mo^{5} iaŋ^{21} kaɯ^{24} nie^{5}？ pie^{5} ər^{42} væ^{5} xe^{42} tɕi^{42} taɯ^{0} kʰo^{5} sei^{42} sei^{21} pu^{1} tso^{5}。

后来老牛跟他想办法了。

xəɯ^{21} lai^{24} laɯ^{24} ȵiəɯ^{5} kən^{42} tʰɑ^{2} ɕiaŋ^{24} pan^{21} fɑ^{24} lo^{5}。

它瞧他怪可怜咧呀，又有两个小伢儿啊。

tʰɑ^{42} tɕʰiaɯ^{5} tʰɑ^{42} kuai^{21} kʰo^{24} lian^{5} lie^{42} iɑ^{0}，iəɯ^{21} iəɯ^{24} liaŋ^{24} ko^{5} ɕiaɯ^{24} ŋæ^{5} ɑ^{42}。

他说：“你把我咧角哩把我抡下来。”

tʰɑ^{42} ɕye^{0}：“n̩^{24} pɑ^{5} ŋo^{24} lie^{5} ko^{42} nie^{0} pɑ^{24} ŋo^{5} tʰo^{21} ɕiɑ^{1} lai^{5}。”

抡下来后，冒儿咕咚咧瞧到一闪光，牛角变成了箩腔。

tʰo^{21} ɕiɑ^{1} lai^{5} xəɯ^{212}，maɯ^{21} ər^{1} ku^{5} toŋ^{42} lie^{0} tɕʰiaɯ^{5} taɯ^{42} i^{42} san^{24} kuaŋ^{42}，ȵiəɯ^{5} ko^{42} pian^{21} tsʰən^{5} lo^{42} lo^{5} tɕʰiaŋ^{42}。

他把小伢儿放到箩腔咧，一头挑一个。

tʰɑ^{42} pɑ^{24} ɕiaɯ^{24} ŋæ^{5} faŋ^{21} taɯ^{24} lo^{5} tɕʰiaŋ^{42} lie^{0}，i^{42} tʰəɯ^{5} tʰiaɯ^{42} i^{5} ko^{212}。

挑倒么样？那小伢儿妈走喽，就白日晚儿黑儿咧哭。

tʰiaɯ^{42} taɯ^{0} mo^{5} iaŋ^{212}？ lɑ^{21} ɕiaɯ^{24} ŋæ^{5} mɑ^{42} tsəɯ^{24} ləɯ^{5}，tsəɯ^{21} pie^{5} ər^{42} væ^{5} xe^{42} lie^{2} kʰu^{42}。

那个牛郎就急到没得办法。

lɑ^{2} ko^{1} ȵiəɯ^{5} laŋ^{5} tsəɯ^{212} tɕi^{42} taɯ^{0} mei^{21} tie^{5} pan^{21} fɑ^{24}。

后来把小伢儿挑倒，东找西找咧哩，末了找到了。

xəɯ^{21} lai^{24} pɑ^{24} ɕiaɯ^{24} ŋæ^{5} t^{h}iaɯ^{42} taɯ^{0}，toŋ^{42} tsaɯ^{24} ɕi^{42} tsaɯ^{24} lie^{5} nie^{2}，mo^{21} liaɯ^{24} tsaɯ^{24} taɯ^{5} lo^{42}。

找到之后哩，王母娘娘还是不肯。

tsaɯ^{24} taɯ^{5} tsʅ^{5} xəɯ^{21} nie^{24}，vaŋ^{5} mu^{24} ȵiaŋ^{5} ȵiaŋ^{42} xæ^{5} sʅ^{42} pu^{42} k^{h}ən^{24}。

因为织女是仙家，牛郎是凡人，不能配婚。

in^{42} vei^{0} tsʅ^{42} ȵy^{24} sʅ^{2} ɕian^{42} tɕiɑ^{0}，ȵiəɯ^{5} laŋ^{5} sʅ^{2} fan^{5} zən^{42}，pu^{42} lən^{5} p^{h}ei^{212} fən^{42}。

后来想一个么办法哩？

xəɯ^{42} lai^{24} ɕiaŋ^{24} i^{5} ko^{42} mo^{24} pan^{21} fɑ^{24} nie^{5}？

她把头上咧银簪子一划，一划就变成一条大杠。

t^{h}ɑ^{42} pɑ^{24} t^{h}əɯ^{5} saŋ^{2} lie^{1} in^{5} tsan^{42} i^{5} fɑ^{212}，i^{5} fɑ^{21} tsəɯ^{24} pian^{21} ts^{h}ən^{5} i^{42} t^{h}iaɯ^{5} tɑ^{5} kaŋ^{212}。

跟列样咧，他两个人就不得到一路去。

kən^{42} liaŋ^{21} lie^{24}，t^{h}ɑ^{42} liaŋ^{24} ko^{5} tsəɯ^{21} pu^{5} tie^{42} taɯ^{21} i^{5} ləɯ^{21} tɕ^{h}i^{24}。

那些喜鹊瞧到了，他们有两个小伢儿，两个人配了夫妻、成了家之后又不得到一路去，怪可怜咧。

lɑ^{42} ɕie^{24} ɕi^{24} tɕ^{h}io^{42} tɕ^{h}iaɯ^{5} taɯ^{42} lo^{0}，t^{h}ɑ^{42} mən^{0} iəɯ^{24} liaŋ^{24} ko^{5} ɕiaɯ^{24} ŋæ^{5}，liaŋ^{24} ko^{5} zən^{5} p^{h}ei^{42} lo^{24} fu^{42} tɕ^{h}i^{0}、ts^{h}ən^{5} lo^{5} tɕiɑ^{42} tsʅ^{5} xəɯ^{212} iəɯ^{21} pu^{5} tie^{42} taɯ^{21} i^{5} ləɯ^{21} tɕ^{h}i^{24}，kuai^{21} k^{h}o^{24} lian^{5} lie^{42}。

后来，大家就帮他做个纪念——跟大杠起个名字叫天河。

xəɯ^{21} lai^{24}，tɑ^{21} tɕiɑ^{24} tsəɯ^{21} paŋ^{42} t^{h}ɑ^{2} tsəɯ^{21} ko^{24} tɕi^{5} ȵian^{212}——kən^{42} tɑ^{5} kaŋ^{212} tɕ^{h}i^{24} ko^{5} min^{5} tsʅ^{42} tɕiaɯ^{212} t^{h}ian^{42} xo^{5}。

列个天河就是他两个人隔离咧一条河。

lie^{21} k^{h}o^{24} t^{h}ian^{42} xo^{5} tsəɯ^{21} sʅ^{24} t^{h}ɑ^{42} liaŋ^{24} ko^{5} zən^{5} kie^{42} li^{5} lie^{42} i^{42} t^{h}iaɯ^{5} xo^{5}。

喜鹊帮他定了一个时间，每一年在农历咧七月初七他们会一次面。

ɕi^{24} tɕʰio^{42} paŋ^{42} tʰɑ^{2} tin^{21} lo^{24} i^{42} ko^{2} sɿ^{5} tɕian^{42}，mei^{24} i^{5} ȵian^{5} tai^{21} loŋ^{5} li^{42} lie^{0} tɕʰi^{42} ye^{2} tsʰəɯ^{5} tɕʰi^{42} tʰɑ^{42} mən^{0} fei^{21} i^{24} tsʰɿ^{5} mian^{212}。

到那一天，喜鹊哈来了，搭一个桥，牛郎跟织女好在高头会面。

taɯ^{5} lɑ^{21} i^{24} tʰian^{42}，ɕi^{24} tɕʰio^{42} xɑ^{212} lai^{5} lo^{42}，tɑ^{42} i^{21} ko^{1} tɕʰiaɯ^{5}，ȵiəɯ^{5} laŋ^{5} kən^{42} tsɿ^{42} ȵy^{24} xaɯ^{24} tai^{5} kaɯ^{42} tʰəɯ^{0} fei^{24} mian^{212}。

三　狼来了（发音人：周世娣）

有个小伢儿，他天天放羊子。

iəɯ^{24} ko^{5} ɕiaɯ^{24} ŋæ^{5}，tʰɑ^{42} tʰian^{42} tʰian^{0} faŋ^{21} iaŋ^{5} tsɿ^{42}。

有一天啦，他放羊子咧时候哩，一些农民在山底下做活。

iəɯ^{24} i^{5} tʰian^{42} læ^{0}，tʰɑ^{42} faŋ^{21} iaŋ^{5} tsɿ^{42} lie^{2} sɿ^{5} xəɯ^{42} nie^{0}，i^{42} ɕie^{24} loŋ^{5} min^{5} tai^{212} san^{42} ti^{24} ɕiɑ^{5} tsəɯ^{21} xo^{5}。

他就哄些子农民。

tʰɑ^{42} tsəɯ^{2} xoŋ^{24} ɕie^{24} tsɿ^{5} loŋ^{5} min^{5}。

他就叫：“狼来喽，狼来喽，你们快来打狼欧。狼马儿把我咧羊子吃喽。”

tʰɑ^{42} tsəɯ^{2} tɕiaɯ^{212}：“laŋ^{5} lai^{5} ləɯ^{42}，laŋ^{5} lai^{5} ləɯ^{42}，n̩^{24} mən^{5} kʰuai^{21} lai^{5} tɑ^{24} laŋ^{5} ŋəɯ^{42}。laŋ^{5} mæ^{24} pɑ^{24} ŋo^{5} lie^{5} iaŋ^{5} tsɿ^{42} tsʰi^{42} ləɯ^{0}。”

后来那些农民哩就跑上山。

xəɯ^{21} lai^{24} lɑ^{21} ɕie^{24} loŋ^{5} min^{5} nie^{2} tsəɯ^{21} pʰaɯ^{24} saŋ^{5} san^{42}。

跑到去哩，那个小伢儿哩，就哈哈大笑。

pʰaɯ^{24} taɯ^{5} tɕʰi^{42} nie^{0}，lɑ^{2} ko^{1} ɕiaɯ^{24} ŋæ^{5} nie^{42}，tsəɯ^{21} xɑ^{42} xɑ^{0} tɑ^{5} ɕiaɯ^{212}。

他说：“你们上当了吧，狼没有来。我哄你们咧”。

tʰɑ^{42} ɕye^{0}：“n̩^{24} mən^{5} saŋ^{5} taŋ^{21} lo^{1} pɑ^{5}，laŋ^{5} mei^{21} iəɯ^{5} lai^{5}。ŋo^{24} xo^{21} n̩^{24} mən^{5} lie^{42}。”

那些农民哩，朝他望望哩，说他是小骗子。

lɑ^{21} ɕie^{24} loŋ^{5} min^{5} nie^{42}，tsʰaɯ^{5} tʰɑ^{42} vaŋ^{21} vaŋ^{1} nie^{5}，ɕye^{42} tʰɑ^{2} sɿ^{2} ɕiaɯ^{5} pʰian^{21} tsɿ^{24}。

把他噘了一顿之后哩，农民又回到山底下做活去了。

pɑ^{24} tʰɑ^{5} tɕye^{5} lo^{42} i^{5} tən^{212} tsɿ^{5} xəɯ^{21} nie^{24}，loŋ^{5} min^{5} iəɯ^{21} fei^{5} taɯ^{42} san^{21} ti^{24} ɕiɑ^{5} tsəɯ^{21} xo^{5} tɕʰi^{42} lo^{0}。

第二天哩，那个伢儿又来放羊子了。

ti^{5} ər^{212} t^{h}ian^{42} nie^{0}，lɑ^{21} ko^{1} ŋæ^{5} iəɯ^{21} lai^{5} faŋ^{21} iaŋ^{5} tsɿ^{42} lo^{0}。

他又在叫："你们做活咧人，赶紧上来欧。今朝狼又来了。你们赶紧来把狼打死它。不是把我羊子吃了。"

t^{h}ɑ^{42} iəɯ^{21} tai^{24} tɕiaɯ^{212}："n̩^{24} mən^{5} tsəɯ^{21} xo^{5} lie^{42} zən^{5}，kan^{5} tɕin^{24} saŋ^{21} lai^{24} əɯ^{5}。tɕin^{42} tsaɯ^{0} laŋ^{5} iəɯ^{21} lai^{5} lo^{42}。n̩^{24} mən^{5} kan^{5} tɕin^{24} lai^{5} pɑ^{24} laŋ^{5} tɑ^{24} sɿ^{5} t^{h}ɑ^{42}。pu^{42} sɿ^{2} pɑ^{24} ŋo^{5} iaŋ^{5} tsɿ^{42} ts^{h}ɿ^{42} lo^{0}。"

好，那些做活咧人哩，背倒锄锄钉耙，又去帮他打。

xaɯ^{24}，lɑ^{21} ɕie^{24} tsəɯ^{21} xo^{5} lie^{42} zən^{5} nie^{42}，pei^{24} taɯ^{5} ts^{h}əɯ^{5} ts^{h}əɯ^{42} tin^{42} p^{h}ɑ^{5}，iəɯ^{21} tɕ^{h}i^{24} paŋ^{42} t^{h}ɑ^{2} tɑ^{24}。

跑到去哩，那个小伢儿又骗他一次。

p^{h}aɯ^{24} taɯ^{5} tɕ^{h}i^{42} nie^{0}，lɑ^{2} ko^{1} ɕiaɯ^{24} ŋæ^{5} iəɯ^{212} p^{h}ian^{2} t^{h}ɑ^{1} i^{5} ts^{h}ɿ^{212}。

那些做活的人又把那伢儿嘁了一顿："你列个伢儿，妈咧真是咧，我们做活做到累死咧，你老骗我们。"

lɑ^{21} ɕie^{24} tsəɯ^{21} xo^{5} lie^{42} zən^{5} iəɯ^{21} pɑ^{24} lɑ^{21} ŋæ^{5} tɕye^{5} lo^{42} i^{2} tən^{212}："n̩^{24} lie^{21} ko^{1} ŋæ^{5}，mɑ^{42} lie^{0} tsən^{42} sɿ^{2} lie^{0}，ŋo^{24} mən^{5} tsəɯ^{21} xo^{5} tsəɯ^{21} taɯ^{24} li^{21} sɿ^{24} lie^{5}，n̩^{24} laɯ^{24} p^{h}ian^{21} ŋo^{24} mən^{5}。"

末了，他们又把锄锄钉耙背转去了。

mo^{21} liaɯ^{24}，t^{h}ɑ^{42} mən^{0} iəɯ^{21} pɑ^{24} ts^{h}əɯ^{5} ts^{h}əɯ^{42} tin^{42} p^{h}ɑ^{5} pei^{24} tɕyan^{24} tɕ^{h}i^{5} lo^{42}。

到了第三次，那个小伢儿又在放羊子。

taɯ^{2} lo^{1} ti^{24} san^{42} ts^{h}ɿ^{212}，lɑ^{2} ko^{1} ɕiaɯ^{24} ŋæ^{5} iəɯ^{21} tai^{24} faŋ^{21} iaŋ^{5} tsɿ^{42}。

他又哕："狼来喽，狼来喽，你们快来跟我打狼欧。"

t^{h}ɑ^{42} iəɯ^{212} ye^{1}："laŋ^{5} lai^{5} ləɯ^{42}，laŋ^{5} lai^{5} ləɯ^{42}，n̩^{24} mən^{5} k^{h}uai^{21} lai^{5} kən^{21} ŋo^{24} tɑ^{24} laŋ^{5} ŋəɯ^{42}。"

那些做活咧人哩，哈不相信那个小伢儿了。

lɑ^{21} ɕie^{24} tsəɯ^{21} xo^{5} lie^{42} zən^{5} nie^{42}，xɑ^{21} pu^{5} ɕiaŋ^{42} ɕin^{0} lɑ^{2} ko^{1} ɕiaɯ^{24} ŋæ^{5} lo^{42}。

有个人还嘁了一句："妈上你两回当了，你骗我们。随他去。"

iəɯ^{24} ko^{5} zən^{5} xæ^{5} tɕye^{5} lo^{42} i^{5} tɕy^{212}：“mɑ^{42} saŋ^{21} n̩^{24} liaŋ^{24} fei^{5} taŋ^{21} lo^{24}，n̩^{24} pʰian^{21} ŋo^{24} mən^{5}。tsʰei^{5} tʰɑ^{42} tɕʰi^{0}。”

他喊他们底下咧人哈莫去。

tʰɑ^{42} xan^{24} tʰɑ^{42} mən^{0} ti^{24} ɕiɑ^{5} lie^{42} zən^{5} xɑ^{212} mo^{42} tɕʰi^{212}。

末了，他们就没有去。

mo^{42} liaɯ^{24}，tʰɑ^{42} mən^{0} tsəɯ^{2} mei^{21} iəɯ^{5} tɕʰi^{212}。

哪晓得没有去啊，咧一次哩，狼真来了。

lɑ^{24} ɕiaɯ^{24} lie^{5} mei^{21} iəɯ^{5} tɕʰi^{21} iæ^{24}，lie^{21} i^{5} tsʰɿ^{21} nie^{24}，laŋ^{5} tsən^{42} lai^{5} lo^{42}。

把那个小伢儿咧羊子□一条跑了，吃去了。

pɑ^{24} lɑ^{2} ko^{1} ɕiaɯ^{24} ŋæ^{5} lie^{42} iaŋ^{5} tsɿ^{42} laɯ^{2} i^{1} tʰiaɯ^{5} pʰaɯ^{24} lo^{5}，tsʰɿ^{42} tɕʰi^{2} lo^{0}。

通过列个故事哩，每个小伢儿啦，你们不能扯谎。

tʰoŋ^{42} ko^{2} lie^{2} ko^{1} ku^{24} sɿ^{5} nie^{42}，mei^{24} ko^{5} ɕiaɯ^{24} ŋæ^{5} læ^{42}，n̩^{24} mən^{5} pu^{42} lən^{5} tsʰe^{5} faŋ^{24}。

不管做么事哩，要实事求是咧说。

pu^{21} kuan^{24} tsəɯ^{21} mo^{5} sɿ^{21} nie^{24}，iaɯ^{21} sɿ^{5} sɿ^{42} tɕʰiəɯ^{5} sɿ^{42} lie^{2} ɕye^{42}。

扯谎对各人没得好处。

tsʰe^{5} faŋ^{24} tei^{21} ko^{5} zən^{5} mei^{21} tie^{5} xaɯ^{24} tɕʰy^{5}。

第二节　自选话题

一　金山的传说（发音人：吴魁）

金山，么样儿叫金山哩？

tɕin^{42} san^{0}，miæ^{542} tɕiaɯ^{2} tɕin^{42} san^{2} lie^{0}？

原来旧社会说，列个金山哩，有一个金门。大概在金山头那哈儿，有一个金门。

yan^{5} lai^{5} tɕiəɯ^{21} se^{5} fei^{2} ɕye^{42}，lie^{21} ko^{24} tɕin^{42} san^{2} lie^{0}，iəɯ^{24} i^{5} ko^{42} tɕin^{42}

mən^{5}。tɑ^{21} kai^{24} tai^{2} tɕin^{42} san^{2} tʰəɯ^{5} lɑ^{21} xæ^{24}，iəɯ^{24} i^{5} ko^{42} tɕin^{42} mən^{5}。

那个金门哩，就没得哪个进咧去。

lɑ^{21} ko^{24} tɕin^{42} mən^{5} lie^{42}，tsəɯ^{21} mei^{1} tie^{5} lɑ^{5} ko^{42} tɕin^{21} lie^{5} tɕʰi^{212}。

一个老儿，兴了三亩田咧冬瓜，结了一个独冬瓜。

i^{42} ko^{0} laɯ^{5} tɕi^{24}，ɕin^{42} lo^{0} san^{42} mu^{24} tʰian^{5} lie^{42} toŋ^{5} kuɑ^{42}，tɕie^{42} lo^{0} i^{2} ko^{1} təɯ^{5} toŋ^{5} kuɑ^{42}。

他气不过哩，“妈咧倒霉，兴三亩田冬瓜，结个独冬瓜”。

tʰɑ^{42} tɕʰi^{2} pu^{1} ko^{5} lie^{42}，“mɑ^{42} lie^{0} taɯ^{24} mei^{5}，ɕin^{5} san^{42} mu^{2} tʰian^{5} toŋ^{5} kuɑ^{42}，tɕie^{42} ko^{2} təɯ^{5} toŋ^{5} kuɑ^{42}”。

实际上哩，那个独冬瓜哩是一把钥匙，是开金门的钥匙。

sɿ^{5} tɕi^{42} saŋ^{2} lie^{0}，lɑ^{21} ko^{1} təɯ^{5} toŋ^{5} kuɑ^{42} lie^{0} sɿ^{21} i^{42} pɑ^{24} io^{42} sɿ^{0}，sɿ^{212} kʰai^{42} tɕin^{42} mən^{5} lie^{42} io^{42} sɿ^{0}。

那个仙人就跟他说：“列个冬瓜，你把它拴倒，在金山□三转儿，它马儿就开了——金门就开了。”

lɑ^{21} ko^{24} ɕian^{42} zən^{0} tsəɯ^{212} kən^{42} tʰɑ^{2} ɕye^{0}：“lie^{21} ko^{24} toŋ^{5} kuɑ^{42}，n̩^{24} pɑ^{24} tʰɑ^{5} san^{42} taɯ^{0}，tai^{212} tɕin^{42} san^{0} laɯ^{212} san^{42} tɕyai^{24}，tʰɑ^{42} mæ^{24} tsəɯ^{2} kʰai^{42} lo^{0}——tɕin^{42} mən^{5} tsəɯ^{2} kʰai^{42} lo^{0}。”

他说：“你在窭里么事都有，么事金子都有。你在窭里去拿。”

tʰɑ^{42} ɕye^{0}：“n̩^{24} tai^{5} təɯ^{21} lie^{24} mo^{24} sɿ^{5} təɯ^{42} iəɯ^{24}，mo^{24} sɿ^{5} tɕin^{42} tsɿ^{0} təɯ^{42} iəɯ^{24}。n̩^{24} tai^{5} təɯ^{21} lie^{24} tɕʰi^{21} lɑ^{5}。”

好，他就听仙人咧，把冬瓜拴倒，在金山□三转儿，金山头那哈儿咧金门是开了。

xaɯ^{24}，tʰɑ^{42} tsəɯ^{2} tʰin^{212} ɕian^{42} zən^{2} lie^{0}，pɑ^{24} toŋ^{5} kuɑ^{42} san^{42} taɯ^{0}，tai^{212} tɕin^{42} san^{0} laɯ^{212} san^{42} tɕyai^{24}，tɕin^{42} san^{0} tʰəɯ^{5} lɑ^{21} xæ^{24} lie^{5} tɕin^{42} mən^{5} sɿ^{212} kʰai^{42} lo^{0}。

他跑进去哩，拿了金子。

tʰɑ^{42} pʰaɯ^{24} tɕin^{2} tɕʰi^{1} lie^{0}，lɑ^{5} lo^{42} tɕin^{42} tsɿ^{0}。

末了窭里跑出来一个老牛——跑出来一个金牛。

mo^{42} liaɯ^{24} təɯ^{21} lie^{24} pʰaɯ^{24} tɕʰy^{42} lai^{2} i^{42} ko^{2} laɯ^{24} ȵiəɯ^{5}——pʰaɯ^{24} tɕʰy^{42}

lai^{2} i^{42} ko^{2} tɕin^{42} ȵiəɯ^{5}。

金牛跑到哪哈儿哩？

tɕin^{42} ȵiəɯ^{5} pʰaɯ^{24} taɯ^{5} lɑ^{5} xæ^{21} lie^{24}？

跑到下田①那个牛屎湖那哈儿，屙一泼牛屎。

pʰaɯ^{24} taɯ^{5} ɕiɑ^{21} tʰian^{5} lɑ^{21} ko^{1} ȵiəɯ^{5} sɿ^{5} fu^{5} lɑ^{21} xæ^{24}，ŋo^{42} i^{2} pʰo^{0} ȵiəɯ^{5} sɿ^{24}。

它所以叫牛屎湖哩——主要是金牛跑到那个坡儿。

tʰɑ^{42} so^{24} i^{5} tɕiaɯ^{2} ȵiəɯ^{5} sɿ^{24} fu^{5} lie^{42}——tɕy^{24} iaɯ^{5} sɿ^{2} tɕin^{42} ȵiəɯ^{5} pʰaɯ^{24} taɯ^{5} lɑ^{21} ko^{24} pʰo^{42}。

（我听他们像列样儿说咧，其他咧我没听到。）

（ŋo^{24} tʰin^{212} tʰɑ^{42} mən^{0} tɕiaŋ^{5} liæ^{212} ɕye^{42} lie^{0}，tɕʰi^{5} tʰɑ^{42} lie^{0} ŋo^{24} mei^{2} tʰin^{21} taɯ^{24}。）

二　过年的风俗（发音人：吴魁）

过去人家像列样儿说喂：过年，它么叫过年哩？

ko^{21} tɕʰy^{24} zən^{5} tɕiɑ^{42} tɕiaŋ^{5} liæ^{212} ɕye^{42} ve^{0}：ko^{21} ȵian^{5}，tʰɑ^{42} mo^{24} tɕiaɯ^{42} ko^{21} ȵian^{5} lie^{42}？

一年一总结，十二个月一总结。

i^{42} ȵian^{5} i^{42} tsoŋ^{24} tɕie^{42}，sɿ^{5} ər^{21} ko^{24} ye^{42} i^{42} tsoŋ^{24} tɕie^{42}。

到腊月三十儿里就过年。

taɯ^{212} lɑ^{42} ye^{0} san^{42} ser^{5} lie^{42} tsəɯ^{2} ko^{2} ȵian^{5}。

我们河南人哩，是三十儿。诶。二十三里过小年。

ŋo^{24} mən^{5} xo^{5} lan^{5} zən^{5} lie^{42}，sɿ^{212} san^{42} ser^{5}。ei^{42}。ər^{21} sɿ^{5} san^{42} lie^{0} ko^{21} ɕiaɯ^{24} ȵian^{5}。

二十三过小年哩，就是弄一碗糯米饭，一块豆腐放到灶庙上，请请灶爷爷、灶奶奶。

ər^{21} sɿ^{5} san^{42} ko^{21} ɕiaɯ^{24} ȵian^{5} lie^{42}，tsəɯ^{21} sɿ^{24} loŋ^{2} i^{1} van^{24} lo^{21} mi^{24} fan^{212}，i^{42} kʰuai^{24} təɯ^{21} fu^{24} faŋ^{21} taɯ^{24} tsaɯ^{5} miaɯ^{21} saŋ^{24}，tɕʰin^{24} tɕʰin^{5} tsaɯ^{21} ie^{5} ie^{42}、

① 下田，溧阳市社渚镇地名，又名“下田舍”。

tsau²¹ lai²⁴ lai⁵。

喊他（她）哩"上天言好事，下界保平安"，多说些好话，不能说坏话。

xan²⁴ tʰɑ⁵ lie⁴² "saŋ²¹² tʰian⁴² ian⁵ xaɯ²⁴ sʅ²¹², ɕiɑ²¹² tɕiai¹ pau²⁴ pʰin⁵ ŋan⁴²"，to⁴² ɕye² ɕie¹ xaɯ²⁴ fɑ²，pu⁴² lən⁵ ɕye⁴² fai²¹² fɑ¹。

亦有人说：弄糯米饭把他嘴巴糊住了，在天上哩，不要他说。

i²⁴ iəɯ²⁴ zən⁵ ɕye⁴²：loŋ²¹² lo²¹ mi²⁴ fan²⁴ pɑ²⁴ tʰɑ⁵ tsei²⁴ pɑ⁵ fu⁵ tɕy⁴² lo⁰，tai²¹² tʰian⁴² saŋ² lie⁰，pu⁵ iaɯ²¹² tʰɑ²⁴ ɕye⁴²。

这是一个。

tse²¹ sʅ²⁴ i⁵ ko²¹²。

第二个哩，它列个过年哩，三十儿晚儿黑儿，到半夜接年。

ti⁵ ər²¹ ko²⁴ lie⁵，tʰɑ⁴² lie² ko⁰ ko²¹ ȵian⁵ lie⁴²，san⁴² ser⁵ væ⁵ xo⁴²，tau²¹ pan⁵ ie²¹² tɕie⁴² ȵian⁵。

接年哩它就是接财神。

tɕie⁴² ȵian⁵ lie⁴² tʰɑ⁴² tsəɯ² sʅ² tɕie⁴² tsʰai⁵ sən⁴²。

那时夫哩——半夜时夫哩，接财神，"三十儿晚儿黑儿接年"蛮——"正是谱"蛮。

lɑ²¹ sʅ⁵ fu⁴² lie⁰——pan⁵ ie²¹² sʅ⁵ fu⁴² lie⁰，tɕie⁴² tsʰai⁵ sən⁴²，"san⁴² ser⁵ væ⁵ xo⁴² tɕie⁴² ȵian⁵" mæ⁴²——"tsən²¹² sʅ¹ pʰu²⁴" mæ⁵。

三十儿晚儿黑儿，沿儿沿儿到半夜□头，接年把财神接进来。

san⁴² ser⁵ væ⁵ xo⁴²，iai⁵ iai⁴² tau²¹ pan⁵ ie²¹² ŋan⁵ tʰəɯ⁴²，tɕie²¹ ȵian⁵ pɑ²⁴ tsʰai⁵ sən⁴² tɕie⁴² tɕin²¹ lai²⁴。

接了之后哩，先在屋里烧，烧纸烧香。烧了之后哩，在外头再弄酒、菜，再请财神，把财神接回来——还要扛、还要驮回来。

tɕie⁴² liaɯ²⁴ tsʅ⁵ xəɯ² lie²⁴，ɕian⁴² tai² vu²¹ lie²⁴ saɯ⁴²，saɯ⁴² tsʅ²⁴ saɯ⁵ ɕiaŋ⁴²。saɯ⁴² liaɯ²⁴ tsʅ⁵ xəɯ²¹ lie²⁴，tai⁵ vai²¹ tʰəɯ²⁴ tsai²¹² loŋ¹ tɕiəɯ²⁴、tsʰai²¹²，tsai²¹ tɕʰin²⁴ tsʰai⁵ sən⁴²，pɑ²⁴ tsʰai⁵ sən⁴² tɕie⁴² fei⁵ lai⁴²——xæ⁵ iaɯ² kʰaŋ²⁴、xæ⁵ iaɯ² tʰo⁵ fei⁵ lai⁴²。

弄一棵枣树，弄个枣树丫枝，放到列个土地爷儿面前。

loŋ²¹ i⁵ kʰo⁴² tsau²⁴ ɕy²¹²，loŋ² ko¹ tsau²⁴ ɕy²¹² iɑ⁴² tsʅ⁰，faŋ²¹ tau²⁴ lie²¹ ko²⁴ tʰəɯ^{24} ti^{5} io^{5}① mian^{21} tɕʰian^{24}。

他说早（枣）财，他说明年发早财——早点儿发财。就②是规矩。

tʰɑ^{42} ɕye^{2} tsaɯ^{24} tsʰai^{5}，tʰɑ^{42} ɕye^{2} mən^{5} ȵian^{42} fɑ^{21} tsaɯ^{24} tsʰai^{5}——tsaɯ^{24} tiai^{5} fɑ^{42} tsʰai^{5}。təɯ^{21} sɿ^{24} kuei^{42} tɕy^{0}。

另外哩，把列年接了之后，回来哩又跟老先生③拜年。

lin^{5} vai^{21} lie^{24}，pɑ^{24} lie^{21} ȵian^{5} tɕie^{42} liaɯ^{24} tsɿ^{5} xəɯ^{212}，fei^{5} lai^{42} lie^{0} iəɯ^{212} kən^{42} laɯ^{24} ɕian^{42} sən^{0} pai^{21} ȵian^{5}。

诶，跟老先生统统拜个年，拜个早年。

ei^{42}，kən^{42} laɯ^{24} ɕian^{42} sən^{0} tʰoŋ^{24} tʰoŋ^{5} pai^{21} ko^{1} ȵian^{5}，pai^{2} ko^{1} tsaɯ^{24} ȵian^{5}。

年过了，到初三就烧媒（门）神纸，烧了门神纸哩，就好出去拜年。

ȵian^{5} ko^{21} lo^{24}，taɯ^{21} tsʰəɯ^{5} san^{42} tsəɯ^{212} saɯ^{42} mei^{5}（mən^{5}）sən^{42} tsɿ^{24}，saɯ^{42} lo^{0} mən^{5} sən^{42} tsɿ^{24} lie^{5}，tsəɯ^{21} xaɯ^{24} tɕʰy^{42} tɕʰi^{0} pai^{21} ȵian^{5}。

不烧媒（门）神纸哩，不好出去拜年。

pu^{5} saɯ^{42} mei^{5}（mən^{5}）sən^{42} tsɿ^{24} lie^{5}，pu^{42} xaɯ^{24} tɕʰy^{42} tɕʰi^{0} pai^{21} ȵian^{5}。

过去讲列个规矩的。

ko^{21} tɕʰy^{24} tɕiaŋ^{24} lie^{21} ko^{24} kuei^{42} tɕy^{2} tə^{0}。

把媒（门）神纸一烧，你就好出远门儿了、近门儿了，就好去拜年了。

pɑ^{24} mei^{5}（mən^{5}）sən^{42} tsɿ^{24} i^{5} saɯ^{42}，n̩^{24} tsəɯ^{2} xaɯ^{24} tɕʰy^{42} yan^{24} mer^{5} lo^{42}、tɕin^{21} mer^{5} lo^{42}，təɯ^{21} xaɯ^{24} tɕʰi^{5} pai^{21} ȵian^{5} lo^{42}。

到了十五里，过了月半□头，到了月半哩哈送灯。

taɯ^{21} lo^{24} sɿ^{5} vu^{24} lie^{5}，ko^{21} lo^{24} ye^{5} pan^{21} ŋan^{5} tʰəɯ^{42}，taɯ^{21} lo^{24} ye^{42} pan^{2} lie^{24} xɑ^{21} soŋ^{24} tən^{42}。

各个老祖宗坟山上哈要送灯。他讲列个规矩的。

ko^{42} ko^{0} laɯ^{5} tsəɯ^{24} tsoŋ^{5} fən^{5} san^{42} saŋ^{0} xɑ^{2} iaɯ^{1} soŋ^{24} tən^{42}。tʰɑ^{42} tɕiaŋ^{24} lie^{21} ko^{24} kuei^{42} tɕy^{2} te^{0}。

他说：三十儿晚儿黑儿咧火蛮，十五晚儿黑儿咧灯。

---

① “爷”在溧阳话里读［io^{213}］。发音人应该是受到溧阳话影响。

② “就”在发音人口语里有时说“［təɯ^{212}］”，保留了“古无舌上音”的特点。

③ “老先生”指老祖宗。

tʰɑ^{42} ɕye^{0}：san^{42} ser^{5} væ^{5} xo^{42} lie^{0} xo^{24} mæ^{5}，sɿ^{5} vu^{24} væ^{5} xo^{42} lie^{2} tən^{42}。

三十儿晚儿黑儿，为么事要放炮？

san^{42} ser^{5} væ^{5} xo^{42}，vei^{42} mo^{5} sɿ^{21} iaɯ^{1} faŋ^{5} pʰaɯ^{212}？

他说：年是最坏咧东西，年能吃人的。

tʰɑ^{42} ɕye^{0}：ȵian^{5} sɿ^{2} tsei^{212} fai^{1} lie^{24} toŋ^{42} ɕi^{0}，ȵian^{5} lən^{5} tsʰɿ^{42} zən^{5} te^{42}。

放炮哩把它吓跑了。

faŋ^{5} pʰaɯ^{21} lie^{24} pɑ^{24} tʰɑ^{5} ɕiɑ^{42} pʰaɯ^{24} lo^{5}。

放炮它怕，到处放炮，它吓不过哩，它跑去了。

faŋ^{5} pʰaɯ^{212} tʰɑ^{42} pʰɑ^{212}，taɯ^{21} tɕʰy^{24} faŋ^{5} pʰaɯ^{212}，tʰɑ^{42} ɕiɑ^{42} pʰu^{2} ko^{2} lie^{0}，tʰɑ^{42} pʰaɯ^{24} tɕʰi^{5} lo^{42}。

它不晓得为么事要放炮。放炮咧原因就在列窭里——诶，把年吓跑它。

tʰɑ^{42} pu^{21} ɕiaɯ^{24} lie^{5} vei^{21} mo^{5} sɿ^{2} iaɯ^{2} faŋ^{5} pʰaɯ^{212}。faŋ^{5} pʰaɯ^{2} lie^{1} yan^{5} in^{42} təɯ^{21} tai^{24} lie^{2} təɯ^{2} lie^{24}——ei^{42}，pɑ^{24} ȵian^{5} ɕiɑ^{42} pʰaɯ^{24} tʰɑ^{5}。

过了十五哩，送了灯之后哩，老祖宗哩哈要瞧灯，晚儿黑儿哩到处是灯。

ko^{21} lo^{24} sɿ^{5} vu^{24} lie^{5}，soŋ^{21} liaɯ^{24} tən^{42} tsɿ^{5} xəɯ^{21} lie^{24}，laɯ^{5} tsəɯ^{24} tsoŋ^{5} lie^{42} xɑ^{2} iaɯ^{1} tɕʰiaɯ^{5} tən^{42}，væ^{5} xo^{42} lie^{0} taɯ^{21} tɕʰy^{24} sɿ^{5} tən^{42}。

三十儿晚儿黑儿到处是火，各个屋里各个房间都是点火。

san^{42} ser^{5} væ^{5} xo^{42} taɯ^{21} tɕʰy^{24} sɿ^{21} xo^{24}，ko^{42} ko^{0} vu^{21} lie^{24} ko^{42} ko^{0} faŋ^{5} kan^{42} təɯ^{42} sɿ^{0} tian^{5} xo^{24}。

十五晚儿黑儿哩遍地哈是灯。

sɿ^{5} vu^{24} væ^{5} xo^{42} lie^{0} pʰian^{21} ti^{24} xɑ^{21} sɿ^{24} tən^{42}。

玩龙灯啦、玩狮子灯啦，管么事——十五那天晚儿黑儿哈出来玩。

van^{5} loŋ^{5} tən^{42} lɑ^{0}、van^{5} sɿ^{42} tsɿ^{2} tən^{42} lɑ^{0}，kuan^{24} mo^{5} sɿ^{42} ——sɿ^{5} vu^{24} lɑ^{212} tʰian^{42} væ^{5} xo^{42} xɑ^{212} tɕʰy^{42} lai^{2} van^{5}。

（其他咧弄不清爽，冒儿咕咚哪儿记倒那些？）

（tɕʰi^{5} tʰɑ^{42} lie^{0} loŋ^{21} pu^{5} tɕʰin^{21} saŋ^{24}，maɯ^{2} ər^{1} ku^{5} toŋ^{42} læ^{24} tɕi^{21} taɯ^{24} lɑ^{21} ɕie^{24}？）

三　天目湖景区一日游（发音人：吴斌）

上回子啊，我有一个朋友，到列哈儿来。

saŋ^{21} fei^{5} tsɿ^{42} æ^{0}，ŋo^{24} iəɯ^{24} i^{5} ko^{42} p^{h}oŋ^{5} iəɯ^{42}，taɯ^{5} lie^{21} xæ^{1} lai^{5}。

他瞧到我们列个金山啦，他说，“喔，你们列哈儿还有山哈，前头还有个水库蛮”。

t^{h}ɑ^{42} tɕ^{h}iaɯ^{5} taɯ^{42} ŋo^{24} mən^{5} lie^{2} ko^{1} tɕin^{5} san^{42} lɑ^{0}，t^{h}ɑ^{42} ɕye^{0}，“əɯ^{242}，n̩^{24} mən^{5} lie^{21} xæ^{24} xæ^{5} iəɯ^{5} san^{42} xɑ^{0}，tɕ^{h}ian^{5} t^{h}əɯ^{42} xæ^{5} iəɯ^{24} ko^{5} sei^{5} k^{h}u^{21} man^{24}”。

诶，我说：“那前头是前宋水库。”

ei^{24}，ŋo^{24} ɕye^{42}：“lɑ^{21} tɕ^{h}ian^{5} t^{h}əɯ^{2} sɿ^{1} tɕ^{h}ian^{5} soŋ^{2} sei^{5} k^{h}u^{212}。”

他说：“你们列□头，我望到——从溧阳过来咧时候，那还有个水库的蛮？”

t^{h}ɑ^{42} ɕye^{0}：“n̩^{24} mən^{5} lie^{21} ŋan^{5} t^{h}əɯ^{42}，ŋo^{24} vaŋ^{21} taɯ^{24} ——ts^{h}oŋ^{24} li^{42} iaŋ^{5} ko^{21} lai^{24} lie^{5} sɿ^{5} xəɯ^{42}，lɑ^{21} xæ^{5} iəɯ^{24} ko^{5} sei^{5} k^{h}u^{2} tə^{1} man^{24}？”

我说：“那是大溪水库。其实，我们那前头还有天目湖的。老早哩是沙河水库，列嗒改成天目湖了。那窭里还要好玩。”

ŋo^{24} ɕye^{42}：“lɑ^{21} sɿ^{24} tɑ^{212} ɕi^{42} sei^{5} k^{h}u^{212}。tɕ^{h}i^{5} sɿ^{5}，ŋo^{24} mən^{5} lɑ^{21} tɕ^{h}ian^{5} t^{h}əɯ^{42} xæ^{5} iəɯ^{24} t^{h}ian^{42} mu^{2} fu^{5} tə^{42}。laɯ^{5} tsaɯ^{24} lie^{5} sɿ^{2} sɑ^{42} xo^{5} sei^{5} k^{h}u^{212}，lie^{21} tsan^{24} kai^{24} ts^{h}ən^{5} t^{h}ian^{42} mu^{2} fu^{5} lo^{42}。lɑ^{5} təɯ^{21} lie^{24} xæ^{5} iaɯ^{42} xaɯ^{24} van^{5}。”

他说：“天目湖正嗒的名气怪大咧。从你列哈儿过去，么样儿走蛮？”

t^{h}ɑ^{42} ɕye^{0}：“t^{h}ian^{42} mu^{2} fu^{5} tsən^{21} tsan^{24} lie^{5} min^{5} tɕ^{h}i^{42} kuai^{212} tɑ^{21} lie^{24}。ts^{h}oŋ^{5} n̩^{24} lie^{21} xæ^{24} ko^{21} tɕ^{h}i^{24}，miæ^{542} tsəɯ^{24} man^{5}？”

我说：“你走哪□头啊——你走金山咧□头。各人开车子，先开到平桥。平桥那个场子山更多嘞，一直往广德那边儿山更大。那□头还有岳飞打仗咧山在那哈儿的。平桥那□头还有一个石坝，就靠街不远。那个天目湖哩，跟你说样咧，列嗒子名气大咧悬，改到国家 5A 级景区了，好到不得了，窭里好玩咧很嘞。靠那□头还有个 5A 级景区——南山竹海。”

ŋo^{24} ɕye^{42}：“n̩^{24} tsəɯ^{24} lɑ^{24} ŋan^{5} t^{h}əɯ^{42} ɑ^{0}——n̩^{24} tsəɯ^{24} tɕin^{5} san^{42} lie^{21} ŋan^{5} t^{h}əɯ^{42}。ko^{24} zən^{5} k^{h}ai^{5} ts^{h}ei^{42} tsɿ^{0}，ɕian^{42} k^{h}ai^{42} taɯ^{0} p^{h}in^{5} tɕ^{h}iaɯ^{5}。p^{h}in^{5} tɕ^{h}iaɯ^{5} lɑ^{42} ko^{0} ts^{h}aŋ^{24} tsɿ^{5} san^{42} kən^{212} to^{42} lei^{0}，i^{42} tsɿ^{5} vaŋ^{21} kuaŋ^{24} tie^{5} lɑ^{21} piai^{24} san^{42} kən^{212} tɑ^{1}。lɑ^{21} ŋan^{5} t^{h}əɯ^{42} xæ^{5} iəɯ^{24} io^{5} fei^{42} tɑ^{24} tsaŋ^{21} lie^{24} san^{42} tai^{5} lɑ^{21} xæ^{24}

tə^{5}。pʰin^{5} tɕʰiaɯ^{5} lɑ^{21} ŋan^{5} tʰəɯ^{42} xæ^{5} iəɯ^{24} i^{42} ko^{2} sɿ^{5} pɑ^{212}，tsəɯ^{21} kʰaɯ^{24} kai^{42} pu^{42} yan^{24}。lɑ^{21} ko^{24} tʰian^{42} mu^{2} fu^{5} lie^{42}，kən^{42} n̩^{5} ɕye^{42} iaŋ^{2} lie^{0}，lie^{21} tsan^{24} tsɿ^{5} min^{5} tɕʰi^{42} tɑ^{21} lie^{1} ɕyan^{5}，kai^{24} taɯ^{5} kue^{42} tɕiɑ^{0} vu^{24} ŋai^{42} tɕie^{2} tɕin^{24} tɕʰy^{42} lo^{0}，xaɯ^{24} taɯ^{5} pu^{5} tei^{42} liaɯ^{24}，təɯ^{21} lie^{24} xaɯ^{24} van^{5} lie^{42} xən^{24} lei^{5}。kʰaɯ^{5} lɑ^{21} ŋan^{5} tʰəɯ^{42} xæ^{5} iəɯ^{24} ko^{5} vu^{24} ŋai^{42} tɕie^{2} tɕin^{24} tɕʰy^{42}——lan^{5} san^{42} tsəɯ^{42} xai^{24}。”

我那个朋友说：“南山竹海我听说过，亦怪有名咧。离天目湖有多少路蛮？挨倒一路不啦？”

ŋo^{24} lɑ^{21} ko^{24} pʰoŋ^{5} iəɯ^{42} ɕye^{0}：“lan^{5} san^{42} tsəɯ^{42} xai^{24} ŋo^{24} tʰin^{212} ɕye^{42} ko^{0}，i^{24} kuai^{21} iəɯ^{24} min^{5} lie^{42}。li^{212} tʰian^{42} mu^{2} fu^{5} iəɯ^{24} to^{42} saɯ^{24} ləɯ^{21} man^{24}？ŋai^{42} taɯ^{0} i^{5} ləɯ^{21} pu^{24} læ^{5}？”

我跟他说：“不算远，总有三四十里路。”

ŋo^{24} kən^{42} tʰɑ^{2} ɕye^{42}：“pu^{42} san^{21} yan^{24}，tsoŋ^{24} iəɯ^{24} san^{42} sɿ^{21} sɿ^{24} li^{5} ləɯ^{212}。”

南山竹海在横涧那个场子。

lan^{5} san^{42} tsəɯ^{42} xai^{24} tai^{212} fən^{5} kai^{42} lɑ^{2} ko^{1} tsʰaŋ^{24} tsɿ^{5}。

那哈等于哈是毛竹。

lɑ^{42} xɑ^{24} tən^{24} y^{5} xɑ^{21} sɿ^{1} maɯ^{5} tsəɯ^{42}。

只要风稍微刮下子，整个那个毛竹山上一浪一浪咧，景色好到不得了。

tsɿ^{42} iaɯ^{212} foŋ^{42} saɯ^{24} vei^{5} kuɑ^{42} xɑ^{2} tsɿ^{0}，tsən^{24} ko^{212} lɑ^{21} ko^{24} maɯ^{5} tsəɯ^{5} san^{42} saŋ^{0} i^{42} laŋ^{212} i^{42} laŋ^{21} lie^{24}，tɕin^{24} se^{42} xaɯ^{24} taɯ^{5} pu^{5} tei^{42} liaɯ^{24}。

南山竹海咧竹笋起来那时候，那是更好玩。

lan^{5} san^{42} tsəɯ^{42} xai^{24} lie^{5} tsəɯ^{42} sən^{24} tɕʰi^{24} lai^{5} lɑ^{21} sɿ^{5} xəɯ^{42}，lɑ^{21} sɿ^{24} kən^{21} xaɯ^{24} van^{5}。

那窦里笋子欧，一根一根咧竖倒窦里，到处哈是咧。

lɑ^{212} təɯ^{42} lie^{2} sən^{24} tsɿ^{5} əɯ^{42}，i^{5} kən^{42} i^{5} kən^{42} lie^{0} ɕy^{21} taɯ^{24} təɯ^{21} lie^{24}，taɯ^{21} tɕʰy^{24} xɑ^{2} sɿ^{2} lie^{24}。

听我跟列样咧说，我那个朋友心里痒巴儿巴儿咧，说：“几嗒我们在一堆去望望。”

tʰin^{21} ŋo^{24} kən^{5} liaŋ^{21} lie^{24} ɕye^{42}，ŋo^{24} lɑ^{21} ko^{1} pʰoŋ^{5} iəɯ^{42} ɕin^{42} lie^{2} iaŋ^{24} pæ^{5}

pæ^{42} lie^{0}，ɕye^{42}：“tɕi^{24} tsan^{5} ŋo^{24} mən^{5} tai^{21} i^{5} tei^{42} tɕʰi^{2} vaŋ^{21} vaŋ^{24}。”

我就说：“你要是想去，明朝我们一路去玩一趟。我们当地咧人蛮，我不说了蛮，总归玩过了，感觉到没得么事。你们去了肯定感觉到好玩咧很。”

ŋo^{24} tsəɯ^{5} ɕye^{42}：“n̩^{24} iaɯ^{42} sɿ^{0} ɕiaŋ^{24} tɕʰi^{212}，mən^{5} tsaɯ^{42} ŋo^{24} mən^{5} i^{5} ləɯ^{212} tɕʰi^{21} van^{5} i^{42} tʰaŋ^{0}。ŋo^{24} mən^{5} taŋ^{42} ti^{212} lie^{0} zən^{5} mæ^{42}，ŋo^{24} pu^{5} ɕye^{42} lo^{2} mæ^{0}，tsoŋ^{24} kuei^{5} van^{5} ko^{42} lo^{0}，kan^{24} tɕye^{5} taɯ^{42} mei^{21} tie^{5} mo^{5} sɿ^{212}。n̩^{24} mən^{5} tɕʰi^{21} lo^{24} kʰən^{24} tin^{21} kan^{24} tɕio^{5} taɯ^{42} xaɯ^{24} van^{5} lie^{42} xən^{24}。”

第二天，我带他从金山头咧哈儿过去，从前峰山到平桥，那哈咧路好走。

ti^{5} ər^{212} tʰian^{42}，ŋo^{24} tai^{21} tʰɑ^{24} tsʰoŋ^{24} tɕin^{5} san^{42} tʰəɯ^{5} lie^{21} xæ^{24} ko^{21} tɕʰi^{24}，tsʰoŋ^{24} tɕʰian^{5} foŋ^{5} san^{42} taɯ^{21} pʰin^{5} tɕʰiaɯ^{5}，lɑ^{2} xɑ^{1} lie^{24} ləɯ^{212} xaɯ^{5} tsəɯ^{24}。

那喒子，山上咧板栗树正在开花。

lɑ^{21} tsan^{24} tsɿ^{5}，san^{42} saŋ^{2} lie^{0} pan^{5} li^{42} ɕy^{212} tsən^{21} tai^{1} kʰai^{5} fɑ^{42}。

乖乖，我那个朋友头一回瞧到板栗树开花，喜咧欧！拍不少照片的。

kuai^{42} kuai^{0}，ŋo^{24} lɑ^{42} ko^{0} pʰoŋ^{5} iəɯ^{42} tʰəɯ^{5} i^{42} fei^{5} tɕʰiaɯ^{5} taɯ^{42} pan^{5} li^{42} ɕy^{212} kʰai^{5} fɑ^{42}，ɕi^{24} lie^{5} əɯ^{42}！ pʰie^{42} pu^{42} saɯ^{24} tsaɯ^{5} pʰian^{21} tə^{24}。

后来又带他到那个梅岭——梅岭那些山上，靠近牛头山□头转一趟。

xəɯ^{21} lai^{24} iəɯ^{212} tai^{21} tʰɑ^{24} taɯ^{2} lɑ^{21} ko^{1} mei^{5} lin^{24}——mei^{5} lin^{24} lɑ^{21} ɕie^{24} san^{42} saŋ^{0}，kʰaɯ^{21} tɕin^{1} ȵiəɯ^{5} tʰəɯ^{5} san^{42} ŋan^{5} tʰəɯ^{42} tɕyan^{21} i^{5} tʰaŋ^{212}。

我跟他说，那个场子叫岳飞沟。

ŋo^{24} kən^{42} tʰɑ^{2} ɕye^{42}，lɑ^{2} ko^{1} tsʰaŋ^{24} tsɿ^{5} tɕiaɯ^{2} io^{42} fei^{5} kəɯ^{42}。

老早，岳飞在那哈儿打过仗咧。

laɯ^{5} tsaɯ^{24}，io^{5} fei^{42} tai^{2} lɑ^{21} xæ^{24} tɑ^{24} ko^{5} tsaŋ^{21} lie^{24}。

转了一哈儿，我们又到平桥街□头的石坝去瞧了一下子。

tɕyan^{21} lo^{24} i^{5} xæ^{212}，ŋo^{24} mən^{5} iəɯ^{21} taɯ^{24} pʰin^{5} tɕʰiaɯ^{5} kai^{42} ŋan^{5} tʰəɯ^{42} lie^{0} sɿ^{5} pɑ^{212} tɕʰi^{21} tɕʰiaɯ^{5} lo^{42} i^{2} xɑ^{1} tsɿ^{24}。

那个石坝好点儿高的。站到高头，往底下望，一般人还有点儿怕兮兮咧。

lɑ^{21} ko^{24} sɿ^{5} pɑ^{212} xaɯ^{5} tiai^{24} kaɯ^{42} tə^{0}。tsan^{21} taɯ^{24} kaɯ^{42} tʰəɯ^{0}，vaŋ^{21} ti^{24} ɕiɑ^{5} vaŋ^{212}，i^{5} pan^{42} zən^{5} xæ^{5} iəɯ^{24} tiai^{5} pʰɑ^{42} ɕi^{5} ɕi^{5} lie^{42}。

从平桥石坝到天目湖，总有二三十里路。

tsʰoŋ^{24} pʰin^{5} tɕʰiauɯ^{5} sɿ^{5} pɑ^{212} tauɯ^{2} tʰian^{42} mu^{2} fu^{5}，tsoŋ^{24} iəɯ^{5} ər^{212} san^{42} sɿ^{2} li^{24} ləɯ^{212}。

我们赶到晌午□头，撵到天目湖了。

ŋo^{24} mən^{5} kan^{24} tauɯ^{5} sauɯ^{24} vu^{5} ŋan^{5} tʰəɯ^{42}，ȵian^{24} tauɯ^{5} tʰian^{42} mu^{2} fu^{5} lo^{42}。

到了天目湖，进去把门票买了以后，就到窭里去坐游艇。

tauɯ^{21} lo^{24} tian^{42} mu^{2} fu^{5}，tɕin^{21} tɕʰi^{24} pɑ^{24} mən^{5} pʰiauɯ^{21} mai^{24} lo^{5} i^{24} xəɯ^{212}，tsəɯ^{21} tauɯ^{24} təɯ^{21} lie^{24} tɕʰi^{2} tso^{1} iəɯ^{5} tʰin^{24}。

天目湖咧水欧，简直清咧不得了。

tian^{42} mu^{21} fu^{5} lie^{2} sei^{24} əɯ^{5}，tɕian^{24} tsɿ^{5} tɕʰin^{42} lie^{2} pu^{5} tei^{42} liauɯ^{24}。

我跟朋友说，天目湖跟正嗒咧水库不同。

ŋo^{24} kən^{21} poŋ^{5} iəɯ^{42} ɕye^{42}，tian^{42} mu^{2} fu^{5} kən^{42} tsən^{21} tsan^{24} lie^{5} sei^{5} kʰu^{2} pu^{1} tʰoŋ^{5}。

列嗒咧水库底下哈是泥巴，天目湖它是个沙河，窭里哈是沙。

lie^{21} tsan^{24} lie^{5} sei^{5} kʰu^{21} ti^{24} ɕiɑ^{5} xɑ^{2} sɿ^{1} ȵi^{5} pɑ^{2}，tian^{42} mu^{21} fu^{5} tʰɑ^{42} sɿ^{2} ko^{1} sɑ^{42} xo^{5}，təɯ^{21} lie^{24} xɑ^{21} sɿ^{24} sɑ^{42}。

“乖乖，列个水碧清碧清咧”，我那个朋友直打惊张，“列个场子是真好”。

“kuai^{42} kuai^{0}，lie^{2} ko^{1} sei^{24} pie^{5} tɕʰin^{42} pie^{5} tɕʰin^{42} lie^{0}”，ŋo^{24} lɑ^{2} ko^{1} pʰoŋ^{5} iəɯ^{42} tsɿ^{5} tɑ^{24} tɕin^{42} tsaŋ^{0}，“lie^{2} ko^{1} tsʰaŋ^{24} tsɿ^{5} sɿ^{212} tsən^{42} xauɯ^{24}。”

天目湖一开始，毕竟就是鱼头火锅出咧名。

tian^{42} mu^{21} fu^{5} i^{42} kʰai^{2} sɿ^{212}，pie^{42} tɕin^{2} tsəɯ^{21} sɿ^{24} y^{5} tʰəɯ^{5} xo^{24} ko^{42} tɕʰy^{42} lie^{0} min^{5}。

我们晌午亦买了一个天目湖鱼头火锅。

ŋo^{24} mən^{5} sauɯ^{24} vu^{5} i^{24} mai^{24} lo^{5} i^{42} ko^{0} tʰian^{42} mu^{2} fu^{5} y^{5} tʰəɯ^{5} xo^{24} ko^{42}。

乖乖，大伙吃到高兴死了。

kuai^{42} kuai^{0}，tɑ^{5} xo^{24} tsʰɿ^{42} tauɯ^{0} kauɯ^{42} ɕin^{21} sɿ^{24} lo^{5}。

吃了晌午饭，我们晚儿上又到那个南山竹海去玩了一趟。

tsʰi^{42} lo^{0} sauɯ^{24} vu^{5} fan^{212}，ŋo^{24} mən^{5} vai^{24} saŋ^{5} iəɯ^{21} tauɯ^{24} lɑ^{2} ko^{1} lan^{5} san^{42} tsəɯ^{42} xai^{24} tɕʰi^{21} van^{5} lo^{42} i^{2} tʰaŋ^{212}。

到了南山竹海，乖乖，瞧到整个那个毛竹欧，一片无涯咧，多到吓人。

taɯ^{21} lo^{24} lan^{5} san^{42} tsəɯ^{42} xai^{24}，kuai^{42} kuai^{0}，tɕ^{h}iaɯ^{5} taɯ^{42} tsən^{24} ko^{2} lɑ^{21} ko^{24} maɯ^{5} tsəɯ^{42} əɯ^{0}，i^{42} p^{h}ian^{2} vu^{5} iɑ^{5} lie^{42}，to^{42} taɯ^{2} ɕiɑ^{42} zən^{5}。

我们慢儿慢儿咧往山上爬。

ŋo^{24} mən^{5} mai^{5} mai^{21} lie^{24} vaŋ^{212} san^{42} saŋ^{2} p^{h}ɑ^{5}。

在寿星广场，我们瞧到一个十来米高咧老寿星。

tai^{212} səɯ^{2} ɕin^{1} kuaŋ^{5} ts^{h}aŋ^{24}，ŋo^{24} mən^{5} tɕ^{h}iaɯ^{5} taɯ^{42} i^{2} ko^{212} sʅ^{5} lai^{5} mi^{24} kaɯ^{42} lie^{0} laɯ^{24} səɯ^{212} ɕin^{1}。

本来想坐那个吊缆车咧，我那个朋友说反正亦没得么事，就爬到玩玩。

pən^{24} lai^{5} ɕiaŋ^{24} tso^{212} lɑ^{2} ko^{1} tiaɯ^{21} lan^{24} ts^{h}e^{42} lie^{0}，ŋo^{24} lɑ^{2} ko^{1} p^{h}oŋ^{5} iəɯ^{42} ɕye^{42} fan^{24} tsən^{5} i^{24} mei^{21} tie^{5} mo^{24} sʅ^{212}，tsəɯ^{21} p^{h}ɑ^{5} taɯ^{42} van^{5} van^{42}。

爬到山顶，我硬累到不中。

p^{h}ɑ^{5} taɯ^{42} san^{42} tin^{24}，ŋo^{24} ŋən^{212} li^{21} taɯ^{24} pu^{5} tsoŋ^{42}。

我那个朋友还兴冲冲咧，跟没得事样咧。

ŋo^{24} lɑ^{2} ko^{1} p^{h}oŋ^{5} iəɯ^{42} xæ^{5} ɕin^{21} ts^{h}oŋ^{5} ts^{h}oŋ^{42} lie^{0}，kən^{42} mei^{21} tie^{5} sʅ^{2} iaŋ^{1} lie^{24}。

“那真是跟么样儿玩啦？简直累到就不中了”，我说。

“lɑ^{212} tsən^{42} sʅ^{0} kən^{42} miæ^{542} van^{5} læ^{42}？ tɕian^{24} tsʅ^{5} li^{21} taɯ^{24} tsəɯ^{42} pu^{5} tsoŋ^{42} lo^{0}”，ŋo^{24} ɕye^{42}。

我朋友笑倒邹①，“你们当地人还不能跑啊？我不能跑蛮，你还不能跑啊？”

ŋo^{24} p^{h}oŋ^{5} iəɯ^{42} ɕiaɯ^{2} taɯ^{1} tsəɯ^{542}，“n̩^{24} mən^{5} taŋ^{42} ti^{21} zən^{5} xæ^{5} pu^{42} lən^{5} p^{h}aɯ^{24} ɑ^{5}？ ŋo^{24} pu^{42} lən^{5} p^{h}aɯ^{24} man^{5}，n̩^{24} xæ^{5} pu^{42} lən^{5} p^{h}aɯ^{24} ɑ^{5}？”

我说：“哎哟，我们在屋里种田还差不多。跟列样咧爬山，扎自有点儿受罪。”

ŋo^{24} ɕye^{42}：“ai^{42} io^{0}，ŋo^{24} mən^{5} tai^{5} vu^{21} lie^{24} tsoŋ^{21} t^{h}ian^{5} xæ^{5} ts^{h}ɑ^{42} pu^{5} to^{42}。kən^{42} liaŋ^{21} lie^{24} p^{h}ɑ^{5} san^{42}，tsɑ^{42} tsʅ^{0} iəɯ^{24} tiai^{5} səɯ^{5} tsei^{212}。”

后来，玩到要黑了。

xəɯ^{21} lai^{24}，van^{5} taɯ^{42} iaɯ^{212} xe^{42} lo^{0}。

---

① “邹”是“自欧”的合音。“自”为词缀，相当于吴语的“则”；“欧”为语气词。

边上有个农家小吃店儿，我们在那哈吃咧饭。

pian^{42} saŋ^{0} iəɯ^{24} ko^{5} loŋ^{5} tɕiɑ^{42} ɕiaɯ^{24} tsʰɿ^{5} tiai^{212}，ŋo^{24} mən^{5} tai^{2} lɑ^{21} xɑ^{24} tsʰɿ^{42} lie^{2} fan^{212}。

我们特拜炒了几个家常菜，哈是从山上采咧那个小野咧笋子、野菜一类咧东西。

ŋo^{24} mən^{5} tie^{5} pai^{212} tsʰaɯ^{24} lo^{5} tɕi^{5} ko^{2} tɕiɑ^{42} tsʰaŋ^{5} tsʰai^{212}，xɑ^{2} sɿ^{1} tsʰoŋ^{24} san^{42} saŋ^{0} tsʰai^{24} lie^{5} lɑ^{42} ko^{0} ɕiaɯ^{5} sən^{24} tsɿ^{5}、ie^{24} tsʰai^{21} i^{24} lei^{2} lie^{24} toŋ^{42} ɕi^{0}。

味道还确实不错。

vei^{21} taɯ^{24} xæ^{5} tɕʰio^{42} sɿ^{5} pu^{42} tsʰo^{212}。

我那个朋友亦说好吃。

ŋo^{24} lɑ^{42} ko^{0} pʰoŋ^{5} iəɯ^{42} i^{24} ɕye^{42} xaɯ^{24} tsʰɿ^{42}。

末了，晚儿黑我们就回来了，还是到我们各人屋里来住。

mo^{42} liaɯ^{24}，væ^{5} xe^{42} ŋo^{24} mən^{5} tsəɯ^{21} fe^{5} lai^{42} lo^{0}，xæ^{5} sɿ^{42} taɯ^{2} ŋo^{24} mən^{5} ko^{5} zən^{5} vu^{21} lie^{24} lai^{5} tɕy^{212}。

第三节　对话

K：吴魁　B：吴斌　Z：周世娣　M：霍明昌　A：霍安昌　J：吴健

（场景：过年请客吃饭。时间：2018 年 2 月 16 日）

J：来，喝酒。

lai^{55}，xo^{42} tɕiəɯ^{24}。

B：来，喝。那回跟他们一堆，喝了一瓶金门高粱酒。欧，那个酒度数高。喝到嗓子火辣辣咧。

lai^{55}，xo^{42}。lɑ^{21} fei^{5} kən^{42} tʰɑ^{2} mən^{1} i^{5} tei^{42}，xo^{42} lo^{0} i^{42} pʰin^{5} tɕin^{42} mən^{5} kaɯ^{42} liaŋ^{2} tɕiəɯ^{24}。əɯ^{242}，lɑ^{2} ko^{1} tɕiəɯ^{24} təɯ^{21} səɯ^{24} kaɯ^{42}。xo^{42} taɯ^{0} saŋ^{24} tsɿ^{5} xo^{24} lɑ^{5} lɑ^{42} lie^{0}。

A：好酒喝到一条线。

xaɯ^{24} tɕiəɯ^{24} xo^{42} taɯ^{2} i^{21} tʰiaɯ^{5} ɕian^{212}。

J：那个酒，度数高咧有 58 度。

lɑ^{2} ko^{1} tɕiəɯ^{24}，təɯ^{21} səɯ^{24} kaɯ^{42} lie^{0} iəɯ^{24} vu^{24} sɿ^{5} pɑ^{42} təɯ^{212}。

A：那洋火一□不就着了蛮？

lɑ^{21} iaŋ^{5} xo^{24} i^{42} kʰuɑ^{5} pu^{42} tsəɯ^{21} tso^{5} lo^{42} man^{0}？

J：喝惯了一样。那个酒不上头。

xo^{42} kuan^{21} lo^{24} i^{5} iaŋ^{212}。lɑ^{2} ko^{1} tɕiəɯ^{24} pu^{42} saŋ^{2} tʰəɯ^{5}。

A： 头不发热。

tʰəɯ^{5} pu^{42} fɑ^{5} ye^{42}。

B：喝惯了那种酒，喝列种酒倒反坏事。那种酒它不拿头。望倒那高咧度数，喝了还不当回事。

xo^{42} kuan^{2} lo^{24} lɑ^{2} tsoŋ^{1} tɕiəɯ^{24}，xo^{42} lie^{2} tsoŋ^{1} tɕiəɯ^{24} taɯ^{21} fan^{24} fai^{5} sɿ^{212}。lɑ^{21} tsoŋ^{24} tɕiəɯ^{24} tʰɑ^{42} pu^{42} lɑ^{5} tʰəɯ^{5}。vaŋ^{21} taɯ^{24} lɑ^{212} kaɯ^{42} lie^{2} təɯ^{21} səɯ^{24}，xo^{42} lo^{0} xæ^{5} pu^{42} taŋ^{42} fei^{5} sɿ^{212}。

A：二舅母来吃噻。

ər^{5} tɕiəm^{21} mu^{24} lai^{5} tsʰɿ^{42} sæ^{0}。

Z：喊你来玩玩，没得菜。

xan^{24} n̩^{5} lai^{5} van^{5} van^{42}，me^{21} tie^{5} tsʰai^{212}。

A：欧，列些菜，还没得菜？

əɯ^{242}，lie^{21} ɕie^{24} tsʰai^{212}，xæ^{5} me^{42} tie^{5} tsʰai^{212}？

M：要多少菜蛮？

iaɯ^{212} to^{42} saɯ^{24} tsʰai^{21} man^{24}？

Z： 要放粉丝吧？

iaɯ^{212} faŋ^{1} fən^{24} sɿ^{42} pæ^{0}？

A：歇哈儿放。

ɕiæ^{42} faŋ^{212}。

J：歇哈儿着，先把羊肉吃了再讲。

ɕie^{42} xæ^{2} tso^{0}，ɕian^{42} pɑ^{24} iaŋ^{5} zəɯ^{212} tsʰɿ^{42} lo^{0} tsai^{21} tɕiaŋ^{24}。

A：先吃一盼①。

ɕian⁵ tsʰɿ⁴² i² pʰan²¹²。

M：开了，烧开了。

kʰai⁴² lo⁰，saɯ⁵ kʰai⁴² lo⁰。

B：来，搛倒吃噻。

lai⁵，ȵian⁴² taɯ⁵ tsʰɿ⁴² sæ⁰。

M：好。各人搛。

xaɯ²⁴。ko⁵ zən⁵ ȵian⁴²。

K：搛不到吧？

ȵian⁴² pu² taɯ²⁴ pɑ⁵？

M：搛到，搛到。

ȵian⁴² taɯ²⁴，ȵian⁴² taɯ²⁴。

A：搛不到不好站起来蛮？

ȵian⁴² pu² taɯ²⁴ pu⁴² xaɯ²⁴ tsan² tɕʰi¹ lai⁵ man²？

J：小老表你有六十蛮？

ɕiaɯ²⁴ laɯ⁵ piaɯ²⁴ n̩²⁴ iəɯ²⁴ ləɯ⁴² sɿ⁵ man⁴²？

A：么样儿六十哩？

miæ²⁴ ləɯ⁴² sɿ⁵ lie⁴²？

B：六十四了。

ləɯ⁴² sɿ⁵ sɿ²¹ lo²⁴。

A：属羊子咧蛮。

səɯ²¹ iaŋ⁵ tsɿ⁴² lie² man⁰。

J：噢，属羊子咧。

aɯ⁴²，səɯ²¹ iaŋ⁵ tsɿ⁴² lie⁰。

A：旧年六十三，今年六十四。

tɕiəɯ²¹ ȵian²⁴ ləɯ⁴² sɿ⁵ san⁴²，tɕin⁴² ȵian⁰ ləɯ⁴² sɿ⁵ sɿ²¹²。

B：你算亦算出来了。那不呆账蛮？

n̩²⁴ san²¹ i²⁴ san²¹² tɕʰy⁴² lai² lo⁰。lɑ² pu¹ ŋai⁵ tsaŋ²¹² man⁰？

---

① 一盼：一会儿。

J：将才说大老表七十五了。

tɕiaŋ^{42} tsʰai^{5} ɕye^{42} tɑ^{2} lauɯ^{1} piauɯ^{24} tɕʰi^{42} sɿ^{2} vu^{24} lo^{5}。

A：他跟我大十一岁。

tʰɑ^{42} kən^{42} ŋo^{24} tɑ^{2} sɿ^{5} i^{42} sei^{2}。

J：亦快哈。

i^{24} kʰuai^{42} xɑ^{24}。

A：快。我在列哈儿六十年了。

kʰuai^{212}。ŋo^{24} tai^{5} lie^{21} xæ^{24} ləɯ^{42} sɿ^{2} ȵian^{5} lo^{42}。

B：六十年啦？

ləɯ^{42} sɿ^{2} ȵian^{5} lɑ^{42}？

A：嗯。我五岁在列哈儿来咧蛮。五岁。

ən^{42}。ŋo^{24} vu^{24} sei^{2} tai^{5} lie^{21} xæ^{1} lai^{5} lie^{42} man^{0}。vu^{24} sei^{212}。

K：大外甥，吃（注：香烟）不啦？

tɑ^{5} vai^{21} sən^{24}，tsʰɿ^{42} pu^{2} læ^{0}？

M：我不吃。没招呼到六十年了，你说搞玩咧吧？

ŋo^{24} pu^{5} tsʰɿ^{42}。mei^{212} tsauɯ^{42} fu^{2} tauɯ^{24} ləɯ^{42} sɿ^{2} ȵian^{5} lo^{42}，n̩^{24} ɕye^{42} kauɯ^{24} van^{5} lie^{42} pæ^{0}？

J：么事六十年呐？

mo^{5} sɿ^{212} ləɯ^{42} sɿ^{2} ȵian^{5} læ^{42}？

M：我在列哈儿六十年了，搬列哈儿来。

ŋo^{24} tai^{5} lie^{21} xæ^{24} ləɯ^{42} sɿ^{0} ȵian^{5} lo^{42}，pan^{42} liæ^{21} lai^{5}。

J：你们先头是哪个塆儿咧蛮？

n̩^{24} mən^{5} ɕian^{42} tʰəɯ^{5} sɿ^{2} lɑ^{24} ko^{5} vair^{42} lie^{2} man^{0}？

M：大溪蛮。

tɑ^{212} ɕi^{42} man^{0}。

J：大溪水库那边儿是吧？

tɑ^{212} ɕi^{42} sei^{5} kʰu^{2} lɑ^{1} piai^{24} sɿ^{21} pæ^{24}？

A：水库正中心。

sei^{5} kʰu^{212} tsən^{21} tsoŋ^{5} ɕin^{42}。

J：先头说过三家村，三家村是哪哈咧啦？

ɕian^{42} tʰəɯ^{5} ɕye^{42} ko^{0} san^{42} kɑ^{5} tsʰən^{42}，san^{42} kɑ^{5} tsʰən^{42} sɿ^{21} lɑ^{24} xɑ^{5} lie^{42} læ^{0}？

M：三家村在水库梢子高头，我在水中心喃。

san^{42} kɑ^{5} tsʰən^{42} tai^{21} sei^{5} kʰu^{2} saɯ^{42} tsɿ^{2} kaɯ^{2} tʰəɯ^{0}，ŋo^{24} tai^{21} sei^{24} tsoŋ^{5} ɕin^{42} nan^{0}。

A：我们在东顶列底下。

ŋo^{24} mən^{5} tai^{2} toŋ^{42} tin^{24} ti^{24} ɕiɑ^{5}。

M：我们叫鲫鱼塘，那个队叫鲫鱼塘中队。

ŋo^{24} mən^{5} tɕiaɯ^{2} tɕi^{42} y^{2} tʰaŋ^{5}，lɑ^{21} ko^{24} tei^{2} tɕiaɯ^{2} tɕi^{42} y^{2} tʰaŋ^{5} tsoŋ^{42} tei^{0}。

J：噢，从大溪水库那□头过来咧哈。

aɯ^{42}，tsʰoŋ^{24} tɑ^{2} ɕi^{1} sei^{5} kʰu^{212} la^{21} ŋan^{5} tʰəɯ^{42} ko^{2} lai^{1} lie^{5} xa^{42}。

A：59年拆迁蛮。

vu^{5} tɕiəɯ^{24} ȵian^{5} tsʰe^{5} tɕʰian^{42} man^{0}。

M：我们新星高级社，鲫鱼塘中队。我记得，我还记得。

ŋo^{24} mən^{5} ɕin^{42} ɕin^{0} kaɯ^{42} tɕie^{2} se^{212}，tɕi^{42} y^{2} tʰaŋ^{5} tsoŋ^{42} tei^{212}。ŋo^{24} tɕi^{21} tie^{24}，ŋo^{24} xæ^{5} tɕi^{21} tie^{24}。

A：那我们点儿不记得。

lɑ^{42} ŋo^{24} mən^{5} tiai^{24} pu^{42} tɕi^{2} tie^{24}。

M：你——你还——那喒四五岁人记到事儿啦？

n̩^{24}——n̩^{24} xæ^{5}——lɑ^{42} tsan^{24} sɿ^{21} vu^{5} sei^{21} zən^{5} tɕi^{21} taɯ^{24} ser^{21} lɑ^{24}？

A：那喒没饿死咧。

lɑ^{21} tsan^{24} mei^{42} ŋo^{21} sɿ^{24} lie^{5}。

M：列喒四五岁可能还记到点儿的，列喒读书噻。那哈饿到歪歪倒倒咧，哪还记到列哈儿那哈儿咧？我那喒子是新星高级社，鲫鱼塘中队。我们是四组，第四组。

lie^{21} tsan^{24} sɿ^{21} vu^{5} sei^{212} kʰo^{24} lən^{5} xæ^{5} tɕi^{2} taɯ^{1} tiai^{24} tə^{5}，lie^{21} tsan^{24} təɯ^{5} ɕy^{42} sæ^{0}。lɑ^{5} xɑ^{212} ŋo^{21} taɯ^{24} vai^{42} vai^{0} taɯ^{5} taɯ^{24} lie^{5}，lɑ^{24} xæ^{5} tɕi^{21} taɯ^{24} lie^{21} xæ^{24} lɑ^{42} xæ^{24} lie^{5}？ ŋo^{24} lɑ^{42} tsan^{24} tsɿ^{5} sɿ^{2} ɕin^{42} ɕin^{0} kaɯ^{42} tɕie^{2} se^{212}，tɕi^{42} y^{2} tʰaŋ^{5}

tsoŋ^{42} tei^{212}。ŋo^{24} mən^{5} sɿ^{2} sɿ^{21} tsəɯ^{24}，ti^{2} sɿ^{21} tsəɯ^{24}。

J：是属于周城，还是哪哈啦？

sɿ^{212} so^{42} y^{2} tsəɯ^{42} tsʰən^{5}，xæ^{5} sɿ^{42} lɑ^{24} xæ^{5} læ^{42}？

M：那嗒丁山桥。末了成人民公社了，转到周城来了。

lɑ^{42} tsan^{24} tin^{42} san^{2} tɕʰiaɯ^{5}。mo^{21} liaɯ^{24} tsʰən^{5} zən^{5} min^{5} koŋ^{42} se^{21} lo^{24}，tɕyan^{24} taɯ^{5} tsəɯ^{42} tsʰən^{5} lai^{5} lo^{42}。

J：丁山桥乡是吧？

tin^{42} san^{2} tɕʰiaɯ^{5} ɕiaŋ^{42} sɿ^{21} pæ^{24}？

M：丁山乡。

tin^{42} san^{2} ɕiaŋ^{0}。

J：正嗒属于哪哈蛮？

tsən^{21} tsan^{24} so^{42} y^{2} lɑ^{5} xɑ^{21} man^{24}？

M：丁山乡没得了喂。那不哈淹了蛮①。列么嗒归天目湖。

tin^{42} san^{2} ɕiaŋ^{0} mei^{21} tie^{5} lo^{42} ve^{0}。lɑ^{21} pu^{24} xɑ^{212} ŋan^{42} lo^{2} man^{0}。lie^{2} mo^{1} tsan^{24} kuei^{42} tʰian^{42} mu^{2} fu^{5}。

J：正嗒是天目湖镇，是吧？

tsən^{21} tsan^{24} sɿ^{2} tʰian^{42} mu^{2} fu^{5} tsən^{212}，sɿ^{21} pæ^{24}？

M：欸。

ei^{42}。

J：鲁村亦划把天目湖去了吧？

ləɯ^{21} tsʰən^{24} i^{24} fɑ^{21} pɑ^{24} tʰian^{42} mu^{2} fu^{5} tɕʰi^{42} lo^{2} pɑ^{0}？

B：欸。

ei^{42}。

A：以东哈划把它去了。东顶、洙漕、鲁村……

i^{24} toŋ^{42} xɑ^{212} fɑ^{21} pɑ^{24} tʰɑ^{5} tɕʰi^{2} lo^{0}。toŋ^{42} tin^{24}、tɕy^{42} tsʰaɯ^{5}、ləɯ^{21} tsʰən^{24}……

B：往年那嗒子，丁山桥还蛮红火咧喽。

---

① 大溪水库于 1958 年 11 月动工兴建，1980 年竣工。大溪水库共淹没了丁山、洙漕等 49 个自然村以及耕地 2.1 万亩（资料来自大溪水库主坝旁的文字介绍）。

vaŋ^{24} ȵian^{5} lɑ^{42} tsan^{24} tsɿ^{5}，tin^{42} san^{2} tɕʰiauɯ^{5} xæ^{5} man^{24} xoŋ^{5} xo^{42} lie^{2} ləɯ^{0}。

M：丁山桥那嗒还算个场儿的。丁山乡蛮。

tin^{42} san^{2} tɕʰiauɯ^{5} lɑ^{21} tsan^{24} xæ^{5} san^{2} kə^{1} tsʰæ^{24} tə^{5}。tin^{42} san^{5} ɕiaŋ^{42} man^{0}。

A：热闹咧不得了。

ye^{42} lauɯ^{2} lie^{0} pu^{5} tei^{42} liauɯ^{24}。

M：我们老霍家咧，我们平辈儿自家咧，还有当乡长咧——霍洪昌当乡长咧蛮。

ŋo^{24} mən^{5} lauɯ^{24} xo^{42} tɕiɑ^{2} lie^{0}，ŋo^{24} mən^{5} pʰin^{5} per^{2} tsɿ^{212} tɕiɑ^{42} lie^{0}，xæ^{5} iəɯ^{24} taŋ^{42} ɕiaŋ^{42} tsaŋ^{24} lie^{5}——xo^{42} xoŋ^{5} tsʰaŋ^{42} taŋ^{42} ɕiaŋ^{42} tsaŋ^{24} lie^{5} man^{42}。

J：那毛湾①咧是哪一门儿咧蛮？

lɑ^{21} mauɯ^{5} van^{42} lie^{0} sɿ^{21} lɑ^{24} i^{5} mer^{5} lie^{42} man^{0}？

M：毛湾咧是我咧姑喂。我小姑。

mauɯ^{5} van^{42} lie^{0} sɿ^{21} ŋo^{24} lie^{5} ku^{42} ve^{0}。ŋo^{24} ɕiauɯ^{5} ku^{42}。

A：她是鲁村奔②过去咧。

tʰɑ^{42} sɿ^{2} ləɯ^{21} tsʰən^{24} pən^{42} ko^{2} tɕʰi^{2} lie^{0}。

J：我们搞不太清爽。

ŋo^{24} mən^{5} kauɯ^{24} pu^{5} tʰai^{212} tɕʰin^{42} saŋ^{24}。

M：我那个老表跟你哈是自家屋里喽。哈同派喽。那一点儿不差喽。他那是三门儿人。第三门儿。大门儿咧在菜子冈儿。

ŋo^{24} lɑ^{21} ko^{24} lauɯ^{5} piauɯ^{24} kən^{42} n̩^{24} xɑ^{21} sɿ^{24} tsɿ^{21} tɕiɑ^{5} vu^{21} lie^{24} ləɯ^{5}。xɑ^{21} tʰoŋ^{5} pʰai^{21} ləɯ^{24}。lɑ^{212} i^{42} tiai^{24} pu^{5} tsʰɑ^{42} ləɯ^{0}。tʰɑ^{42} lɑ^{2} sɿ^{24} san^{42} mer^{5} zən^{5}。ti^{24} san^{42} mer^{5}。tɑ^{21} mer^{5} lie^{42} tai^{212} tsʰai^{21} tsɿ^{5} kæ^{212}。

B：菜子冈儿那不是永才咧蛮？

tsʰai^{21} tsɿ^{5} kæ^{212} lɑ^{21} pu^{5} sɿ^{2} yn^{24} tsʰai^{5} lie^{42} man^{0}？

M：永才咧喂。他老弟兄两个在列哈儿喂。老二门儿在社渚，“老吴饭店”那个就是老二门人。他那就赅他弟兄一个。姐倒有一个在北京。

yn^{24} tsʰai^{5} lie^{42} ve^{0}。tʰɑ^{42} lauɯ^{24} ti^{2} ɕioŋ^{1} liaŋ^{24} ko^{5} tai^{5} lie^{2} xæ^{1} ve^{5}。lauɯ^{5} ər^{21}

---

① 安徽省郎溪县地名。

② 奔，搬。

mer^{5} tai^{2} sɑ^{42} tɕʰy^{0}，“laɯ^{24} vu^{5} fan^{5} tian^{212}” lɑ^{21} ko^{24} tsəɯ^{2} sʅ^{1} laɯ^{5} ər^{21} mer^{5} zən^{5}。tʰɑ^{42} lɑ^{2} tsəɯ^{212} kai^{42} tʰɑ^{2} ti^{21} ɕioŋ^{24} i^{5} ko^{212}。tɕie^{24} taɯ^{5} iəɯ^{24} i^{42} ko^{2} tai^{21} pie^{5} tɕin^{42}。

M：哟，当心。

io^{42}，taŋ^{5} ɕin^{42}。

J：不要紧，不要紧。

piaɯ^{42} tɕin^{24}，piaɯ^{42} tɕin^{24}。

B：拣倒吃噻，拣倒吃。喜欢吃不啦？喜欢吃各人拣倒吃。列是你二舅母各人烧咧。

nian^{42} taɯ^{5} tsʰʅ^{42} sæ^{0}，nian^{42} taɯ^{5} tsʰʅ^{42}。ɕi^{24} fan^{5} tsʰʅ^{42} pu^{2} læ^{0}？ ɕi^{24} fan^{5} tsʰʅ^{42} ko^{5} zən^{5} nian^{42} taɯ^{5} tsʰʅ^{42}。lie^{2} sʅ^{1} n̩^{24} ər^{5} tɕiəɯ^{42} mu^{24} ko^{5} zən^{5} saɯ^{42} lie^{0}。

J：买咧新鲜咧羊肉，各人回来烧咧。

mai^{24} lie^{5} ɕin^{42} ɕian^{2} lie^{0} iaŋ^{5} zəɯ^{212}，ko^{24} zən^{5} fei^{5} lai^{42} saɯ^{42} lie^{0}。

A：你们吴家天字派咧，我们列哈儿就掉两个了。从塘①咧一个没得了。

n̩^{24} mən^{5} vu^{5} tɕiɑ^{42} tʰian^{42} tsʅ^{2} pʰai^{1} lie^{24}，ŋo^{24} mən^{5} lie^{21} xæ^{24} tsəɯ^{212} tiaɯ^{1} liaŋ^{24} ko^{5} lo^{42}。soŋ^{5} taŋ^{212} lie^{24} i^{5} ko^{2} mei^{21} tie^{5} lo^{42}。

J：嗯。

ən^{42}。

B：天字派，上回子那个老家来咧人他末了不在那哈说蛮，那边儿亦没得么事了。

tʰian^{42} tsʅ^{2} pʰai^{212}，saŋ^{21} fei^{5} tsʅ^{42} lɑ^{2} ko^{1} laɯ^{24} tɕiɑ^{42} lie^{0} zən^{5} tʰɑ^{42} mo^{42} liaɯ^{24} pu^{42} tai^{2} lɑ^{21} xɑ^{24} ɕye^{42} man^{0}，lɑ^{21} piai^{24} i^{24} mei^{42} tie^{5} mo^{5} sʅ^{21} lo^{24}。

A：噢，天字派咧。

aɯ^{42}，tʰian^{42} tsʅ^{2} pʰai^{21} lie^{24}。

J：有哩还有。我们老家在罗山县庙仙乡吴乡村，吴乡村有好几个组的。那窦里天字派咧哩还有几个。前年暑假我去调查咧时候，哈去望了下子。

iəɯ^{24} nie^{5} xæ^{5} iəɯ^{24}。ŋo^{24} mən^{5} laɯ^{24} tɕiɑ^{42} tai^{21} lo^{5} san^{42} ɕian^{212} miaɯ^{212} ɕian^{42} ɕiaŋ^{42} vu^{5} ɕiaŋ^{42} tsʰən^{2}，vu^{5} ɕiaŋ^{42} tsʰən^{2} iəɯ^{24} xaɯ^{5} tɕi^{5} ko^{2} tsəɯ^{24} tə^{5}。lɑ^{2}

① “从塘”是村名。“从”的发音为［soŋ^{212}］，应该受到溧阳话［zoŋ^{213}］的影响。

təɯ^{1} lie^{24} tʰian^{42} tsɿ^{2} pʰai^{21} lie^{24} nie^{5} xæ^{5} iəɯ^{24} tɕi^{5} ko^{212}。tɕʰian^{5} ȵian^{42} ɕy^{5} tɕiɑ^{24} ŋo^{24} tɕʰi^{2} tiaɯ^{21} tsʰɑ^{5} lie^{42} sɿ^{5} xəɯ^{42}，xɑ^{21} tɕʰi^{5} vaŋ^{21} lo^{24} xɑ^{42} tsɿ^{0}。

M：在河南啊？

tai^{21} xo^{5} lan^{5} ɑ^{42}？

J：嗯。90 年到我们列哈儿来搞家谱的吴天茂、吴永忠已经不在了。我是一路问一路摸，才找到那个场儿咧。那天在天绍屋里吃咧晌午饭。天生是大队书记，年纪不大，亦来陪咧。村上天字派屋里人来了好几个，亦哈认不倒。

ən^{42}。tɕiəɯ^{24} lin^{5} ȵian^{5} taɯ^{2} ŋo^{24} mən^{5} lie^{21} xæ^{24} lai^{5} kaɯ^{24} tɕiɑ^{42} pʰu^{24} lie^{5} vu^{5} tʰian^{42} maɯ^{212}、vu^{5} yn^{24} tsoŋ^{42} i^{24} tɕin^{5} pu^{42} tai^{2} lo^{24}。ŋo^{24} sɿ^{2} i^{5} ləɯ^{5} vən^{212} i^{42} ləɯ^{212} mo^{42}，tsʰai^{5} tsaɯ^{24} taɯ^{5} lɑ^{2} ko^{1} tsʰæ^{24} lie^{5}。lɑ^{212} tʰian^{42} tai^{2} tʰian^{42} saɯ^{212} vu^{2} lie^{2} tsʰɿ^{42} lie^{2} saɯ^{24} vu^{5} fan^{212}。tʰian^{5} sən^{42} sɿ^{2} tɑ^{21} tei^{5} ɕy^{42} tɕi^{0}，ȵian^{5} tɕi^{42} pu^{5} tɑ^{212}，i^{24} lai^{5} pʰei^{5} lie^{42}。tsʰən^{42} saŋ^{2} tʰian^{42} tsɿ^{2} pai^{212} vu^{21} lie^{24} zən^{5} lai^{5} lo^{42} xaɯ^{24} tɕi^{5} ko^{212}，i^{24} xɑ^{212} zən^{2} pu^{1} taɯ^{24}。

M：你就是认人在哪哈去认蛮？只好谈辈分喂，哈。谈辈分在哪哈儿，哪是哪辈分。

n̩^{24} tsəɯ^{21} sɿ^{24} zən^{21} zən^{5} tai^{21} lɑ^{5} xɑ^{21} tɕʰi^{24} zən^{21} man^{24}？tsɿ^{21} xaɯ^{24} tʰan^{5} pei^{21} fən^{24} ve^{5}，xɑ^{42}。tʰan^{5} pei^{21} fən^{24} tai^{21} lɑ^{5} xæ^{212}，lɑ^{24} sɿ^{2} lɑ^{24} pei^{21} fən^{24}。

J：嗯。

ən^{42}。

K：从塘没得天字派了。一个都没得了。

soŋ^{5} taŋ^{212} mei^{21} tie^{5} tʰian^{42} tsɿ^{2} pʰai^{21} lo^{24}。i^{5} ko^{21} təɯ^{24} mei^{21} tie^{5} lo^{42}。

A：哈没得了。哈是永字派了。

xɑ^{212} mei^{1} tie^{5} lo^{42}。xɑ^{21} sɿ^{24} yn^{24} tsɿ^{5} pʰai^{21} lo^{24}。

K：天字派就是我列哈儿两个了。

tʰian^{42} tsɿ^{2} pʰai^{212} tsəɯ^{21} sɿ^{24} ŋo^{24} lie^{21} xæ^{24} liaŋ^{24} ko^{5} lo^{42}。

A：就是你列哈儿两个了。

tsəɯ^{2} sɿ^{1} n̩^{24} lie^{21} xæ^{24} liaŋ^{24} ko^{5} lo^{42}。

M：那多少年李代表就说蛮——“你咧个天字没得几个天了喽，就掉你列哈儿两个天了”，他说。

lɑ^{212} to^{42} saɯ^{24} ȵian^{5} li^{24} tai^{2} piaɯ^{24} tsəɯ^{212} ɕye^{42} man^{0}—— “ṇ^{24} lie^{21} ko^{24} t^{h}ian^{42} tsɿ^{0} mei^{21} tie^{5} tɕi^{5} ko^{212} t^{h}an^{42} lo^{2} ləɯ^{0}，tsəɯ^{212} tiaɯ^{2} ṇ^{24} lie^{21} xæ^{24} liaŋ^{24} ko^{5} t^{h}ian^{42} lo^{0}”，t^{h}ɑ^{42} ɕye^{0}。

K：河南只怕还有好几个的，我听你二老表说咧。

xo^{5} lan^{5} tsɿ^{42} p^{h}ɑ^{2} xæ^{5} iəɯ^{24} xaɯ^{5} tɕi^{5} ko^{21} tə^{24}，ŋo^{24} t^{h}in^{2} ṇ^{24} ər^{2} laɯ^{1} piaɯ^{24} ɕye^{42} lie^{0}。

J：有好几个。我那回去哩，正好找到天绍。2000年左右，天绍在列哈儿来咧喂，在我达儿列哈儿来过咧喂，还找到我达儿医务室里去咧。光山北向店儿有个吴氏宗祠，我亦去望过咧，在一个叫吴国焰咧那哈吃咧黑饭。从从塘拿过来咧家谱高头说，我们老吴家的总祠堂在麻城。

iəɯ^{24} xaɯ^{5} tɕi^{5} ko^{212}。ŋo^{24} lɑ^{21} fei^{5} tɕ^{h}i^{21} nie^{24}，tsən^{21} xaɯ^{24} tsaɯ^{24} taɯ^{5} t^{h}ian^{42} saɯ^{212}。liaŋ^{24} tɕ^{h}ian^{42} ȵian^{5} tso^{24} iəɯ^{212}，t^{h}ian^{42} saɯ^{212} tai^{5} lie^{21} xæ^{24} lai^{5} lie^{42} ve^{0}，tai^{21} ŋo^{24} tæ^{5} lie^{21} xæ^{24} lai^{5} ko^{42} lie^{2} ve^{0}，xæ^{5} tsaɯ^{24} taɯ^{5} ŋo^{24} tæ^{5} i^{42} vu^{5} sɿ^{42} lie^{2} tɕ^{h}i^{21} lie^{24}。kuaŋ^{42} san^{0} pie^{42} ɕiaŋ^{5} tiai^{212} iəɯ^{24} ko^{5} vu^{5} sɿ^{2} tsoŋ^{42} ts^{h}ɿ^{5}，ŋo^{24} i^{5} tɕ^{h}i^{2} vaŋ^{2} ko^{1} lie^{5}，tai^{21} i^{5} ko^{42} tɕiaɯ^{2} vu^{5} ko^{42} ian^{21} lie^{24} lɑ^{21} xɑ^{24} ts^{h}ɿ^{42} lie^{2} xe^{42} fan^{212}。ts^{h}oŋ^{24} soŋ^{5} taŋ^{212} lɑ^{5} ko^{42} lai^{2} lie^{0} tɕiɑ^{42} p^{h}u^{24} kaɯ^{42} t^{h}əɯ^{2} ɕye^{0}，ŋo^{24} mən^{5} laɯ^{24} vu^{5} tɕiɑ^{42} lie^{0} tsoŋ^{24} ts^{h}ɿ^{5} t^{h}aŋ^{5} tai^{21} mɑ^{5} ts^{h}ən^{5}。

A：还在烧菜呀？

xæ^{5} tai^{42} saɯ^{42} ts^{h}ai^{21} ɑ^{24}？

Z：没得菜。我简简单单咧。

mei^{21} tie^{5} ts^{h}ai^{212}。ŋo^{24} tɕian^{24} tɕian^{5} tan^{5} tan^{42} lie^{0}。

A：你少弄两个。

ṇ^{24} saɯ^{24} loŋ^{21} liaŋ^{24} ko^{5}。

Z：烧多了没得场子放。

saɯ^{5} to^{42} lo^{0} mei^{21} tie^{5} ts^{h}aŋ^{24} tsɿ^{5} faŋ^{212}。

A：瞎把工夫耽误了，煤气烧糟了。列噜子人吃不倒么事。

ɕiɑ^{42} pɑ^{24} koŋ^{42} fu^{0} tan^{42} vu^{2} lo^{0}，mei^{5} tɕ^{h}i^{212} saɯ^{5} tsaɯ^{42} lo^{0}。lie^{21} tsan^{24} tsɿ^{5} zən^{5} ts^{h}ɿ^{42} pu^{21} taɯ^{24} mo^{5} sɿ^{42}。

Z：是咧。

sɿ^{21} lie^{24}。

A：来，我们喝。

lai^{5}，ŋo^{24} mən^{5} xo^{42}。

J：我们列边儿咧，可能是民国初年前后过来咧。

ŋo^{24} mən^{5} lie^{2} piai^{1} lie^{5}，ko^{24} ləŋ^{5} sɿ^{21} min^{5} kue^{42} ts^{h}əɯ^{42} ȵian^{5} tɕ^{h}ian^{5} xəɯ^{212} ko^{2} lai^{1} lie^{5}。

A：民国初年？

min^{5} kue^{42} ts^{h}əɯ^{42} ȵian^{5}？

J：欸。

ei^{24}。

A：民—国—初—年，跟列样子总划到一百多年了。

min^{5}-kue^{42}-ts^{h}əɯ^{42}-ȵian^{5}，kən^{5} liaŋ^{21} tsɿ^{24} tsoŋ^{5} fɑ^{5} taɯ^{42} i^{5} pie^{42} to^{42} ȵian^{5} lo^{42}。

J：差不多。

ts^{h}ɑ^{42} pu^{5} to^{42}。

M：亦好远儿啦？有几百里路？

i^{24} xaɯ^{5} yæ^{24}① læ^{5}？ iəɯ^{24} tɕi^{24} pie^{42} li^{24} ləɯ^{212}？

J：总千把里路。那哈咧风俗习惯跟我们列边儿差不多，河南老家那边儿咧。他们客厅里亦贴咧“祖宗昭穆神位”。

tsoŋ^{24} tɕ^{h}ian^{42} pɑ^{24} li^{5} ləɯ^{212}。lɑ^{21} xɑ^{24} lie^{5} foŋ^{42} so^{0} ɕie^{42} kuan^{212} kən^{42} ŋo^{24} mən^{5} lie^{21} piai^{24} ts^{h}ɑ^{42} pu^{5} to^{42}，xo^{5} lan^{5} lɑ^{24} tɕiɑ^{42} lɑ^{21} piai^{24} lie^{5}。t^{h}ɑ^{42} mən^{0} k^{h}e^{5} t^{h}in^{42} lie^{2} i^{24} t^{h}ie^{42} lie^{0} “tsəɯ^{24} tsoŋ^{5} tsaɯ^{42} mu^{2} sən^{5} vei^{212}。”

M：那正宗河南人哈。

lɑ^{21} tsən^{24} tsoŋ^{42} xo^{5} lan^{42} zən^{5} xɑ^{42}。

A：我们属于光山还是罗山蛮？

ŋo^{24} mən^{5} so^{42} y^{0} kuaŋ^{42} san^{0} xæ^{5} sɿ^{42} lo^{5} san^{42} man^{0}？

J：我们是罗山咧。罗山、光山就隔一条河，叫竹竿河。

---

① 此处的“远儿”原本应该发［yai］。在发音人口语中发［yæ］，说明［yai］的韵尾［i］已脱落。［i］在脱落的过程中，依然与前面的韵母成分发生作用，进而融合为［yæ］。

ŋo^{24} mən^{5} sɿ^{2} lo^{5} san^{42} lie^{0}。lo^{5} san^{42} 、kuaŋ^{42} san^{0} tsəɯ^{212} kie^{42} i^{42} t^{h}iaɯ^{5} xo^{5}，tɕiaɯ^{212} tsəɯ^{5} kan^{42} xo^{5}。

M：我们亦属于罗山。

ŋo^{24} mən^{5} i^{24} so^{24} y^{5} lo^{5} san^{42}。

J：张光山他们是光山咧。

tsaŋ^{42} kuaŋ^{5} san^{42} t^{h}ɑ^{42} mən^{0} sɿ^{212} kuaŋ^{42} san^{2} lie^{0}。

M：我们过小年是二十四过小年，你们是二十几啦？

ŋo^{24} mən^{5} ko^{21} ɕiaɯ^{24} ȵian^{5} sɿ^{2} ər^{21} sɿ^{5} sɿ^{212} ko^{21} ɕiaɯ^{24} ȵian^{5}，n̩^{24} mən^{5} sɿ^{2} ər^{2} sɿ^{1} tɕi^{24} læ^{5}？

B：二十四。

ər^{21} sɿ^{5} sɿ^{212}。

M：光山人是二十三。耶？它电视说是南方咧人是二十四过小年，北方人是二十三过小年。耶？将才那哈儿还广①过咧。

kuaŋ^{42} san^{2} zən^{5} sɿ^{2} ər^{21} sɿ^{5} san^{42}。ier^{24}？ t^{h}ɑ^{42} tian^{21} sɿ^{5} ɕye^{42} sɿ^{2} lan^{5} faŋ^{42} lie^{0} zən^{5} sɿ^{2} ər^{21} sɿ^{5} sɿ^{212} ko^{21} ɕiaɯ^{24} ȵian^{5}，pie^{42} faŋ^{2} zən^{5} sɿ^{2} ər^{21} sɿ^{5} san^{42} ko^{21} ɕiaɯ^{24} ȵian^{5}。ier^{24}，tɕiaŋ^{42} ts^{h}ai^{5} lɑ^{21} xæ^{24} xæ^{5} kuaŋ^{24} ko^{5} lie^{42}。

B：它跟往年那个《封神榜》样咧，灶锅老爷上天回报咧时候来不及，先从北方先回报，再到南方再回报。

t^{h}ɑ^{42} kən^{2} vaŋ^{24} ȵian^{5} lɑ^{42} ko^{2} 《foŋ^{42} zən^{2} paŋ^{24}》iaŋ^{5} lie^{42}，tsaɯ^{2} ko^{1} laɯ^{24} ie^{5} saŋ^{212} t^{h}ian^{42} fei^{5} paɯ^{21} lie^{24} sɿ^{5} xəɯ^{42} lai^{5} pu^{5} tɕi^{42}，ɕian^{42} ts^{h}oŋ^{24} pie^{42} faŋ^{0} ɕian^{42} fei^{5} paɯ^{212}，tsai^{2} taɯ^{1} lan^{5} faŋ^{42} tsai^{21} fei^{5} paɯ^{212}。

M：列喒没哪个谈那些事儿了。

lie^{21} tsan^{24} mei^{42} lɑ^{24} ko^{5} t^{h}an^{5} lɑ^{21} ɕie^{24} ser^{21} lo^{24}。

A：哈是传下来咧。

xɑ^{21} sɿ^{24} tɕ^{h}yan^{5} ɕiɑ^{42} lai^{2} lie^{0}。

B：灶锅老爷，老早那个《封神榜》不是捱咧蛮——捱咧那几个人封倒咧蛮。你再说那个土地样咧，土地为么事那狠蛮？你晓得他咧老丈人是哪个不啦？城隍老爷。

① 广：播放。

tsaɯ^{2} ko^{1} laɯ^{24} ie^{5}，laɯ^{5} tsaɯ^{24} lɑ^{2} ko^{1}《foŋ^{42} zən^{2} paŋ^{24}》 pu^{42} sɿ^{2} ŋai^{5} lie^{42} man^{0}——ŋai^{5} lie^{42} lɑ^{21} tɕi^{24} ko^{5} zən^{5} foŋ^{42} taɯ^{2} lie^{2} man^{0}。n̩^{24} tsai^{212} ɕye^{42} lɑ^{21} ko^{24} t^{h}əɯ^{24} ti^{5} iaŋ^{42} lie^{0}，t^{h}əɯ^{24} ti^{5} vei^{21} mo^{5} sɿ^{2} lɑ^{21} xən^{24} man^{5}？ n̩^{24} ɕiaɯ^{24} lie^{5} t^{h}ɑ^{42} lie^{0} laɯ^{5} tsaŋ^{2} zən^{24} sɿ^{2} lɑ^{5} ko^{2} pu^{1} læ^{24}？ ts^{h}ən^{5} faŋ^{42} laɯ^{24} ie^{5}。

A：噢，城隍老爷。

aɯ^{42}，ts^{h}ən^{5} faŋ^{42} laɯ^{24} ie^{5}。

B：所以土地他本身哩——他为么事叫福德正神？他咧名字就叫福德，叫张福德。

so^{24} i^{5} t^{h}əɯ^{24} ti^{5} t^{h}ɑ^{42} pən^{24} sən^{42} nie^{0}——t^{h}ɑ^{42} vei^{21} mo^{5} sɿ^{2} tɕiaɯ^{1} fu^{5} tie^{42} tsən^{21} sən^{5}？ t^{h}ɑ^{42} lie^{0} min^{5} tsɿ^{42} tsəɯ^{2} tɕiaɯ^{1} fu^{5} tie^{42}，tɕiaɯ^{212} tsaŋ^{42} fu^{5} tie^{42}。

M：你么说土地、土地爷，几个土地爷么？

n̩^{24} mæ^{5} ɕye^{42} t^{h}əɯ^{24} ti^{5}、t^{h}əɯ^{24} ti^{5} ie^{5}，tɕi^{24} ko^{5} t^{h}əɯ^{24} ti^{5} ie^{5} mæ^{2}？

B：几个啊？土地窦里，老早咧土地会窦里有九个土地。真正哩一个土地那时候，开始形成咧时候哩，土地哩，就是一个。到末了哩，土地爷天到黑忙到没得整了，就慢儿慢儿咧，就是说那些人那修道成功了，你就做个土地吧，做那一方咧土地。

tɕi^{24} ko^{5} ɑ^{42}？ t^{h}əɯ^{24} ti^{5} təɯ^{21} lie^{24}，laɯ^{5} tsaɯ^{24} lie^{5} t^{h}əɯ^{24} ti^{5} fei^{2} təɯ^{1} lie^{24} iəɯ^{24} tɕiəɯ^{24} ko^{5} t^{h}əɯ^{24} ti^{5}。tsən^{42} tsən^{24} nie^{5} i^{42} ko^{212} t^{h}əɯ^{24} ti^{5} lɑ^{21} sɿ^{5} xəɯ^{42}，k^{h}ai^{42} sɿ^{2} ɕin^{5} ts^{h}ən^{5} lie^{42} sɿ^{5} xəɯ^{42} nie^{0}，t^{h}əɯ^{24} ti^{5} nie^{42}，tsəɯ^{21} sɿ^{1} i^{5} ko^{212}。taɯ^{212} mo^{42} liaɯ^{24} nie^{5}，t^{h}əɯ^{24} ti^{5} ie^{5} t^{h}ian^{42} taɯ^{5} xie^{42} maŋ^{5} taɯ^{42} mei^{21} tie^{5} tsən^{24} lo^{5}，tsəɯ^{21} mair^{24} mair^{42} lie^{0}，tsəɯ^{21} sɿ^{24} ɕye^{42} lɑ^{21} ɕie^{1} zən^{5} lɑ^{42} ɕiəɯ^{42} taɯ^{212} ts^{h}ən^{5} koŋ^{42} lo^{0}，n̩^{24} tsəɯ^{2} tsəɯ^{2} ko^{1} t^{h}əɯ^{24} ti^{5} pɑ^{42}，tsəɯ^{212} lɑ^{21} i^{5} faŋ^{42} lie^{0} t^{h}əɯ^{24} ti^{5}。

M：哼哼，亦是乱说说。

hm^{42} hm^{0}，i^{24} sɿ^{2} lan^{212} ɕye^{42} ɕye^{0}。

B：真正在《封神榜》高头，就是福德正神。他咧名字叫张福德，他有福又有德。

tsən^{42} tsən^{24} tai^{2}《foŋ^{42} zən^{2} paŋ^{24}》kaɯ^{42} t^{h}əɯ^{0}，tsəɯ^{21} sɿ^{24} fu^{42} tie^{2} tsən^{21} sən^{5}。t^{h}ɑ^{42} lie^{0} min^{5} tsɿ^{42} tɕiaɯ^{2} tsaŋ^{42} fu^{5} tie^{42}，t^{h}ɑ^{42} iəɯ^{24} fu^{42} iəɯ^{21} iəɯ^{24} tie^{42}。

A：再莫烧了，二舅母欸。

tsai^{212} mo^{42} saɯ^{2} lo^{0}，ər^{5} tɕiəɯ^{21} mu^{24} ei^{5}。

M：二舅母简直莫烧了，烧倒搞么事啦？

ər^{5} tɕiəɯ^{21} mu^{24} tɕian^{24} tsɿ^{5} mo^{42} saɯ^{2} lo^{0}，saɯ^{42} taɯ^{0} kaɯ^{24} mo^{5} sɿ^{21} læ^{24}？

Z：好。

xaɯ^{24}。

M：你们来吃噻。

n̩^{24} mən^{5} lai^{5} ts^{h}ɿ^{42} sæ^{0}。

Z：喊你们来空坐坐。

xan^{24} n̩^{5} mən^{5} lai^{5} k^{h}oŋ^{42} tso^{21} tso^{24}。

M：要那些菜搞么事啦？

iaɯ^{5} lɑ^{42} ɕie^{24} ts^{h}ai^{2} kaɯ^{24} mo^{5} sɿ^{21} læ^{24}？

A：再莫烧了，真莫烧了。

tsai^{212} mo^{42} saɯ^{2} lo^{0}，tsən^{42} mo^{2} saɯ^{2} lo^{0}。

Z：我不说蛮，简简单单咧。

ŋo^{24} pu^{5} ɕye^{42} man^{0}，tɕian^{24} tɕian^{5} tan^{5} tan^{42} lie^{0}。

A：好咧很了。

xaɯ^{24} lie^{5} xən^{24} lo^{5}。

B：为么事河南人哩，他哈蹲到山区哩？老早哩，逃荒过来了。列些跟你说①，鱼乡那些蛮子，他不要你蹲。河南人哩，他就是全靠住到山里，有地，种两个山儿芋，砍点儿柴火。

vei^{21} mo^{5} sɿ^{212} xo^{5} lan^{42} zən^{5} nie^{42}，t^{h}ɑ^{42} xɑ^{212} tən^{42} taɯ^{0} san^{42} tɕ^{h}y^{2} nie^{0}？laɯ^{5} tsaɯ^{24} nie^{5}，t^{h}aɯ^{5} faŋ^{42} ko^{2} lai^{2} lo^{0}。lie^{21} ɕie^{24} kən^{42} n̩^{24} ɕye^{42}，y^{5} ɕiaŋ^{42} lɑ^{21} ie^{24} man^{5} tsɿ^{42}，t^{h}ɑ^{42} pu^{5} iaɯ^{21} n̩^{24} tən^{42}。xo^{5} lan^{42} zən^{5} nie^{42}，t^{h}ɑ^{42} tsəɯ^{21} sɿ^{24} tɕ^{h}yan^{5} k^{h}aɯ^{42} tɕy^{21} taɯ^{24} san^{42} lie^{0}，iəɯ^{24} ti^{212}，tsoŋ^{21} liaŋ^{24} ko^{5} sæ^{42} y^{212}，k^{h}an^{24} tiai^{5} ts^{h}ai^{5} xo^{42}。

A：真正蹲在山边儿上，是温州人蹲在山边儿沿儿。靠河边上哈是蛮子。

tsən^{42} tsən^{24} tən^{42} tai^{0} san^{5} piai^{42} saŋ^{0}，sɿ^{212} vən^{42} tsəɯ^{2} zən^{5} tən^{42} tai^{2} san^{42} piai^{24}。k^{h}aɯ^{21} xo^{5} pian^{42} saŋ^{0} xɑ^{2} sɿ^{1} man^{5} tsɿ^{42}。

① “跟你说”在“河南话”口语里经常作独立语，表示强调。

J：温州人在宜兴、溧阳列一带有好点儿的。我们大队蛮，就是金山喂？

vən^{42} tsəɯ^{2} zən^{5} tai^{21} ȵi^{5} ɕin^{42}、li^{42} iaŋ^{5} lie^{21} yi^{5} tai^{212} iəɯ^{24} xaɯ^{5} tiai^{24} tə^{5}。ŋo^{24} mən^{5} tɑ^{5} tei^{21} man^{24}，tsəɯ^{21} sɿ^{1} tɕin^{5} san^{42} ve^{0}？

B：金山跟汤山。

tɕin^{5} san^{42} kən^{2} tʰaŋ^{42} san^{0}。

J：汤山有的嗒？

tʰaŋ^{42} san^{0} iəɯ^{24} tɑ^{5}？

B：有。

iəɯ^{24}。

A：汤山有，上汤那哈儿。我们列哈儿咧不是正宗温州人，是平阳人。真正温州人说话跟列不同。

tʰaŋ^{42} san^{0} iəɯ^{24}，saŋ^{212} tʰaŋ^{42} lɑ^{21} xæ^{24}。ŋo^{24} mən^{5} lie^{21} xæ^{24} lie^{5} pu^{5} sɿ^{212} tsən^{212} tsoŋ^{42} vən^{42} tsəɯ^{2} zən^{5}，sɿ^{21} pʰin^{5} iaŋ^{5} zən^{5}。tsən^{21} tsən^{24} lie^{5} vən^{42} tsəɯ^{2} zən^{5} ɕye^{42} fɑ^{212} kən^{42} lie^{212} pu^{42} tʰoŋ^{5}。

B：闽南人。

min^{24} lan^{5} zən^{5}。

J：欸。他列说话是闽南话喂。吃饭叫“加埋”。我达儿亦会说点儿把儿。他到金山去跟人家瞧病，有咧时候人家还喊他在那儿吃饭。

ei^{42}。tʰɑ^{42} lie^{212} ɕye^{42} fɑ^{212} sɿ^{21} min^{24} lan^{5} fɑ^{21} ve^{24}。tsʰɿ^{5} fan^{212} tɕiaɯ^{2} “tɕiɑ^{42} mai^{5}”。ŋo^{24} tæ^{5} i^{24} fei^{2} ɕye^{42} tiæ^{5} pæ^{24}。tʰɑ^{42} taɯ^{2} tɕin^{5} san^{42} tɕʰi^{2} kən^{42} zən^{5} tɕiɑ^{42} tɕʰiaɯ^{5} pin^{212}，iəɯ^{24} lie^{5} sɿ^{5} xəɯ^{42} zən^{5} tɕiɑ^{42} xæ^{5} xan^{24} tʰɑ^{5} tai^{5} læ^{212} tsʰɿ^{5} fan^{212}。

M：学了点把儿的。

ɕio^{5} lo^{42} tian^{5} pæ^{24} tə^{5}。

B：闽南人说话好听到不得了，跟唱歌样咧。

min^{24} lan^{5} zən^{5} ɕye^{42} fɑ^{212} xaɯ^{24} tʰin^{21} taɯ^{24} pu^{5} tei^{42} liaɯ^{24}，kən^{42} tsʰaŋ^{24} ko^{42} iaŋ^{2} lie^{0}。

A：列个烟叫“棍子”，吃烟叫“加棍”，吃饭叫“加埋”，喝水叫“加疙”。

lie^{21} ko^{24} ian^{42} tɕiaɯ^{2} “kuən^{21} tsɿ^{24}”，tsʰɿ^{5} ian^{42} tɕiaɯ^{2} “tɕiɑ^{21} kuən^{5}”， tsʰɿ^{42} fan^{212} tɕiaɯ^{2} “tɕiɑ^{21} mai^{5}”，xo^{42} sei^{24} tɕiaɯ^{2} “tɕiɑ^{21} kie^{5}”。

J：我达儿说温州人喊他老头叫“贼”。

ŋo^{24} tæ^{5} ɕye^{42} vən^{42} tsəɯ^{2} zən^{5} xan^{24} tʰɑ^{42} laɯ^{24} tʰəɯ^{5} tɕiaɯ^{21} “tsei^{5}”。

A：是咧，老头子喊“贼”，把妈喊“强盗”。（哈哈……）有贼不有强盗蛮。

sɿ^{21} lie^{24}，laɯ^{24} tʰəɯ^{5} tsɿ^{42} xan^{24} “tsei^{5}”，pɑ^{24} mɑ^{42} xan^{24} “tɕʰiaŋ^{5} taɯ^{42}”。（xɑ^{42} xɑ^{0}……）iəɯ^{24} tsei^{5} pu^{42} iəɯ^{24} tɕʰiaŋ^{5} taɯ^{42} man^{0}。

J：假咧吧？不叫“强盗”吧？

tɕiɑ^{24} lie^{5} pɑ^{42}？pu^{42} tɕiaɯ^{2} “tɕʰiaŋ^{5} taɯ^{42}” pɑ^{0}？

A：不是，开玩笑。我们跟温州人捱咧开玩笑。我说有贼有强盗不啦，你妈喊咧强盗。

pu^{5} sɿ^{212}，kʰai^{42} van^{5} ɕiaɯ^{2}。ŋo^{24} mən^{5} kən^{42} vən^{42} tsəɯ^{2} zən^{5} ŋai^{5} lie^{2} kʰai^{42} van^{5} ɕiaɯ^{2}。ŋo^{24} ɕye^{42} iəɯ^{24} tsei^{5} iəɯ^{24} tɕʰiaŋ^{5} taɯ^{42} pu^{2} læ^{0}，n̩^{24} mɑ^{42} xan^{24} lie^{5} tɕʰiaŋ^{5} taɯ^{42}。

J：我们先头读书咧时候，那些温州浪子，他们各人哩说温州话，跟我们说咧说河南话。

ŋo^{24} mən^{5} ɕian^{42} tʰəɯ^{5} təɯ^{5} ɕy^{42} lie^{0} sɿ^{5} xəɯ^{42}，lɑ^{21} ɕie^{24} vən^{42} tsəɯ^{2} laŋ^{21} tsɿ^{24}，tʰɑ^{42} mən^{0} ko^{5} zən^{5} nie^{2} ɕye^{42} vən^{42} tsəɯ^{2} fɑ^{212}，kən^{21} ŋo^{24} mən^{5} ɕye^{42} xo^{5} lan^{42} fɑ^{212}。

M：他们见么人说么话。

tʰɑ^{42} mən^{0} tɕian^{21} mo^{24} zən^{5} ɕye^{42} mo^{24} fɑ^{212}。

A：温州人聪明喽。

vən^{42} tsəɯ^{2} zən^{5} tsʰoŋ^{42} min^{2} ləɯ^{0}。

B：欧，聪明。闽南话是真好听，就是你不懂。又轻巧，说咧欧轻脚轻手咧。

əɯ^{242}①，tsʰoŋ^{42} min^{0}。min^{24} lan^{5} fɑ^{212} sɿ^{2} tsən^{42} xaɯ^{24} tʰin^{212}，tsəɯ^{2} sɿ^{1} n̩^{24} pu^{42} toŋ^{24}。iəɯ^{212} tɕʰin^{42} tɕʰiaɯ^{0}，ɕye^{42} lie^{2} əɯ^{0} tɕʰin^{42} tɕio^{2} tɕʰin^{42} səɯ^{24} lie^{5}。

A：女咧叫“扎巴姑”，男咧叫“扎巴郎”。

ȵy^{24} lie^{5} tɕiaɯ^{2} “tsɑ^{2} pɑ^{1} ku^{5}”，lan^{5} lie^{42} tɕiaɯ^{2} “tsɑ^{2} pɑ^{1} laŋ^{5}”。

B：温州人齐心嘞。跟小明一路开挖机咧一个家伙，他那个镇是一条街，

① “河南话”有时通过改变叹词的声调表达感情。

你晓咧吧？一般咧人，你到那哈儿去做客，他客气卵二样咧；你要想到那哈儿闹事，你放心，你就走不了。他那个镇有个街道窦里，有一个警报的，只要一拉，所有人哈来了。

vən^{42} tsəɯ^{2} zən^{5} tɕʰi^{5} ɕin^{42} lei^{0}。kən^{42} ɕiaɯ^{24} min^{5} i^{5} ləɯ^{212} kʰai^{42} vɑ^{5} tɕi^{42} lie^{0} i^{42} ko^{2} tɕiɑ^{42} xo^{0}，tʰɑ^{42} lɑ^{21} ko^{24} tsən^{212} sɿ^{2} i^{1} tʰiaɯ^{5} kai^{42}，n̩^{24} ɕiaɯ^{24} lie^{5} pæ^{42}？i^{5} pan^{42} lie^{2} zən^{5}，n̩^{24} taɯ^{5} læ^{212} tɕʰi^{21} tsəɯ^{24} kʰie^{42}，tʰɑ^{42} kʰie^{42} tɕʰi^{2} lo^{5} ər^{2} iaŋ^{1} lie^{24}；n̩^{24} iaɯ^{21} ɕiaŋ^{24} taɯ^{5} læ^{212} laɯ^{5} sɿ^{212}，n̩^{24} faŋ^{212} ɕin^{42}，n̩^{24} tsəɯ^{2} tsəɯ^{24} pu^{5} liaɯ^{24}。tʰɑ^{42} lɑ^{21} ko^{24} tsən^{212} iəɯ^{24} ko^{5} kai^{42} taɯ^{2} təɯ^{21} lie^{24}，iəɯ^{24} i^{5} ko^{42} tɕin^{24} paɯ^{21} tə^{24}，tsɿ^{42} iaɯ^{2} i^{5} lɑ^{42}，so^{24} iəɯ^{5} zən^{5} xɑ^{21} lai^{5} lo^{42}。

A：他那哈儿人齐心喂。他齐心。你像我们列□头，你拉警报，你枪盖倒他亦不去噻。

tʰɑ^{42} lɑ^{21} xæ^{24} zən^{5} tɕʰi^{5} ɕin^{42} ve^{0}。tʰɑ^{42} tɕʰi^{5} ɕin^{42}。n̩^{24} tɕiaŋ^{21} ŋo^{24} mən^{5} lie^{21} ŋan^{5} tʰəɯ^{42}，n̩^{24} lɑ^{42} tɕin^{24} paɯ^{212}，n̩^{24} tɕʰiaŋ^{42} kai^{21} taɯ^{24} tʰɑ^{42} i^{24} pu^{42} tɕʰi^{21} sæ^{24}。

K：鱼剥到吃噻。

y^{5} po^{42} taɯ^{5} tsʰɿ^{42} sæ^{0}。

M：吃。

tsʰɿ^{42}。

J：我们列个塆儿，最早咧时候有哪儿家蛮？

ŋo^{24} mən^{5} lie^{21} ko^{24} vair^{42}，tsei^{21} tsaɯ^{24} lie^{5} sɿ^{5} xəɯ^{42} iəɯ^{24} lɑ^{24} tɕi^{5} tɕiɑ^{42} man^{0}？

M：最早咧时候，吴家、张家两姓。

tsei^{21} tsaɯ^{24} lie^{5} sɿ^{5} xəɯ^{42}，vu^{5} tɕiɑ^{42}、tsaŋ^{42} tɕiɑ^{0} liaŋ^{24} ɕin^{212}。

B：顶早哩，就是老吴家跟张家。孙家是江阴搬来咧。

tin^{24} tsaɯ^{24} nie^{5}，tsəɯ^{21} sɿ^{24} laɯ^{24} vu^{5} tɕiɑ^{42} kən^{2} tsaŋ^{42} tɕiɑ^{0}。sən^{42} tɕiɑ^{0} sɿ^{212} tɕiaŋ^{42} in^{0} pan^{42} lai^{2} lie^{0}。

A：他是江阴人。

tʰɑ^{42} sɿ^{2} tɕiaŋ^{42} in^{2} zən^{5}。

J：卢家亦是后来搬来咧吧？

ləɯ^{5} tɕiɑ^{42} i^{24} sɿ^{5} xəɯ^{21} lai^{24} pan^{42} lai^{2} lie^{2} pɑ^{0}？

M：还瞟咧①66年、67年搬来咧。我59年就蹲列哈儿了。我59年腊月三十搬过来咧。我还记得日子的。我是十五六岁来咧。那喒张家咧当干部的，所以叫张家队。

xæ^{5} pʰiaɯ^{24} lie^{5} ləɯ^{5} ləɯ^{42} ȵian^{5}、ləɯ^{5} tɕʰi^{42} ȵian^{5} pan^{42} lai^{2} lie^{0}。ŋo^{24} vu^{5} tɕiəɯ^{24} ȵian^{5} tsəɯ^{212} tən^{42} lie^{21} xæ^{24} lo^{5}。ŋo^{24} vu^{5} tɕiəɯ^{24} ȵian^{5} lɑ^{42} ye^{0} san^{42} sɿ^{5} pan^{42} ko^{2} lai^{2} lie^{0}。ŋo^{24} xæ^{5} tɕi^{21} tie^{24} ər^{42} tsɿ^{2} tə^{0}。ŋo^{24} sɿ^{2} sɿ^{5} vu^{24} ləɯ^{42} sei^{212} lai^{5} lie^{42}。lɑ^{21} tsan^{24} tsaŋ^{42} tɕiɑ^{2} lie^{0} taŋ^{5} kan^{21} pu^{24} tə^{5}，so^{24} i^{5} tɕiaɯ^{212} tsaŋ^{42} tɕiɑ^{2} tei^{212}。

A：那喒还住在圩壕②那窭里。

lɑ^{21} tsan^{24} xæ^{5} tɕy^{21} tai^{24} vei^{5} xaɯ^{5} lɑ^{2} təɯ^{1} lie^{24}。

K：老早张家大塘，他们张家大户有几户人家。实际上吴家那喒没得多少人家，你晓得吧。他所以哈起“张家大塘”哩。你妈大塘亦起“张家大塘”。

laɯ^{5} tsaɯ^{24} tsaŋ^{42} tɕiɑ^{0} tɑ^{21} tʰaŋ^{5}，tʰɑ^{42} mən^{0} tsaŋ^{42} tɕiɑ^{0} tɑ^{212} fu^{1} iəɯ^{24} tɕi^{5} fu^{21} zən^{5} tɕiɑ^{42}。sɿ^{5} tɕi^{42} saŋ^{2} vu^{5} tɕiɑ^{42} lɑ^{21} tsan^{24} mei^{21} tie^{5} to^{42} saɯ^{24} zən^{5} tɕiɑ^{2}，n̩^{24} ɕiaɯ^{24} lie^{5} pæ^{42}。tʰɑ^{42} so^{24} i^{5} xɑ^{21} tɕʰi^{24} “tsaŋ^{42} tɕiɑ^{2} tɑ^{21} tʰaŋ^{5}” lie^{42}。n̩^{24} mɑ^{42} tɑ^{21} tʰaŋ^{5} i^{24} tɕʰi^{24} “tsaŋ^{42} tɕiɑ^{2} tɑ^{21} tʰaŋ^{5}”。

A：队亦是张家队。原来叫野茅山蛮。

tei^{212} i^{24} sɿ^{5} tsaŋ^{42} tɕiɑ^{2} tei^{212}。yan^{5} lai^{5} tɕiaɯ^{21} ie^{24} maɯ^{5} san^{42}。

M：我来咧时候，那喒子你还没出世哈。我十五六岁来咧。那喒子跟老鸹山是一个队。后来一分队哩，他张家咧当干部咧，末了叫个张家队。列样儿咧叫起来咧。

ŋo^{24} lai^{5} lie^{42} sɿ^{5} xəɯ^{42}，lɑ^{21} tsan^{24} tsɿ^{5} n̩^{24} xæ^{5} mei^{2} tɕʰy^{42} sɿ^{21} xæ^{24}。ŋo^{24} sɿ^{5} vu^{24} ləɯ^{42} sei^{212} lai^{5} lie^{42}。lɑ^{21} tsan^{24} tsɿ^{5} kən^{42} laɯ^{24} kuɑ^{5} san^{42} sɿ^{21} i^{5} ko^{212} tei^{1}。xəɯ^{21} lai^{24} i^{5} fən^{42} tei^{21} nie^{24}，tʰɑ^{42} tsaŋ^{42} tɕiɑ^{2} lie^{0} taŋ^{42} kan^{2} pu^{1} lie^{24}，mo^{21} liaɯ^{24} tɕiaɯ^{21} ko^{24} tsaŋ^{42} tɕiɑ^{2} tei^{212}。liæ^{21} lie^{24} tɕiaɯ^{21} tɕʰi^{24} lai^{5} lie^{42}。

J：哦，人家老说“你们张家队肯定姓张咧多吧？”我说还有两三户人家。

əɯ^{42}，zən^{5} tɕiɑ^{42} laɯ^{24} ɕye^{42} “n̩^{24} mən^{5} tsaŋ^{42} tɕiɑ^{2} tei^{212} kʰən^{24} tin^{5} ɕin^{212}

① “瞟咧”是“不晓得”的合音。

② 河流的名称。

tsaŋ^{42} lie^{0} to^{42} pɑ^{0}？" ŋo^{24} ɕye^{42} xæ^{5} iəɯ^{24} liaŋ^{24} san^{42} fu^{212} zən^{5} tɕiɑ^{42}。

M：一分队哩，我们队咧有多少人呢？只有四十多个人。

i^{5} fən^{42} tei^{21} nie^{24}，ŋo^{24} mən^{5} tei^{21} lie^{24} iəɯ^{24} to^{42} saɯ^{24} zən^{5} nie^{42}？ tsɿ^{21} iəɯ^{24} sɿ^{21} sɿ^{5} to^{42} ko^{2} zən^{5}。

J：一般咧叫张家，张家肯定是大姓。

i^{5} pan^{42} lie^{0} tɕiaɯ^{212} tsaŋ^{42} tɕiɑ^{0}，tsaŋ^{42} tɕiɑ^{0} k^{h}ən^{24} tin^{5} sɿ^{2} tɑ^{212} ɕin^{1}。

A：那是他不晓得张家咧老根底。我们塆儿最早叫野茅山。

lɑ^{21} sɿ^{24} t^{h}ɑ^{42} pu^{42} ɕiaɯ^{24} lie^{5} tsaŋ^{42} tɕiɑ^{2} lie^{0} laɯ^{24} kən^{42} ti^{24}。ŋo^{24} mən^{5} vair^{42} tsei^{21} tsaɯ^{24} tɕiaɯ^{21} ie^{24} maɯ^{5} san^{42}。

A: 长生他达儿——你那个二爹，先头不是会计蛮。记账他写"野茅山队"。

ts^{h}aŋ^{5} sən^{42} t^{h}ɑ^{42} tæ^{5}——n̩^{24} lɑ^{21} ko^{24} ər^{212} tie^{42}，ɕian^{42} t^{h}əɯ^{5} pu^{2} sɿ^{1} k^{h}uai^{24} tɕi^{42} man^{0}。tɕi^{5} tsaŋ^{212} t^{h}ɑ^{42} ɕie^{24} "ie^{24} maɯ^{5} san^{42} tei^{212}"。

J：那后队么样叫义村哩？还分义前、义后？

lɑ^{5} xəɯ^{212} tei^{1} miaŋ^{5} tɕiaɯ^{212} i^{21} ts^{h}ən^{24} nie^{5}？ xæ^{5} fən^{42} i^{21} tɕian^{5}、i^{212} xəɯ^{1}？

M: 它就是一个队。老早叫二城。后来分成两个队，叫二城前队、二城后队。那个城在哪哈哩？城就在后队。后头那发展咧——哈是。

t^{h}ɑ^{42} tsəɯ^{21} sɿ^{24} i^{5} ko^{212} tei^{1}。laɯ^{5} tsaɯ^{24} tɕiaɯ^{2} ər^{21} tsən^{24}。xəɯ^{21} lai^{24} fən^{21} ts^{h}ən^{5} liaŋ^{24} ko^{5} tei^{212}，tɕiaɯ^{212} ər^{2} tsən^{1} tɕ^{h}ian^{5} tei^{212}、ər^{21} ts^{h}ən^{24} xəɯ^{212} tei^{1}。lɑ^{2} ko^{1} ts^{h}ən^{5} tai^{21} lɑ^{5} xɑ^{21} nie^{24}？ ts^{h}ən^{5} tsəɯ^{21} tai^{24} xəɯ^{212} tei^{1}。xəɯ^{21} t^{h}əɯ^{24} lɑ^{212} fɑ^{42} tsan^{24} lie^{5}——xɑ^{21} sɿ^{24}。

B：二城后队是老母猪地，那哈出人的。

ər^{21} ts^{h}ən^{24} xəɯ^{212} tei^{1} sɿ^{21} laɯ^{24} mu^{5} tɕy^{42} ti^{212}，lɑ^{21} xɑ^{24} tɕ^{h}y^{42} zən^{5} tə^{42}。

A：出人。

tɕ^{h}y^{42} zən^{5}。

M：出人哈在后队欸。你莫瞧喽，列一转儿，前队发展，不哈是在后队发展咧蛮？

tɕ^{h}y^{42} zən^{5} xɑ^{21} tai^{24} xəɯ^{212} tei^{1} ei^{0}。n̩^{24} mo^{42} tɕ^{h}iaɯ^{5} ləɯ^{42}，lie^{21} i^{5} tɕyai^{212}，tɕ^{h}ian^{5} tei^{212} fɑ^{42} tsan^{24}，pu^{42} xɑ^{21} sɿ^{24} tai^{2} xəɯ^{212} tei^{1} fɑ^{21} tsan^{24} lie^{5} man^{42}？

J：前队往丁家去咧个山包子，是窑还是么事蛮？

tɕʰian^{5} tei^{2} vaŋ^{212} tin^{42} tɕiɑ^{2} tɕʰi^{212} lie^{21} ko^{24} san^{5} paɯ^{42} tsɿ^{0}，sɿ^{212} iaɯ^{5} xæ^{5} sɿ^{42} mo^{5} sɿ^{21} man^{24}？

M：那个山包子哈隔田塍荒，不哈平了蛮。管么事没得。滚水坝，就是那哈一个大团堆子。估计是挑咧土。一样没得。

lɑ^{21} ko^{24} san^{5} paɯ^{42} tsɿ^{0} xɑ^{212} kie^{42} tʰian^{5} tsʰən^{5} faŋ^{42}，pu^{5} xɑ^{212} pin^{5} lo^{42} man^{0}。kuan^{24} mo^{5} sɿ^{42} mei^{21} tie^{5}。kuən^{24} sei^{5} pɑ^{212}，tsəɯ^{21} sɿ^{24} lɑ^{21} xɑ^{24} i^{5} ko^{212} tɑ^{21} tʰan^{5} tei^{42} tsɿ^{0}。ku^{24} tɕi^{5} sɿ^{2} tʰiaɯ^{42} lie^{2} tʰəɯ^{24}。i^{5} iaŋ^{212} mei^{21} tie^{5}。

参考文献

［英］艾约瑟（J.Edkins）编著：《上海方言词汇集》，上海大学出版社 2016 年版。

安吉县地方志编纂委员会编：《安吉县志》，浙江人民出版社 1994 年版。

鲍怀翘、林茂灿主编：《实验语音学概要》（增订版），北京大学出版社 2014 年版。

鲍士杰：《浙江西北部吴语与官话的边界》，《方言》1988 年第 1 期。

曹树基：《中国移民史》（第六卷），福建人民出版社 1997 年版。

曹志耘：《敦煌方言的声调》，《语文研究》1998 年第 1 期。

曹志耘：《论方言岛的形成和消亡——以吴徽语区为例》，《语言研究》2005 年第 4 期。

曹志耘主编：《汉语方言地图集》（词汇卷），商务印书馆 2008 年版。

陈刚：《北京方言词语》，商务印书馆 1985 年版。

陈光：《与“把”字结构自主性相关的两个语义语法问题》，《语言研究论丛》（第八辑），南开大学出版社 1999 年版。

（宋）陈彭年等：《宋本广韵》（根据张氏泽存堂本影印），中国书店 1982 年版。

陈剩勇：《吴越文化特征初探》，《浙江学刊》1985 年第 2 期。

陈淑梅：《鄂东方言语法研究》，江苏教育出版社 2001 年版。

陈淑梅：《鄂东方言量范畴研究》，中国社会科学出版社 2012 年版。

（宋）丁度：《宋刻集韵》，中华书局 2005 年版。

丁邦新：《一百年前的苏州话》，上海教育出版社 2003 年版。

丁家钟、贺云翱：《长江文化体系中的吴越文化》，《南京大学学报》（哲学・人文・社会科学）1998 年第 4 期。

丁声树、李荣：《汉语音韵讲义》，上海教育出版社 1984 年版。

董楚平：《吴越文化概述》，《杭州师范学院学报》2000 年第 2 期。

高淳县地方志编纂委员会编：《高淳县志》，江苏古籍出版社 1988 年版。

葛剑雄等：《简明中国移民史》，福建人民出版社 1993 年版。

葛庆华：《近代苏浙皖交界地区人口迁移研究（1853—1911）》，上海社会科学院出版社 2002 年版。

光山县史志编纂委员会编：《光山县志》，中州古籍出版社 1991 年版。

郭熙、蔡国璐：《丹阳市埤城的河南方言岛》，《徐州师范学院学报》（哲学社会科学版）1991 年第 2 期。

郭熙：《苏南地区的河南方言岛群》，《南京大学学报》1995 年第 4 期。

郭熙：《磨盘话同音字汇》，《镇江师专学报》（社会科学版）1996 年第 4 期。

郭熙：《磨盘话音系》，《南京大学学报》（哲学・人文・社会科学）1997 年第 4 期。

郭熙：《对苏南地区河南话变化的初步考察》，《南京社会科学》1998 年第 8 期。

郭熙：《中国社会语言学》，南京大学出版社 1999 年版。

郭熙：《苏南地区河南话的归属问题》，《东南大学学报》（哲学社会科学版）2000 年第 4 期。

河南省罗山县地方史志编纂委员会编：《罗山县志》，河南人民出版社 1987 年版。

（清）胡文英：《吴下方言考》，中国书店 1980 年版。

黄晓东：《浙江安吉县河南方言岛的内部接触与融合》，《语言科学》2006 年第 3 期。

黄晓东：《一百五十年前的河南信阳话——来自苏浙皖河南方言岛的证据》，《华中学术》2017 年第 3 期。

黄晓雪、李崇兴：《方言中“把”的给予义的来源》，《语言研究》2004 年第 4 期。

江苏省地方志编纂委员会编：《江苏省志·人口志》，方志出版社1999年版。

《江苏语言资源资料汇编》编委会编：《江苏语言资源资料汇编》（第十五册 字音卷（老年）），凤凰出版社2015年版。

郎溪县地方志编纂委员会编：《郎溪县志》，方志出版社1998年版。

李荣：《音韵存稿》，商务印书馆1982年版。

李荣：《温岭方言的轻声》，《方言》1992年第1期。

李侃、李时岳等：《中国近代史》（第四版），中华书局1994年版。

李鸿章撰，吴汝纶编：《李文忠公奏稿八十卷》（卷三），《续修四库全书》五〇五·史部·诏令奏议类（影印民国十年上海商务印书馆影印金陵原刊本），上海古籍出版社2003年版。

李如龙、张双庆：《代词》，暨南大学出版社1999年版。

《溧阳县志》编纂委员会编：《溧阳县志》，江苏人民出版社1992年版。

鲁允中：《普通话的轻声和儿化》，商务印书馆1995年版。

罗常培：《临川音系》，《民国丛书》第四编（52），上海书店据商务印书馆1947年（民国三十六年）版影印。

罗常培、王均：《普通语音学纲要（修订本）》，商务印书馆2002年版。

吕梅：《光山方言语音研究》，山西师范大学硕士学位论文，2014年。

马真：《现代汉语虚词研究方法论》，商务印书馆2004年版。

［美］Sarch G. Thomason：《语言接触导论》，世界图书出版公司2014年版。

石汝杰、［日］宫田一郎主编：《明清吴语词典》，上海辞书出版社2005年版。

石毓智：《语法化的动因与机制》，北京大学出版社2006年版。

史建明：《溧阳话》，江苏教育出版社2010年版。

Syrdal, Ann K. and Gopal, H. S.1986. A perceptual model of vowel recognition based on the auditory representation of American English vowels. Journal of the Acoustical Society of America. Vol.79：1086-1100.

Traunmüller, Hartmut.1990. Analytical expressions for the tonotopic sensory scale. Journal of the Acoustical Society of America.Vol.88：97-100.

汪平：《方言平议》，华中科技大学出版社 2003 年版。

汪平：《吴江市方言志》，上海社会科学院出版社 2010 年版。

汪平：《苏州方言研究》，中华书局 2011 年版。

汪化云：《自主的轻声和非自主的轻声》，《语文研究》2003 年第 1 期。

汪化云：《鄂东方言研究》，巴蜀书社 2004 年版。

汪化云：《黄孝方言语法研究》，语文出版社 2016 年版。

汪国胜主编：《汉语方言语法研究》，华中师范大学出版社 2007 年版。

王东：《河南罗山方言研究》，中国社会科学出版社 2010 年版。

王力：《汉语语法史》，商务印书馆 1989 年版。

王求是：《孝感方言研究》，华中师范大学出版社 2014 年版。

魏钢强：《调值的轻声和调类的轻声》，《方言》2000 年第 1 期。

吴健：《溧阳河南话句尾“着”及其语法意义》，《常州工学院学报》（社会科学版）2009 年第 6 期。

吴健：《方言岛文化态度对方言岛方言演变的影响——以溧阳河南方言岛方言为例》，《现代语文·语言研究》2009 年第 6 期。

吴健：《对溧阳河南话“把”字“给予”义的考察和分析》，《现代语文·语言研究》2009 年第 7 期。

吴健：《溧阳河南话的内部语音差异及其成因》，《现代语文·语言研究》2009 年第 11 期。

吴健：《溧阳市志·方言》，载溧阳市地方志编纂委员会编《溧阳市志（1986—2007）》，方志出版社 2016 年版。

吴健：《苏南“河南话”里的“现现”和“现现自”》，《常州工学院学报》（社会科学版）2018 年第 6 期。

邢向东：《论西北方言和晋语重轻式语音词的调位中和模式》，《南开语言学刊》2004 年第 3 辑。

徐大明：《当代社会语言学》，中国社会科学出版社 1997 年版。

徐大明主编：《语言变异与变化》，上海教育出版社 2006 年版。

（汉）许慎：《说文解字（附检字）》，中华书局 1963 年版。

许正文：《中国历代行政区划分与管理沿革》，陕西师范大学出版社

1990 年版。

颜逸明：《吴语概说》，华东师范大学出版社 1994 年版。

晏兆平：《光山县志约稿·卷一·地理志·户口志》，（台北）成文出版社民国二十五年（1936 年）版。

叶祖贵：《信阳地区方言语音研究》，中国社会科学出版社 2014 年版。

詹伯慧、李如龙、黄家教、许宝华：《汉语方言及方言调查》，湖北教育出版社 2001 年版。

张启焕、陈天福、程仪：《河南方言研究》，河南大学出版社 1993 年版。

张谊生：《现代汉语副词研究》，学林出版社 2000 年版。

赵元任：《汉语口语语法》，商务印书馆 1979 年版。

郑张尚芳：《皖南方言的分区（稿）》，《方言》1986 年第 1 期。

中国社会科学院语言研究所、中国社会科学院民族学与人类学研究所、香港城市大学语言资讯科学研究中心编：《中国语言地图》（第 2 版）（汉语方言卷），商务印书馆 2012 年版。

中国语言资源有声数据库建设领导小组办公室编：《中国语言资源有声数据库调查手册：汉语方言》，商务印书馆 2010 年版。

中华人民共和国民政部、中华人民共和国建设部编：《中国县情大全 华东卷》，中国社会出版社 1993 年版。

周祖谟：《尔雅校笺》，云南人民出版社 2004 年版。

朱德熙：《语法讲义》，商务印书馆 1982 年版。

朱晓农：《语音学》，商务印书馆 2010 年版。

后　记

上小学时，班上同学在课间基本说方言。有的说溧阳话，有的说“河南话”。同学之间发生争吵是常有的事儿，说“河南话”的有时会被说溧阳话的骂为“湖北佬”。说骂，其实更像是揣着优越感对他人的一种嘲讽。从那时起，说“河南话”的人为何被称为“湖北佬”一直困扰着我，以及和我一样说“河南话”的人。实话实说，小时候在外面说“河南话”，心里确实有些异样。这种异样感觉的成分里，隐藏了一种不自信，也有“湖北佬”称呼带来的困惑与压抑。当然，回到家里和村上，这种异样的感觉和顾虑则荡然无存。因为我们村上都说“河南话”——连同原来说溧阳话的几户人家。这些改说“河南话”的邻居，他们在家里或族亲之间说溧阳话，跟我们则主动说“河南话”。在我们当地，既会说“河南话”又会说溧阳话的人不在少数。交流时，若双方都是“河南人”，对话肯定用“河南话”；若一方是“河南人”，一方是溧阳人，使用“河南话”还是溧阳话，通常取决于习惯（熟人之间）、态度（个性）等。总体来看，在“河南人”说溧阳话的态度上，老年人显得保守排斥，青年人显得开放主动。

改革开放前，“河南人”和溧阳人很少通婚。在那个年代，找跟自己方言和习俗相同的人结婚，似乎更符合传统。改革开放后，人们的生活水平不断提高，人们的观念开始转变，“河南人”和溧阳人通婚的人数逐渐增多，文化习俗的差异似乎也没那么重要。“河南人”和溧阳人组建家庭后，对内说“河南话”或溧阳话，对外交流则会根据对象、场合和习惯选择说“河南话”或溧阳话。在一些“河南话”人口更多或更集中的地区，“河南话”占有明显优势，尽管当地也有其他方言，但基本说“河南话”。如笔者的出生地溧阳市社渚镇金山村的“河南话”与“溧阳话”，句容市天王镇的“河南话”

与“此地话”，长兴县泗安镇罗家地村的“河南话”与“建德话”。

小时候听村上老年人讲“河南人”的来历，印象最深的几个词或短语是：饿饭、民国、下江南、老太太曾祖父母。随着年龄的增长，我对“老太太”一辈“下江南”的历史产生了浓厚兴趣。跟随导师汪平先生学习汉语方言学，是我人生中非常幸运的事。汪老师治学严谨、崇尚科学、研究深入，对学生有问必答、讲解清晰、关爱有加。在他的指导下，我掌握了方言调查的基本方法，并从母语“河南话”着手开展调查和研究。每次和汪老师一起外出调查方言，都会有很大的收获。他发给我的每一封邮件，都能给我学术或人生的启迪。这本书稿完成后，汪老师赐序文勉励。虽然对我的付出给予了肯定，但我清醒地认识到离他期待的目标还有很大差距。但我有信心沿着他指导的方向继续深入研究！借此机会，诚恳地向汪老师和师母蒋老师表示衷心的感谢！感谢他们多年来给予我的关爱和帮助。

方言调查是方言研究的基础，全面掌握方言资料并进行准确描写，将有助于研究的科学深入。这也是本书的出发点。“河南话”虽是我的母语，但全面调查、深入挖掘也颇费心力。好在有众多热心人为我开展调查提供了诸多方便，其中包括我年迈的父母。虽已是耄耋之年，但他们不辞辛劳，多年来一直帮我收集、记录那些不通过长期关注很可能被忽视遗漏的语音、词汇和语法现象，包括一些更老的说法。此外，光山县仙居乡余庙村的张文波、溧阳市上兴中学的退休教师沈诚、长兴县泗安镇罗家地村湖北场的任大晟、广德县邱村中心小学的杨安林、信阳师范学院的周波、罗山县周党二中的吴传斌、广德县新杭镇路东村西山头的卢福全、吴江区松陵镇菀坪社区诚心村的村支书李庆平以及“苏浙皖赣信阳移民寻根交流群”里的章明富、吴忠峰、张定华等，主动为我联系发音人或提供相关信息。本书的方言调查均为实地调查。因为工作原因，调查多安排在暑假。为了保证录音质量，一般不开电扇（农村虽然也有空调，但基本安装在卧室）。通常是一边擦汗、一边记音，有几位发音人光着膀子配合我完成了调查和录音。特别要提一下在常州工作的张文波，他得知我要调查罗山、光山方言，特地向单位请了假，驾车近七个小时，带我去他的家乡光山县仙居乡余庙村以及周边的光山十里、罗山、新县、红安、麻城等地调查。他的父母热情好客，为我提供了生活上的便利。

在光山、罗山调查期间，我还有一大意外的收获——找到了祖籍地罗山县庙仙乡吴乡村的宗亲。

在课题开展和书稿撰写过程中，得到了本人所在单位常州工学院的支持，我的同事张律博士在语图分析方面提供了帮助。书稿的出版得到了中国社会科学出版社的大力支持，郭晓鸿主任、宗彦辉编辑为此付出了许多。向所有帮助过我的人表示敬意和谢意！

本书参考了“江苏方言研究丛书”（顾黔、鲍明炜主编）的编写体例，对苏浙皖交界地区“河南话”进行了全面的调查和研究。笔者认为，老派“河南话”跟一个世纪前的罗山、光山方言非常接近，跟鄂东方言的关系也很密切。立足老派“河南话”，以鄂、豫、皖、苏浙皖交界地区这一区域的方言为重点，深入考察“‘河南话’← 罗山、光山方言 ← 鄂东方言 ←……”之间的方言变迁和接触演变，是笔者下一步要做的事。由于才疏学浅，本书肯定存在一些不足，恳请各位专家批评指正。

吴健

己亥年二月廿二日于常州